Original title: The Science of Buildings

Author: Alex Woolf

Copyright ⓒ The Salariya Book Company Ltd 2019

All rights reserved

版权贸易合同登记号　图字：01-2021-4813

图书在版编目（CIP）数据

厉害了，科学. 建筑 /（英）亚历克斯·伍尔夫（Alex Woolf）著；陈彦坤，马巍译. --北京：电子工业出版社，2022.3
ISBN 978-7-121-42971-2

Ⅰ.①厉…　Ⅱ.①亚…　②陈…　③马…　Ⅲ.①科学知识－少儿读物　②建筑－少儿读物　Ⅳ.①Z228.1 ②TU-49

中国版本图书馆CIP数据核字（2022）第029004号

责任编辑：董子晔　文字编辑：吕姝琪
印　　刷：北京缤索印刷有限公司
装　　订：北京缤索印刷有限公司
出版发行：电子工业出版社
　　　　　北京市海淀区万寿路173信箱　邮编：100036
开　　本：889×1194　1/16　印张：40　字数：483千字
版　　次：2022年3月第1版
印　　次：2022年3月第1次印刷
定　　价：398.00元（全20册）

凡所购买电子工业出版社图书有缺损问题，请向购买书店调换。若书店售缺，请与本社发行部联系，联系及邮购电话：（010）88254888，88258888。

质量投诉请发邮件至zlts@phei.com.cn，盗版侵权举报请发邮件至dbqq@phei.com.cn。

本书咨询联系方式：（010）88254161转1865，dongzy@phei.com.cn。

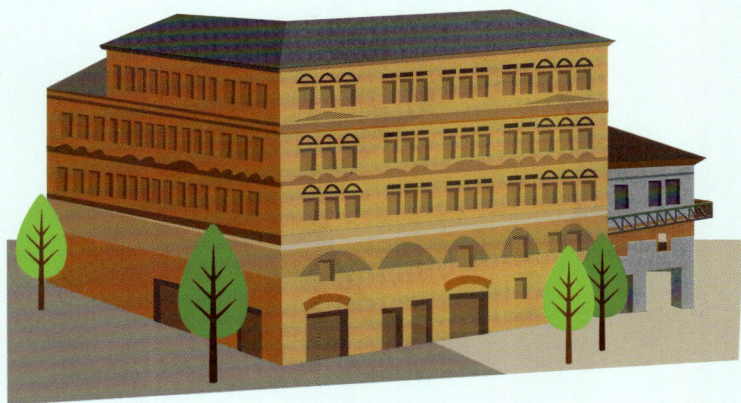

厉害了，科学

建 筑

摩天大楼
的真相

[英]亚历克斯·伍尔夫 著
陈彦坤 马巍 译

电子工业出版社.
Publishing House of Electronics Industry
北京·BEIJING

目录

前言

我们一生中有很长时间，甚至可以说大部分时间都在建筑中度过。不过，你是否真正思考过建筑的建造方式，以及建筑对人类的意义呢？建筑可以满足人类最基本的一项需求——居住，可以保护我们免受寒冷、炎热及风雨的侵袭。最初的建筑只是简单的房屋。随着社会的发展，建筑师需要设计和建造不同类型的结构，从宫殿、庙宇到现代工厂、机场及摩天大楼。

在本书中，我们将探索从古至今的建筑科学，了解建筑从设计、建造到最终拆除的整个生命周期。我们还会探讨当今建筑师面临的挑战，包括增强建筑应对多发自然灾害的能力，以及增强建筑可持续性的方法，避免建筑成为地球环境的破坏者。

希腊神庙

古希腊神庙包括一个被称为内殿的封闭矩形空间，内殿周围环绕着圆柱。为了使神庙看起来更完美，建筑师调整了神庙的线条，进行视觉矫正。从下方看，长而直的屋顶线条似乎会造成中间下陷、两角上翘的感觉，因此建筑师稍微抬升了中间部分，修正了这种视觉误差。

拱形结构十分稳固，因为拱形结构的每块石材都承受着两侧的挤压力。这种侧向压力可以帮助拱形结构牢固地结合在一起，并获得足以支撑拱形上方其他结构的强度。

古代建筑

最早的房屋出自数千年前的农民之手。大约公元前4000年，美索不达米亚（现在的伊拉克）的苏美尔人建造了第一批大型建筑，其中包括寺庙和宫殿。许多早期建筑都以晒干的黏土砖作为建材。古埃及人用石头砌成了巨大的金字塔，用来安葬法老（国王）。他们将陵墓建为金字塔形，可能因为这种结构非常稳固，而且与塔等其他建筑不同，这种结构可以修建得非常宏伟，且不易倒塌。后来，古希腊人和古罗马人发明了新的建筑结构，例如圆柱、三角楣饰、拱形结构、拱顶和圆顶。

拱

柱

万神庙

罗马万神庙建于公元125年，拥有世界上最大的无钢筋混凝土半球形拱顶。拱顶十分稳定，因为用混凝土建造的拱顶底部较厚，顶部较薄。古罗马人在底部的混凝土中添加了厚重的花岗岩，而顶部的混凝土中混合了轻质火山灰。

三角楣饰

拱顶

古罗马人在混凝土中加入了火山灰。添加了火山灰的混凝土与石材一样坚硬、耐用，并且很容易塑造成各种形状。

古罗马斗兽场

古罗马人建造了许多新型建筑，包括公共浴池、渡槽、圆形露天剧场、巴西利卡（一种长方形的公共建筑，外侧有一圈柱廊）和圆顶寺庙等。罗马大斗兽场是其中最著名的代表之一。

有趣的事实

吉萨金字塔群里的胡夫金字塔是所有古埃及金字塔中最大的一个，建于公元前2600年左右，是埃及法老胡夫的陵墓。胡夫金字塔由超过200万块石块构成，每块重约2267千克。胡夫金字塔最初的高度约为147米，占地约50000平方米。

7

中世纪建筑

1420年，意大利建筑师布鲁内莱斯基开始建造佛罗伦萨大教堂的圆形穹顶。他没有搭建木制拱架，而是将数百万块砖砌成了人字形。

从中世纪开始，城堡逐渐变得流行，高大厚实的石墙和圆形塔楼为城堡提供了更出色的防御能力。随着哥特式大教堂的出现，罗马式圆拱被尖拱取代，建筑变得更高、更复杂。大教堂的顶部为肋式拱顶，这种创新设计显著增加了教堂的内部空间。

建筑石材

中世纪的采石工人能根据岩石表面的纹理确定碎裂的方向。然后，他们在岩石上钻一排孔，并在其中钉入木楔，石块就裂开了。开采下来的石材通过马车拖运到建筑工地，并由石匠凿成适合的形状。

圆形塔楼

高墙

哈！他们永远都进不来！

踏轮起重机

这也是中世纪发明的工具，可以用于建造巨大的城堡和大教堂。绳索固定在皮带轮上，皮带轮固定在一个踏轮上。人在踏轮中行走带动踏轮转动，把重物抬升到适合的位置。

泰姬陵

泰姬陵于1653年完工，是印度莫卧儿王朝建筑中最著名的代表。泰姬陵为砖砌结构，表层覆盖着白色大理石。在建造时，工人修建了一条15千米的坡道，用于运送建材。建造主圆顶时使用了砖砌脚手架。

烟囱最早出现于12世纪。此前，人们会在房屋中挖出一个火坑，并在火坑上方屋顶的对应位置开一个洞。烟囱改变了这种结构，增加了房屋的实际利用空间，并且能够排出房屋中的烟。

建筑原理

哥特式大教堂高高耸立，薄薄的墙壁上镶嵌着巨大的彩色玻璃窗，这些建筑如何保证自己屹立不倒呢？大教堂主要依赖高高的束柱和尖肋拱顶支撑自身质量。外部的飞扶壁可以支撑建筑，分担外墙产生的侧向压力。

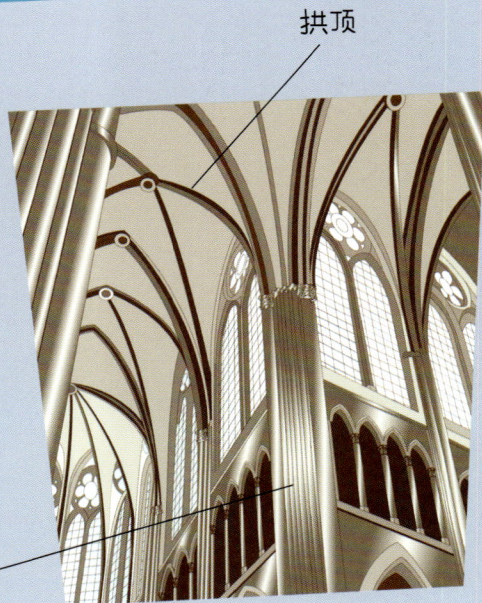

拱顶

束柱

一栋建筑的生命周期

所有人造物品都有自己的"生命周期"。当房地产开发商决定购买一块土地并进行建造时，建筑的生命周期就开始了。随后便开启一系列相关工作：开采和加工原始建筑材料，建筑师完成建筑设计，工人们开始施工。完工的建筑物投入使用后必须进行维护。一栋建筑物一般可以保存数十年，甚至数个世纪。拆除后，收集可回收材料或再次用于建造其他建筑物。

土地

购买建筑用地后，先根据需要修整备用：排干沼泽中的水，清除杂物。然后，测量员勘察土地，为建筑师提供土地的形状和自然特征等信息。

售出

拆除

建筑过度损耗或废弃后，需要进行修复、更换用途或者拆除。负责建筑拆除的施工单位可以回收部分材料，以便用于其他建筑物，其余部分将被填埋。

原材料

开采或收集原材料，例如石材、黏土、铁矿石和木材。然后将原材料加工为建筑材料，例如，将黏土烧制成砖，将铁矿石冶炼成钢铁。

设计

建筑的设计由建筑师完成，他们将提供最终设计的详细图纸、尺寸及计算机模型。

投入使用和维护

在建筑的生命周期的主要阶段——使用时期，建筑物必须进行持续的维护，接受定期检查和修理。必要时，要更换水管、暖气和电路系统的零件。

施工

总承建商召集施工队，并提供必需的材料、机械和设备进行建造。

11

团队

建筑师要组建一个专家团队：结构工程师负责确保墙壁和地板等承重结构的强度足以达到载荷要求，确保建筑的安全性；机械工程师负责电气、采暖、空调和管道系统；造价师核查项目成本，确保客户的收益。

CAD（计算机辅助设计）是一种计算机技术，可以用远高于手动的速度和精度创建立体几何模型，并且还可以实现不同颜色和纹理的渲染。

建筑的设计和规划方式

建筑的规划过程从房地产开发商（客户）向建筑师简要介绍要修建什么类型的建筑时开始。建筑师必须根据客户的需求和预算设计建筑，为住户提供安全健康的环境，并遵守当地相关的规划和法律。建筑师必须参考包括土地面积和地形（物理特征）在内的勘察报告，并考虑建筑对当地社区和环境的影响，以及建筑与周围环境的融合。

这是我梦想中的房子……

但不适合建在这里！

图纸

建筑师使用CAD技术绘制建筑设计的技术图。CAD软件是能够帮助建筑师设计、绘制平面图和建模的计算机程序。CAD图纸包括:

平面图: 每个楼层内的房间布局。
场地平面图: 整个场地的鸟瞰图,要标明排水管、排污管和电路的排布。

立面图: 某个角度的建筑物外观。
截面图: 建筑物的垂直截面图。
屋顶平面图: 屋面的内部结构图。

三维图

CAD软件可以将建筑的平面图转换成逼真的三维图像,而且支持从任意角度查看,能够为客户和公众提供生动、直观的展示。CAD软件还能够帮助建筑师删除错误设置,并快速轻松完成修改,鼓励建筑师增加设计的复杂性,提高实用性。

CAD软件甚至可以生成三维动画,引导客户从内到外虚拟参观建筑的各个角落。

比例模型

为了更清晰地展示或销售,建筑师通常会按比例制作建筑物的缩微展示模型。这些模型以泡沫、纸板、纸或木材为材料制作。现在,建筑师开始使用3D打印技术直接将CAD设计转换为实际的比例模型。

我们就不能打印整栋建筑吗?

塑料是一种轻便、耐磨且抗腐蚀的材料，可以塑制成任何形状，制作门把手、地板、管材、薄膜等。

建筑材料

建造建筑的过程中会用到许多不同种类的材料，包括石头、木材和黏土等天然材料，以及混凝土、钢铁、泡沫板、玻璃和塑料等合成材料。选择材料时，建筑师必须综合考虑诸多因素，例如材料的成本、耐用性、适用性、环保性、对当地气候的适应性、与周围环境的融合程度，以及对住户舒适度的影响。例如，石材有较好的保温隔热功能，适合营造冬暖夏凉的环境。

黏土

数千年来，黏土一直用于制作土砖、夯土和涂抹墙面。现在，黏土也经常用于烧制砖块、制作石膏和水泥。黏土结实且极为耐用，直到现在，我们仍可以看到古罗马时代的黏土砖建筑。

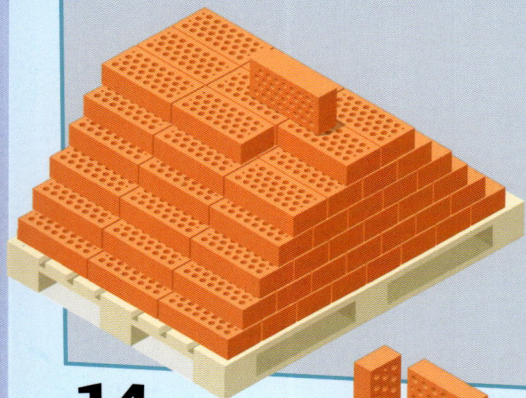

玻璃

玻璃质脆且透明，可以让光线透射入建筑内部。以前的玻璃窗都很小，因为玻璃的价格高昂；现在，大规模工业生产已经大大降低了成本，推动了玻璃的广泛应用。许多公共建筑都用玻璃建造墙和屋顶，营造明亮且空间广阔的感觉。

只剩42层了！

泡沫板是一种在液态塑料或橡胶中混杂空气然后固化制成的材料，质量轻且易于塑形，可以用作墙体内夹层，帮助建筑保温、降低噪声，也可作为阻燃材料使用。

水泥

水泥是一种黏合剂，用于把砂浆、混凝土、灰泥等牢固地结合在一起，制作成高强度建筑材料。水泥与水混合后会逐渐凝固，因为水与水泥反应可以形成互锁的晶体，具有出色的强度。

你相信吗?

从史前时代开始到现在，秸秆一直是常见的建筑材料：将秸秆压制成板，可制作墙体。这种材料便于获取，而且成本低廉，还有很好的保温性。但是它极为易燃，而且有可能引来害虫。

框架

框架是建筑的骨架，可以为墙壁、地板、天花板和屋顶提供附着点。框架通常为木材或钢材，垂直的墙壁支撑称为立柱；地板和天花板的水平支撑称为横梁；倾斜的屋顶支撑称为椽。

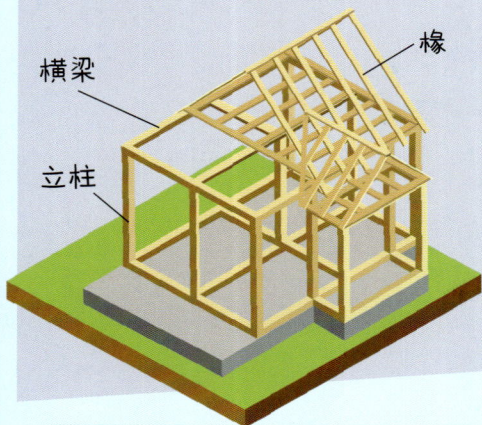

横梁
椽
立柱

一个建筑工地需要许多具备不同技能的人员，例如瓦工、木匠、混凝土工、钢架工（用于组装钢架）、泥工、管道安装工等。

建筑的建造方法

准备场地是整个建设项目的第一个阶段。首先，在挖掘地基（建筑物的基础）之前要用推土机清理树木、岩石等杂物，还要挖掘埋放电缆和进出管道的沟槽。打好地基，以便将建筑的质量转移到地面。结构工程师必须确保地基及下方的土壤能够均匀承受建筑的质量。一般来说，建筑越重，或者下方土壤越松软，地基就必须越深。

比萨斜塔的地基支撑不足。

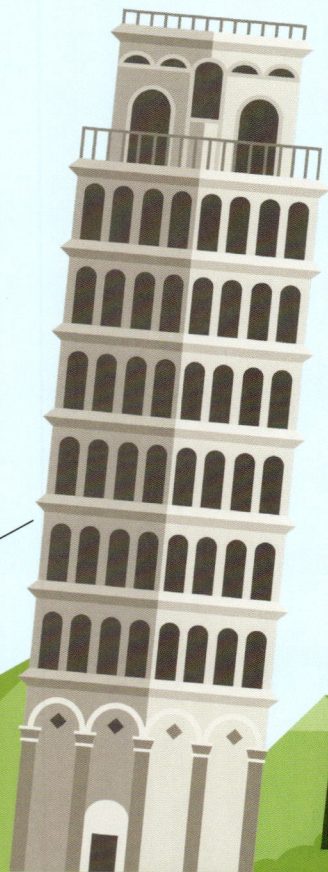

内部和外部

下一阶段是搭建建筑主体框架和屋顶框架，铺设屋顶和墙壁材料，以及添加柱子和楼梯等内部结构。通常，工人会在完成所有框架后再安装门和窗，以免造成损坏。

最后的修整

最后一个阶段是对建筑进行装修：粉刷墙壁，铺贴墙纸或瓷砖，在地面铺上地毯，安装插座、灯具、暖气片、管道，以及浴室、卫生间和厨房用具。

施工现场很危险。工人可能面临坠楼、触电、听力受损和吸入导致肺部疾病的有毒烟雾等危险。施工现场的工人一定要佩戴安全帽和护耳。

有趣的事实

位于西班牙巴塞罗那的罗马天主教教堂——圣家族大教堂是全球工期最长的建筑项目之一。该项目于1882年动工，预计竣工时间为2026年，但实际竣工时间可能要推迟到2040年。负责设计圣家族大教堂的建筑师安东尼·高迪于1926年去世，当时教堂才完成了不到四分之一。

17

摩天大楼

有些摩天大楼为木制结构。2016年，加拿大温哥华高53米的18层学生宿舍布洛克公寓成为当时全球最高的木制结构建筑。

摩天大楼是建筑领域在过去150年中最伟大的创新之一。因为钢制框架结构能够支撑建筑庞大的质量，这些高耸入云的多层建筑才得以出现。墙壁如同窗帘一样悬挂在钢架上，无须像之前一样必须支撑上层的质量，解除了对建筑的高度限制。另一项重要的创新是19世纪50年代发明的安全电梯，它为人们提供了安全、快速和高效的升降方式，让摩天大楼的高层不再"遥不可及"。

柔韧的结构

硬度和延展性都很出色的钢材常用于制作摩天大楼的框架，因为钢制框架结构支持建筑小幅度移动和弯曲，而且不会断裂。这种柔韧性为摩天大楼提供了抵抗大部分强风、地震，甚至飞机撞击的能力。

管式设计

20世纪60年代以来建造的大多数摩天大楼都采用了空心管式结构：紧密排列的立柱与横梁牢固支撑，形成结实的高强度框架，无须内部承重墙。这种结构可以为摩天大楼提供更多的空间。

> 这层很适合办公。

摩天大楼需要消耗大量的能源。水必须输送到最高楼层，电梯代替了楼梯。但从积极角度来看，大玻璃窗减少了照明需求。

哈利法塔

迪拜哈利法塔于2010年竣工，成为目前世界上最高的建筑。哈利法塔高828米，共163层。与许多摩天大楼不同，哈利法塔没有使用钢制框架结构，而是采用了钢筋混凝土内核作为支撑。

你相信吗?

全球最早的摩天大楼建于古罗马时期，可能达到10层或更多层，高度可能超过了25米。这些建筑的上层通常租给贫困的人。由于内部没有供水，也没有电梯，所以这座大楼并不是舒适的住所。

地震

建筑师会为地震多发地区的建筑安装阻尼器，这种装置可以通过弹簧、液压装置或摆锤等形式，产生向相反方向运动的力，达到减震的目的。他们也可能在建筑的底部安装减震垫，隔离建筑的地基，减弱振动能量的传递。

灾害多发地区的建筑

火山爆发、地震、飓风、洪水和火灾，全球有许多自然灾害频发的地区，而且这些地区也生活着大量的人口。为这些地区设计建筑的建筑师面临着更大的挑战，他们必须设计可以抵御此类自然灾害的建筑结构。在时间和资金充裕的情况下，建筑师可以采用特殊技术增强建筑的安全性，抵御可能出现的自然灾害。

火山附近的建筑需要结实的屋顶和百叶窗，阻止飞落的火山灰。相比木质框架，钢制框架更防火。

完美的房子！

洪水

　　在洪水多发的孟加拉国，人们为房屋修建了坚固的砖混地基和下半截墙体，防止房屋被洪水冲走。墙壁上半部分是固定在竹竿上且成本低廉的黄麻。房屋周围种植了耗水量较大的植物，加快洪水过后的恢复速度。

飓风

　　在受飓风侵袭的地区，建筑师通过墙体将屋顶与地基紧密地连接在一起。相比高大的方形建筑，低矮的圆顶建筑更能抵抗飓风的冲击。而且，窗户上可以安装塑料窗格进行防护，或者使用防震玻璃。

　　在容易受到海啸袭击的地区，建筑下方通常有结实的钢架结构支撑，这层被称作"洪水间"，海水可以"穿堂而过"。在不受海浪威胁的季节，人们会在钢架外面安装上玻璃，也可以当作房间使用。

防火措施

如何建造一座防火的房屋？
- 房屋和周围的树木之间留出足够的空间。
- 屋顶和墙壁要使用耐高温的防火材料。
- 安装卷帘式金属百叶窗来保护玻璃门窗。
- 保护余烬可以进入的入口，例如通风孔和屋顶裂缝。
- 安装喷淋系统。

可持续建筑

建筑业是影响地球环境的重要因素之一，会污染空气和水源，产生大量的垃圾，引发气候变化。近年来，建筑师和建筑商一直在探索最大限度减少破坏环境的方法。建筑师努力提升建筑的能源利用率；建筑商则尝试各种方法，尽可能减少废物，并增加当地材料的采购量，减少运输需求。可解构（拆解）的建筑达到使用期限后，人们会尽量回收建筑材料并重复使用。

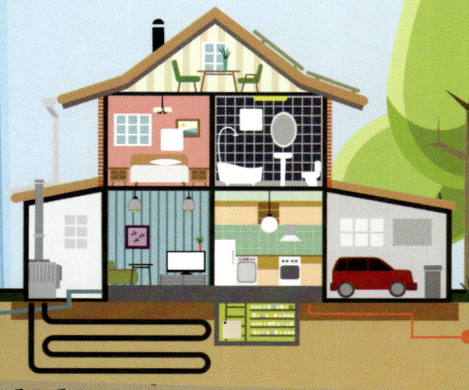

建筑师利用可回收材料和模块化结构，对建筑进行"解构设计"，以便拆解达到使用期限的建筑物。

设计

为了提升能源的利用率，人们不断开发新技术，为建筑配备节水马桶，设计由运动探测器控制的照明系统，安装可以最大程度减少热量损失的保温墙和双层玻璃窗，规划能够充分利用日光并减少电力照明需求的窗户布局。

拆解

与拆除不同，拆解的过程较慢且劳动强度很大。工人必须小心拆卸可以重复使用的部件，以免损坏。这样做可以节约成本，而且能够减少对新材料的需求，同时减少因焚烧垃圾或生产新的建筑材料而排放的温室气体。

索莱尔（Solaire）是纽约的一座"绿色"住宅楼，它可以通过回收废水来满足冷却塔、厕所和花园的用水需求。它还安装了自动照明和太阳能电池板来降低能耗。

从我做起

与你的父母讨论，利用以下方法最大程度地保护环境：

- 安装节能灯泡。
- 使用节水花洒、水龙头和马桶。
- 选择二手、可回收或材料环保的家具。
- 在冬季，稍微调低暖气片或空调的温度。

施工

建筑工地每天都会产生大量的废料。现在，政府鼓励建筑商回收和重复利用废料，而不是简单地送到垃圾填埋场。

借助计算机软件可以准确估算需要的物料数量，避免浪费，从而减少产生的废料。

收集废料而非订购新的材料，提升材料的利用率。

将不同的废料进行现场分类，回收可用废料。

拆除

使用炸药爆破拆除之前，工人必须拆除所有窗户的玻璃，并用特殊的织物包裹立柱，甚至整层地板，防止因材料飞溅导致的损坏或伤害。

进入生命周期最后阶段的建筑将被拆除，尤其是已经废弃或不安全的建筑。拆除建筑之前必须获得审批部门的许可，并通知公众。以前，人们使用小型工具手动拆除建筑，20世纪以来，大型机器的应用越来越广泛，其中最常见的是破碎球。有些大型建筑可能通过爆破的方式拆除。

推倒

起重机吊起重达6000千克的巨大破碎球并撞击建筑的墙壁，将建筑夷为平地。对于高层建筑，人们可以使用带有延长吊臂的挖掘机，然后搭配巨型剪刀或锤子，切割钢筋或粉碎混凝土。

24

倒塌

低层建筑可以通过破坏地基的方式拆毁：使用液压挖掘机在建筑墙体下方进行挖掘，让建筑坍塌。中央拆除法是法国的一种高层建筑拆除技术：破坏中间楼层的支撑，引发顶部坍塌，进而产生足以破坏底层的能量。

倒塌的高楼

一系列定位精准的小型爆破也可以破坏高楼大厦的结构支撑，让建筑以可控的方式侧向倾塌或垂直坍塌。

爆破法需要使用炸药，例如硝酸甘油。将炸药安放在较低楼层的立柱上挖出的爆破孔中。设定炸药的起爆时间，让建筑以预设的方式坍塌。爆破专家需要参考建筑平面图并创建三维模型，预测建筑的倒塌方式。

分层拆除

"分层拆除法"是一种在建筑密集地区安全拆除建筑的方法。先用液压千斤顶支撑起主体结构，从低楼层开始进行拆除，完成一层后，千斤顶的高度就降低一层。在所有楼层重复这个过程。与其他拆除方式相比，分层拆除法可以显著减少粉尘和噪声，并减少送往垃圾填埋场的废料。

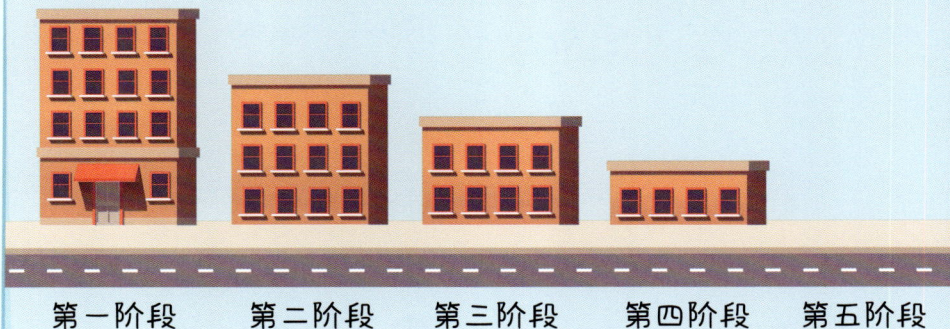

第一阶段　第二阶段　第三阶段　第四阶段　第五阶段

25

未来建筑

智能建筑还可以监测外部环境，并根据天气状况（晴天或阴天）调整窗帘和太阳能板。

未来建筑可能更智能、更环保，而且灵活多变。从马桶到电梯，未来的所有日用品或许都将配备微型计算机，它们将组成"物联网"，帮助建筑更高效地满足用户的需求。例如，传感器可以监测建筑中当前的用户数量及分布位置，然后根据需要提供照明、供暖等服务。

能源共享

随着能源存储和传输技术的发展，未来建筑将实现共享能源。低负载的建筑可以将多余的能源输送给高负载的建筑物。此外，建筑物还可以使用地热泵和太阳能板从周围环境中获取能量。

26

灵活的设计

未来建筑或许不再是刚性结构，而采用极其灵活的设计，可以根据不同的用途进行调整。由许多独立单元组成的模块化结构可以根据用户需求自由添加或移除房间，甚至整个楼层。

机器人

机器人已经能够摆放砖块和铺路石，测量师也开始借助无人机来绘制场地平面图。未来，建筑行业可能会使用更多机器人等人工智能设备。

有趣的事实

第一座高度超过1000米的建筑目前正在建造中。竣工后，沙特阿拉伯的吉达塔将高达1008米。

建筑可以打印吗？现在有一种外形类似起重机的机器可以打印混凝土墙。然后，在墙上安装门、窗和屋顶就可以快速建成一幢房屋，以便尽快安置遭受自然灾害的人们。

27

竹筋混凝土

钢筋是传统的混凝土加固材料。不过,随着钢铁成本的上涨,竹子可能在未来成为一种廉价且环保的替代品。竹纤维可以与有机树脂混合,形成不会腐烂的耐用材料。此外,竹子在生长过程中可以吸收大气中的二氧化碳,有利于环境。

未来建筑材料

未来的建筑材料将比现有建筑材料质量更轻、硬度更高、材质更柔韧且更耐用,或者具有更优秀的抵御风、雨或火灾的能力。有些材料甚至可能获得全新的特性。例如,科学家们开发了一种自愈混凝土。这是一种混合了活细菌的混凝土,细菌可以使裂缝自动闭合并抑制苔藓的生长。如果你喜欢长满青苔的墙壁,现在还有一种"生物友好型混凝土"可以促进苔藓的生长。

木材在没有氧气的情况下高温燃烧可以生成生物炭。这是一种坚硬且耐用的细粒木炭,能够用于建筑物的表面。

没关系,我可以自愈。

阻隔信号的涂料

科学家开发了一种特殊性能的新型涂料，该涂料可以阻隔辐射，屏蔽手机和电视信号，非常适合注重安全和隐私的建筑，例如政府机关和监狱。

你好！你好！我什么也听不见！

通过分层浸泡液体阻燃剂制成的一种新型防火胶合板可以有效防火。

音乐瓷砖

蜘蛛丝的强度是钢的5倍，是未来建筑领域一种极具潜力的材料——前提是科学家能够在实验室中研究出合成人造蜘蛛丝的方法。蜘蛛丝的共振效果出色，因此用这种材料制成的瓷砖、面板或许能够改善音乐厅的声学效果。

这里的音质不错！

有趣的事实

石墨烯被称为世界上第一种二维材料，因为它的厚度只相当于一个碳原子。石墨烯不仅强度出色、质量极轻，而且可以导电。用石墨烯研制出的导电油墨可以直接在墙壁上"印刷"电路，只需手指轻触墙壁即可显示出数据，使建筑的墙壁变成可交互的设备。

29

术语表

巴西利卡 古罗马的一种长方形公共建筑，外侧有一圈廊柱，采用条形拱券作为屋顶。

承包商 承包建造建筑的建筑商或公司。

地热泵 一种从地下获取热量的加热系统。

渡槽 跨越山谷输送水的桥梁。

飞扶壁 一种起支撑作用的建筑结构。

钢筋混凝土 添加了钢筋以增加强度的混凝土。

拱顶 通常见于教堂和其他大型建筑物的拱形屋顶。

灌浆 填充缝隙（如墙砖之间的缝隙）的糊状物。

夯土 一种压紧泥土、沙子、砾石和黏土等混合物来构造建筑地基、地板和墙壁的方法。

混凝土 由沙子、水泥和水等混合制成的材料，可以平铺或利用模具制作成不同的形状，硬化后硬度接近石块。

基座 建筑或墙壁的支撑部分。

建筑学 研究建筑设计艺术和技术的学科。

脚手架 工人在建筑外部搭建的临时结构，用于建造或维修建筑物。

绝缘体 不善于传导电流的材料。

勘测 在建造之前勘察、测量并记录土地的特征。

可持续性 避免自然资源枯竭，可以长久使用或维持的状态。

露天圆形剧场 一种开放的圆形或椭圆形建筑物，用于表演戏剧或举办体育赛事。

模块化结构 一种通过独立模块构建建筑的结构形式。

三角楣饰 古希腊庙宇或其他古建筑正面的三角形装饰。

石膏板 以石膏为原料制成的材料，广泛用于建筑物的内墙或天花板。

踏轮 一种通过踩踏踏板而转动的大轮子，可用于驱动机械。

通风 为建筑提供新鲜空气。

土砖 一种用泥土制成的古老建筑材料。英文"adobe"（土砖）源于西班牙语，意思是"泥砖"。

挖掘机 用铲斗挖掘土壤、煤、石块等物料的大型机器。

卫生系统 提供饮用水和污水处理的设备。

温室气体 加剧全球变暖的气体，例如二氧化碳或甲烷。

冶炼 通过加热和熔化从矿石中提取金属的方法。

液压 一种利用液体传递压力的机械系统。

阻燃剂 防止材料燃烧的物质。

Original title: The Science of Weather
Author: Ian Graham
Copyright © The Salariya Book Company Ltd 2018
All rights reserved

版权贸易合同登记号　图字：01-2021-4813

图书在版编目（CIP）数据

厉害了，科学. 天气／（英）伊恩·格雷厄姆（Ian Graham）著；陈彦坤，马巍译. --北京：电子工业出版社，2022.3
ISBN 978-7-121-42971-2

Ⅰ.①厉… Ⅱ.①伊… ②陈… ③马… Ⅲ.①科学知识—少儿读物 ②天气—少儿读物 Ⅳ.①Z228.1 ②P44-49

中国版本图书馆CIP数据核字（2022）第029003号

责任编辑：董子晔　文字编辑：吕姝琪
印　　刷：北京缤索印刷有限公司
装　　订：北京缤索印刷有限公司
出版发行：电子工业出版社
　　　　　北京市海淀区万寿路173信箱　邮编：100036
开　　本：889×1194　1/16　印张：40　字数：483千字
版　　次：2022年3月第1版
印　　次：2022年3月第1次印刷
定　　价：398.00元（全20册）

凡所购买电子工业出版社图书有缺损问题，请向购买书店调换。若书店售缺，请与本社发行部联系，联系及邮购电话：（010）88254888，88258888。
质量投诉请发邮件至zlts@phei.com.cn，盗版侵权举报请发邮件至dbqq@phei.com.cn。
本书咨询联系方式：（010）88254161转1865，dongzy@phei.com.cn。

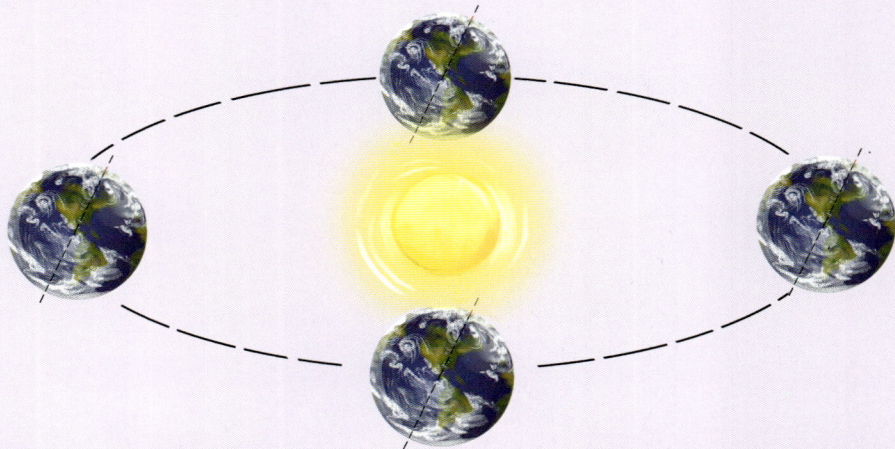

厉害了，科学

天气

四季更迭的真相

[英]伊恩·格雷厄姆 著

陈彦坤 马巍 译

电子工业出版社·

Publishing House of Electronics Industry

北京·BEIJING

目录

温暖的阳光、刺骨的寒风、吓人的雷电、晶莹的雪花、漫天的浓雾、厚重的乌云、倾盆大雨及清澈湛蓝的天空，这些都是在地球上某个地区正在出现的天气现象。自然界的日常变化影响着我们生活的方方面面。例如，我们需要根据天气状况选择穿戴的衣物，当交通因为洪水或暴雪中断时调整出行计划。雨水不仅可以滋养农业作物，而且能够形成河流和湖泊，为人们提供适合居住的环境。风吹动海面产生海浪，可以塑造海岸线的形状。科学能够解释所有天气状况产生的原因和方式。

大气层

地球外层被空气包围，这层空气叫作大气层。大多数天气现象出现在大气层中靠近地球表面的一层，即对流层。距离地球表面越远，空气的温度越低，这也是很多高山山顶覆盖积雪的原因。

地球大气层的厚度约为500千米，从地球表面向外，大气层的分层依次为对流层、平流层、中间层、热层和散逸层。

天气的形成

你是否曾好奇各种天气现象是如何产生的？太阳是产生所有天气现象的根源。阳光照射在地球表面，引发地表空气温度升高。温暖气流上升，然后在上升过程中遇冷并下沉，再重返地面。不过，地球表面的温度并不平均。陆地的升温速度高于海洋，而且云层会遮蔽阳光，致使部分地球表面暂时无法获得阳光照射。由于地表升温和降温，以及空气上升和下降并不会保持完全统一的步调，空气将受到扰动，进而产生风、云、雨、雪和风暴等我们熟悉的天气现象。

我想知道今天是什么天气？

高气压和低气压

空气会在地球表面产生压力，这种压力叫作气压。气压会随着空气温度的变化而升高或降低。低气压意味着阴天、降水或风暴，高气压意味着晴朗的天空和平静的天气。通过电视、报纸或互联网发布的天气预报，我们可以看到高气压和低气压的分布状况。

好消息——今天我们将迎来高气压！

有趣的真相

空气的上升或下沉并不是垂直升降的过程。地球的自转将引发空气运动轨迹的旋转。并且，以赤道为界限，南北半球空气旋转的方向是相反的，这种现象叫作科里奥利效应。

赤道

上升与下沉

气压的变化会影响天气，因为气压变化将引发空气上升或下沉。低压空气团升高并降温，空气中所含的水分将形成云；高压空气团下沉并升温，云朵将蒸发并消失，天空变得晴朗。

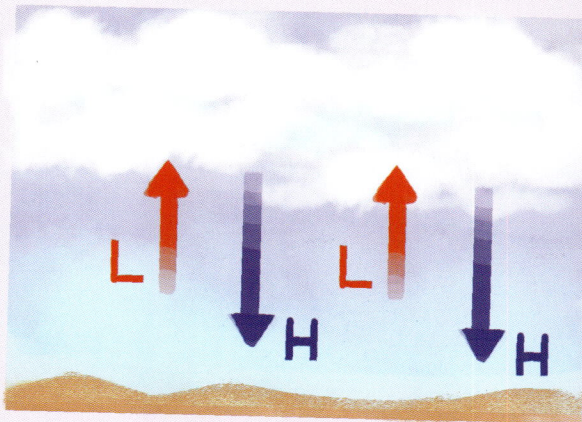

地球表面的气压源于空气的质量，一个标准大气压相当于1平方厘米面积上承受约1千克空气的压力。

7

深入云层内部

在云层中，水滴的直径仅有0.02毫米，只有一纸张厚度的五分之一。尽管包含的水滴十分微小，但数量惊人，所以乌云能够轻松容纳数千吨水。

云滴

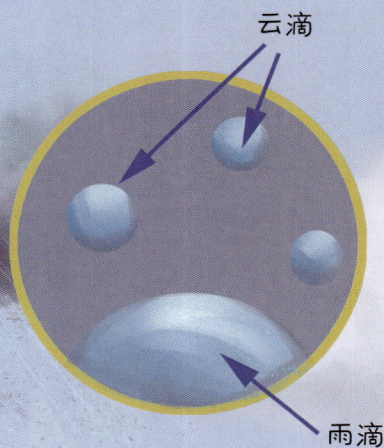

雨滴

由于每年的日照时间只有800个小时，南极洲的爱德华王子岛是全球最冷的地方之一。美国亚利桑那州的尤马则凭借平均每年4015个小时的日照时间荣膺"全球日照之都"的称号。

云

云可以如羽毛般轻盈飘逸，如棉絮般蓬松洁白，厚重时也可遮天蔽日，令人恐惧。但水是所有类型云的构成元素，包括气态的水蒸气、液态的水滴或固态的冰晶。水来自地球表面。阳光照射在水面上，水温升高，水蒸发变成水蒸气（从液态转变为气态），上升的空气携带水蒸气升入高空，并逐步降温。在降温过程中，水蒸气液化形成微小的水滴或凝固形成冰晶。水滴或冰晶可以将阳光散射到各个方向，这也是云在大多数时候看起来是白色的原因。

云和雾的形成方式相同，雾不会远离地表，而云飘浮在高空。如果烟与雾混合，则会形成烟雾。

云的分类

云主要分为3类，分别为层云、积云和卷云。层云和积云的高度较低。层云是一种均匀成层且延展范围极广的云，经常会带来降水；积云外形十分蓬松，可能发展为风暴云；卷云是高度最高的云，通常由细小的冰晶组成，形似羽毛。

层云   积云   卷云

当水滴与灰尘混合

冷空气中的水分必须接触固态物质，如灰尘微粒，才能形成云滴。喷气式飞机留下的尾迹也是这样形成的。喷气式飞机排出的废气中的化学物质与空气中的水蒸气混合，形成水滴，然后凝结成冰晶，变成尾迹。

你相信吗？

在干燥的地区，向云中增加微小的颗粒可以形成降水。这个过程叫作人工降水。通过飞机播撒或从地面发射催化剂的方式向云中增加微粒，水汽聚积在这些微粒周围才可以形成雨滴。

q

季风雨

每年夏天，来自印度洋的暖湿气流都会吹向炎热的印度西南部大陆。高温将带动空气快速上升并冷却，然后形成大雨。到了冬季，风向发生改变，由陆地吹向海洋。这种季节性风被称为季风。

热带地区的空气温度极高，几乎一半的降水在落到地面之前就已经蒸发掉了。

降水

有时候下雨让人烦恼，因为它会让一天的计划泡汤；有时下雨也十分危险，因为它可能会引发洪水。不过，我们必须适应，因为下雨（降水）对生命十分重要。海洋生物已经适应了高盐分的海水，但陆地上的动植物必须依赖淡水，而降水是重要的淡水来源。如果没有降水，地球将缺乏充足的淡水，陆地可能陷入荒芜。下一次，当冰冷的雨滴顺着你的脖子流下时，请记得，如果没有雨，生命也将不复存在！

小雨、小雨，快快停！

水循环

自然界的水在始终不停地循环，降水是全球水循环的一部分。太阳照射加快水的蒸发，进而形成云。云可以带来降雨或降雪，这意味着水将重返地球表面。然后水在太阳的照射下又会蒸发，再次开始整个循环过程。

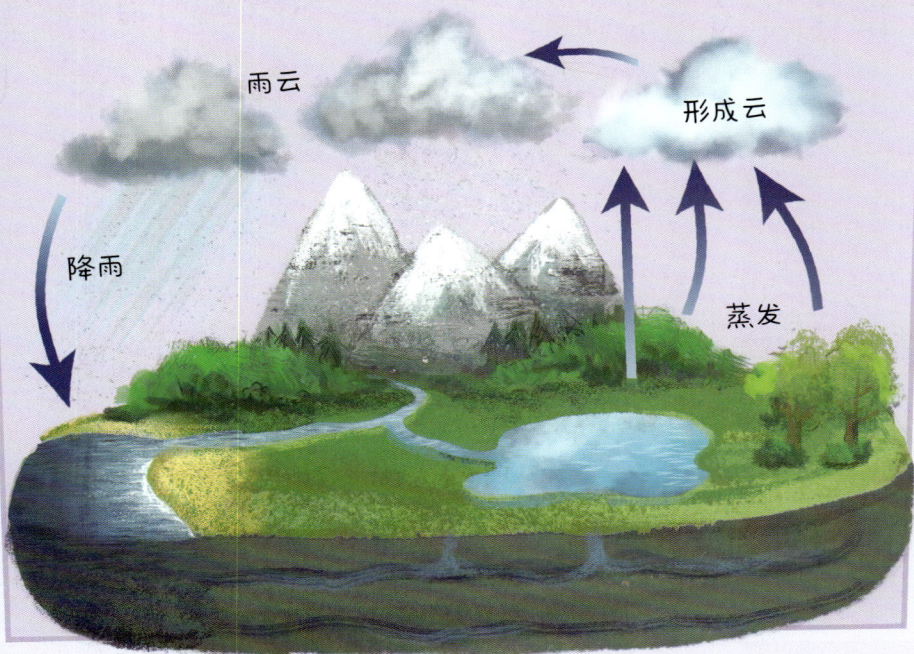

雨云

降雨

形成云

蒸发

什么是彩虹?

雨过天晴，太阳露出笑脸，这时，太阳对面的天空有可能出现彩虹。彩虹是如何产生的？当阳光照射空气中悬浮的水滴时，会发生折射并形成色散，这就是我们看到的彩虹。

不仅阳光可以制造彩虹，月光也可以形成微弱的月虹。不过，月虹十分罕见，因为月光的亮度太低。

你相信吗?

我们现在饮用的淡水已经在地球上循环了数百万年。想象一下，你杯中的水可能是曾经落在恐龙头上的雨滴，是不是很有趣？

11

炎热和寒冷

热力学的最低温度叫作绝对零度，即零下273.15摄氏度。当然，地球不可能达到如此低的温度。

阳光明媚的天气适合参加户外活动。但即使温度没有明显波动，天气也会变差，甚至十分危险，导致我们无法出行。热能在不断地移动，从高温地区移动到低温地区。热能从太阳传递到地球，从热带向南极和北极转移，从炎热的陆地和温暖的海域向冷空气中流转。最终，热能将散逸到太空。

寒冷的极地

赤道地区天气炎热，两极地区则十分寒冷。温度的差异主要源于地球的形状。在赤道地区，近乎直射的阳光带来了巨大的热量。在接近极点的两极地区，地球的曲面使得阳光大面积分散，减弱了阳光的升温效应。

阳光

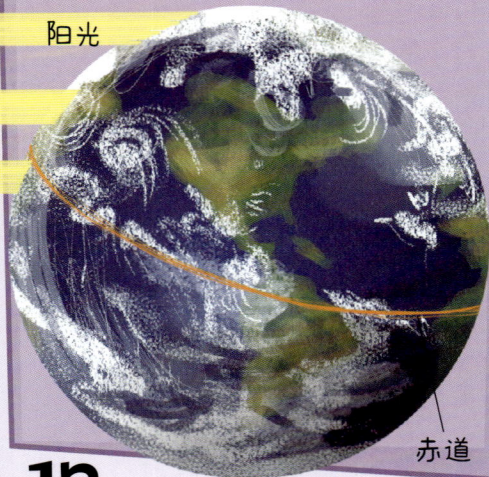

赤道

我喜欢炎热的天气！

12

热浪

热浪表示持续数天异常炎热的天气。当一个巨大的高压气团持续出现在某个地区的时候就会形成热浪。高压气团就像一个巨大的"锅盖"，连日将热空气"困"在当地，隔绝与其他地区的热交换。

我讨厌热浪！

动手实验

温度的变化会使水的体积膨胀或收缩。将一个装水的塑料瓶放入冰箱（注意：水不要装满），然后第二天取出。我们可以直观感受体积的变化——水变成冰后体积将膨胀。

大多数物质都遵循热胀冷缩的原理。相比寒冷的冬天，位于法国巴黎的埃菲尔铁塔会在天气炎热的夏天"长高"大约15厘米。

什么是海市蜃楼？

热可能产生幻象！当地面温度升高时，我们可能看到远处出现了一个波光粼粼的湖。实际上，这是地表热空气上升使光线发生折射产生的虚像。这种现象被称为海市蜃楼。

为什么地球是倾斜的？

有些学说认为，数十亿年前，一个与火星差不多大小的行星撞击了地球。两颗行星合二为一，但巨大的撞击力导致地球出现了23.5度的偏转。撞击产生的碎片在引力的作用下聚集并形成了月球。

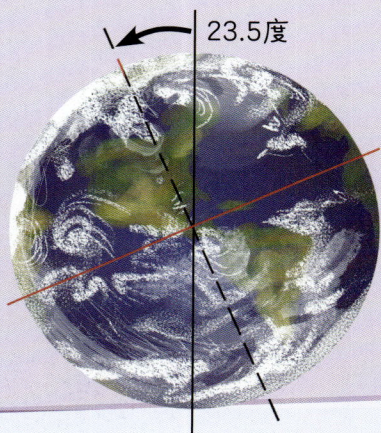

23.5度

地球绕太阳公转一周需要365.25天，即一年的时间。与此同时，地球也在自转，自转一周的时间为24小时，即一天一夜的时间。

季节

时光流转，天气将呈现年复一年的规律性变化。每年循环出现温暖、寒冷、湿润或干燥的不同时间段就是季节。一年分为春、夏、秋、冬四个季节，季节更迭是地球倾斜着围绕太阳公转的结果。在赤道附近，气温几乎全年保持不变，但降雨量有明显的变化。因此，赤道附近只有两个季节——雨季和旱季。

夏季

秋季

春季

冬季

四个季节

当太阳直射的区域偏向地球的北半球时，北半球将迎来夏季，而南半球将进入冬季。6个月之后，太阳照射北半球的角度变小，寒冬将笼罩北半球，而南半球则迎来盛夏。

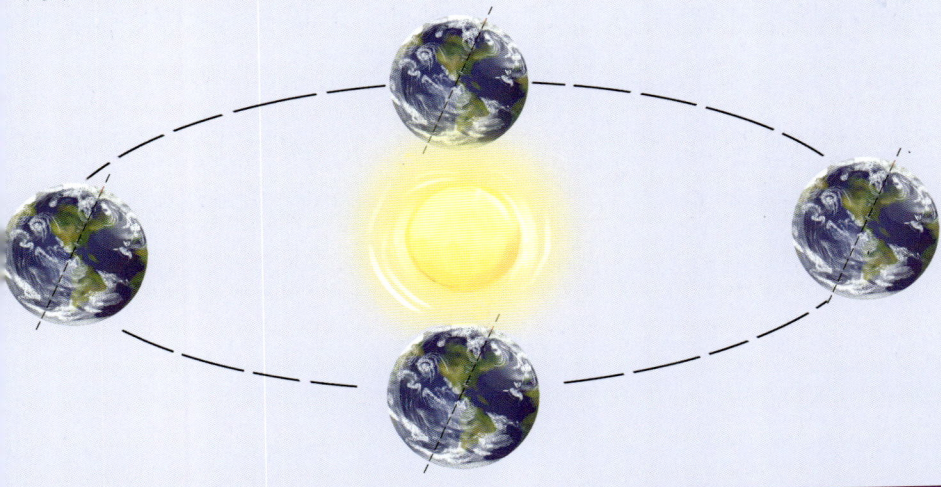

季节的英文名称来自古老的语言。春季（spring）的意思是"生长"，夏季（summer）代表着"半年"，秋季（autumn）意味着"成熟"，而冬季（winter）则表示"潮湿"或"水"。

午夜的太阳

由于地球沿着特殊的轨道围绕太阳公转，加上地轴倾斜的影响，北极一年中有6个月太阳不会落到地平线以下，也就是说午夜也能够见到太阳。北极的极昼对应着南极的极夜——连续6个月太阳都不会升起。之后，极昼和极夜将发生交替：北极进入极夜，南极迎来长达半年的"白天"。

现在是午夜。

有趣的真相

在北极地区，当极夜来临时，有的驯鹿可以在黑暗中生活数周时间。它们的眼睛会改变颜色，由夏季的金色变成冬季的蓝色，以便在黑暗中看得更清楚。

15

冰与雪

当冰冷的雨水落在温度更低的地表时，雨滴将变成冰，给树木、汽车甚至整栋建筑物穿上厚厚的"冰衣"。这些冰将持续增厚，甚至会压倒树木和电线杆。如果云层内部的温度低至冰点以下，云中的水滴将凝结成小冰晶，而不是雨滴。微小的冰晶在云层内部飞舞，凝结更多水分，形成雪花落下。

星形雪花

你是否曾好奇，为什么大部分雪花都是六角形的？因为凝结成雪花的水分子在结合时为了更加稳定，以六角形的方式把6个水分子黏在一起，形成六边形，然后继续聚集，最后形成6个角的雪花。

16

清晨的露水和霜

如果地面附近的气温足够低，空气中的水分将凝结成小水滴，冰冷的地面上就会形成露水。露水大多出现在寒冷的夜晚。如果地面的温度进一步降低，水分将变成冰晶，形成覆盖地面的白霜。

晚上结霜了。

为什么会这样？

有时候，严寒可能导致水管爆裂。这是因为水具有不同寻常的物理特性。通常，液体的体积将随温度的降低而缩小。而水的体积在4摄氏度时最小，如果温度继续降低，其体积反而会膨胀。

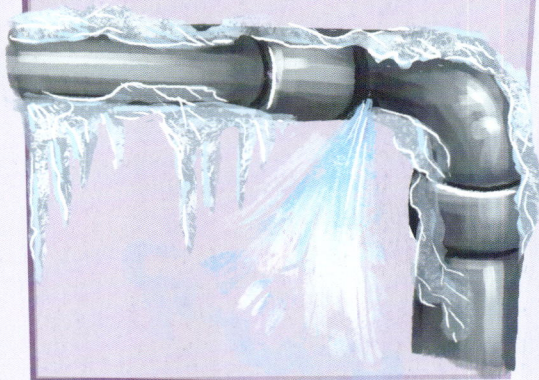

雪花飘落的速度为每小时5千米左右，冰雹（实心冰球）撞击地面的速度可以达到每小时100千米以上。

什么是暴风雪？

暴雪和强风的结合叫作暴风雪，暴风雪通常意味着灾难。暴雪在风的裹挟下掩盖路面，遮蔽整个天空，形成能见度为零的乳白色天空。

真希望我现在在非洲！

17

急流

大气中的狭窄强风带叫作急流，靠近南极和北极的极夜急流速度最快，可以达到每小时400千米。急流像高速列车一样在全球运送暴风，进而影响天气。

极夜急流

副热带急流

狂风起兮

空气很少会在某地长时间停留。大气层不断变化的气压为全球范围的空气流动注入源源不断的动力。空气的流动让拂面清风变成摧城拔寨的狂风。风可以在海面掀起波浪，改变海岸的形状。风还为远航的船只提供动力，帮助探险者走得更远，推动人类的历史进程。现在，风还可以驱动风力涡轮机发电，为人类社会提供可持续发展的绿色能源。

在太阳系中，离太阳最远的行星——海王星的风速最快。科学家探测到海王星上的风速最高可以达到每小时2100千米。

最快的风

龙卷风是一种漏斗状的旋风，有时候可能形成雷暴。龙卷风是地球上的最高风速纪录保持者，可以达到每小时480千米。龙卷风如同巨大的真空吸尘器，甚至能够将重型卡车卷到空中。

信风

赤道近地面的热空气受热上升，并向南极和北极移动，温度较低的空气将填补热空气留下的空缺，于是就形成了隐定的信风。在赤道以北，信风从东北方向吹来；在赤道以南，信风从东南方向吹来。信风（trade winds）的名称源于古老的英文习语"blow trade"，意思是"（风）不变方向地吹"，表明了信风方向稳定的特点。

动手实验

在瓶子中制造龙卷风。在一个塑料瓶中装大约3/4的水，然后添加几滴肥皂水和一小撮闪光粉。拧紧瓶盖，摇晃瓶子，让其中的物质充分混合，然后抓着瓶身快速水平画圈。瓶中的水是不是出现了快速旋转的小龙卷风？

美国每年有记录的龙卷风数量多达千次以上，其中多数发生在美国中西部一个名为"龙卷风走廊"的地区。

19

雷鸣与闪电

雷暴经常带来强冰雹。历史记录中最大的冰雹直径达到了20.3厘米，重达1千克，于2010年7月23日出现在美国南达科他州。

积雨云

可以产生雷暴的云称为积雨云。积雨云远看像耸立的高山，高度可以达到20千米以上，接近对流层的顶部。因此，积雨云的顶端会向周围延伸，形成平顶，因此它还有一个绰号——砧状云。

雷暴是很多人经历过的最极端的天气——狂风伴随着划过天际的刺目闪电，还有震耳欲聋的雷鸣，恍若世界末日。雷暴发生时伴随着强风、暴雨和冰雹，暴雨有可能引发洪水。这些极端天气的持续时间通常很短，一般不会超过一个小时。雷暴会发生在全球任何地方，但热带地区最为常见，因为快速升高的地面热空气携带着来自海洋的大量水分，很容易与高空的冷空气结合形成积雨云。

在雷暴内部

潮湿、温暖的空气在升高过程中会逐步冷却并形成云。云会继续升高，温度也会进一步降低，并形成雨滴和冰晶。雨滴和冰晶因为重力而下落，但在上升气流的承托下再次升高，继续增大、变重，最终变为暴雨或冰雹降落到地面上。

砧状云

风

雨和冰雹

闪电

冰晶在积雨云中上下翻飞时，会相互碰撞并携带电荷。巨大的电火花在云层中穿梭，在云与地面之间迸发。这些火花就是闪电。闪电的温度甚至超过了太阳表面的温度。

科学家通过放飞可以深入雷暴的飞行器和向积雨云中发射火箭以吸引闪电（人工引雷）的方式，进行闪电研究。

为什么会这样？

建筑物大多采用避雷针或避雷导线避免受到雷击。避雷针是一根金属杆或导线，可以将闪电蕴含的巨大能量从建筑物顶端传导到大地中。

21

巨大的风暴

被称为热带气旋的巨大风暴是风力最大、破坏力最强的风暴。这种风暴通常在赤道附近的热带海域生成，吸收了海洋表面的热能和水分，能够成长为直径800千米的巨大风暴气旋。这种巨型风暴持续从海洋中吸取力量并成长壮大，直到抵达陆地，然后迅速衰弱。在大西洋、加勒比海和东太平洋形成的热带气旋叫作飓风，西太平洋形成的热带气旋叫作台风，印度洋和澳大拉西亚出现的气旋则叫作旋风。

热带气旋一般在夏末海洋温度最高的时候出现。通常，大西洋每年大约会形成6次飓风，最多可以达到15次。

旋转

顾名思义，热带气旋始终在不停地旋转。赤道以北形成的气旋呈逆时针方向旋转，赤道以南形成的气旋呈顺时针方向旋转。两种气旋从来不会跨越赤道"串门"，因为热带气旋形成后将朝远离赤道的方向移动。

热带气旋通常以每小时16~24千米的速度在地球表面移动，有些风暴的速度可以达到每小时50千米以上。

制造飓风

温暖的海洋是形成飓风的必要条件，即水温不低于27摄氏度。温暖的海水加热空气，热空气上升，形成一个由雨云、风和雷暴组成的巨大的旋涡。旋涡的中央叫作风暴眼——这是一小片晴朗且平静的区域。

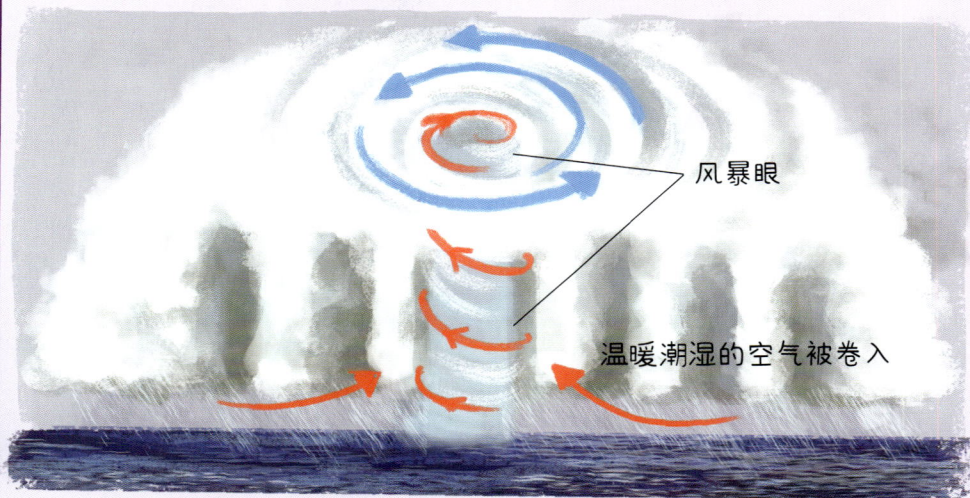

风暴眼

温暖潮湿的空气被卷入

有趣的真相

风暴眼周围的风速最快，而风暴眼内部却十分平静。风暴眼的直径可以达到65千米。

23

天气预报

数千年来，人们不断尝试各种不同的方法来预测天气走势，比如查看历史数据记录，或观察风暴及晴好天气来临前夕动物的行为，寻找其中的规律来预测未来天气。现在，气象专家在全球建立了数千座每天能够提供数百万次气象测量的气象站，以获取精确和充分的气象数据。气象专家还会利用气象气球来监测大气层，太空中的气象卫星会把云图等信息发回地面。气象专家使用超级计算机来分析庞杂的信息，提供尽可能准确的天气预报。

海面浮标

大多数影响陆地的天气现象都起源于海洋。船舶、飞机和海面的浮标都可以用于远程收集天气信息。海洋浮标使用太阳能供电，内置仪器能够自动进行天气测量，并通过无线电将测量数据定时发送至气象中心。

史蒂文森百叶箱气象站

气压计

干湿球温/湿度计用于记录湿度和气温

1861年，英国《泰晤士报》发布了第一个天气预报；1921年，美国威斯康星州率先开始通过无线电广播发布天气预报；1936年，天气预报列入英国电视广播节目单。

太空之眼

太空中的气象卫星能够不分昼夜地监测地球天气走势，它会拍摄云团照片，并标记出低气压和暴风区域。天气预报员可以观察风暴的生长状况，跟踪其运动轨迹，当发现可能接近陆地的危险风暴时，提前向人们发出警告。

数值计算

全球天气是一个不可分割的整体，因此预测纽约或伦敦的天气意味着需要预测全球天气走势。只有世界上最快的计算机才能在有限的时间内完成复杂的计算。气象专家使用的超级计算机能够在一秒内完成数万亿次计算。

有趣的真相

气象卫星位于距离地球赤道表面3.6万千米高空的轨道上，围绕地球旋转一周需要24小时，与地球自转的时间相同。因此，这种气象卫星将始终停留在同一地区的上空，与地球的相对位置保持不变，所以这种卫星叫作地球同步气象卫星。

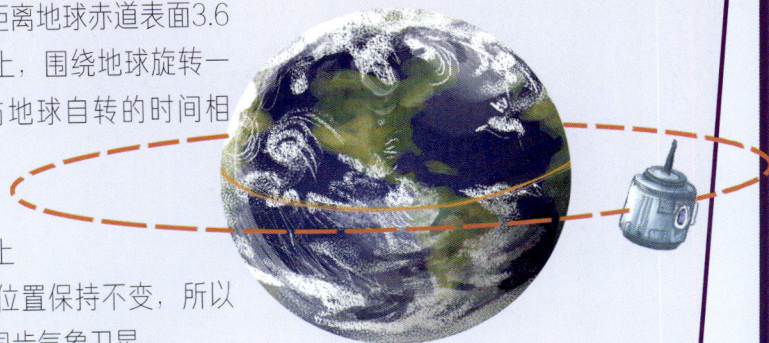

25

全球最高风速纪录为每小时408千米，由1996年澳大利亚巴罗岛附近的热带气旋奥利维亚创造。

纪录创造者

虽然并不经常出现，但有些地区的天气刷新了历史纪录，例如打破地球最高或最低纪录的气温，刷新19世纪气象纪录极值的日降雨量。气象数据证实了全球变暖的观点。全球变暖不仅意味着温度不断变高，而且预示着干旱期的延长、风力的增大，以及风暴的破坏力更强，也意味着目前的各项纪录未来都有可能被打破。

最热的地方

美国加利福尼亚州"死亡谷"的火炉溪创造了地球上最高的温度纪录。1913年7月10日，该地区的最高气温达到了56.7摄氏度，而地表温度还要更高。1972年7月15日，火炉溪的地面温度创造了93.9摄氏度的纪录。

最潮湿的地方

　　凭借11873毫米的年降雨量，位于印度东北部梅加拉亚邦的乞拉朋齐成为全球最潮湿的地方。该地区的降雨主要集中在短短的4个月内，即6月到9月。由于气候过于潮湿，使用竹子和草编织的蓑衣是当地农民的日常服装。

最冷的地方

　　1983年沃斯托克站（位于南极洲的科学考察站）记录到了气象史上的最低温度——零下89.2摄氏度。人类居住区最低的温度纪录出现在1933年。当时，俄罗斯一个名为奥伊米亚康的村庄经历了零下67.7摄氏度的刺骨严寒。

南极

　　持续时间最长的一次干旱出现在智利的阿里卡市。1903年至1918年的173个月，也就是超过14年的时间中，阿里卡市滴雨未降。

你相信吗？

　　通过蟋蟀的"叫声"，我们可以计算出大概的温度。天气越热，蟋蟀翅膀的摩擦频率越高。15秒内的翅膀摩擦次数（叫声次数）加上37，就是当天的大概气温（华氏度）。

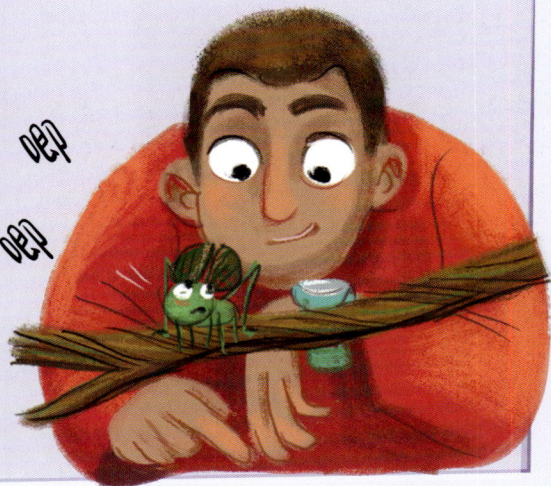

唧 唧 唧

27

气候变化

天气是未来数天内大气层的状态，气候是大气在数十年、数个世纪，甚至更长时间内的状况。科学家研究发现，气候也在不断地变化。过去一个半世纪中，我们燃烧了大量的煤炭、石油与天然气，导致了大气中二氧化碳等温室气体含量的增加。随着二氧化碳含量的升高，大气层吸收的太阳热能也将随之增加，使气温升高。大气层温度的升高最终将改变未来的天气。

全球变暖并不是刚刚出现的，但速度从来没有今天这么快。现在，全球变暖的速度比过去6500万年内的任何时候都快了10倍以上。

不断升高的气温

科学家预测，21世纪全球平均气温将升高至少0.3摄氏度，最多可能升高4.8摄氏度。二氧化碳等引发地球升温的气体被称作温室气体。全球气温升高可能导致干旱持续时间延长且程度加深等严重后果。

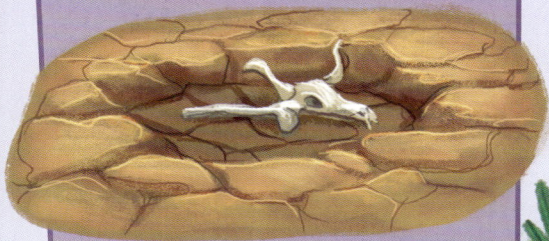

唉，天气正在变得越来越热，越来越干燥。

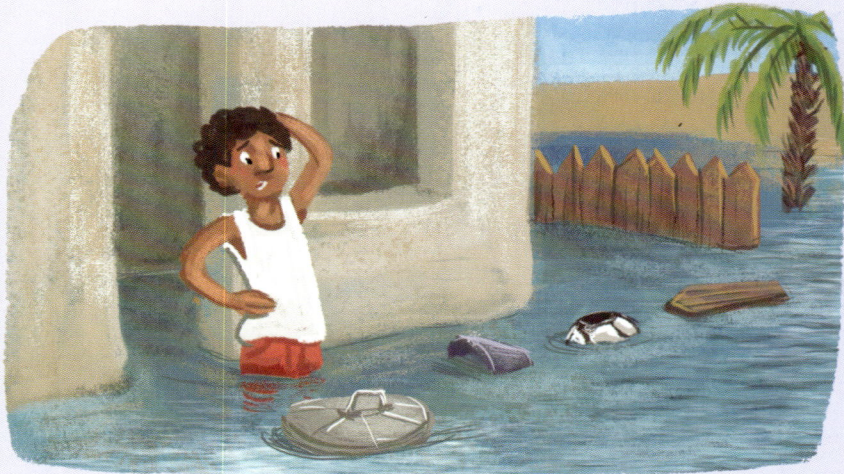

水温不断升高

有些地方的降水量增加，受风暴袭击的次数增加，可能导致洪水越来越频繁。与此同时，海水温度升高将融化更多冰雪，引发海平面上升，北半球受到的冲击尤其严重。事实上，这个现象正处于进行时，而非将来时。

暴躁的未来

热能也是能量的一种形式，所以大气层就是一个巨大的能源库。全球变暖就是为这个能源库持续增加能量，这很有可能导致更严重的风暴和更多的极端天气，例如速度更快的强风或更强的暴雨。

这就是全球变暖……

目前的全球平均气温是几千年以来最高的。

有趣的真相

如果大气层中完全没有温室气体，地球会大幅降温。没有温室气体，地球的平均温度可能达到零下18摄氏度，而不是现在的15摄氏度。

如果没有温室气体，世界可能变成这个样子。

29

术语表

赤道　南、北半球的分界线。

大气层　包围着地球的混合气体层。

对流层　地球大气层中接近地球表面的一层，也是大多数天气现象出现的位置。

二氧化碳　地球大气层中一种含量较低的气体。二氧化碳可以像温室一样储存热量，因此被称为温室气体。

分子　原子按一定键合顺序和空间排列而结合在一起的整体。

风暴眼　位于热带气旋中心，天气晴朗且平静无风的区域。

干旱期　降水极少，甚至没有降水的时期。

海市蜃楼　地面或水面上方热空气层引发的一种现象。

急流　大气中窄而强的风速带，通常的方向为西向东。

季风　随季节而改变风向的风，冬季由大陆吹向海洋，夏季由海洋吹向大陆。

飓风　发生在大西洋、加勒比海和东太平洋海域的热带气旋。

绝对零度　理论上能达到的最低温度，即零下273.15摄氏度。

科里奥利效应　地球自转运动对运动物体（包括空气）的影响。

空气　构成地球大气层的气体。

龙卷风　漏斗形的高速旋转气流。

平流层　地球大气层中的一层，位于对流层上方，中间层下方。

气候　地球大气层的长期气象状况。

气旋　围绕低气压中心旋转的空气旋涡。

气压　大气层产生的压力，即空气的质量在重力作用下施加在地球表面的力。

全球气候变暖　由于大气层中二氧化碳和其他温室气体含量的增加，导致地球温度上升。

热带气旋　温暖洋面生成的旋转的风暴，也叫作飓风、台风或旋风。

散逸层　大气层的最外层，距离地面500千米以上，温度可达几千摄氏度，空气极其稀薄，并逐渐消融到星际空间。

水循环　水从陆地和海洋蒸发升入大气层，又以雨、雪等形式重返地球表面的自然过程。

台风　西太平洋海域生成的热带气旋。

太阳能　利用太阳光获得的能源。

卫星　沿闭合轨道围绕行星周期性运行的天体。

信风　方向不变的风。（北半球吹东北信风，南半球吹东南信风。）

蒸发　由液态变为气态的过程。

中间层　地球大气层中的一层，位于平流层上方。

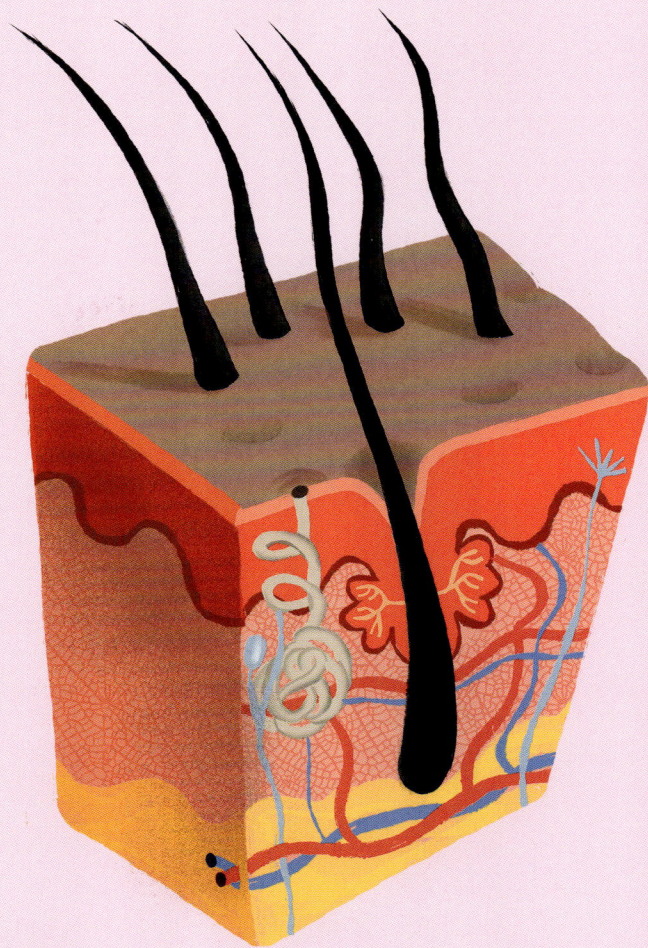

Original title: The Science of Acne & Warts

Author: Alex Woolf

版权贸易合同登记号　图字：01-2021-4813

图书在版编目（CIP）数据

厉害了，科学. 粉刺和痤疮 /（英）亚历克斯·伍尔夫（Alex Woolf）著；陈彦坤，马巍译. --北京：电子工业出版社，2022.3
ISBN 978-7-121-42971-2

Ⅰ. ①厉…　Ⅱ. ①亚…　②陈…　③马…　Ⅲ. ①科学知识－少儿读物　②人体－少儿读物　Ⅳ. ①Z228.1 ②R32-49

中国版本图书馆CIP数据核字（2022）第029037号

责任编辑：董子晔　文字编辑：吕姝琪
印　　刷：北京缤索印刷有限公司
装　　订：北京缤索印刷有限公司
出版发行：电子工业出版社
　　　　　北京市海淀区万寿路173信箱　邮编：100036
开　　本：889×1194　1/16　印张：40　字数：483千字
版　　次：2022年3月第1版
印　　次：2022年3月第1次印刷
定　　价：398.00元（全20册）

凡所购买电子工业出版社图书有缺损问题，请向购买书店调换。若书店售缺，请与本社发行部联系，联系及邮购电话：（010）88254888，88258888。

质量投诉请发邮件至zlts@phei.com.cn，盗版侵权举报请发邮件至dbqq@phei.com.cn。

本书咨询联系方式：（010）88254161转1865，dongzy@phei.com.cn。

厉害了，科学

粉刺和痤疮

皮肤的真相

[英] 亚历克斯·伍尔夫 著
陈彦坤 马巍 译

电子工业出版社
Publishing House of Electronics Industry
北京·BEIJING

目录

皮肤是身体的"外衣",覆盖着我们身体内部的所有器官——肌肉、骨骼、血液,等等,它们都因为皮肤的保护才能各司其职。同时,皮肤还能够防止灰尘、致病细菌等有害物质进入人体,帮助人体调节体温,感知冷热等。

尽管皮肤非常重要,可它同时又很烦人:它会出现刺痒、被叮咬、产生淤青、起疱疹或长斑点。身体某些部位的皮肤,例如脚和腋窝,还会散发难闻的味道,在一场大汗淋漓的运动之后尤其明显。

皮肤具有积极的作用,它是我们的身体特征的一部分。皮肤的颜色、痣、胎记及雀斑让我们每个人变得独特。皮肤上的疤痕则代表了事故或受伤的"历史"。

或许我们认为皮肤并不是一个器官,但它确实是。事实上,皮肤是最大的人体器官。在本书中,我们将讲述一些关于皮肤的神奇的真相。

皮肤的分层

如果平铺展开，成年人皮肤的平均面积为2平方米，重约10千克，包含长度达18千米的血管。

皮肤分为3层，其中外层为表皮层。表皮层的厚度与一张纸差不多，但手掌和脚底等部位的表皮层略厚。中间层为真皮层，厚度是表皮层的3到30倍。第3层是皮下组织，也是最厚的一层。身体不同部位的皮肤厚度不尽相同。皮肤可以保护我们的身体，保持体温处于正常范围，并能感知冷热和压力。皮肤中还包含毛发、腺体、神经及血管。

难道不疼吗？

皮肤厚！

表皮层中含有大量的角蛋白——一种强韧、防水的蛋白质，可以保护皮肤。

6

表皮层

表皮细胞可以生成黑色素，黑色素可以决定皮肤的颜色。表皮的表层由死亡的皮肤细胞构成，底层则会不断生成新的皮肤细胞，以取代表层不断脱落的死亡细胞。

令人瞠目的数据

家中的部分灰尘其实是死亡的皮肤细胞。每一分钟，我们的皮肤表面将脱落大约3万到4万个死亡的皮肤细胞，1年脱落约4千克皮肤细胞。

真皮层

真皮层中包含能够为我们提供触觉感知的感受器、为皮肤供氧的血管、分泌皮脂（天然皮肤润滑剂）的皮脂腺及汗腺。真皮层是皮肤韧性和弹性的保障。

毛发

表皮层

神经

真皮层

血管

汗腺

皮下组织

皮下组织

皮下组织主要由疏松结缔组织组成，可以帮助身体保持温暖，并抵御外来冲击。皮下组织包含毛发的毛根，而毛发的可见部分露出皮肤之外。皮下组织是真皮层与皮肤下方骨骼、肌肉之间的过渡层和黏合剂。

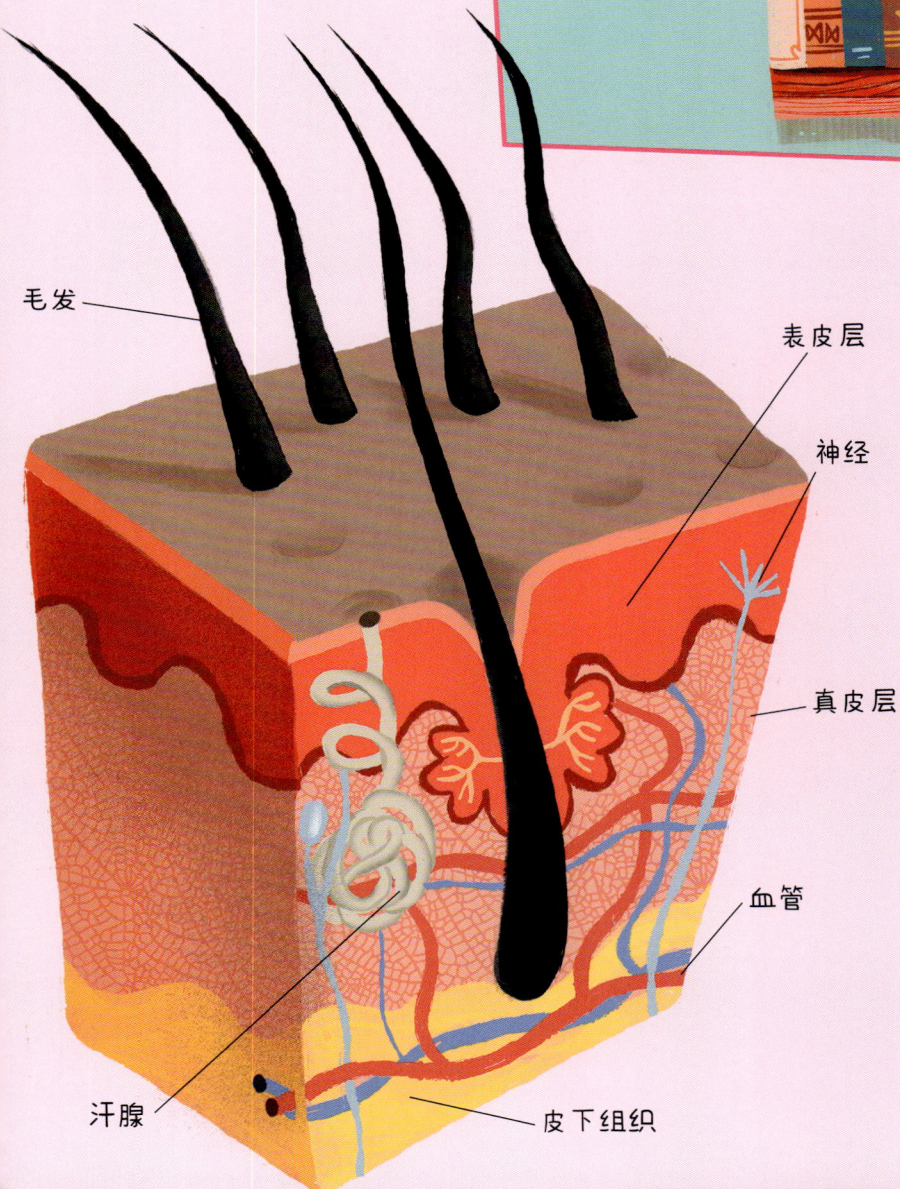

7

汗液和鸡皮疙瘩

当身体感觉寒冷时，我们的皮肤上会形成"鸡皮疙瘩"，汗毛直立，防止皮肤附近的暖空气流失，保持体温。

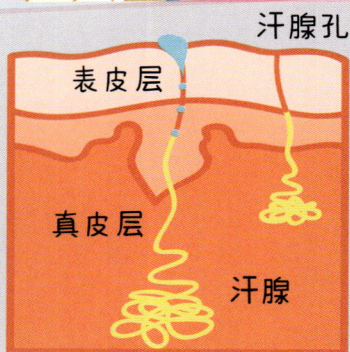

皮肤能够帮助身体保持适当的温度，即37摄氏度左右。如果体温过高或过低，大脑将发出信号，并要求皮肤采取措施。如果体温过高，血管会舒张，并将身体其他部位的血液输送到皮肤表面。汗腺也可以通过排汗释放身体中的热量，降低体温。如果感觉到冷，血管将会收缩，限制皮肤表层的血液供应，减少热量流失。

汗腺孔

表皮层

真皮层

汗腺

汗液是什么?

汗液主要由水及极少量的其他化学物质组成，例如氨、尿素、盐分和糖。汗液经由微小的汗腺孔渗出至皮肤表面，并迅速蒸发，带走热量，帮助皮肤降温。

你掉进水里了?

没有，这只是汗!

8

为什么汗液会产生异味？

汗液本身没有任何味道，皮肤表面的细菌与汗液混合才是导致异味的罪魁祸首。当我们进入青春期后，腋窝的汗腺可能会产生一种特别的汗液。这种汗液带有强烈的异味，我们需要及时清洗，避免异味。

为什么脚很臭？

足部的汗腺数量超过了身体的其他部位，大量的汗腺意味着大量的汗液，而这些汗液与皮肤上的细菌混合，会产生类似干酪味的强烈气味。要避免臭味出现，请注意每天洗脚并更换袜子。

我的脚丫子太臭了！

嗯，我已经受不了了！

如果天气炎热，人体皮肤一天内分泌的汗液可以多达11升。如果在炎热的天气中运动，请注意及时补水，补充流失的水分。

有趣的真相

恐惧、压力及寒冷都会让我们的皮肤表面长出鸡皮疙瘩，包括手臂、腿、脖子及其他覆盖毛发的部位。

q

粉刺

由于青春期激素分泌旺盛，皮肤产生更多的皮脂，因此青春期的青少年更容易长粉刺，这也是粉刺又被叫作"青春痘"的原因。过量的皮脂和死亡的皮肤细胞会阻塞毛孔，并为细菌提供密闭的繁殖空间，造成炎症，形成粉刺。最常见和最温和的是白头粉刺和黑头粉刺，较严重的会形成丘疹、脓疱、炎性结节和囊肿。

如何预防粉刺

防止皮脂积累，要使用中性洁面产品和温水每天洗两次脸。洗脸时不要用力过猛，要轻柔，防止刺激毛孔，形成阻塞。

10

白头粉刺

毛孔完全阻塞，皮肤表面形成凸起。

黑头粉刺

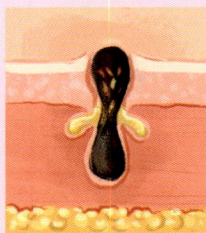

毛孔并没有彻底阻塞，因此顶部开始变黑。

有用的提示

长了粉刺后，你可能忍不住去摸它、挤它。千万不要这么做！破溃的粉刺可能增加感染和发炎的概率，留下永久的疤痕。

丘疹

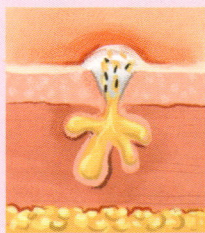

毛孔侧壁破裂，灰尘进入，引发红肿。

结节

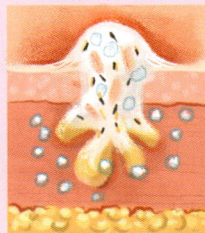

大且具有压痛感的肿块。

脓疱

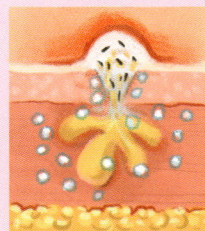

顶部为脓液的肿块。

囊肿

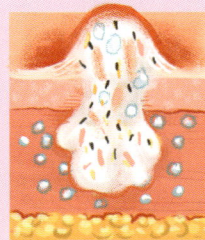

皮肤内充满脓液的肿块。

严重的粉刺可能留下疤痕。不过，激光磨削可以磨平破损的皮肤表面，长出新的、平滑的皮肤。

如何治疗粉刺

药房会提供预防和治疗粉刺的面霜与乳液。如果你的粉刺"层出不穷"，请前往医院皮肤科就诊，医生会使用处方药物进行治疗。

水疱、茧子和鸡眼

如果鞋不是特别合脚，你的脚可能在短短的数小时内长出水疱。

手和脚的皮肤经常受到磨损和挤压，例如长时间的运动、演奏乐器，或者长距离步行。鞋不合脚产生的压迫、手指反复弹拨吉他，以及棒球棒的摩擦都可能磨损皮肤，这些磨损会产生水疱、茧子或鸡眼。水疱是皮肤表面凸起的鼓包，内部充满了清澈的液体，在手脚受到摩擦和挤压的时候迅速形成。

厚厚的皮肤

茧子是增厚的皮肤。与水疱不同，形成茧子花费的时间较长，茧子大多位于受到长时间摩擦的部位。长时间的反复摩擦将导致皮肤变硬、变厚，形成粗糙、发黄的表面。

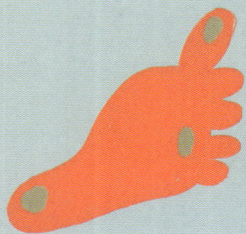

什么是茧子？

茧子是皮肤对外界长期摩擦形成的一种保护，是体操运动员和吉他手长年累月训练留下的印记，可以避免皮肤受到更多伤害。不过，由于鞋不合脚或高跟鞋挤压脚部产生的茧子可能会持续疼痛，因为这些部位会持续受到挤压。

不错，磨得一手好茧子！

看看你非穿不可的后果！

水疱！

有用的提示

把长茧的位置泡在温的肥皂水中，用浮石摩擦，可以除"死皮"。对于鸡眼，你可以使用专门的环形垫，将垫子中间的孔洞对准鸡眼，减轻疼痛位置的压力，缓解症状。

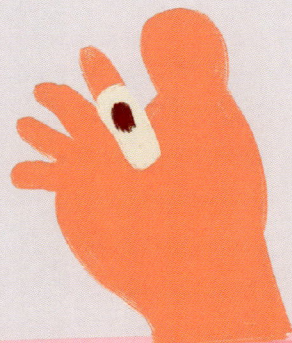

脚后跟是人体皮肤最厚的地方，可以达到1.3毫米左右；眼皮的皮肤最薄，仅有0.5毫米。

鸡眼

鸡眼是脚趾或脚趾之间堆积的硬皮，通常表现为圆形的黄色角质增生物，中间有内核。穿过紧、过窄的鞋容易导致鸡眼，因为这会挤压脚趾，并引发脚趾之间，以及脚趾与鞋之间的摩擦。

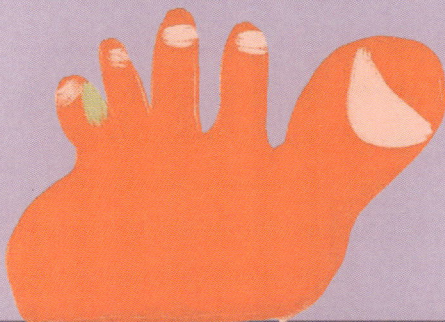

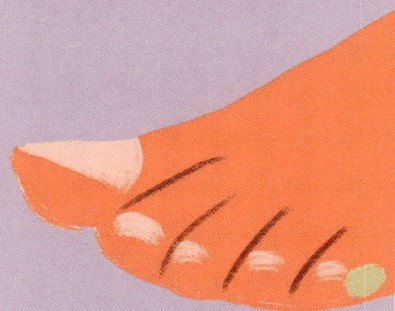

13

伤口、疤痕和淤青

为了修复破损的皮肤，我们的身体会产生特殊的蛋白质——胶原纤维，而这种蛋白质形成的新皮肤的延展性和敏感度都与正常的皮肤差异巨大，将形成明显的疤痕。

如果你喜欢运动，追求刺激，那么你难免会遇到或大或小的事故，例如划伤或者撞伤。划伤后，有时可能痊愈无痕，有时则可能留下疤痕。疤痕就像淡粉色、棕色或灰白色的皮肤"补丁"。有时候，你可能遇到并没有破坏皮肤表面的磕碰，但皮肤下面的血管却未能幸免，这就会形成淤青。血液从血管中渗出，并在皮肤下方扩散，形成了深色的淤青。最初，淤青看起来是青紫色的，数天后变成黄绿色，最后逐渐淡化、消失。

疤痕组织中不含毛根、汗腺或皮脂腺，因此看起来比周围正常的皮肤更平滑，但可能会引发瘙痒。

这是与老虎搏斗留下的伤疤！

这是从床上摔落留下的！

14

伤口愈合

当皮肤出现开放性创口时，血小板将促使血液在伤口处凝结，形成坚硬的痂，保护新长出的皮肤和血管。当伤口愈合后，痂会自然脱落。

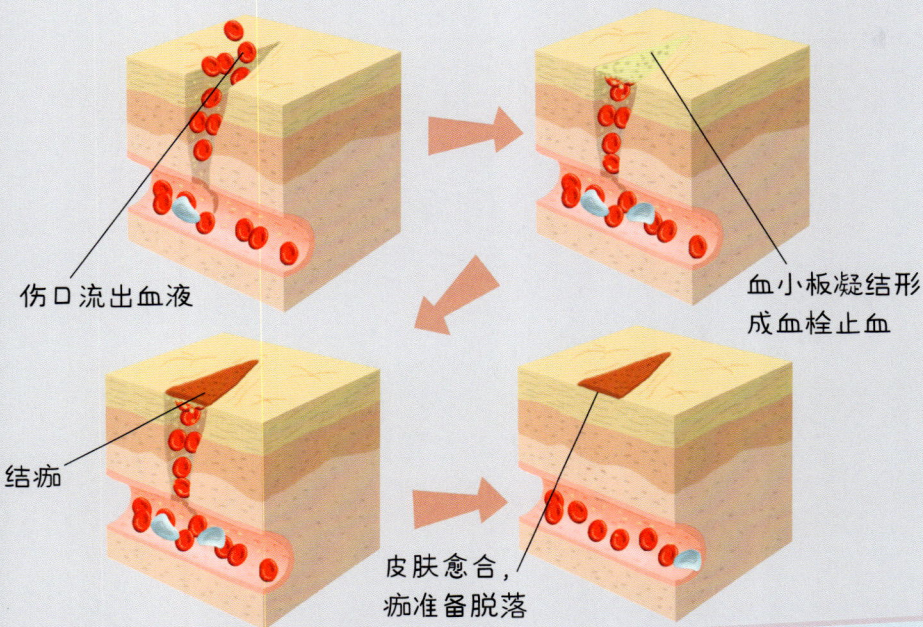

伤口流出血液

结痂

血小板凝结形成血栓止血

皮肤愈合，痂准备脱落

妊娠纹

有时候，皮肤拉伸幅度超出了弹性范围而出现撕裂形疤痕，这种疤痕被称为萎缩纹，多见于女性怀孕期间（被称为妊娠纹）和青少年快速生长期间。

你出什么事了，橡皮筋侠？

我长了一堆萎缩纹！

缝合

如果开放性创口深且长，你可能需要借助缝合线来促进伤口愈合。医生先使用麻醉药来麻木皮肤，然后用特殊的线缝合伤口。在伤口愈合后，医生会取出缝合线。有的缝合线可以自行吸收，无须取出。

有趣的真相

现在，医生可能会使用特殊的可吸收胶布取代缝合线来帮助伤口愈合。

15

真菌感染和疣

提到"真菌"一词，首先进入你脑海的可能是蘑菇。不过，真菌有很多种类，我们的皮肤表面也生长着以角蛋白（一种构成毛发与指甲的蛋白质）为食的真菌。真菌喜欢潮湿、温暖的环境，例如脚趾之间。常见的真菌感染包括足癣和皮癣。疣是皮肤表面出现的瘤状增生物，通常是由人乳头状瘤病毒（HPV）引起的。这种病毒通过皮肤的微小破损口进入身体。

真菌有150万到500万种，每立方米的空气中包含超过1万个真菌孢子（真菌的繁殖细胞）。

我觉得这可能是真菌感染。

被感染后，疣可能需要数周甚至数月时间才会显现。这段时间被称为潜伏期。

16

足癣和体癣

足癣会导致脚趾之间的皮肤干燥、发红、开裂、脱屑和刺痒。赤脚走在公共区域潮湿的地板上，或者共用毛巾、拖鞋等都可能导致足癣。面部、四肢或其他体表皮肤的真菌感染叫作体癣，体癣会形成红色的环形皮疹。

我完全不知道我怎么会得了足癣！

足底疣

疣看起来很丑，大多数并无疼痛感，但足底疣（跖疣）是一个例外。顾名思义，这是一种长在脚底的疣，会产生明显的疼痛感，感觉像走在小鹅卵石上面。

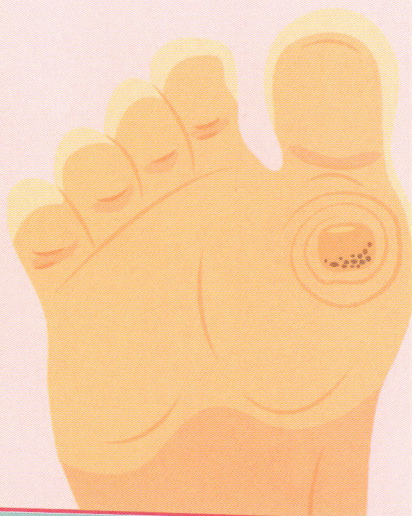

疣

疣是皮肤表面的赘生物，通常是由于人们在公共泳池、浴室和体育馆等地方赤脚行走引起的。

我在找疣呢！

??

有用的提示

如何预防足癣：
- 每天洗脚并彻底擦干。
- 在公共浴室、更衣室和游泳池穿自己的拖鞋。
- 穿干净的袜子。
- 容易出汗的人可以在脚上涂抹药粉，减少出汗。

17

雀斑、痣和胎记

作为外貌特征的一部分，很多人的皮肤都长有无害的印记或斑点。比如，有些人脸上长有浅褐色小点——雀斑。雀斑是包含黑色素的皮肤细胞。黑色素是皮肤为了抵御紫外线的伤害而产生的一种黑褐色的色素。黑色素细胞在阳光的刺激下会分泌更多的黑色素，使肤色变深，或长出雀斑。

痣

痣是黑色素细胞在皮肤表面形成的棕黑色小点，或平整或凸起，有的表面还长有毛发。大多数痣对身体都是无害的。如果你不喜欢，或者觉得难看，你可以把这些痣去掉。

在极罕见的情况下，痣可能变成黑色素瘤——一种危险的皮肤癌。

真希望我也长着你这样可爱的雀斑。

抱歉，这可没办转让！

胎记类型

鲑鱼斑

草莓样血管瘤

葡萄酒色斑/鲜红斑痣

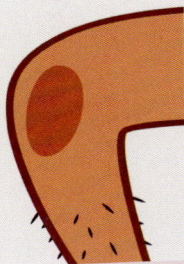

咖啡牛奶斑

胎记

胎记是婴儿刚出生时或出生几个月后出现在皮肤上的记号。血管型胎记通常为粉色、红色或紫色，主要是靠近皮肤的血管聚集的结果。色素型胎记通常为棕色，是色素细胞聚集的结果。

有用的提示

要避免得黑色素瘤，我们必须注意防晒，因为过量的紫外线（UV）照射会增加我们得黑色素瘤的概率。

紫外线的伤害

太阳光中包含两类会伤害皮肤的紫外线：UVA和UVB。UVA可以透过表皮层，刺激黑色素细胞生成更多的黑色素，把皮肤晒黑。UVB会灼伤皮肤表面，把皮肤晒红、晒伤，导致晒斑。

记得擦防晒霜，否则你就变烤肉了！

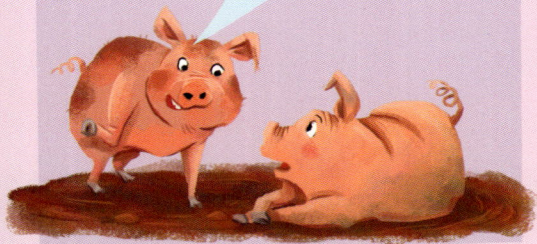

皮肤的颜色

人类的皮肤颜色深浅不一。我们的肤色取决于祖先生活的地域。相比生活在温度较低的地区的人群，生活在热带地区的人群肤色更深，因为深色皮肤能够更好地防御紫外线。黑色素细胞产生的黑色素数量是决定皮肤颜色的最重要因素：黑色素越少，肤色就越浅；黑色素越多，肤色就越深。每个人的黑色素细胞数量基本相当（约占皮肤细胞的7%），深色皮肤产生的黑色素更多。

因为阳光照射产生的黑色素可以保护皮肤，避免皮肤被灼伤，但无法防止皮肤癌和其他问题。

22

每11万个人中，就有1个人是白化病患者。白化病患者体内不会产生黑色素，因此皮肤和毛发均为白色。

有用的提示

我们平时应该注意保护皮肤，隔离紫外线，比如使用SPF值（防晒系数）15以上的防晒霜；戴宽帽檐的帽子、太阳镜，穿防晒衣；在阳光强烈的时候尽量待在阴凉的地方。

维生素D

通常，如果祖先生活在寒冷的地区，人们的肤色就会较浅，以便接受更多阳光的照射，帮助身体合成必要的维生素D。然而，美国阿拉斯加州和加拿大的原住民则因为其祖先为亚裔，所以肤色较深。同时，由于他们日常的饮食富含维生素D，无须再借助阳光补充，所以这些人的肤色并没有随时间的推移而变浅。

白癜风

白癜风是皮肤色素缺乏引发的皮肤白斑，白癜风患者体内的黑色素细胞被破坏，无法产生足够的黑色素。目前人们还不确定白癜风的病因。这种病不疼不痒，也不会传染。通常，白癜风会出现在手掌、胳膊肘或膝盖等部位。

黑色素还可以决定眼睛中虹膜的颜色。黑色素含量越少，虹膜的颜色越浅；黑色素含量越多，虹膜的颜色越深，越接近黑色；黑色素含量介于两者之间，虹膜的颜色是绿色或浅棕色。

23

咬伤与蜇伤

蜂蜇

蜜蜂尾部可以刺入人体皮肤的毒刺叫蜇针，尖端有倒钩，带有一根空心管，可以用于注射毒液。蜜蜂蜇人之后，蜇针将留在人的皮肤之中，而与蜇针相连的部分腹部器官也会被拽出身体。因此，蜜蜂蜇人后将死亡。

相比你们，我受的伤更重！

叮咬处变红、肿胀，是因为身体释放出了组胺来应对毒液。

如果夏天长时间待在户外，你很可能被昆虫叮咬或蜇伤。会叮咬人的虫子包括蚊子、跳蚤、蜘蛛、螨虫和蜱虫。这些虫子可以咬破我们的皮肤并吸食血液。为了避免被我们察觉，虫子在叮咬时会释放一种类似唾液的液体，其中包含能够防止血液凝结的化学物质。过一会儿，我们的身体会释放一种叫作组胺的化学物质，刺激皮肤变得红肿，并产生刺痒感。蜜蜂、黄蜂和胡蜂等昆虫长有可以作为防御或进攻武器的蜇针，能够将毒液注入攻击者或者猎物体内。进入人体的毒液可以攻击神经细胞，引发剧烈的疼痛。

你只敢欺负弱小！

蚊子叮咬

蚊子的口器通常隐藏在长吻形成的护鞘中。落在人体皮肤表面后，蚊子将伸出针形的口器，刺穿皮肤，然后通过中空的口器注射唾液并吸食血液。

> 我喜欢血管裸露的胳膊。

> 我更喜欢脚踝。

被蚊虫叮咬后，应立即使用肥皂和水清洗被叮咬的部位，然后用冷水浸湿的毛巾遮盖。如果感到持续疼痛或刺痒，可以使用抗组胺药物。

过敏性反应

有些人在遭到蚊虫叮咬后可能出现严重的过敏性反应，例如皮疹、眼睛或嘴部浮肿、头晕、疼痛、恶心、哮喘，甚至休克。出现过敏性反应的人需要尽快注射肾上腺素。

有用的提示

- 夏季在户外活动时，请使用驱虫剂。
- 遇到蜜蜂和黄蜂时，不要惊慌，更不要胡乱挥舞手臂，应该缓慢后退。如果受到攻击，迅速逃离现场并找地方隐藏。
- 去非洲、南美洲和东南亚等地旅行之前，请注射疫苗，预防痢疾和其他经昆虫传播的疾病。

25

加都巴蟾没有肺，完全依靠皮肤呼吸。

动物皮肤

纵观整个自然界，很多动物利用皮肤的方式十分特别，比如伪装、自卫、呼吸、饮水和降温。鳄鱼可以借助皮肤猎食：鳄鱼的皮肤很坚硬，长有特殊的感觉器官，其敏感度甚至超过了人类的手指尖，能够感知水面极其微弱的波动，帮助它们准确定位和攻击猎物。东南亚的马来熊具有十分松弛的颈部皮肤，能够让它灵活反击背后的袭击者。

来啊，谅你也不敢从背后攻击我！

可再生的皮肤

作为一种防御手段，非洲刺毛鼠的皮肤很容易被撕裂。被捕食者抓住后，非洲刺毛鼠将"丢盔弃甲"，脱落部分皮肤，仓皇逃窜。而神奇的是，它的伤口可以在短短数天内长出新的皮肤，包括完整的毛囊和汗腺。

只有跑得快才能保证皮毛完好！

那可不一定。

26

最厚的皮肤

抹香鲸的皮肤厚度超过了全球其他动物，可以达到35厘米！厚皮肤可能是抹香鲸猎食巨型乌贼需要的一种保护，因为巨型乌贼的触手上长满了形似剃刀的吸盘。

你的攻击对我来说如同挠痒痒！

生活在南美洲的箭毒蛙将毒液保存在皮肤下面的腺体中，可以作为防御敌人的武器。金色箭毒蛙是箭毒蛙的一种，其皮肤中所含的毒液能够杀死10个成年人！

你相信吗?

澳洲棘蜥是生活在澳大利亚沙漠中的一种蜥蜴。这是一种用脚"喝水"的奇特动物，因为澳洲棘蜥的足部皮肤布满了微小的裂缝，可以吸水。

眼睛还是皮肤?

章鱼和乌贼可以通过改变皮肤的颜色来适应周围的环境，躲避天敌。然而，这些色盲动物是如何做到的呢？秘密武器就是它们皮肤中的感光细胞——这种细胞能够根据周围环境调整皮肤的图案和颜色。

27

当我们逐渐变老

医生认为，定期锻炼，同时减少碳水化合物（例如面包和米饭）的摄入量，能够延缓皱纹的出现。

随着年龄的增长，我们的皮肤将长出皱纹。表皮变得越来越薄，裸露部位开始出现棕色斑块；真皮的血管变得脆弱，皮脂腺分泌的皮脂变少，皮肤变得干燥；皮下组织（脂肪）变薄，因此老年人更怕冷，更容易受伤。汗腺的功能也开始减弱，炎热的天气对老年人来说更加难熬。

为什么我们会长皱纹？

当我们年轻时，皮肤的真皮层因为弹性蛋白和胶原蛋白含量充足而充满弹性。随着时间的推移，这些"弹力素"不断流失，皮肤变薄，皮下脂肪越来越少，因此，皮肤开始松弛，并形成皱纹。

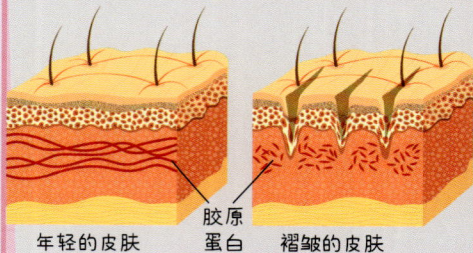

年轻的皮肤　　胶原蛋白　褶皱的皮肤

这不是皱纹，只是皮肤有点儿松弛！

28

呼吸也会催生皱纹

我们吸入的氧气分子是一种自由基，这些自由基会破坏我们体内的胶原蛋白。长此以往，皱纹将随之而生。有些食物，例如西红柿、西蓝花、萝卜和富含油脂的鱼类，可以减少自由基的伤害。

基因也有可能让你早早长出皱纹——有的家族确实会更早出现皱纹。

什么时候出现皱纹？

眼睛周围通常是最早出现皱纹的地方（眼角的鱼尾纹），甚至年轻人也无法避免，有些人二十多岁就会出现。皱纹出现的时间与你的生活方式也有很大的关系，比如长时间暴露在阳光下会更早地长出皱纹。

别担心！眼角出现鱼尾纹再正常不过了！

有用的提示

如何避免过早地出现皱纹：
- 减少接受阳光直晒的时间，特别是中午强烈的阳光。
- 请勿吸烟。吸烟会导致皮肤干燥和皱纹提前出现。
- 多喝水。
- 使用保湿霜滋润干燥的皮肤。

29

术语表

癌症　泛指一切恶性肿瘤。

表皮层　皮肤的最外层，表层皮肤细胞死亡后会被新生皮肤细胞取代。

草莓样血管瘤　凸起的红色胎记，可能出现在身体的任何部位，大约7岁时会消失。

蛋白质　对所有生命体都十分重要的一种物质。

鲑鱼斑　在婴儿的眼皮、脖子或额头出现的平滑的红色或粉色斑，一般在7岁左右消退。

过敏　身体针对某种物质的刺激产生的破坏性反应。

汗腺　位于真皮层的一种腺体，主要用于排汗。

黑色素　皮肤、毛发中的一种深棕色或黑色色素。

黑色素细胞　一种可以产生黑色素的动物细胞。

激素　人体内产生的一种化学物质，可以引发青春期的身体变化。

基因　携带遗传信息的DNA片段，可以从父母传递到子女，并决定发色和肤色等身体特征。

角蛋白　一种纤维状的蛋白质，是构成毛发的主要物质。

接触性皮炎　一种因为接触某种物质而引发的皮肤炎症。

咖啡牛奶斑　咖啡色的圆形胎记。

麻醉剂　一种可以让人麻木，丧失对疼痛的感知的物质。

毛孔 皮肤中可以用于排汗的小孔。

毛囊 包围在毛发根部周围的囊状组织。

凝结（血液） 血液暴露在空气中变厚、变黏的过程。

皮肤科医生 专门处理皮肤异常问题的医生。

皮下组织 也称为皮下层，位于皮肤最深层，主要用于储存脂肪。

皮脂 皮脂腺分泌的油脂性物质。

皮脂腺 皮肤中的一种小腺体，可以分泌皮脂，润滑皮肤和毛发。

葡萄酒色斑 平滑的红色或紫色胎记，通常位于面部、胸部或背部，可能会永久存在。

碳水化合物 土豆和面食等食物中包含的一种物质，可以为身体提供维持生命活动的能量。

血小板 血液中体积小、形状不规则的血细胞。

疫苗 用各类病原微生物制作的用于预防接种的生物制品。

真菌感染 由真菌引发的感染，真菌是一种以有机物为食的生物。

真皮层 表皮层下方的一层皮肤，包含血管、汗腺和毛囊等。

组胺 身体在发生炎症或过敏反应时释放的化学物质。

Original title: The Science of Oceans

Author: Fiona Macdonald

Copyright ⓒ The Salariya Book Company Ltd 2018

本书中文简体版专有出版权由Salariya Book Company Ltd经由墨颐書籍版權代理授予电子工业出版社，未经许可，不得以任何方式复制或抄袭本书的任何部分。

版权贸易合同登记号　图字：01-2021-4813

图书在版编目（CIP）数据

厉害了，科学.海洋 /（英）菲奥娜·麦克唐纳（Fiona Macdonald）著；陈彦坤，马巍译. --北京：电子工业出版社，2022.3
ISBN 978-7-121-42971-2

Ⅰ.①厉… Ⅱ.①菲… ②陈… ③马… Ⅲ.①科学知识—少儿读物 ②海洋—少儿读物 Ⅳ.①Z228.1 ②P7-49

中国版本图书馆CIP数据核字（2022）第029014号

责任编辑：董子晔　文字编辑：吕姝琪
印　　刷：北京缤索印刷有限公司
装　　订：北京缤索印刷有限公司
出版发行：电子工业出版社
　　　　　北京市海淀区万寿路173信箱　邮编：100036
开　　本：889×1194　1/16　　印张：40　字数：483千字
版　　次：2022年3月第1版
印　　次：2022年3月第1次印刷
定　　价：398.00元（全20册）

凡所购买电子工业出版社图书有缺损问题，请向购买书店调换。若书店售缺，请与本社发行部联系，联系及邮购电话：
（010）88254888，88258888。
质量投诉请发邮件至zlts@phei.com.cn，盗版侵权举报请发邮件至dbqq@phei.com.cn。
本书咨询联系方式：（010）88254161转1865，dongzy@phei.com.cn。

厉害了，科学

海 洋

地球71%表面的真相

［英］菲奥娜 · 麦克唐纳 著

陈彦坤 马巍 译

电子工业出版社

Publishing House of Electronics Industry

北京·BEIJING

目录

海洋里全都是苦涩的海水。我们生活的这个星球约三分之二（71%）的表面被海洋覆盖。我们把那些面积相对较小的水域叫作大海，那些远离大陆的广袤水域叫作大洋。它们都是全球海洋的有机组成部分。海洋在不断地运动和变化，时刻影响着我们的生活。没有海洋，人类将无法生存。然而，你知道水从何而来吗？水有什么作用？为什么我们离不开水？翻开这本书，我们一起寻找答案。

水，到处都是

全球海洋的海水总体积达到了约137 000万立方千米，约占全球水量的97%。其余的水则储藏在世界各地的河流、湖泊、南极和北极的冰盖、高山的山顶积雪及冰川中。世界上的大洋按地域分为四大洋：太平洋、大西洋、印度洋和北冰洋。

太平洋是世界上最大、最深、边缘海和岛屿最多的大洋。它位于亚洲、大洋洲、南极洲和南北美洲之间。

大西洋是世界第二大洋，平均深度约3627米，位于欧洲、非洲与南、北美洲和南极洲之间。

印度洋是世界的第三大洋，位于亚洲、大洋洲、非洲和南极洲之间。

北冰洋是世界最小、最浅又最冷的大洋。它大致以北极圈为中心，位于地球最北端，被加拿大、美国阿拉斯加、俄罗斯、挪威、冰岛和格陵兰环绕。

水从哪里来？

海洋与地球一样古老，目前已有大约46亿岁。没有人能够确定水是如何来到地球的，但科学家提出了3个猜想：

1. 水是地球形成之初，由携带水的小行星撞击地球带来的。

2. 水来自从地球附近经过的彗星。

3. 地球是太空尘埃聚集在一起形成的，而这些尘埃富含氧气和氢气。氢气和氧气的结合形成了水。

为什么海水是咸的？大气中的二氧化碳同雨水结合形成微酸的雨不断洗刷地壳岩石，将其中的矿物质带入海洋。海洋积累了大量的盐分，变得越来越咸。

有趣的真相

英文单词"大洋（ocean）"源于古希腊神话中的巨兽——俄克阿诺斯（Oceanus）。在古希腊神话传说中，俄克阿诺斯是环绕地球的一条巨蛇。

大洋底部

大洋底部是地球地壳的一部分，地壳是地球表面坚硬的岩石层。大洋地壳的厚度不及内陆地壳。

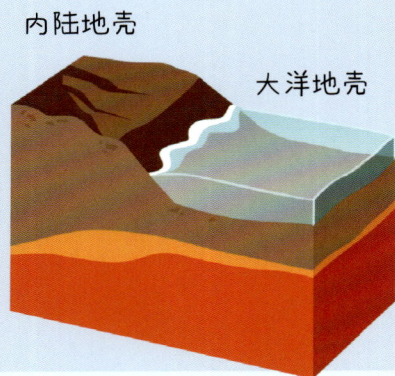

内陆地壳

大洋地壳

海洋中最深的地方叫作马里亚纳海沟。马里亚纳海沟位于西太平洋，靠近关岛，最深处达到了惊人的11 034米（距离海平面）。

大洋

大洋不仅面积辽阔，而且非常深。从海洋表面到大洋底部岩石的距离平均约为3800米，与美洲落基山脉的平均海拔接近。大洋在靠近陆地的区域最浅，海沟（海底深而且狭窄的峡谷）位置最深。科学家将海水按深度进行了分层。在表层的透光层，海水温暖而且能够照射到阳光。但是，太阳的光和热无法抵达海洋的深处，这里常年黑暗而且寒冷。

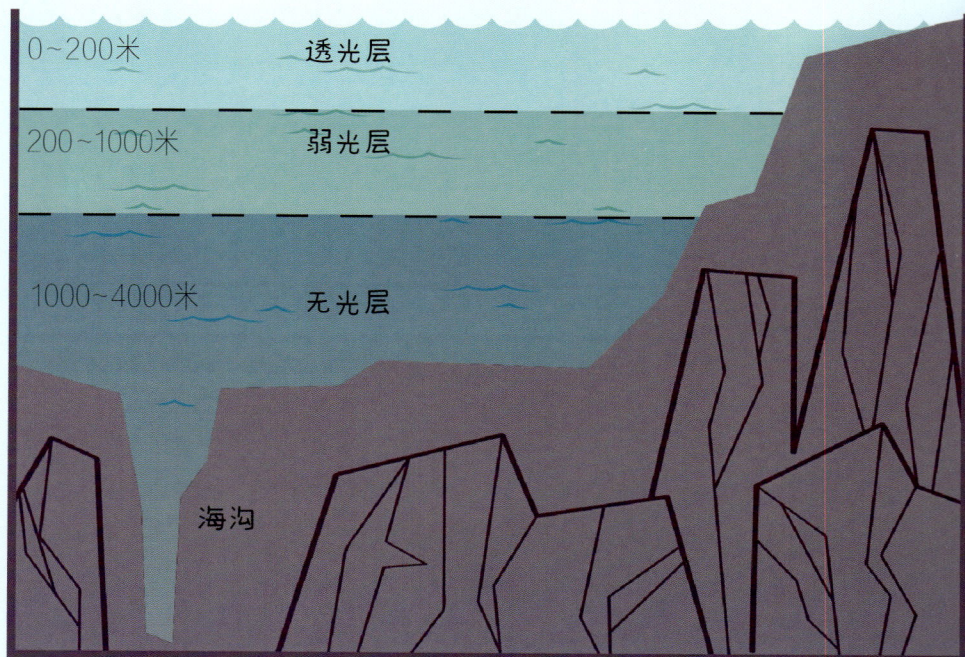

0～200米　　　透光层

200～1000米　　弱光层

1000～4000米　　无光层

海沟

在海洋深处

海洋表层的海水会向深层的海水施加压力，因此海水承受的压力将随深度而持续增加。与陆地一样，海底也有丘陵、山脉、峡谷和平原，甚至海底火山。科学家已经发现了超过6万座海底火山，其中很多是活火山，还有一些甚至仍在喷发！

大洋中脊是在地球岩石圈分裂为若干巨大板块（板块构造）的过程中出现的。这些板块以缓慢的速度碰撞摩擦或者向两侧扩张，引发地壳下方的岩浆上涌，然后冷却、凝固，最终形成山脉。

大洋中脊

横亘海底、绵延超过8万千米的山脉群被称为大洋中脊，其长度超过了陆地上的任何一座山脉。

有趣的真相

下潜！

1960年，人们乘坐"的里雅斯特"号深海潜水器以3.2千米的时速下潜，第一次抵达马里亚纳海沟的底部。此次危险性极高的深潜花费了4小时47分钟。

海浪结构

当风吹过海洋表面时，海浪将在海洋表面形成高高的波浪和白色的泡沫。两个波峰之间有一个波谷，相邻的波峰和波谷之间的垂直距离称为波高。

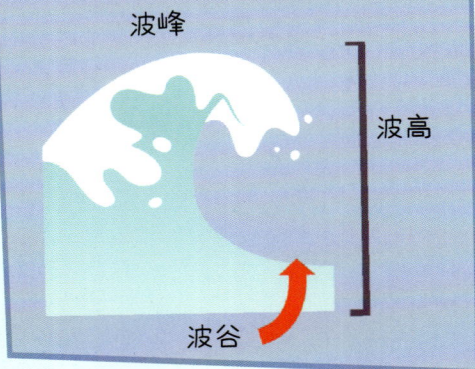

波峰

波高

波谷

飓风等强风可以引发"风暴潮"。被强风卷起的海水将形成巨浪，如果巨浪袭击陆地，将引发洪水并摧毁建筑物。

波浪和涌浪

流水不腐。海水的运动从未停歇。表层海水总是受到船舶、巨浪和海啸的袭扰。此外，海洋也会有规律地潮起潮落。海水运动的动力从何而来？无论是微起波澜，还是滔天巨浪，海水的运动都必须有能量传递。最常见的能量来源是风，微风起涟漪，狂风掀巨浪。令人惊叹的是，没有两朵浪花是完全一样的。

冲浪时光！

即使风息了，浪平了，海洋的运动也不会停歇。在风停后海水仍悄无声息地稳定起落，称为涌浪。

风如何掀起波浪

当风吹动海水时，能量从空气转移到海水中。风力越大，海水获得的能量越多。"风浪区"（风吹过的距离）也很重要，风浪区越长，海浪越高。

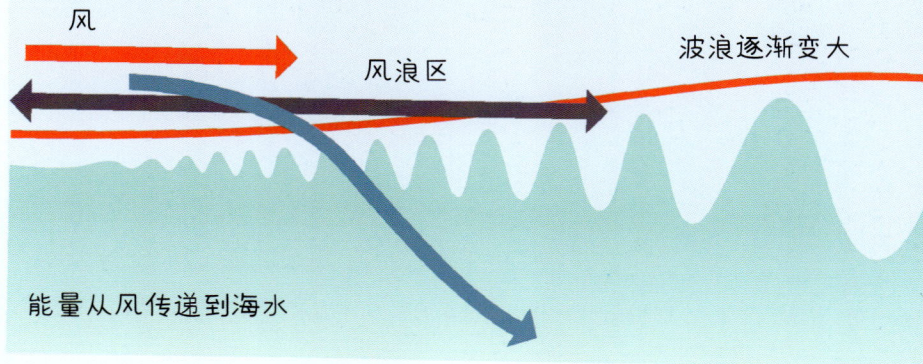

风

风浪区

波浪逐渐变大

能量从风传递到海水

动手实验

在碗中装半碗水，使劲吹水，或者轻轻敲打碗边，为水提供能量。观察碗中的水，注意水波的传播。水波并不会停留在振动开始时的位置。海洋中的波浪和涌浪同样如此。

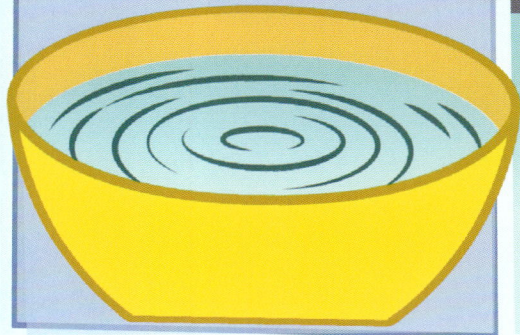

海啸

海底地震或海底火山爆发也可以在海面掀起巨浪。地震和火山爆发通常会释放巨大的能量，引起海水剧烈运动，引发海啸。海啸有可能摧毁靠近海岸的城镇，并影响内陆地区。1958年，美国阿拉斯加州利图亚湾的海面因为海啸掀起了高达524米的巨浪。

涨潮

地球朝向月亮的一面受到的月球引力最大，海水也在月球的引力作用下汇集，形成"涨潮"。然而，地球的自转会带动海水向远离月球的一侧流动，也会形成涨潮。

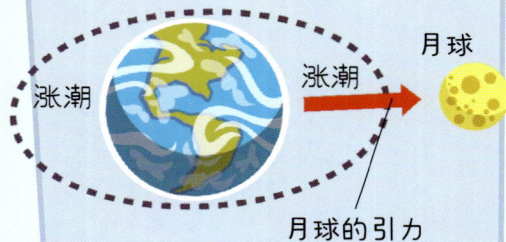

涨潮　涨潮　月球　月球的引力

潮汐

海水能持续运动还有一个原因——潮汐。每天，岸边的海水都会经历规律性的潮起潮落，称为潮汐。这些长而平缓的海浪是引力作用的结果：受月球和太阳等天体的吸引，海水发生有规律的运动。当潮汐波的波峰抵达岸边时，水位上涨，即为涨潮；当波谷来到海岸时，海水水位下降，即为落潮。在海边，我们可以观察到海水的上涨和下落，十分有趣！

引力的大小取决于物体的质量，以及两者之间的距离。月球比太阳的质量小得多，但月球与地球的距离要近得多，因此月球对地球潮汐的影响更大。

我们要时刻注意潮汐的变化！

落潮

涨潮

涨潮和落潮

一日之内，地球上除了南北两极及个别地区外，大多数地区都会经历两次涨潮和落潮，每次周期为12小时25分钟，一日两次，共需24小时50分钟。因此按照24小时制测量的涨潮和落潮时间每天都会变化。

涨潮
落潮

大潮和小潮

一年之中的潮汐也不尽相同。当太阳、月球和地球在同一条直线上排列时产生的引力最强，产生的潮汐也最大，称为大潮（spring tides）。大潮每月出现两次，分别出现在满月和新月时。

当太阳、月球和地球不在一条直线上时，海水受到的引力相对较弱，潮汐也随之变小。潮汐最小时称为小潮（neap tides）。小潮每月也会出现两次，即每次半月出现的时候。

大潮

小潮

以前人们习惯在退潮时出海，以便借助自然的力量让船只安全离岸。同时，人们希望能够在海上顺风顺水，旅途一帆风顺。

为什么会这样？

你听说过离岸流吗？离岸流对于在海边游泳的人来说很危险，因为潮水可能把他们拖离海岸。离岸流并非真正的潮水，而是潮汐波撞击海滩后回涌形成的强劲水流。离岸流以每秒2.5米的速度向海洋深处回流，速度甚至超过了奥运会的游泳冠军！

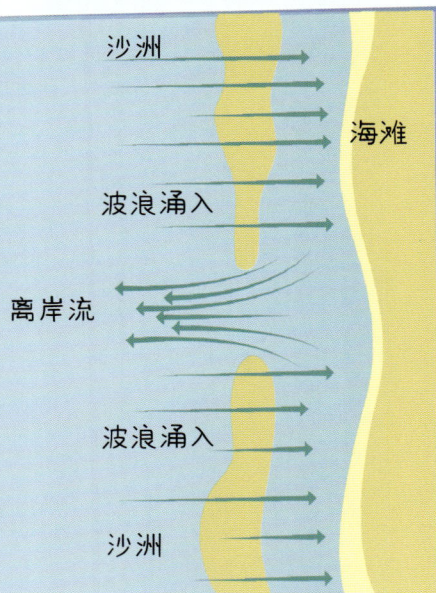

沙洲

海滩

波浪涌入

离岸流

波浪涌入

沙洲

暖流和寒流

海洋中朝着一定方向流动的海水被称为洋流。海洋表面和深处的海水都在流动，从温度高的海域流向温度低的海域为暖流，从温度低的海域流向温度高的海域为寒流。与海浪一样，洋流一直在不停地移动。风是形成表面洋流的主要原因，从赤道附近的陆地吹来的暖风吹向南极和北极等偏冷地区，带动海洋表面的海水流动。深海洋流则是由不同地区海水的密度差异引起的。

海洋中的暖流蕴藏着巨大热能并且能对气候产生很大的影响，暖流可以使海洋沿岸增加湿度并提高温度，更有助于生物的生长。大部分寒流对经过的地方产生降温和减湿的影响。

深海洋流

相比赤道地区，寒冷地区的海水温度较低。同时，海水结冰形成冰山的过程中会将盐析出，增加海水的含盐量。低温、含盐量高的海水密度较大，高密度的海水将下沉，形成深海洋流，吸引表面暖流填补其留下的空隙。

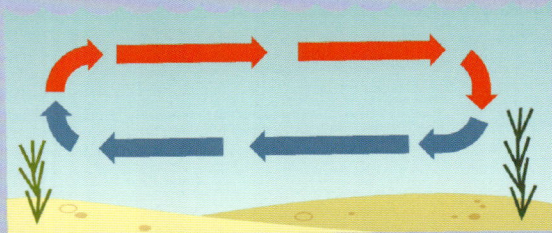

全球洋流传送带

洋流相互连接，形成了全球洋流传送带，并实现了海水在全球范围内循环。表面洋流带来的温度较高的海水遇冷后缓慢下沉，而深海寒流的低温海水则缓慢抬升。全球洋流传送带的规模如此庞大，因此速度极为缓慢，完成一次完整的循环可能需要长达10个世纪。

墨西哥湾暖流

墨西哥湾暖流是最强劲的暖流之一，它携带着巨大的热量和丰富的水汽从墨西哥湾出发，流经北美洲东海岸，然后穿越大西洋抵达欧洲西北海岸。墨西哥湾暖流速度较快，是欧洲探险家能开展大航海并安全返航的重要因素。

你相信吗？

如果没有墨西哥湾暖流，不列颠群岛及对岸的西北欧地区将变得同加拿大北部一样寒冷。

从赤道向南北两极流动的过程中，海洋表面洋流会受到地球自转的影响，导致其路径发生偏移，进而形成环形运动的洋流——环流。

15

大洋、风和天气

极地严寒

北极和南极地区直接从太阳获取的能量远低于靠近赤道的地区，原因在于地球是一个球体，两极地区太阳光为斜射，太阳辐射强度小，因此只能得到有限的能量。

45°

90°

45°

地球是我们目前所知唯一存在生命的星球，而海洋作为生命的摇篮绝对具有重要意义。海洋不仅为地球上的所有生物提供了生存必需的水，而且能够将接收到的太阳热量均匀分散于地球表面，从而调节地球的温度。这是如何实现的？通过风——空气的流动。风可以将海洋表面的热能带到高空，然后从温暖的地区输送到凉爽的地区。空气的流动从未停歇！

海面升起的温暖的水蒸气是导致全球变暖的主要原因，但水蒸气形成的阴云能够遮挡太阳光，帮助地球降温。多么出色而又平衡的系统！

蒸发

海洋蕴藏了来自太阳的巨大能量。但是，温暖的海水会汽化（变成水蒸气），并升入空中。蒸发过程可以减少地球表面的热量，帮助地球降温。

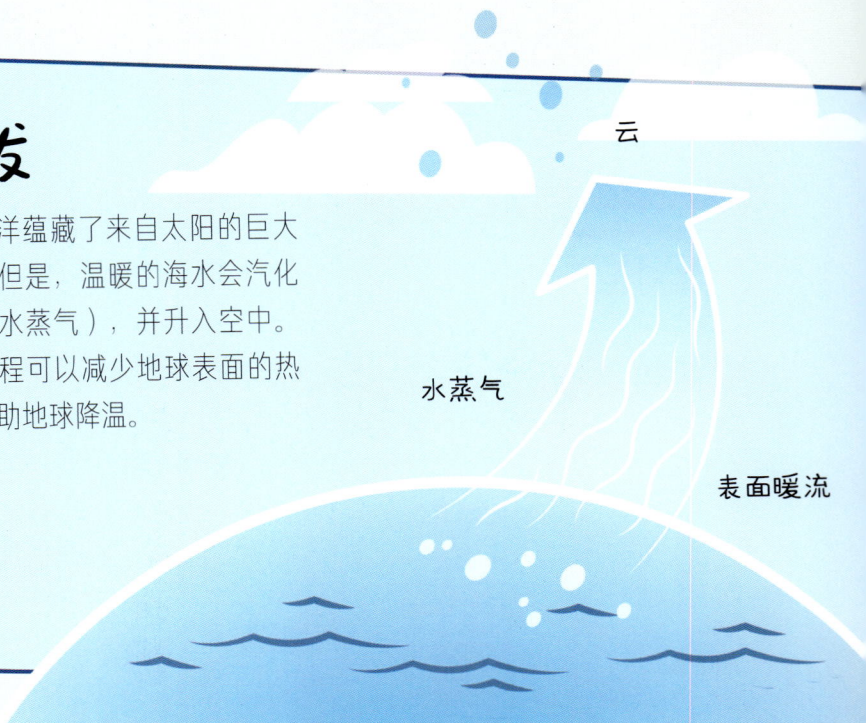

云

水蒸气

表面暖流

对流

由于暖空气的密度低于冷空气，暖空气会上升到冷空气的上方；随着温度的降低，暖空气的密度增大，然后再次下沉。在一个安装了暖气的房间，我们可以很容易地观察到整个过程。这个过程叫作对流，正在全球各地的海洋上演（请参见右图）。

暖空气

冷空气

暖空气携带的水蒸气更多。所以，温暖的上升气流代表着降水和炎热的天气，寒冷的下沉气流通常意味着干燥和寒冷的天气。如果一个地区常年盛行干燥、寒冷的气流，那么这个地方很有可能是沙漠。

全球风况

暖空气从海平面升起，遇冷后下沉，引发地球大气层的对流运动。空气的流动会形成风，风从高气压区吹向低气压区。很久以前，在海上航行的人们就发现了这种可预测的规律性现象，并起了一个名字叫"信风"（贸易风），信风对大海上航行的船只来说具有重要意义。

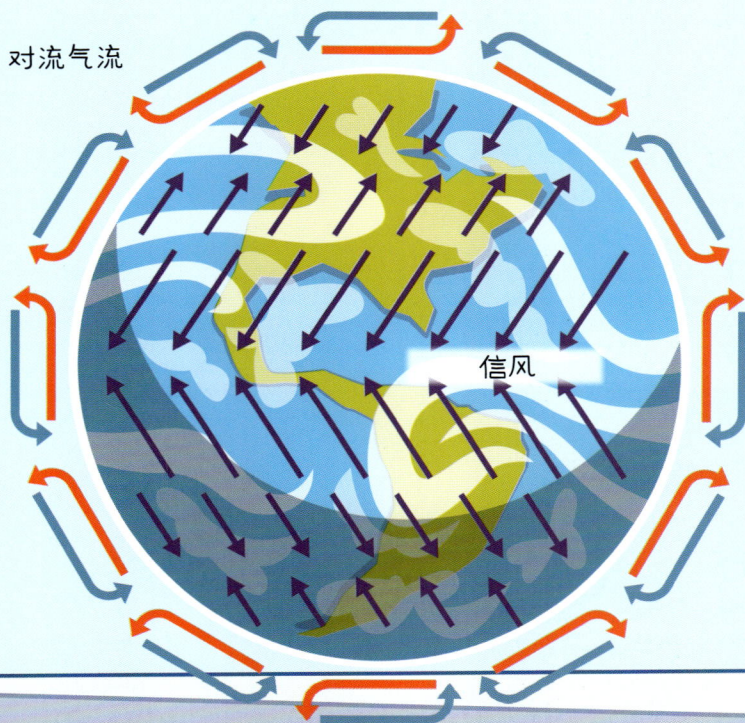

对流气流

信风

为什么会这样？

为什么海水看起来是蓝色的？太阳光其实包含了彩虹的七种颜色。不过，当阳光照射在海洋表面时，海水吸收了除蓝光外的其他颜色的光线，而且把蓝光反射回我们的眼睛，于是海水就变成了我们看到的蓝色。

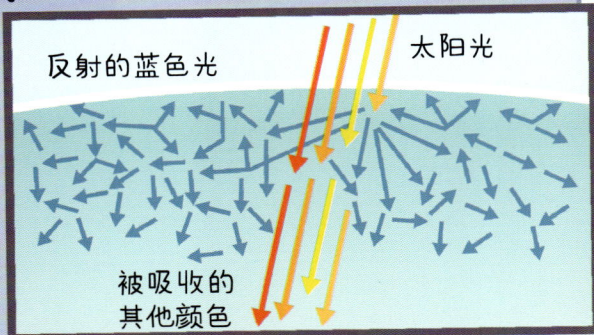

反射的蓝色光

太阳光

被吸收的其他颜色

17

飓风是怎么产生的?

暖空气上升会使海洋表面的气压降低,附近的暖湿气流将移动来填补空缺。而地球的自转将推动风向发生偏转,形成呈漏斗状的旋转气流。随着风力加大,旋转速度加快,汇聚的水蒸气越来越多,可怕的热带风暴便随之形成。

风暴眼   降水

海洋极端天气

大多数时候,海风和洋流都可以友好相处。然而,自然生态系统偶尔也会失常,形成极具破坏力的极端天气。起源于海上的飓风可以使船只沉没,摧毁岸边的建筑物,导致数以万计的人和动物丧生。洋流的变化也会导致洪水、干旱和饥荒。下面,我们将介绍两类海洋极端天气:飓风和厄尔尼诺现象。

飓风通常表示大西洋上形成的风暴,印度洋和太平洋的风暴分别称为旋风和台风。

超级风暴

　　旋转的飓风暴风云可以升至海平面以上14.5千米的高空，直径能够达到96.5千米，移动速度高达每小时320千米左右。更惊人的是，超级风暴一天内的降水量可以高达1.2米。

风暴眼

风推动的暴风云

　　当太平洋上的东南信风变弱或停下脚步时，将出现厄尔尼诺现象。大多数时候，太平洋的东南信风会使下层冷水上涌。如果东南信风缺席，寒流就会被温度较高的洋流取代。

厄尔尼诺现象

　　厄尔尼诺现象是南太平洋洋流的异常变化，平均5到7年出现一次。大量温暖的海水（下图黄色所示）向南美洲西海岸流动，造成风暴、干旱和饥荒，导致鱼类及其他海洋生物大量死亡。

有趣的真相

　　当厄尔尼诺暖流出现时，过多的能量进入大气层，迫使东南信风减弱或改变方向，太平洋风暴向东移动，致使澳大利亚出现高温天气，非洲和印度面临干旱，南美洲洪水肆虐，低温笼罩美国南部，加拿大遭遇异常的温暖天气。

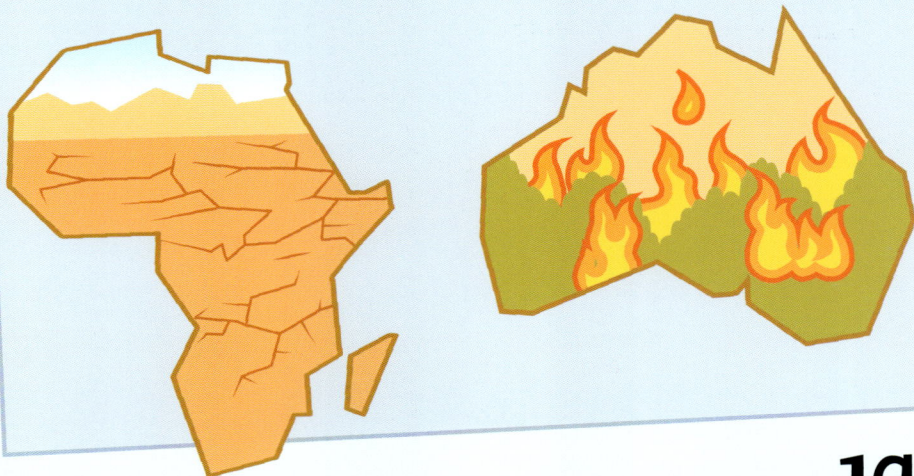

水循环

全球约2%的水以高山冰川和极地冰盖的形式存在。如果气候变化，冰川融化，海平面将升高，淹没地势过低的国家和地区，美国的迈阿密等城市可能就会消失。

地球上97%的水在海洋里，而且水也不是静止不动的。相反，水可以升入大气层变成云，可以滋润干旱的陆地。它是四处飘散的雾，是轻柔的雨滴，是洁白的雪花，是激荡的河水，最后奔腾入海。总之，这种循环往复的运动叫作水的循环。一滴水通常需要10天就可以完成一次循环，除非被冻结成为冰川的一部分或者被困于地下，不得不终止旅程。

通过蒸发，海洋为水循环提供了绝大部分的水。植物通过蒸腾作用可以贡献约10%的水。一棵大树一年能够蒸发多达12.5万升水。

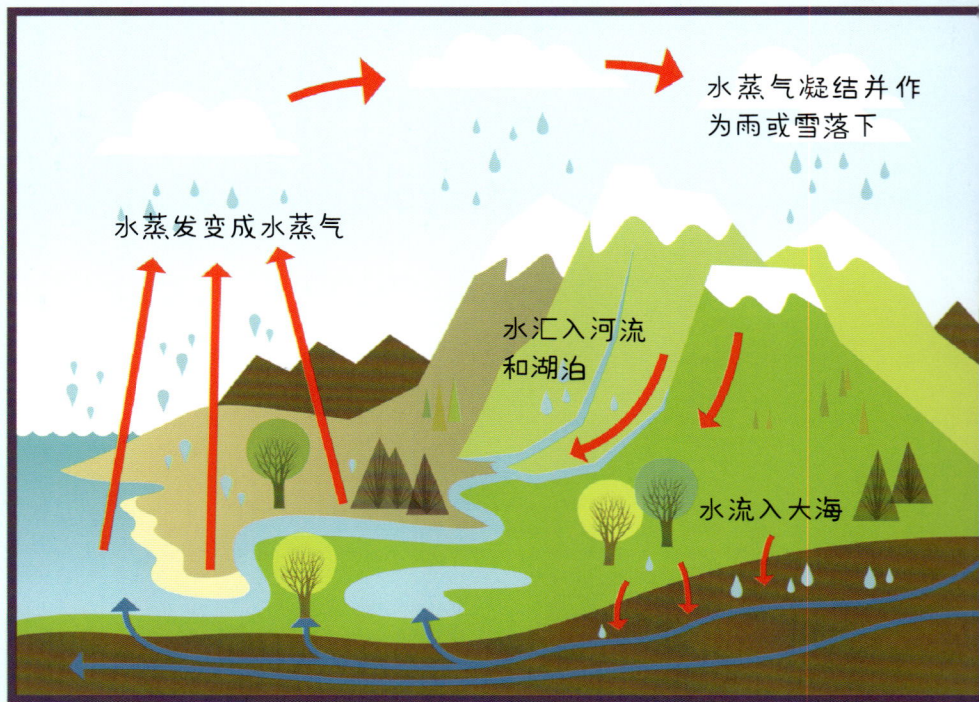

水蒸气凝结并作为雨或雪落下

水蒸发变成水蒸气

水汇入河流和湖泊

水流入大海

水循环的原理

太阳为水的循环提供能量。水受热后将变成水蒸气（气体）。气体冷却后会重新凝结成液体。如果液体的温度继续下降将会凝固。液态水凝固会变成冰。

进一步升温

水蒸气：
100摄氏度以上

降温

液态水：
0～100摄氏度

液态水：
0～100摄氏度

升温

水冻结（冰）：
0摄氏度及以下

进一步降温

动手实验

小心地将一个洁净、干燥的塑料袋套在一盆多叶植物上。注意，花盆中的土壤应当湿润，但不要过于潮湿。等待一天左右，我们可以看到塑料袋内壁上出现了水珠。这些水珠是植物从土壤中吸收并通过叶子蒸发的水分。这个过程就是植物的蒸腾作用。

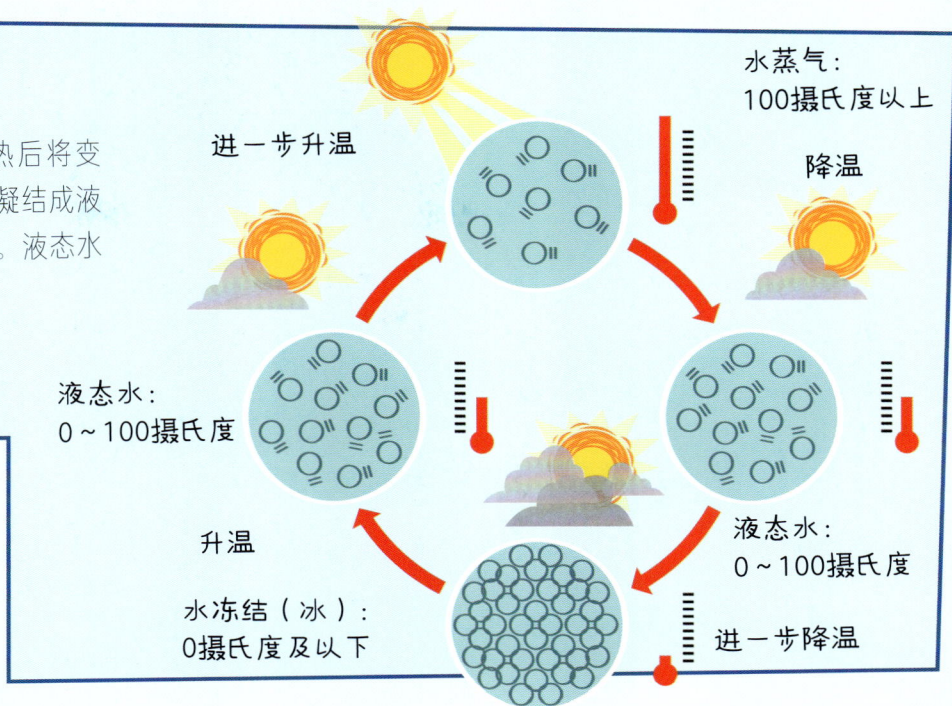

在空气中飘荡

云、雾中含有大约1100万立方千米的水。这些水是汽化的海水，以极其微小的水滴形式存在。这些水滴非常轻，能够飘浮在空中，也可以相互结合，形成降水。

小水滴相互结合
形成大的雨滴

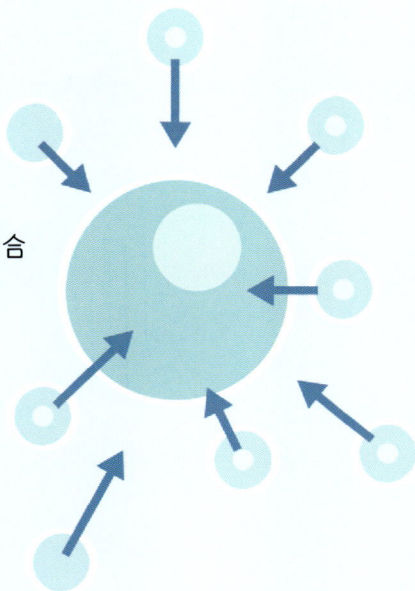

海洋生物

海洋生命能够帮助地球调节气候，例如浮游植物能够储存导致全球变暖的气体——二氧化碳。大气层的二氧化碳浓度过高将引发温室效应，它会给地球带来极大的危害！

海洋是地球上最复杂的生态环境。从满是浮冰的北冰洋到热带海洋，神奇的海洋生物无处不在。海洋生物已经适应了不同的环境：珊瑚礁、遍布礁石的浅滩或幽暗的深海。每种环境都有自己独特的生态系统。这些生物在经历了漫长的演化后相互依存，充分利用周边的海洋环境，获得食物和庇护所。

鱼

鱼类是地球上最古老的生命之一，目前已经在地球上生存了超过5亿年——远超过人类和恐龙。大多数鱼类拥有硬质骨架，借助鱼鳍游动，并用腮在水下呼吸。鱼类的体外都覆盖着一层保护黏液。大多数鱼都是冷血动物。

透光层：鲨鱼、硬骨鱼、哺乳动物（鲸）、珊瑚、植物

弱光层：章鱼、乌贼、水母

无光层：蠕虫、腹足类、螃蟹

海沟：巨型甲壳动物、海参、水母、细菌等

软骨鱼

　　鲨鱼等由结实且柔韧的软骨构成骨骼的鱼类叫软骨鱼。鲨鱼使用成排锋利的牙齿来捕获食物，而且后排的牙齿可以向前移动来替换前排掉落的牙齿。鲨鱼的游泳速度可以达到每小时96千米！鳐鱼与鲨鱼有亲缘关系，但身体扁平，形似风筝，口、鼻和腮都位于身体下方。

海洋哺乳动物

　　海洋中同样生活着依靠母乳喂养后代的恒温哺乳动物，其中包括地球上体形最大的生物——鲸，还有聪明的海豚及海獭、海豹和海狮。很多海洋哺乳动物都有厚厚的皮下脂肪层，用来抵御两极地区的严寒。

软体动物和甲壳动物

　　地球上有5万余种软体动物，其中包括乌贼、章鱼和牡蛎。有的软体动物外裹硬壳，有的没有，但其身体都包括三部分：头部（包括眼睛和大脑）、消化器官和足部。甲壳动物具有外骨骼（坚硬的外壳）、触须、眼睛、大脑、胃形消化器官及节肢。有的甲壳动物具有巨大的螯，有的具有坚硬的颚。螃蟹、虾和龙虾都是极具经济价值（可以作为人类的食物）的甲壳动物。

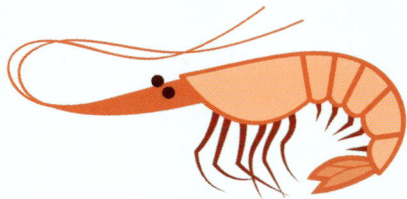

为什么会这样?

　　鱼也需要氧气才能生存。所以，鱼会吸入海水，然后将海水从两侧的腮（如同过滤器一样）排出。腮可以从水中吸收氧气并输送至血液中。

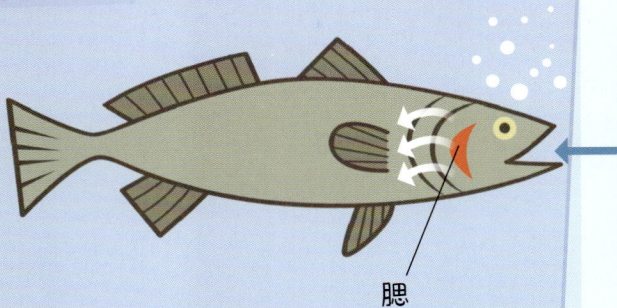

腮

23

开发海洋资源

来自海洋的食物

数千年以来，在海边居住的人们一直依靠捕捞鱼类和其他海产品为生。过去，人们使用矛和网；现在，人们借助庞大的渔船和拖网进行大规模捕捞。

今天的收获不错！

软体动物，比如蚌，可以生产美丽、闪耀的珍珠。有的珍珠被制作成闻名世界的珠宝。

从食物到能源、建筑材料、珠宝及肥料，海洋为人类提供了众多重要的自然资源。海洋是重要的交通干线，承担了大部分的货物运输任务。我们在近海巡逻并防御外敌，捍卫国家领海安全。此外，我们还在海底铺设通信光缆，并在海洋表面进行高频无线电传输。

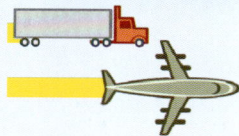

海运承担了全球90%的货物运输（按质量计算）。

海底能源

19世纪以来，化石能源（煤炭、石油与天然气）一直是人类重要的能源。最初，我们开采陆地储藏的能源资源。随着陆地资源日趋紧缺，人们将目光投向了海洋。目前，人类已经能够在深达3000米的海域建立石油钻井平台。

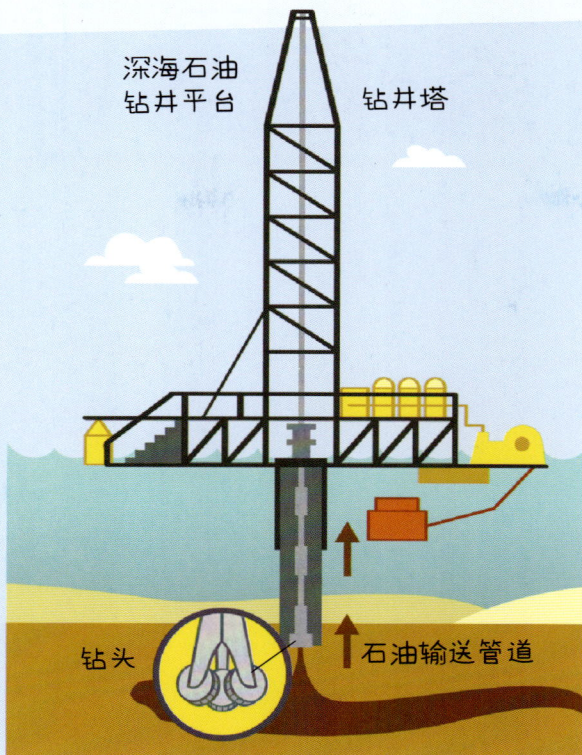

深海石油钻井平台　　钻井塔

钻头

石油输送管道

早期现代人类最早建立的部分定居点位于海边。史前人类居住在山洞里，也会去海岸附近采集贝壳。

运动与休闲

住在海边实在是太棒了！我们可以沙滩踏浪、扬帆出海、深水潜水和环球航行，海洋为人类提供了无穷无尽的乐趣和广阔的探险空间。

37

为什么会这样？

如今，寻找无污染的新型可再生能源是所有国家和研究机构不懈努力的目标。潮汐涡轮机是安装在水下的发电机，能够利用潮汐的能量发电。

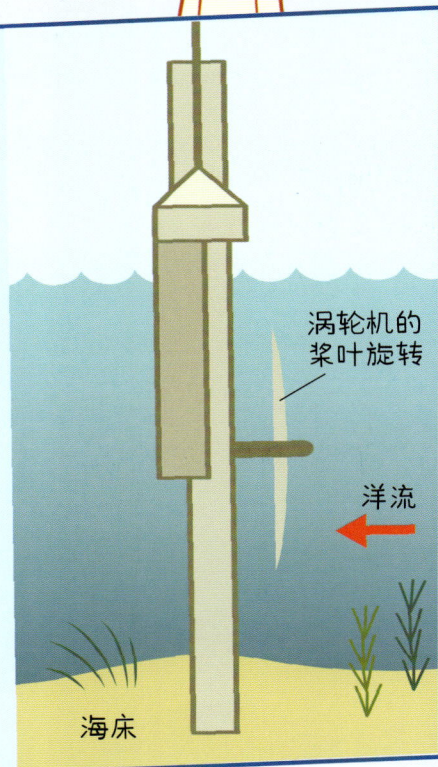

涡轮机的桨叶旋转

洋流

海床

陷入危险的珊瑚礁

珊瑚礁看起来如同美丽的水下花园。这些美丽的珊瑚礁其实是造礁珊瑚虫（一种微小的海洋生物）的骨骼和石灰质海藻构成的礁石。然而，全球变暖正在严重威胁珊瑚礁的生存。

寒冷的海洋 珊瑚+藻类共生

温暖的海洋 藻类离开

没有藻类 珊瑚死亡

政府、科学家、公益机构和其他相关组织都在努力拯救我们的海洋。无论身处何地，我们都要爱护自然环境，并做出自己的贡献。

海洋危机

由于人类活动的影响，曾经纯净的海洋目前因为垃圾、污染而遭到破坏。这些都是人类亲手制造的恶果：我们毫无顾忌地捕捞鱼类，并猎杀鲸和鲨鱼；我们肆意向海洋排放污水、油污和化学残留物，向近海倾倒各类垃圾；全球变暖给海洋生物造成了毁灭性后果；石油和矿产开采破坏了水下生态系统。不过，现在人们已经意识到海洋是一个脆弱的环境，是地球上最大的生态系统，需要人类精心呵护。

过度捕捞

石油与天然气开采

采矿

垃圾

石油泄漏

每年发生的船舶和钻井平台石油泄漏事故多达上万起，造成了大量的石油等化学品进入海洋。泄漏的石油将杀死鱼类、海鸟和其他海洋生物，污染渔场、海滨浴场和近海生态系统。而且，这种破坏将持续相当长的时间。

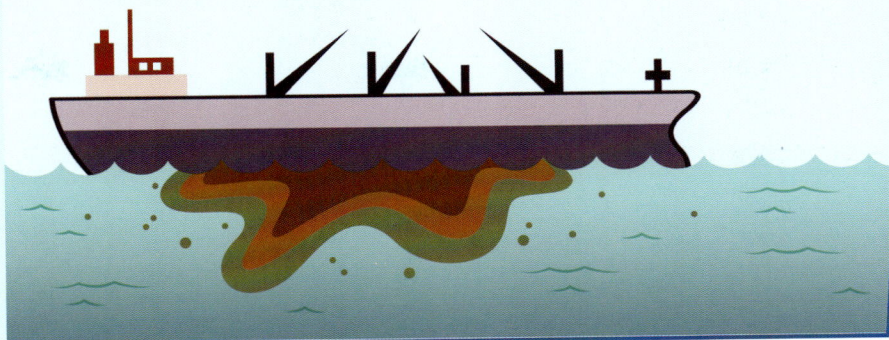

"太平洋垃圾带"是由塑料垃圾、化学制品和船舶所丢弃或倾倒的垃圾聚集而成的"第八大陆"。由于特殊的地理位置，被洋流裹挟而来的垃圾仍在这里不断堆积，因此这个"大陆"的面积仍在不断增大。目前，人们对这个巨大的垃圾场束手无策。

致命的鱼钩

延绳钓船拖拽着100千米的鱼线和密密麻麻的鱼钩在海中"扫荡"。一些专家表示，这些鱼钩每年将导致4万只海龟、30万只海鸟、数百万只鲨鱼及数以万计的海洋哺乳动物丧生。

动手实验

尽可能重复利用橡胶制品，或者谨慎处理橡胶制品也可以保护海洋。如果有机会参加海滩垃圾清理活动，请不要犹豫。请不要轻视自己的力量！

地球最后的边界

深入地球最深处

2012年，探险家詹姆斯·卡梅隆驾驶深海挑战者号潜水艇抵达马里亚纳海沟的底部。由于深海压力巨大，返航后坚固的潜水艇甚至变小了！

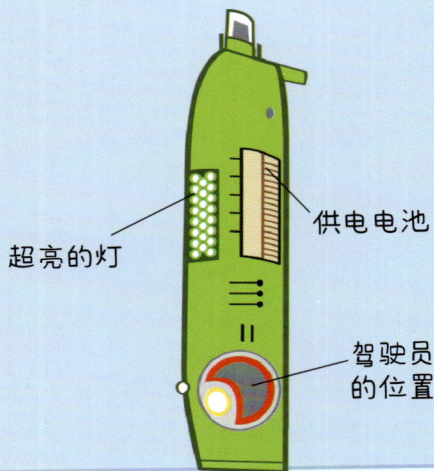

超亮的灯

供电电池

驾驶员的位置

虽然听起来有点儿不可思议，但这是真的——尽管我们生活在地球上，但我们对部分海域的了解程度甚至比不上对月球表面的了解。

探索深海不仅难度很大，而且成本高昂、危险重重。漆黑一片、巨大的水压，让深海成了人类的"禁地"。因此，到目前为止我们对深海所知甚少。不过，技术发展为人类探险和发现新奇的生命提供了可能。新发现将丰富我们的科学知识，激励我们增强"海洋意识"：重视并保护美丽、多样且重要的海洋环境。

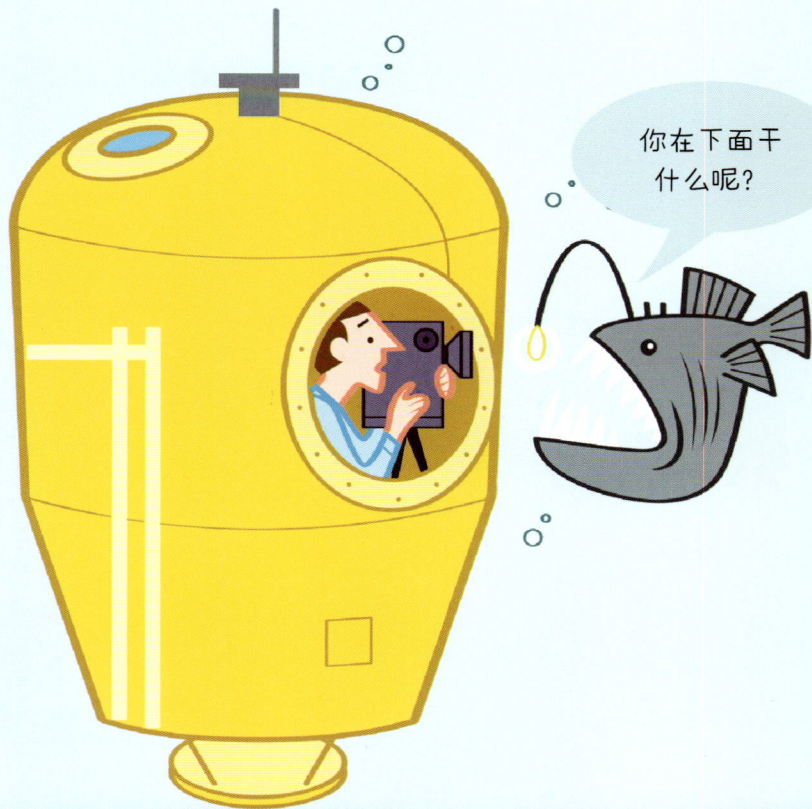

你在下面干什么呢？

解答古老的谜题

很久以前，在海员中流传着很多关于深海怪兽的可怕传说，例如会把船只拖入深海的巨乌贼。数个世纪以来，人们对这些传说将信将疑。2013年，科学家使用特制的深海相机，在日本附近的海域拍到了真实的大王巨乌贼的照片。

深海异客

科学家研发了水下机器人（ROV）来探索海洋深处的秘密。这些机器人能够拍摄深海视频，帮助科学家发现新的水下生命，并收集用于实验室研究的样本。2010年，科学家在大西洋海平面以下2.5千米的位置，第一次发现了下图中的这只多毛蠕虫。

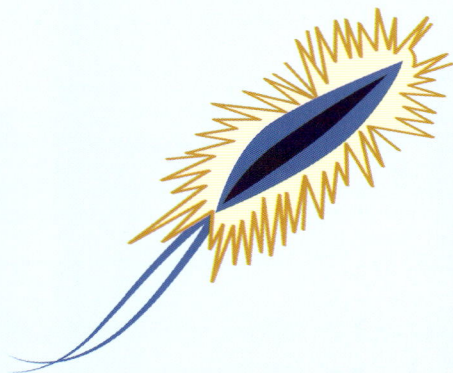

法国科学家、探险家雅克·库托斯（1910—1997）是探索海底世界的一位英雄。他是拍摄海洋生物的第一人，为数以百万计的观众揭开了海底世界的神秘面纱。

你相信吗？

1977年，探险家们发现了深海热泉——海底地壳裂缝上冒烟的"烟囱"。热泉会喷发大约370摄氏度的高温水流。热泉周围没有任何光线，并且有大量的化学物质。尽管如此，科学家在深海热泉周围发现了750种全新的海洋生物，其中包括蟹类、虾类、腹足类、蠕虫和细菌类生物。

术语表

潮汐　规律性（每天两次）的海平面升降，源于月球（和太阳）的引力及地球自转的共同作用。

大洋　地球上所有海洋的总称。

大洋中脊　构造板块相互分离过程中形成的一系列水下山脉。

地壳　构成地球表层的岩石层。

对流　以液体和气体为媒介，热能从温暖地区向寒冷地区流动的过程。

厄尔尼诺现象　太平洋洋流的变化。厄尔尼诺现象会导致全球众多地区出现异常天气。

二氧化碳　动物呼气及燃烧化石燃料会产生的一种气体。

风暴潮　暴风引起的海平面的突然升高，经常会引发近海地区的洪水。

风浪区　风吹过海洋表面的距离。

构造板块　构成地球地壳的巨大板块，及其下方的岩石层（上地幔）。

海底山　海底火山喷发形成的水下山脉。

海啸　破坏力惊人的巨大海浪，通常是海底地震或火山爆发导致的结果。

化石燃料　生物残骸形成的燃料，例如煤炭、石油、天然气。

环流　呈环形或部分环形流动的洋流。

彗星　环绕太阳运动并且由凝固的气体、水和太空尘埃构成的巨大球体。

飓风　巨大的热带风暴，通常会形成强烈的风和暴雨，一般在洋面上形成（也称为旋风或台风）。

离岸流　一股快速远离海岸的危险水流。

汽化　液体变成气体的过程。

氢气　一种与氧气结合能够形成水的气体。

鳃　鱼重要的呼吸器官，可以过滤海水，吸收其中的氧气。

深海潜水器　专为深海探险设计的极为坚固的设备。

深海热泉　从海底裂缝中喷出的温度极高的热水流。

外骨骼　龙虾或螃蟹等生物的外部硬壳。

涡轮机　具有旋转叶轮的机器，能够通过液体或气体流动获取能量并用于发电。

信风　从副热带高压带吹向赤道低压带的规律且稳定的风。

洋流　海水沿一定方向有规律地流动的水流。

氧气　地球生物必需的一种气体，可以与氢气结合形成水。

涌浪　海水存储风能后形成的缓慢、平顺的海浪。涌浪可以在风停息后持续很长时间。

陨石　彗星、小行星或其他宇宙天体进入地球大气层后未燃尽的物质。

藻类　一种水生生物，生长在池塘、河流和海洋中。

蒸腾作用　植物从土壤中吸收水分，然后通过叶片向空气中蒸发水分的过程。

Original title: The Science of Prehistoric Giants
Author: Ian Graham
Copyright © The Salariya Book Company Ltd 2018
All rights reserved

版权贸易合同登记号　图字：01-2021-4813

图书在版编目（CIP）数据

厉害了，科学. 史前巨兽 /（英）伊恩·格雷厄姆（Ian Graham）著；陈彦坤，马巍译. --北京：电子工业出版社，2022.3
ISBN 978-7-121-42971-2

Ⅰ.①厉…　Ⅱ.①伊…　②陈…　③马…　Ⅲ.①科学知识—少儿读物　②古动物—少儿读物　Ⅳ.①Z228.1　②Q915-49

中国版本图书馆CIP数据核字（2022）第029022号

责任编辑：董子晔　文字编辑：吕姝琪
印　　刷：北京缤索印刷有限公司
装　　订：北京缤索印刷有限公司
出版发行：电子工业出版社
　　　　　北京市海淀区万寿路173信箱　邮编：100036
开　　本：889×1194　1/16　印张：40　字数：483千字
版　　次：2022年3月第1版
印　　次：2022年3月第1次印刷
定　　价：398.00元（全20册）

凡所购买电子工业出版社图书有缺损问题，请向购买书店调换。若书店售缺，请与本社发行部联系，联系及邮购电话：（010）88254888，88258888。
质量投诉请发邮件至zlts@phei.com.cn，盗版侵权举报请发邮件至dbqq@phei.com.cn。
本书咨询联系方式：（010）88254161转1865，dongzy@phei.com.cn。

厉害了，科学

史前巨兽

用庞大身躯
自卫的真相

[英]伊恩·格雷厄姆 著
陈彦坤 马巍 译

电子工业出版社.
Publishing House of Electronics Industry
北京·BEIJING

目录

剑龙

三叠纪：2.52亿至2.01亿年前

侏罗纪：2.01亿至1.45亿年前

前言

漫历史长河中，恐龙曾作为霸主统治地球长达上亿年的时间。恐龙在2.35亿年前出现，主宰地球的时间长达约1.7亿年。与之相比，从出现到现在仅有20多万年的人类历史只能说是短短一瞬间。恐龙时代始于地球历史早期的三叠纪，并贯穿了整个侏罗纪和白垩纪。这些神奇的生物在大约6600万年前的白垩纪末期突然灭绝。第一只恐龙是小型的肉食动物，以虫子和其他小型生物为食。后来，有些恐龙形成了以植物为主的食性，并逐渐演变成了植食动物。经历了数百万年的进化之后，恐龙的体形越来越庞大，植食性恐龙更是如此。在植食性恐龙中，有些巨无霸的体长甚至达到了30米以上，直立时比一栋房子还要高。这些植食性恐龙是当时地球上最大的陆地动物。

三角龙

白垩纪：1.45亿至6600万年前

竖直站立

恐龙依靠直立的腿支撑身体，直立的姿势能够增加腿部的支撑力，支持恐龙向大型化演进。恐龙借助直立的腿撑起身体，也使得它们的移动能力优于蜥蜴和鳄鱼等相对原始的动物。

蜥蜴的站姿

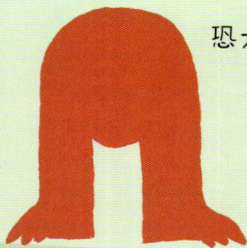

恐龙的站姿

为了获得食物和占据领地，恐龙需要与众多动物展开竞争，包括蜥蜴、鳄鱼、能够飞行的爬行动物、哺乳动物，甚至成群的巨大昆虫。

主要特点

之所以能够成为中生代的霸主，是因为这些体形庞大的植食性恐龙具有一些特殊的共性：如同柱子一般粗壮的腿骨能够支撑沉重的身躯，宽大的脚掌同样可以分担体重，特别的牙齿形状适合撕咬植物，巨大的内脏能够充分吸收植物的营养。更重要的是，凭借超大的体形，这些巨兽几乎没有天敌，能够无所畏惧地寻找和享受食物。

四条腿行走

第一只恐龙是两足动物——用两只脚走路，强壮的尾巴像第三条腿一样帮助它保持平衡。随着植食性恐龙体形不断增大，为了支撑庞大的身体，四条腿走路成为一种必然的选择——四足恐龙便出现了。

作为恐龙，你必须有一个好胃口。

巨大的内脏

植食性恐龙拥有庞大的身躯，体内可以容纳大量的植物。它们的消化器官中包含了数不清的细菌，有助于消化富含纤维的植物。所以，体形最大的恐龙也需要依赖最小的生物来获取营养。

生存技巧

因为体形的原因，植食性恐龙很难躲避猎食者的目光。但巨大的体形同样也是一项优势，任何接近它们的猎食者都有可能被它们踩在脚下。

走开，要不然我就踩扁你。

究竟长到多大才会达到陆地动物肌肉和骨骼所能承担的极限？人们目前尚不确定。不过，恐龙可能已经接近或达到了这个极限。

1

庞大的身躯

最大恐龙的体重与10只成年大象相当!

最大的恐龙当属蜥脚类植食性恐龙,阿根廷龙是最大的植食性恐龙之一。有些阿根廷龙的体长可以达到30米以上,直立时与3层楼的高度相当。它的体重可以达到90吨,甚至更重。阿根廷龙长着长长的脖子,末端的头部很小,看起来完全不成比例。阿根廷龙在恐龙时代临近结束时出现,然后迅速在全球扩散。直到现在,南美洲仍不断发掘出土阿根廷龙的化石。

最大的恐龙

目前为止最大的恐龙化石于2014年在阿根廷出土。化石的主人是一只死于大约1亿年前的阿根廷龙。这只阿根廷龙生前长约40米,重达77吨。而且,这是一只还没有完全成年的阿根廷龙,意味着成年阿根廷龙的体形可能更大!

冷血还是温血?

人们曾认为恐龙是冷血（变温）动物，需要依靠太阳的热量温暖身体。然而，科学家新发现的线索显示，恐龙可能是温血（恒温）动物，主要通过自身的热量保持体温。不过，科学家需要更多的证据才能最终解开恐龙的体温之谜。

我是一只暖暖龙。

嗯，我觉得这样可以保持平衡。

长脖子和长尾巴

植食性恐龙体形庞大，通常有长长的脖子，它们的长脖子十分灵活，能够轻松地上下左右摆动，无须移动四肢即可覆盖更大的面积，节省能量。长长的尾巴还可以平衡长长的脖子，保持身体稳定。

目前已发现大约1000个恐龙物种的化石，但科学家预计仍有上千种已灭绝恐龙等待人们去发现。

著名的化石

1987年，阿根廷巴塔哥尼亚北部出土了第一个巨型蜥脚类恐龙——阿根廷龙的化石。发现化石的农场主还以为那是古代树木的化石。

崩掉大牙的铠甲

"恐龙"一词1842年由英国科学家理查德·欧文发明，因为他发现这些物种属于已灭绝的生物，并非如此前人们所推测的是巨人或龙的遗骸。

巨大的植食性恐龙不可能凭借速度逃脱猎食者的追捕，而且也缺乏尖牙利爪来还击。所以，植食性恐龙必须选择其他方式来保护自己。有些恐龙形成了厚厚的铠甲，有各种形状和尺寸，例如重叠的鳞甲、平整的骨板、长长的尖刺和突出的肿块。这些骨质的甲板叫作真皮骨。现在，我们还可以在短吻鳄等爬行动物身上看到真皮骨。

葡萄园龙

很多大型植食性恐龙都有真皮骨，葡萄园龙是其中的一个代表。葡萄园龙全身都覆盖着骨质肿块、硬刺和甲板。覆盖甲板的皮肤可以保护体形庞大且移动缓慢的植食性动物，抵御猎食动物的尖牙利爪。

10

剑龙

剑龙是植食性恐龙，背上长着成排的骨质甲板。科学家仍在分析这些甲板的作用，因为甲板的坚硬度不足以抵抗攻击，这些甲板可能像散热器一样控制体温，或者帮助剑龙相互识别同类。

甲龙

甲龙及其近亲结龙都属于植食性装甲恐龙，拥有坦克般的铠甲保护：宽而低矮的身体，头部和尾部长着骨质肿块，身体上覆盖着厚厚的铠甲和尖刺。甲龙的铠甲十分结实，可能崩掉攻击者的牙齿。

我可不喜欢躺着！

有趣的真相

包头龙是一种拥有严密的鳞甲保护的恐龙，甚至包括眼皮。杀死包头龙的唯一方法是把它翻过来，攻击它柔软的腹部。

我很稳重，不会为任何人在地上打滚！

恐龙的名称通常能表明这种生物的特性。微肿头龙（Micropachycephalosaurus）是目前英文名字最长的恐龙，意思是头小而粗的蜥蜴。

11

可怕的尾巴

尾鞭

没有人可以确定恐龙的特性，因为没有人见过活的恐龙。不过，这些巨型植食性恐龙可能会把长长的尾巴当作一种武器，抵御猎食者的攻击。不过，有些科学家持不同意见，因为这种行为也很容易损坏尾巴。

体形庞大、行动迟缓，这些植食性恐龙似乎很容易成为肉食性恐龙的美餐。不过，植食性恐龙也不甘示弱，很多恐龙都发展出了保护自己的独特武器——尾巴。借助强壮的身体，植食性恐龙能够用长长的如同鞭子一样的尾巴轻松掀翻进犯的猎食者，或者使用粗壮的尾巴砸断攻击者的骨头。很多恐龙的尾巴甚至进化成了危险的武器：尾端长着骨质尖刺或者尾锤，如同狼牙棒或者铁锤，可以重伤任何敢靠近的动物。

尾锤

不满足于巨大的体形和厚重的铠甲，有些蜥脚类恐龙和甲龙在尾巴末端形成了尾锤。研究显示，尾锤的硬度及甩动的速度可能无法杀死大型猎食者，但足以砸断其腿骨。

呀！

剑龙的拉丁文名字（Stegosaur）的意思是"有屋顶的蜥蜴"，因为科学家曾认为剑龙背上的骨板就像屋顶的砖或瓦片一样是平铺在背上的。

尾刺

大多数剑龙的尾巴末端都长着令人生畏的锋利骨刺。科学家判断，剑龙的尾巴是重要的武器，因为在很多剑龙化石中都发现了破损或折断的尾刺，而且曾在其他恐龙的遗骸上见过剑龙尾刺留下的孔洞。

甲龙的尾锤是一个重达155千克的巨大骨质肿块。

生存技巧

当猎食者接近时，剑龙可能会转过身去，背对猎食者，左右甩动尾巴，试图用尾刺攻击或赶走猎食者。

13

当第一只恐龙出现时，地球上生长的植物与现在截然不同。那时候没有开花植物，恐龙主要以蕨类、银杏等乔木和楔叶类原始植物为食。后来，针叶树和苏铁类植物成了植食性恐龙的主要食物。

喙与牙

植食性恐龙特别的牙齿形状非常适合吃植物。蜥脚类恐龙的钉状牙齿非常适合从植物上撸下叶子，其他一些植食性恐龙长着形似鸟类的喙，适合咬断植物，还有可以切碎叶子的牙齿。然后，由恐龙消化道的细菌将植物分解，以便充分消化吸收。这些植物通常很难消化，所以恐龙必须大量进食，在消化道长时间地储存植物，以便细菌完成分解消化的过程。这也是很多植食性恐龙体形庞大的原因。

植食性恐龙借助细菌分解植物并获取营养。

我最爱的食物是叶子！

14

满口的牙

一个成年人通常有32颗牙齿，而三角龙的牙齿多达800颗，长着鸭子嘴的鸭嘴龙更是拥有将近1000颗牙齿！不断地咀嚼植物会磨损牙齿，所以恐龙的一生中要不停地更新牙齿。

嚼碎还是吞咽？

蜥脚类恐龙大多不咀嚼，直接吞咽植物。其他恐龙，例如鸭嘴龙，都会先嚼再咽。因此，咀嚼食物的恐龙并不需要那么大的消化器官，这也意味着它们的体形可能不及蜥脚类恐龙。

> 如果你想长大个，不要嚼太多下！

鸭嘴龙长着适合磨碎植物的宽大臼齿，而三角龙则有适合切断植物的切齿。

你相信吗？

有些植食性恐龙会吞食被称为胃石的小石头，借助石头磨碎恐龙吞食的植物，帮助完成消化。

15

恐怖的角

三角龙的角由坚硬的骨头构成，外层覆盖着角蛋白——一种构成人类的头发和指甲的蛋白质。

角龙是一类头上长角的大型植食性恐龙。科学家认为，恐龙长角可能是为了吸引异性或与同类的雄性进行竞争，也可能用于抵御猎食者。角龙包括很多种类，最著名的也是最大的当属三角龙。三角龙的体重可以达到10吨，它的头部长达2.5米，是头部最大的陆地动物之一。

三角龙

三角龙的体形与大象差不多，全身覆盖着鳞片，头上长着3个巨大的角：眼睛上方的2个角可以达到1.3米长，从鼻子上延伸出来的角较短。在三角龙头颅后方有一个宽大的骨质头盾。

16

其他长角的恐龙

大多数角龙都长角，不过不同种类之间的差距也很大。例如，戟龙的鼻子末端有一根长角，骨质头盾的边缘还长有一圈尖刺。

> 你敢再往前走一步，我就动"角"了！

生活的年代

第一只角龙大约在1.6亿年前的侏罗纪时期出现，最后一种角龙——三角龙在6800万年前到6500万年前出现。角龙的角和头盾很有用，因为角龙灭绝的时间比恐龙大灭绝的时间晚了大约500万年。

（译者注：恐龙大灭绝并不是指所有的恐龙都在同一时间内灭绝了，而是说绝大多数恐龙在这个时间灭绝了，但是仍然有一小部分恐龙又生存了一段时间。）

> 离开我的领地！

> 嘴！浑身片的家伙！

你相信吗？

第一块三角龙骨骼化石于1887年出土，当时人们误以为是野牛的遗骸。随着更多的化石被发掘出来，科学家才确定这是一种长角的恐龙。

> 三角龙似乎只生活在北美洲西部树木茂密的河谷地带。

17

群居更安全

恐龙群很常见吗?

1878年,人们在比利时发现了整群的禽龙化石。有人认为这是一群掉进深深的山涧并被淹死的禽龙。每年都有新的化石证据出土,证明植食性恐龙经常会成群迁徙,因此在恐龙时代,恐龙群是很常见的。

很多大型蜥脚类恐龙都会选择成群结队地行动,以便保护自身和小恐龙,同时也能更快地找到食物和水源。我们之所以确定恐龙成群行动,是因为我们曾在一些化石遗址发现过成群死亡的恐龙。恐龙的足迹化石——恐龙走过泥地时留下的脚印也是一个证据。大量相同种类的恐龙同时沿相同方向行进而留下的脚印,无疑表明恐龙会成群行动。

2只只能叫结伴,300只才叫成群!

鸭嘴龙群

2007年，美国阿拉斯加州发现了数以千计的恐龙脚印。脚印的主人是鸭嘴龙，而如此多的脚印意味着这是一个庞大的兽群，包括大大小小的成年鸭嘴龙和幼年鸭嘴龙。

有趣的真相

恐龙群的味道可能十分、十分"诱人"：这种庞大的植食性动物每天要吞食大约1吨植物，而其中大部分植物在消化分解后作为便便排出，为旅途添加别样的味道！

恐龙是否也会迁徙？

地球上每年都会上演蔚为壮观的动物大迁徙场景——一大群动物长途跋涉，朝着同一个目标前进。有些恐龙也有迁徙的习惯。圆顶龙的化石显示，雨季时这种恐龙生活在美洲的平原地带，而旱季时它们则会迁徙到高山地区。

植食性恐龙成群行动更安全，因为它们可以分工协作，当部分成员进食时，其他成员负责警戒。

19

微不足道的大脑

大脑与身体质量的比例是衡量生物智力的重要指标。

相比庞大的身躯，植食性恐龙的大脑非常小。很多大型恐龙，比如腕龙，它们的大脑只有李子大小，有些甚至小如核桃。大脑如此之小，那么植食性恐龙的智力水平也就可想而知了。就算是最聪明的植食性恐龙，其智力水平可能也只相当于现在的家鸡。科学家预测，如果恐龙没有灭绝，它们的大脑和智力水平有可能会继续发展，但这只能是一个假设。

为什么植食性动物显得笨拙？

植物没有腿，不会自己移动，也不会反击，所以植食性恐龙并不需要太高的智力水平就能够生存。与之相反，肉食性恐龙必须比猎食目标更聪明，这就意味着它们需要更大的脑容量和更高的智力水平。

说真的，大脑有什么用？

大脑

无法一直昂着头?

长着长脖子的恐龙可能无法将头部完全抬起。由于脖子过长,有些科学家认为腕龙的心脏无法完全满足脑部的供血需求。不过有的科学家对此并不认同。

> 我已经习惯了高高在上。

> 人类的体重是大脑质量的50倍,而一只大型恐龙的体重可能是其大脑质量的100000倍。

保持冷静

在研究保存较完好的恐龙头骨化石时,例如剑龙,科学家发现了形状奇特的气道。研究人员猜测其作用可能是通过空气流通为血液降温,避免头部的温度过高。

你相信吗?

科学家曾认为大型蜥脚类恐龙长着两个大脑——一个在头部,另一个位于臀部用于控制后肢和尾巴。现在,科学家已经否定了这个观点,因为没有任何证据证明恐龙长着两个大脑。

21

恐龙的感官

当心！

宽视野（植食性恐龙）

窄视野（肉食性恐龙）

肉食性恐龙的视野相对集中在头部前方，便于它们专注于捕猎对象。植食性恐龙的双眼位于头部两侧，视野更宽广，便于它们更快地发现接近的猎食者，甚至包括从后方接近的动物。

恐龙与现代动物拥有相同的感官——视觉、嗅觉、听觉、味觉和触觉。感官的敏锐程度取决于恐龙的类型。肉食性恐龙的视觉、嗅觉和听觉通常优于其猎食的对象——植食性恐龙，而大型植食性恐龙的感官相对迟钝。科学家能够通过头骨化石确定恐龙感觉器官的发育程度，依据大脑所在空间的形状判断出大脑各部位的发育程度。

超级感官

穆氏萨米恩托龙可能具有比其他植食性恐龙更加敏锐的视觉。这种恐龙生活在大约9500万年前的阿根廷，巨大的眼窝几乎达到了颅骨长度的一半，这说明穆氏萨米恩托龙的视力优于大多数恐龙。

多数蜥脚类恐龙的化石没有头骨，因为它们死后，长长的脖子将会腐烂，缺乏承托的头部很容易被水冲走，或者被食腐动物吃掉。

朋友们喜欢叫我"大爪子"。

惊喜！

当镰刀龙的遗骸化石出土时，这种植食性恐龙让科学家们倍感意外。镰刀龙具有出色的嗅觉和听觉，以及良好的平衡能力，更像一种肉食性动物。事实上，镰刀龙由肉食性动物进化而来，是一种保留了肉食性动物感觉器官的植食性恐龙。

镰刀龙身上覆盖着柔软的羽毛，上肢长着约90厘米长、如剃刀般锋利的巨大爪子。

有趣的真相

有些恐龙（也可能是所有恐龙）的眼部有一个骨环，叫作巩膜环，可以保护眼球，并确保眼球不会移位。

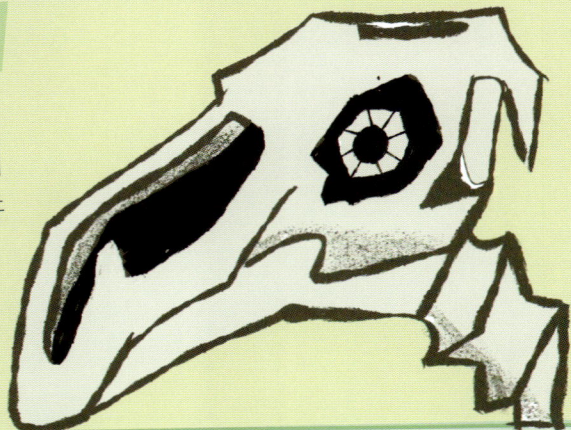

23

恐龙的声音

恐龙是否也会交流?

大多数科学家认为恐龙能够像现代的鸟类和爬行动物一样相互交流,通过不同的叫声警示同伴、吸引异性或警告竞争对手。幼年恐龙也会通过叫声向父母讨要食物或者召唤帮助。

你是不是很好奇恐龙的叫声是什么样的?恐龙或许能够发出各种各样的吼声、嘶叫和咆哮,但这些也只是推测,我们无法肯定。有些科学家认为恐龙可能会发出类似鸟类的叫声。小贵族龙是一种鸭嘴龙,面部长有皮瓣,可以通过充气发声。最大的植食性恐龙可能通过叫声召唤距离较远的同伴。

如果感到快乐你就叫出来!

人类使用喉部的声带发出声音，恐龙可能没有声带，所以恐龙采用其他方式发出声音。

有趣的真相

目前还没有证据证实恐龙长着类似人类耳朵的器官，但听觉是语言交流的基础。科学家根据恐龙大脑的形状推断恐龙能够听到声音。

中空的头部

有些副栉龙长着巨大的中空头冠，当气流通过中空的管道时，头冠可以像吉他或小提琴的共鸣箱一样振动，将恐龙发出的声音放大。

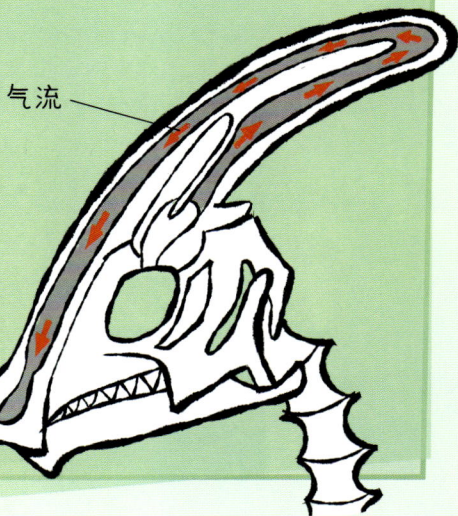

气流

恐龙的叫声

科学家扫描了副栉龙的颅骨化石，并在计算机中创建了颅骨的三维模型。然后，研究人员用计算机模仿了气流经过颅骨时产生的声音——听起来像吹响的号角。这是近7000万年来第一次响起恐龙的叫声！

电影中恐龙的咆哮声是混合了大象、鳄鱼、老虎和其他动物的叫声后人工合成的音效。

25

皮肤的颜色

剑龙背部的骨板并没有与骨骼连接，而是皮肤硬化的结果，宽和高可以达到60厘米。

恐龙在数千万年前就已经灭绝了，而当时人类还没有出现，所以没有人知道恐龙的颜色。然而，关于恐龙皮肤的最新发现提供了一些线索，可以帮助科学家确定恐龙皮肤的颜色。科学家认为，有些大型植食性恐龙可能具有改变颜色的能力，例如将血液集中到某个部位，可以将该部位的皮肤变成红色。

恐龙与爬行动物形似？

恐龙从爬行动物进化而来，所以恐龙可能或多或少地保留了一些蜥蜴和鳄鱼等爬行动物的外形特征，例如棕色或绿色的皮肤。然而，经历了1亿多年的进化后，恐龙已经变得"面目全非"，外形与爬行动物祖先大相径庭。

26

恐龙会脸红吗?

剑龙背部的骨板布满了血管,因此剑龙可以将这些血管充血,将骨板变成红色。这可能是剑龙威胁其他动物或者吸引异性的一种手段。

红色信号就位,准备攻击!

有些植食性恐龙,比如豪勇龙,长有骨质背帆。背帆的颜色十分艳丽,或许是向其他恐龙发出的信号。

你相信吗?

通常,化石只包含恐龙的骨骼,因为肌肉等器官组织容易腐烂。然而,仍有屈指可数的恐龙化石保存得十分完整,甚至包含了部分鳞片皮肤。

颜色

恐龙的颜色部分源于皮肤细胞中叫作黑素体的微小结构。黑素体中包含能够生成黑色和红棕色的黑色素。科学家发现了一具距今7000万年的鸭嘴龙化石,其中保存了黑素体残余的形状和排列,可以用来复原恐龙的颜色。

化石是如何形成的?

只有极少数的恐龙遗骸能够变成化石保存下来。大多数恐龙死亡后留下的尸体将很快腐烂或被吃掉。极其偶然的情况下,恐龙的尸体可能会被土壤覆盖。然后,富含矿物质的水渗入骨骼,将骨骼石化,形成化石。

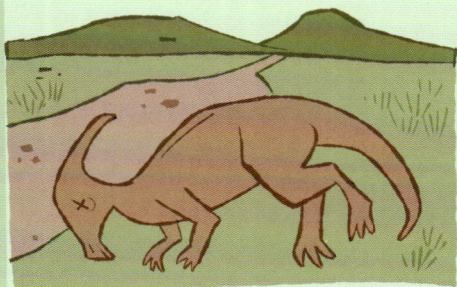

寻找化石

没有人见过活的恐龙,那我们如何确定恐龙的外形呢?其实,这些史前生物为我们留下了大量的线索,这些线索埋藏在地下,等待我们去寻找和发掘。恐龙的遗骸形成化石,通过化石,我们可以了解恐龙的骨骼结构,进而确定这种动物的体形、骨骼的排列方式及大概的外形。化石包括很多种类,骨骼是其中非常重要的组成部分。科学家还曾发现显示恐龙行走和奔跑方式的足迹化石,以及恐龙的粪便化石等。

组装骨架

科学家在恢复恐龙骨骼结构时难免会犯错。人们发现的第一具恐龙化石是禽龙的化石,当时,科学家无法确定其中一块钉状骨骼的位置。于是,他们把这块骨头放到了鼻子的位置,以为这是恐龙的角。后来,科学家发现那其实是禽龙的大拇指骨骼。

1824年,斑龙成为第一只被命名的恐龙。斑龙生活在1.8亿年前的欧洲地区。

我觉得我不会再喜欢考古了。

粪便化石

体形巨大的植食性恐龙每天都要吃掉大量的食物,所以它们排出的粪便量也十分惊人。有些粪便会变成化石保存下来。科学家称这些化石为粪便化石。听起来比粪便好一些,不是吗?研究粪便化石能够揭示恐龙的饮食习惯。

最古老的恐龙化石可能是生活在大约2.4亿年前的帕林顿尼亚萨龙,在坦桑尼亚出土。

著名的化石发现

1828年,陆军中校W.H.斯利曼在印度贾巴尔普尔拉米塔组的岩石中发现了第一具泰坦巨龙的化石。

术语表

白垩纪　中生代的最后一个阶段，从1.45亿年前的侏罗纪末期开始，到6600万年前结束。恐龙在白垩纪末期灭绝。

粪便化石　动物排泄物的化石。

黑色素　一种生物色素，可以让动物皮肤和毛发呈现出棕色或黑色。

黑素体　动物细胞中可以生成和储存黑色素的部分。

化石　保存在岩石中的古生物的遗骸、遗迹。

剑龙　装甲亚目的植食性恐龙，背部竖立着一排骨板，尾部有尖刺。

角蛋白　构成头发、指甲、爪子及爬行动物鳞片等的主要蛋白质。

三叠纪　中生代的第一个阶段，从2.52亿年前开始，到2.01亿年前的侏罗纪前结束。恐龙在三叠纪出现。

三角龙　一种庞大的植食性恐龙，头部有三只角，还有宽大的头盾。

食腐生物　以死亡的动物为食的生物。

泰坦巨龙　体形巨大的蜥脚类恐龙。

头盾　三角龙等恐龙头颅后方突出的宽大骨板。

胃石　恐龙和部分现代爬行动物与鸟类吞食的用于帮助消化的小石块。

消化器官　动物身体的一部分，主要包括消化食物的胃和肠等。

蜥脚类恐龙　一类大型植食性恐龙，具有长长的脖子和尾巴，但头部很小。

细菌　存在于地球上几乎任何地方的单细胞有机体，广泛参与生物的生命过程。

鸭嘴龙　由于嘴的形状像鸭子而得名的一类恐龙。

营养　食物中帮助生物生存和成长的物质。

有机体　有生命的个体，包括植物和动物。

侏罗纪　中生代的第二个阶段，从2.01亿年前的三叠纪末期开始，到1.45亿年前结束。

真皮骨　恐龙皮肤中结实的骨质甲板。

种　一类具有相似的形态、特征，并且能够进行繁殖的生物群体。

31

Original title: The Science of Sea Monsters
Author: Alex Woolf
Copyright © The Salariya Book Company Ltd 2018
All rights reserved

版权贸易合同登记号　图字：01-2021-4813

图书在版编目（CIP）数据

厉害了，科学. 海洋霸主 /（英）亚历克斯·伍尔夫（Alex Woolf）著；陈彦坤，马巍译. --北京：电子工业出版社，2022.3
ISBN 978-7-121-42971-2

Ⅰ. ①厉… 　Ⅱ. ①亚… ②陈… ③马… 　Ⅲ. ①科学知识-少儿读物 ②古动物-海洋生物-少儿读物 　Ⅳ. ①Z228.1 ②Q178.53-49

中国版本图书馆CIP数据核字（2022）第029195号

责任编辑：董子晔　文字编辑：吕姝琪
印　　刷：北京缤索印刷有限公司
装　　订：北京缤索印刷有限公司
出版发行：电子工业出版社
　　　　　北京市海淀区万寿路173信箱　邮编：100036
开　　本：889×1194　1/16　印张：40　字数：483千字
版　　次：2022年3月第1版
印　　次：2022年3月第1次印刷
定　　价：398.00元（全20册）

凡所购买电子工业出版社图书有缺损问题，请向购买书店调换。若书店售缺，请与本社发行部联系，联系及邮购电话：（010）88254888，88258888。
质量投诉请发邮件至zlts@phei.com.cn，盗版侵权举报请发邮件至dbqq@phei.com.cn。
本书咨询联系方式：（010）88254161转1865，dongzy@phei.com.cn。

厉害了，科学

海洋霸主

远古海洋动物
的真相

[英]亚历克斯·伍尔夫 著
陈彦坤 马巍 译

电子工业出版社
Publishing House of Electronics Industry
北京·BEIJING

目录

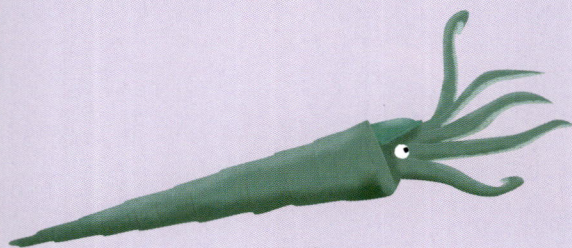

房角石

邓氏鱼

志留纪： 4.44亿到4.19亿年前	泥盆纪： 4.19亿到3.59亿年前	石炭纪： 3.59亿到2.99亿年前	二叠纪： 2.99亿到2.52亿年前

数百万前，海洋中生活着很多与陆地统治者——恐龙一样神奇且恐怖的生物，其中包括海龟、鲨鱼和鳄鱼等生存到现在，但尺寸严重"缩水"的动物，还有体形与当代同类并无太大区别的海蛇、长牙的鱼和类似乌贼的触手动物。当然，史前时代的海洋中还有更多现在已经无法见到的生物，例如长着巨颌的上龙、速度极快的沧龙和长脖子的蛇颈龙。本书所涉及的生物生活的年代跨度极大，从4.3亿年前到160万年前，它们不属于同一时代，很多都是各自所处时代的统治者。阅读本书，我们可以深入这些神奇生物的生活，了解它们如何捕猎，以及科学家研究古生物的方式。

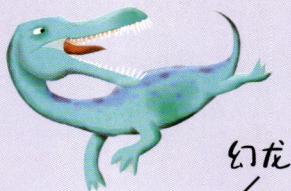

幻龙

沧龙

三叠纪：2.52亿到2.01亿年前	侏罗纪：2.01亿到1.45亿年前	白垩纪：1.45亿到6600万年前

鳍肢和尾巴

三叠纪时期，有些陆地爬行动物开始冒险进入大海，以鱼类为食。经过数百万年的演进，这些动物的身体逐步适应了水中生活：流线型的体形、适合游泳的尾巴及像船桨一样的鳍肢。

与现在身材娇小、性情温和的海龟不同，古巨龟是一种凶猛的猎食动物。它的身长可达4米，体重2吨，强有力的喙能够一口咬断乌贼。

杀手的天赋

史前时代的海洋捕食者们都发展出了各自独特的天赋，凭借速度或致命的攻击能力成为"杀手"，或者以强大的防御能力赢得生存的权利。例如，"杀手"们拥有灵活的触手、强壮的喙和爪子及锋利的牙齿，或者发育出了鳍和尾巴及强壮的肌肉，能够爆发极高的速度。与此同时，行动速度慢的生物则另辟蹊径，进化出了独特的生存本领，例如古巨龟厚而坚硬的背甲或者邓氏鱼（一种掠食鱼类）坚固的外壳。

你太慢了！

想吃我可不容易！

牙齿

史前时代的海洋掠食者根据各自的猎食习惯进化出了不同类型的牙齿。克柔龙习惯于用牙齿撕咬并吞食小型猎物，因此具有长长的圆锥状牙齿和光滑的牙齿表面。达克龙长有锯齿状牙齿，适合猎杀大型目标，并且能够将猎物撕成适合消化的小块。

塞牙什么的最讨厌了。

爪子

作为现代蜘蛛、昆虫和龙虾的祖先——史前节肢动物进化出了可以作为捕猎工具的利爪。库特奈雅武尼克虫是最早出现的节肢动物之一，它生活在5亿年前的海洋中，具有类似龙虾的外形及带有锯齿的利爪！

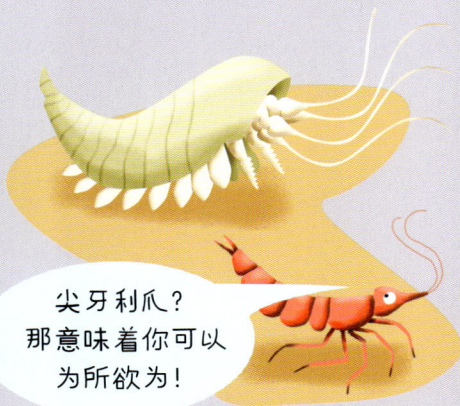

尖牙利爪？那意味着你可以为所欲为！

有的海洋掠食者采用吸食的捕猎方法：快速张开大嘴，等待海水裹挟着猎物送"货"上门。

有趣的真相

在漫长的演化过程中，触手成了很多海洋生物越来越重要的工具——不仅可以作为感觉器官，而且能够用于运动。史前巨型乌贼——羽幌町巨鱿就是如此。与现代鱿鱼类似，羽幌町巨鱿拥有一对长触手用于捕捉猎物，4只带有吸盘的短触手可以抓握猎物并将其送入口中。

让人毛骨悚然的触手

触手和喙

嗯，小点心！

房角石能够在看不见阳光的深水中跟踪快速移动的目标。当鱼或软体动物接近时，房角石能够抓住猎物并送入嘴中。房角石的喙强壮有力，能够咬穿坚硬的外壳和外骨骼。

在4.3亿年前的海洋深处生活着很多与巨乌贼相似的巨大怪兽，比如房角石。这种多触手的巨兽的体长可以达到9米，是目前已知古生代最大的软体动物。据猜测，房角石潜伏在海底，然后静待猎物进入自己的捕猎范围进行伏击。与现代乌贼类似，房角石的长触手位于头部，有吸盘，可以用于抓握猎物。喙中有带锯齿的舌头——齿舌，能够用来刮取猎物硬壳保护下的软组织。

我只需静静地等待，食物会自动送上门来的！

带隔间的外壳

房角石的外壳就像一个长长的号角，分隔成了多个独立的"房间"，而套膜（软体动物的主体）位于接近开口的位置。随着套膜的成长，外壳也将随之长大。

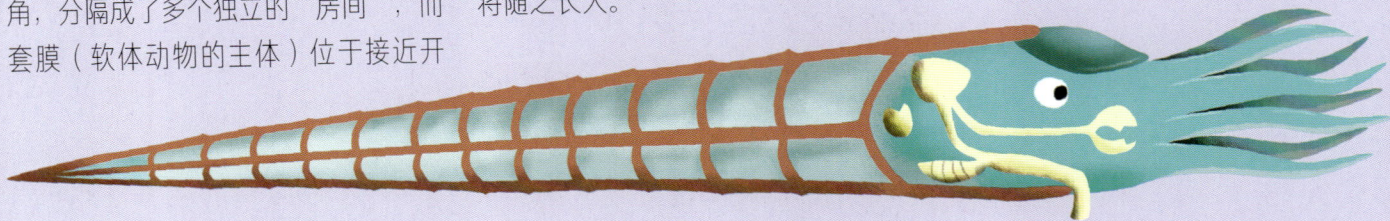

后代

房角石属于头足纲，与章鱼、乌贼和墨鱼为同类。通过研究这些同纲动物，我们可以推测房角石的外形和行为特性，尽管我们只有这些史前生物遗留的部分外壳化石。

非常高兴和你成为一家人！

房角石可以自由排出隔间中的液体，以便获得浮力，调节在水中的位置。

房角石能够保持平衡的原因是外壳尾部的质量足以平衡其身体的质量。

著名的化石发现

史前乌贼的化石十分罕见，因为这些生物大多属于软体动物。然而，2015年日本考古学家田边一茂所率团队在日本北海道附近发现了生活在8000万年前的史前巨型乌贼的喙化石。此次发现引发了全球的关注。

巨大的吸力与颌

邓氏鱼具有复杂的骨架和可以活动的关节，仅需1/20秒即可完全张开下颌。如此快的速度能够形成巨大的吸力，让海水与猎物一同进入口中。然后，邓氏鱼闭紧嘴巴，约750千克的咬合力能够粉碎最坚固的硬壳。

救命啊！

凶猛的鱼类

在大约3.7亿年前的泥盆纪，海洋的主宰者是令人恐惧的巨大鱼类。长度达10米的邓氏鱼是当时地球上最大的动物（后来被恐龙取代）。邓氏鱼身体庞大，而且覆盖着坚硬的外壳，口中没有牙齿，取而代之的是锋利的骨板（颌骨的延伸）。骨板加上强壮的咬合肌肉能够让邓氏鱼轻松咬碎硬壳和骨骼，撕碎猎物。

尽管游泳能力出众，但受限于沉重的"盔甲"，邓氏鱼无法成为一名以速度取胜的猎手。因此，邓氏鱼选择了"伏击"的捕食方式。凭借巨大的咬合力，邓氏鱼只需等待猎物靠近即可张嘴享受美味。

没有谁可以打扰我用膳！

消化不良

　　邓氏鱼食欲旺盛，因此很有可能面临消化问题。由于邓氏鱼化石附近经常出现反刍或没有完全消化的鱼类残骸，因此考古学家强烈怀疑邓氏鱼会将吞下的无法消化的残渣吐出来。

　　呃，我可能又吃多了！

同类相残

　　古生物学家曾发现过带有咬痕的邓氏鱼外壳化石，这表明这些生物在缺乏食物时非常有可能相互攻击。

　　抱歉！这是一个鱼吃鱼的世界！

　　古生物学家并不十分确定邓氏鱼身体后半部分的形状，因为只有覆盖着硬壳的前半部分才有可能形成化石。不过，考古学家以同类小型鱼为样本复原了完整的邓氏鱼。

有趣的真相

　　邓氏鱼并不是泥盆纪唯一的大型猎食鱼类。与邓氏鱼处于同一地质年代的霸鱼甚至能够长到10米长，但这种鱼性情相对温和，也没有锋利的牙齿。科学家推测霸鱼可能是最早的滤食动物之一：它在游动时一直张大嘴巴，将鱼群或者磷虾吸入巨大的颌，然后闭上嘴，将水滤出。

11

神奇的蹼足

2014年，古生物学家在中国贵州省发现了幻龙的遗迹化石。化石显示幻龙可以利用上肢搅动海床，惊扰隐藏在海底栖息的小型海洋生物，然后进行捕猎。

幻龙是一种具有流线型体形，极富攻击性的三叠纪猎食动物。长达4米的身体、形似船桨的四肢、长长的脖子及强有力的尾巴，让它看起来如同巨大的现代海豹。同样，与海豹类似，幻龙能够在海中捕食，在陆地上栖息。蹼和指能够支撑其在陆地上四处走动。幻龙的牙齿锋利且向外龇出，非常适合抓捕滑溜溜的鱼类或乌贼。

捕猎

幻龙可以借助尾巴、四肢和蹼足在水中游动和捕食。幻龙也是一种通过伏击捕食的动物，它像猎豹一样潜伏接近鱼群，然后爆发出惊人的速度并展开猎食行动。幻龙具有强有力的颌，被捕获的动物极少能够逃脱成为它的食物的命运。

休息够了！该去抓鱼吃了！

可爱的表亲

幻龙家族有许多成员，其中包括体形最小的鸥龙（仅60厘米长）。鸥龙的鳍状肢细小，并不十分善于游泳，因此多数时间可能在干燥的陆地上生活。奇特的是，鸥龙的后肢保留5个脚趾，趾间没有蹼。

你要惹我，我就告诉我表哥！

很多专家认为鸥龙并不是卵生，而是胎生动物。这对当时的爬行动物来说非比寻常。

好身材的游泳健将

幻龙进化的结果是蛇颈龙，而色雷斯龙是最接近蛇颈龙的幻龙：体长达3米，有长长的颈和尾巴，以及发育完全的鳍状肢——蹼趾几乎彻底退化，非常适应水中生活。

生存技巧

为防备鱼龙或鲨鱼的攻击，幻龙在海洋中活动时通常不会远离陆地；而在陆地上活动时，幻龙也不会远离海岸，避免被饥饿的初龙所猎杀。

13

奇特的鱼

我不是挑剔的食客。

肖尼鱼龙是一种外形非常奇特的鱼龙：头很小，肚子非常大。幼年肖尼鱼龙长而尖的吻部长有牙齿，而成年肖尼鱼龙的嘴里没有牙齿。人们猜测，成年肖尼鱼龙可能通过滤食的方式收集食物。

长鼻子的鱼龙

在2.48亿年前的三叠纪，海洋中生活着一种形似海豚但十分凶猛的动物——鱼龙。鱼龙在地球上生存了大约1.5亿年，并且种类繁多，包括从30厘米长的小型鱼龙到21米长的萨斯特鱼龙。尽管由陆地上的爬行动物进化而来，但是鱼龙具有流线型的身体，非常适应海洋生活。鱼龙具有同海豚类似的长长的吻部，并且长满了锋利的牙齿，尾巴呈新月形，是海洋中速度出众的猎食者。

体形最大的鱼龙，也是地球上有史以来最大的海洋猎食者——萨斯特鱼龙，科学家预测其身长可以达到21米。

虽然看起来有点儿像海豚，但我们可不是好惹的！

14

大眼睛

多亏了这对大眼睛，鱼龙才可以在夜晚以及光线极差的深海捕食。其中，泰曼鱼龙的眼球直径达25厘米，堪比巨型章鱼的眼球。因此，泰曼鱼龙能够在深达1600米的深海保持良好的视力。

你的眼睛大得吓人！

这样我才能看清你呀！

剑形的吻部

准备！

有一种鱼龙，具有与剑鱼非常类似的长而尖的吻部，叫神剑鱼龙。以亚瑟王的传奇宝剑为名的神剑鱼龙可能会使用剑形的吻部去海底探寻食物，同时作为武器展开搏斗，或杀死猎物。

鱼龙的正常游动速度可以达到每小时35千米，因此能够猎杀以速度见长的动物。

你相信吗?

2011年，美国内华达州的两位地质学家发现了一组9只肖尼鱼龙的化石，这些化石的排列方式像一只章鱼的形状。地质学家猜测这是一只具有高度智慧的史前巨型章鱼的"杰作"。然而，科学界并不完全认同这一观点，因此这仍是一个谜。

15

长脖子的游泳健将

薄片龙的移动方式类似海浪，速度较慢。薄片龙通过前鳍状肢掌握方向，用后鳍状肢推动自身前进。

蛇颈龙是2.2亿到6500万年前在海洋中生活的爬行动物，其中最著名的当属薄片龙。薄片龙的颈部长度可以达到7米，包含多达72块颈椎，像蛇一样灵活。所以，薄片龙可以远远地跟随鱼群一同游动，然后伸长脖子，悄悄把头探入鱼群，再突然张开大嘴，将来不及逃走的鱼吞入腹中。

牙齿

薄片龙口中长满了长而尖的牙齿，能够牢牢地咬住猎物。而且薄片龙的牙齿更适合撕咬，而非咀嚼，所以薄片龙进食时可能会将猎物整只吞咽下去。

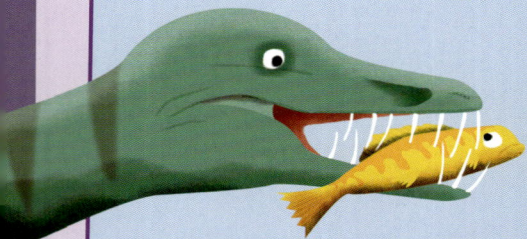

它是从哪儿来的？

16

换气

薄片龙没有腮，因此它必须定时透出水面呼吸。不过，它的肺功能十分强大，透一次气能够支持长达20分钟的水下活动。

算你走运！我要出去透口气！

由于身躯过于庞大，薄片龙无法将头部以外的部位露出水面。

吞咽石块

通过化石中的发现，我们了解到薄片龙会不时吞咽石块。这些小石块叫作胃石，可以帮助薄片龙消化。薄片龙游动时，胃中的小石块相互碾磨，能够磨碎食物。

看来我需要更多的石头！

有趣的真相

在1867年发现薄片龙化石之前，古生物学家爱德华·德林克·科普从未见过类似的生物，因此他误以为这是一种像蜥蜴一样短脖子、长尾巴的生物，把薄片龙的脖子当成尾巴。但是，后来他发现自己错了，并纠正了自己的错误。

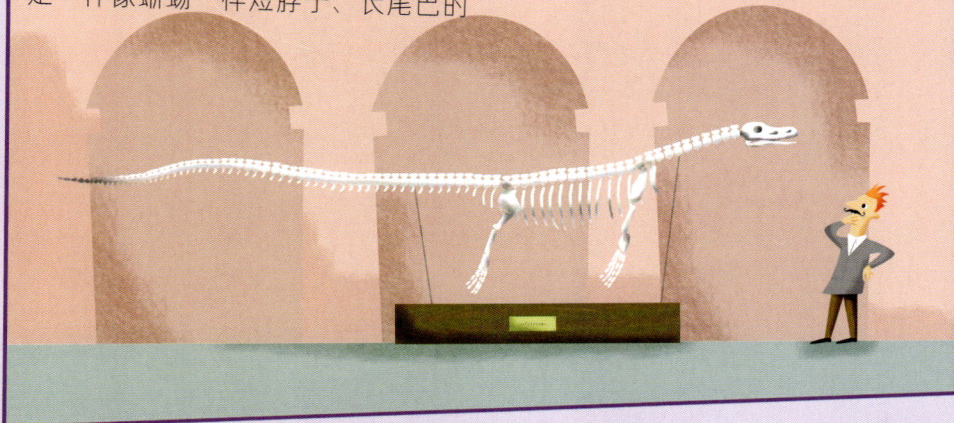

17

可怕的大头怪

上龙是蛇颈龙的亲戚，它们有着巨大的脑袋和短粗的脖子。而生活在1.6亿年前的滑齿龙是上龙中最令人恐怖的代表。这个物种的身体可以达到6米长，其中头骨和颌骨就占了1/5！滑齿龙是当时食物链顶端的猎食者，能够让猎物闻风丧胆。考古学家曾在其化石遗骸中发现了未完全消化的鱼龙和乌贼，还在蛇颈龙鳍状肢化石上发现了滑齿龙留下的齿痕。

海中暴龙

滑齿龙巨大的嘴巴咬合力极强，猎物一旦被咬住，就算是体形庞大的鱼龙也无法挣脱。滑齿龙的牙齿长度能够达到20厘米，与霸王龙的牙齿差不多大。而且，滑齿龙的牙齿向外龇出，这是所有猎物的噩梦。

2006年，古生物学家在挪威发掘出了两具庞大的上龙骨架。经过长达6年的研究后，古生物学家宣布发现了一种新的上龙物种——冯氏上龙。其中一具骨架长12米，头骨长2米，科学家推测，它的咬合力可能是暴龙的4倍！

叫我"大嘴怪"更朗朗上口！

18

速度

与所有上龙一样，滑齿龙也有宽大而扁平的鳍状肢，如同粗大的船桨，能够保证出色的游泳速度，帮助滑齿龙轻松捕猎。

加速！这不过是小菜一碟！

嗅觉

研究人员通过对滑齿龙头骨的研究发现，滑齿龙具有异常出众的嗅觉。滑齿龙拥有独特的鼻腔结构，通过吸入的海水能够感知猎物留下的化学物质，进而跟踪捕猎，就像现在的鲨鱼一样。

1873年，法国发现了3颗恐龙牙齿化石，第一次证实了滑齿龙的存在。滑齿龙的名字表示"光滑的牙齿"。为什么会在法国出土？因为在滑齿龙生活的时期，西欧大多数地区都被浅海覆盖。

嘘，我闻到了食物的味道！

著名的化石发现

1985年，一位大学生在墨西哥的阿兰伯利发现了一种巨型上龙的化石。专家最初误认为这是滑齿龙化石，估算其体长为15米。虽然后来经研究证实这并不是滑齿龙，但阿兰伯利巨兽仍是体形最大的上龙之一，直到现在仍然让古生物学家感到不可思议。

19

为速度而生

作为一位速度型猎手，沧龙的尾巴宽大，能够通过摆动尾巴为自己提供前进的动力，与鲨鱼非常相近。沧龙的体形也与鲨鱼类似：流线型体形，覆盖着光滑的鳞片，能够减少水的阻力。

令人惊恐的速度

比上龙体形更小、速度更快的沧龙是白垩纪晚期无可争议的海洋霸主。沧龙种类繁多，体长在1米（达拉斯蜥蜴）到15米（海王龙）之间，几乎所有大陆都发现了它们的化石。沧龙是由陆地蜥蜴进化而来的爬行动物，喜欢温暖且较浅的内陆海洋，偶尔在河流中也有发现。沧龙的鳍状肢包含指骨。

达拉斯蜥蜴是沧龙中的两栖动物——既能够在浅水中游泳，也可以依靠四肢在陆地上爬行。

比比谁先抓到！

不要白费力气了！

20

海洋垃圾桶

沧龙的胃口非常好，能够吞下任何可以作为食物的东西。人们曾在沧龙的胃中发现过菊石、硬骨鱼、海龟、蛇颈龙、鲨鱼、其他沧龙，甚至海鸟。有些沧龙，例如球齿龙，长有球形的牙齿，可以咬碎软体动物的硬壳。

蛇形颌

沧龙与蛇相似，上颌也有两组牙齿。第二组牙齿的位置更靠后，能够帮助沧龙固定住挣扎的猎物。另外，沧龙也有灵活的颌骨和头骨，使得嘴巴可以张得很大，从而吞下大型猎物。

你看起来很好吃！

你吃不了我。

要打赌吗？

科学家猜测，沧龙可能与大白鲨类似，具有深色的背和浅色的肚子，因为2014年研究人员在沧龙的鳞片化石中发现了黑色素。

著名的化石发现

1764年，荷兰马斯特里赫特附近的采石场工人第一次发现了沧龙的化石。此次发现意义非凡，因为这是一具最早确定属于史前生物的化石遗骸，也让科学家意识到物种的确会灭绝，在很久以前的地球上可能曾经生活着很多奇特的动物。

帝王鳄吻部末段有一个奇怪的结构，叫作"鼓泡"。科学家并不确定鼓泡的作用，可能是用于发出声音或者增强嗅觉。

鳄鱼杀手

凭借巨大的爪子、锋利的牙齿和厚厚的盔甲，鳄鱼得以从恐龙时代存续至今。之所以这么说，是因为第一只鳄鱼出现在大约2亿年前。不过，相比白垩纪时代的巨型鳄鱼，我们现在看到的鳄鱼已经"瘦小"了很多。恐鳄和帝王鳄是白垩纪体形最大的鳄鱼，以鱼类、海龟、死亡的动物尸体，甚至大型恐龙为食。

到底有多大？

嗯，这只差不多得有11米。

古生物学家通过头骨、牙齿和其他躯干部位的化石来预测这些史前巨兽的体形和体重。体形最大的恐鳄可能达到12米长，8.5吨重，单颅骨就比一个成年人还高。已知的最大帝王鳄长约11.65米。

惊喜吗？

死亡翻滚

恐鳄喜欢埋伏在水边，偷袭前来喝水的恐龙和其他陆地动物，然后将猎物拖入水中。在用强壮有力的颌咬紧猎物之后，恐鳄将施展它的绝技——"死亡翻滚"，在水中杀死猎物。

致命的撕咬

恐鳄的上下颌都宽大而强壮，至少长有44颗牙齿。其中，前部的牙齿长而锋利，适合抓住猎物，撕裂肌肉；后部的牙齿能够咬碎骨骼或猎物坚硬的外壳。恐鳄的咬合力约为19600～98000牛顿，甚至超过了霸王龙，还能够咬碎海龟的外壳。

科学家推测帝王鳄的寿命可以达到50～60年。并且与成年后停止发育的当代鳄鱼不同，帝王鳄从未停止生长。

有趣的真相

科学家曾在阿尔伯托龙和阿巴拉契亚龙（都属于霸王龙）等大型肉食动物的化石上发现过恐鳄的齿痕，这意味着恐鳄敢于猎食恐龙时代最大且最凶猛的猎食者。

这是一只鳄鱼给我留下的伤疤。

23

超级鲨鱼

咬合力

巨齿鲨也许是地球上咬合力最强的生物。大白鲨的咬合力可以达到17640牛顿，而巨齿鲨的咬合力可达惊人的105840～178360牛顿，即使是鲸鱼的头骨或巨型海龟的龟壳也不在话下。

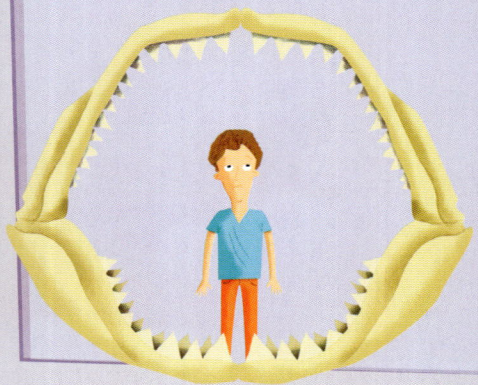

巨齿鲨的遗骸是它的牙齿和一些脊椎骨的碎片，其中包含着类似树木年轮的生命信息。通过研究它的"年轮"，古生物学家能够判断巨齿鲨的生长阶段和死亡年龄。

无论什么时候，鲨鱼都是地球上最出色的海洋猎手之一，而巨齿鲨的体形和捕食能力在鲨鱼中堪称空前绝后：它从鼻子到尾巴的长度达17米，是现代大白鲨的3倍；体重能够达到75吨。顾名思义，巨齿鲨名字的意思是"长着巨大牙齿的鲨鱼"，它的牙齿长17厘米。从1600万年前到早期人类出现的160万年前，巨齿鲨一直是海洋中的霸主。

唯一让我害怕的事情是另一条巨齿鲨！

巨齿鲨由一种更早期的巨鲨——奥杜特斯鲨鱼进化而来，这种鲨鱼生活在6000万到4000万年前,体长可以达到9米。

灭绝

尽管有人认为海洋深处仍然生活着恐怖的巨齿鲨，但科学家认为这种物种已经灭绝。灭绝的原因可能是它无法适应上个冰期温度降低的海水。

好冷！

猎食方式

从巨齿鲨在猎物身上留下的咬痕可以判断，巨齿鲨是一种异常凶猛的猎食动物。与攻击猎物柔软腹部的大白鲨不同，巨齿鲨会直接攻击猎物坚硬的头部、肋部和鳍状肢。凭借强有力的颌，巨齿鲨可以直接咬穿猎物的硬壳，享受美味。

有趣的真相

人们在全球各地都曾发现过巨齿鲨的牙齿化石。这些化石曾被认为是掉落的陨石、龙的舌头或者巨蛇。1666年，丹麦科学家尼古拉斯·斯蒂诺准确辨认出了这些石头是经历漫长时间后石化的鲨鱼牙齿（化石）。凭借这一发现，尼古拉斯·斯蒂诺被人们尊称为古生物学之父。

25

利维坦鲸

利维坦鲸是顶级的猎食者，须鲸、海豹、海豚、鼠海豚、海龟和其他大型海洋动物可能都在其捕猎的名单上。

致命的撕咬

利维坦鲸的颌部肌肉十分发达，短而宽的吻部能够充分发挥外侧牙齿的威力。它的牙齿深深地植根于颌骨中，非常结实，不会轻易折断。锋利的牙齿可以撕裂肌肉，交错的牙齿能够咬紧猎物，防止其逃脱。

2008年11月，古生物学家克拉斯·波斯特在秘鲁的一处沿海沙漠工作时，偶然获得了一个震惊世界的发现——一个长达3米的头骨，来自生活在1300万到1200万年前的一种已经灭绝的巨鲸。克拉斯和他的团队将其命名为利维坦鲸。据克拉斯估测，化石的主人生前有可能达到13.5米到17.5米长，与现代的抹香鲸差不多长。但与抹香鲸不同的是，利维坦鲸长着巨大的牙齿，最长可以达到36厘米以上——与象牙接近，是已发现的牙齿化石之最。

利维坦鲸大战巨齿鲨？

利维坦鲸与巨齿鲨生活在同时期，这两个物种之间有可能爆发过激烈的搏斗。作为一种恒温哺乳动物，利维坦鲸的大脑更大，因此反应速度可能更快。然而，利维坦鲸的游泳速度并非最快，而且巨大的体形可能更容易使它成为鲨鱼的攻击目标。

> 这可能是白垩纪以来最激烈的搏斗！

头骨之谜

利维坦鲸与抹香鲸一样，头部长着一个储存鲸蜡的器官。鲸蜡可以帮助抹香鲸在下潜捕食乌贼时控制浮力。利维坦鲸可能并非深海捕食者，所以鲸蜡的作用尚不确定。人们猜测它可能用于回声定位或者在求偶时与雄性竞争者撞击。

> 哎哟！你弄坏了我的回声定位器！

利维坦鲸的全名是梅氏利维坦鲸，以美国作家赫尔曼·梅尔维尔的名字命名。赫尔曼·梅尔维尔是著名小说《白鲸记》的作者，这本书讲述的是一个关于猎鲸的故事。

你相信吗？

2016年，澳大利亚的博马里斯湾发现了一颗巨大的牙齿。牙齿的主人属于一个已经灭绝的物种，可能是利维坦鲸属的一种鲸。经测定，牙齿化石的年龄在500万到600万年之间，这意味着利维坦鲸生活的时代比科学家最初的推测要离现在近得多。

奇特的海洋猎食者

圆形锯子

　　旋齿鲨是一种长相十分奇特的鲨鱼，它下颌的牙齿呈螺旋状排列，像一个圆形的锯子。由于目前没有发现完整的骨架，人们推测它的"锯子"可能位于下颌骨前端，用于锯穿软体动物的外壳，这也表明旋齿鲨的食物以软体动物为主。

　　正如我们所见，史前海洋中生活着很多神奇的猎食者，每个物种都有自己独特的猎食方法。我们在此介绍部分具有代表性的史前动物，以及它们各自拿手的捕猎技巧。有的猎食动物十分骇人，例如莱茵耶克尔鲨。这种海蝎的体长可以达到2.5米，是地球上最大的节肢动物。莱茵耶克尔鲨喜欢潜伏在沼泽中，等待猎物经过时一跃而起，用带有剧毒的46厘米长的尖螯捕杀猎物。唯一的好消息是——这种动物生活在3.9亿年前！

　　2007年，德国一个采石场发现了一块莱茵耶克尔鲨的巨螯化石。

呸！

28

长着犬齿的鲱鱼

矛齿鱼生活在白垩纪晚期，外形有点儿类似现代的鲱鱼，看起来似乎性情十分温和。然而，矛齿鱼长着一口锋利且有毒的牙齿，其中最外侧的2颗"獠牙"长达6厘米。与食人鱼类似，一群矛齿鱼能够吞食比它自身大得多的海洋生物。

我第一个！

不，我第一！

尾刺

并非所有史前海洋巨兽都已经灭绝。巨大的淡水刺鳐就是从1亿年前存活至今的一个物种。淡水刺鳐身体扁平，可以长到3米宽，其身体后部有一根长38厘米的毒刺，坚硬的毒刺甚至能够刺穿骨骼！

我想我还能坚持很久！

旋齿鲨的"锯子"到底有什么用途？是可以自由屈伸猎捕鱼类的钩子，还是切割硬壳的锯刀？这个问题目前还没有答案。

有趣的真相

皱鳃鲨也是生存至今的一种史前猎食动物，其历史可以追溯到1亿年前，因此被称为"活化石"。这种形似鳗鱼的鲨鱼身体十分柔软，它可以弯曲自己的身体，像蛇一样捕猎。皱鳃鲨口中长着数百颗向后倾斜的针状尖牙，能够死死地咬紧猎物，是不是很奇特？

我要快点儿见到你！

术语表

白垩纪　中生代的最后一个阶段，始于1.45亿年前，6600万年前结束。

冰期　地球历史上多次发生降温，冰期意味着温度下降，冰川大规模覆盖地球表面。

哺乳动物　恒温动物，雌性哺乳动物通常通过胎生的方式生产后代，并且分泌乳汁养育后代。

触手　特指无脊椎动物口腔周围用于抓握的自由屈伸的肢体。

顶级猎食者　位于食物链顶端，以其他动物为食的猎食者。

反刍　将已吞咽的食物吐出来。

分泌　从器官中产生并排出某种物质。

浮力　物体在液体中受到的向上托的力。

古生物学家　研究古代动物和植物化石领域的专家。

恒温动物　哺乳动物和鸟类等体温相对稳定的动物。

化石　嵌入岩石中石化的古生物遗体或遗迹。

回声定位　海豚、鲸和蝙蝠等动物通过声音反射确定物体位置的方法。

脊椎动物　具有脊椎骨的动物。

节肢动物　动物界中数量最多的一类，包括昆虫、蜘蛛和甲壳类动物等。

菊石　已灭绝的一种海生无脊椎动物，具有扁平的螺旋形外壳。

两栖动物　能够同时适应陆地和水中生活的动物。

猎食者　一种以捕猎其他动物为食的动物。

磷虾　形似小虾的甲壳动物。

灭绝　完全在地球上消失。

泥盆纪　地质年代的一个阶段，从大约4.19亿到3.59亿年前。

年轮　树木横断面上的同心环，可以显示树木的生长速度。

爬行动物　一种脊椎动物，包括蛇、蜥蜴和鳄鱼等。

器官　由细胞或组织构成且具有特定功能的结构。

软体动物　无脊椎动物中的一门，包括蜗牛、乌贼和章鱼等。

三叠纪　中生代的第一个阶段，从大约2.52亿到2.01亿年前。

色素　一种使动物或植物具有不同颜色的自然物质。

头足纲　包括章鱼和乌贼在内的一种猎食性软体动物。

无脊椎动物　没有脊椎骨的动物。

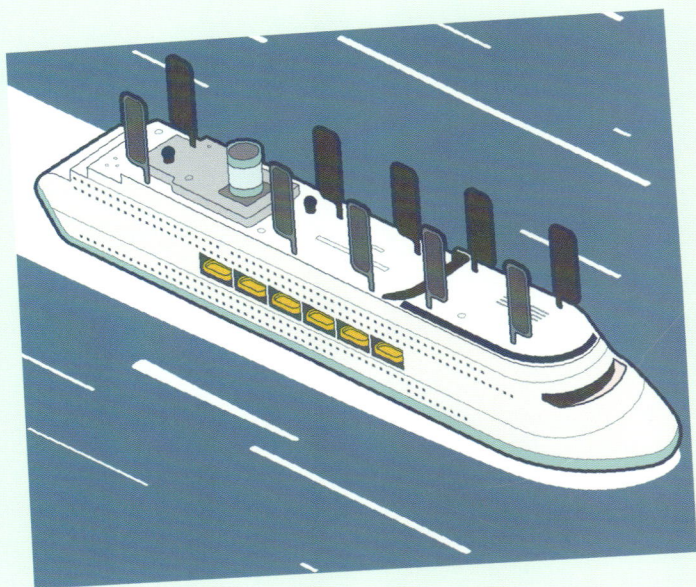

Original title: The Science of Seafaring
Author: Anne Rooney
Copyright © The Salariya Book Company Ltd 2019
All rights reserved

版权贸易合同登记号　图字：01-2021-4813

图书在版编目（CIP）数据

厉害了，科学. 航海／（英）安妮·鲁尼（Anne Rooney）著；陈彦坤，马巍译. --北京：电子工业出版社，2022.3
ISBN 978-7-121-42971-2

Ⅰ.①厉…　Ⅱ.①安…②陈…③马…　Ⅲ.①科学知识－少儿读物②航海学－少儿读物　Ⅳ.①Z228.1②U675-49

中国版本图书馆CIP数据核字（2022）第029011号

责任编辑：董子晔　特约编辑：刘红涛
印　　刷：北京缤索印刷有限公司
装　　订：北京缤索印刷有限公司
出版发行：电子工业出版社
　　　　　北京市海淀区万寿路173信箱　邮编：100036
开　　本：889×1194　1/16　印张：40　字数：483千字
版　　次：2022年3月第1版
印　　次：2022年3月第1次印刷
定　　价：398.00元（全20册）

凡所购买电子工业出版社图书有缺损问题，请向购买书店调换。若书店售缺，请与本社发行部联系，联系及邮购电话：（010）88254888，88258888。
质量投诉请发邮件至zlts@phei.com.cn，盗版侵权举报请发邮件至dbqq@phei.com.cn。
本书咨询联系方式：（010）88254161转1865，dongzy@phei.com.cn。

厉害了，科学

航海

船只漂浮
的真相

[英]安妮·鲁尼 著
陈彦坤 马巍 译

电子工业出版社·
Publishing House of Electronics Industry
北京·BEIJING

目录

前言

人类的航海史开始于数千年前。最初，大多数航海活动都集中在海岸附近，只是有些喜欢冒险的航海家开启了伟大的旅程——跨越海洋找到了新的定居之所。在漫长的历史中，航海的动力虽发生了巨大的变化，从桨和简单的帆到大功率引擎，但关于航海的科学本质从未改变：风、海浪、洋流和潮汐一如既往地发挥着作用。无论是单独驾驶游艇的女士，还是大型豪华游轮的船长，让船只浮在水面上、寻路、前进、防范恶劣的天气和其他危险，这些仍是所有海员必须面对的重要挑战。

5

气垫船漂在海面上，舰船破浪航行，而潜艇则完全隐没在水中。不过，所有船只都适用相同的航海科学，只是有些船只面临着额外的挑战。例如，潜艇必须承受其上方的海水产生的巨大压力。

出海

很久以前，人们喜欢在河流和海岸附近定居。水为人和物的运输提供了方便，生活在水中的鱼还是一种美味的食物。人们出海是为了探险、贸易、捕鱼、寻找新的生活住所甚至发动战争。无论出于哪种目的，航海者都受到了海洋完全没有差别的对待，并且面临着亘古不变的挑战。不过，通过大量知识的积累，人们借助科学战胜了这些挑战。

海洋是湿的

海洋是液态的，这一点都不奇怪！我们在陆地上生活，脚下是坚实的地面，并且被气体（空气）包裹。航海学关注物体在液体中的运动，研究水的属性及水体中水的流动。

定义海平面

全球所有的海洋都是连通的，这意味着海面会自然地趋于水平。测量高度或深度时，我们经常以海平面作为基准，也就是说将海平面设为0。不过，海水增加或减少也会影响海平面的高低。由于全球变暖等气候变化导致冰川融化，海平面正在不断升高，淹没了地势较低的海岸。

什么是海洋？

地球表面有陆地和海洋，但实际上整个地表都被一层坚硬的岩石包裹，只是地势较低的地区被水淹没，形成了海洋。内陆充满水的低洼地区形成了湖泊、河流和水塘。很快，人们就发现穿越海洋与内陆水域的体验截然不同，因为海洋广袤无垠，很容易让身处其中的人迷失方向，而且海洋一直都在运动（例如潮汐、洋流和波浪）。

亲自尝试

使用造型黏土制作包含山脉、山谷、洞穴及河道的陆地和海洋景观，然后小心地往景观中加水。你会发现，地势最低的区域首先被水淹没，而且水的表面总保持在同一高度。

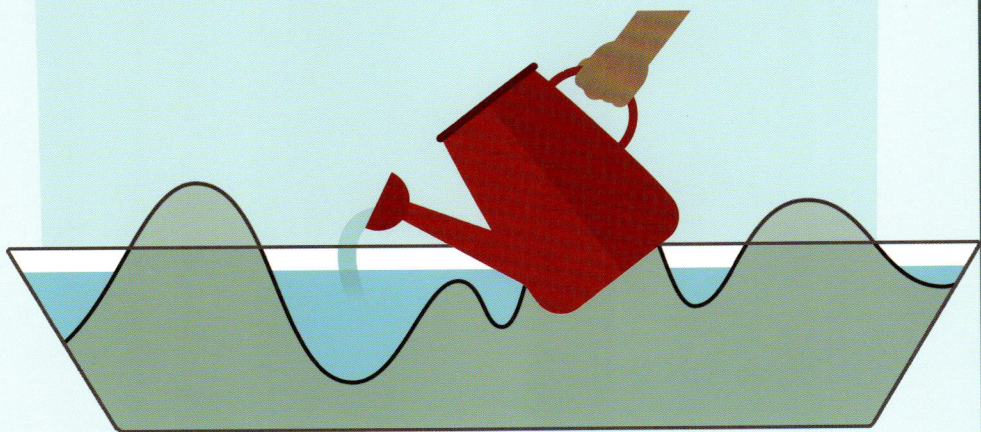

出海后，人们对海平面的高低并没有明显感觉。不过，在港口能直接感受到海平面的变化：海平面升高，海岸将被淹没；海平面降低，港口的陆地面积或许可以增加。

7

跟随天空的指引

水手可以利用六分仪测量太阳和海平线或地平线之间的角度，以确定经纬度。维度为地球上重力方向的铅垂线与赤道平面的夹角。

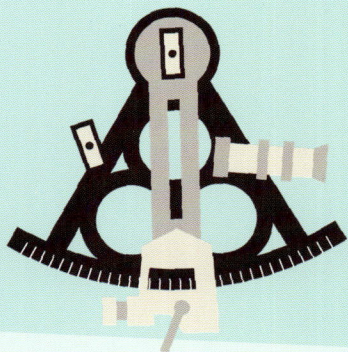

经度一般指地球上某一地点和两极的连线所在的平面，与本初子午线所在平面的夹角。

现在在哪儿？

海员在海上航行需要知道他们的当前位置、目的地及行船路线。在海岸附近，他们可以借助地图来确认这些信息，但茫茫的海面看起来完全一样，没有任何参考地标。当看不见陆地时，海员需要借助其他方法导航——他们经常使用纬度和经度坐标来确定位置。

我知道我们在哪儿了！

确定航线

罗盘（指南针）可以指示方向。将罗盘与地图放在一起，然后结合一些数学运算，海员就可以确定船只转向之前的航程，确定到达目的地的航线。

洋流和风或许会让船偏离航线。水手设置路线时需要考虑这些因素。他们必须持续测量方位（查看位置）并调整航向，以避免迷路。

卫星导航

现代船舶甚至可以借助GPS（全球定位系统）在黑暗或雾中的海上航行。GPS设备将绕地轨道卫星发射的无线电波反射给船上的接收器，船舶可以借此精准地确定当前所在位置。

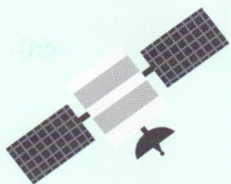

有趣的真相

密克罗尼西亚水手使用木棍和贝壳制作了洋流图，并借此在太平洋上航行了数千千米。木棍代表洋流，而贝壳代表岛屿。

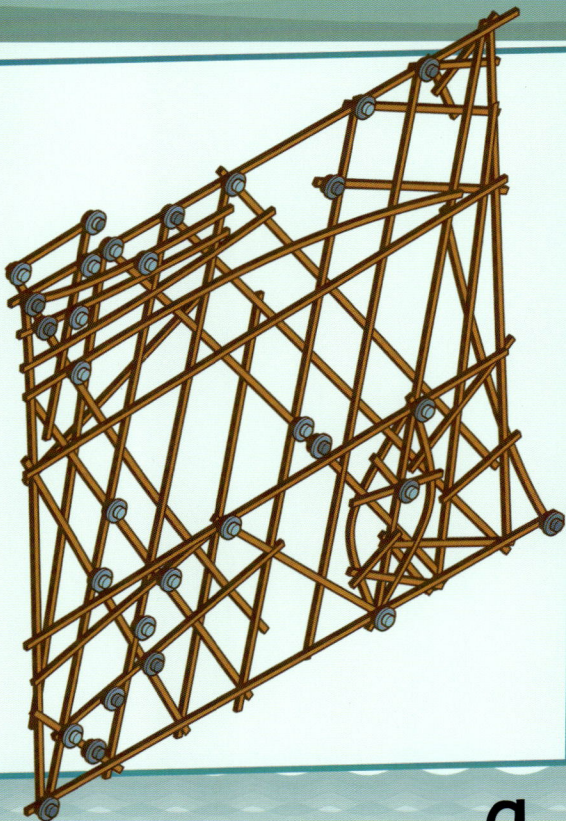

撑杆和平底船

在浅水区，人们可以使用一根长及河床或海床的撑杆来推动平底类的船只前行。向后推撑杆，船就会向前移动。

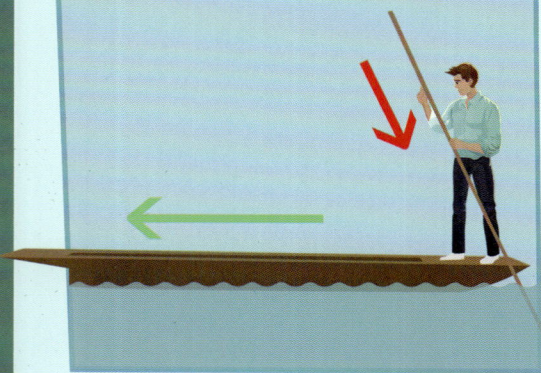

前进

运动是航海学研究的重点。船只可以通过很多方式获得动力，包括人力、（风）帆和驱动螺旋桨的引擎。最早的舰船完全依赖人力移动——人们划桨或使用撑杆推动船只行进。帆船借助风力推动船只在水中移动。机械动力主要利用水的反作用力推动船只前进——迫使水向后运动，以获得前进的动力。有的船只甚至可以让人们像骑自行车一样通过上下踩动踏板推动自身前进！许多现代船只装配了燃油、电力甚至太阳能发动机。

气垫船的螺旋桨暴露在水面上，而非淹没在水中，因此可以通过吹动空气来产生高压和低压区，为气垫船提供前进的动力。

这真是一项不错的运动！

在拥有多名桨手的船上，桨手必须协调划桨动作，以便更快地在水中移动。否则，船桨会产生许多分散的水流，进而抵消划桨产生的动力。

嗨，我亲爱的朋友们

移动一艘大型维京船需要很多人！桨手的位置靠近水面，划动船只两侧的船桨，为船只提供动力。用桨叶拨水，会在前方形成低压区域，并在后方形成高压区域，水向低压区域流动，推动船向前移动。

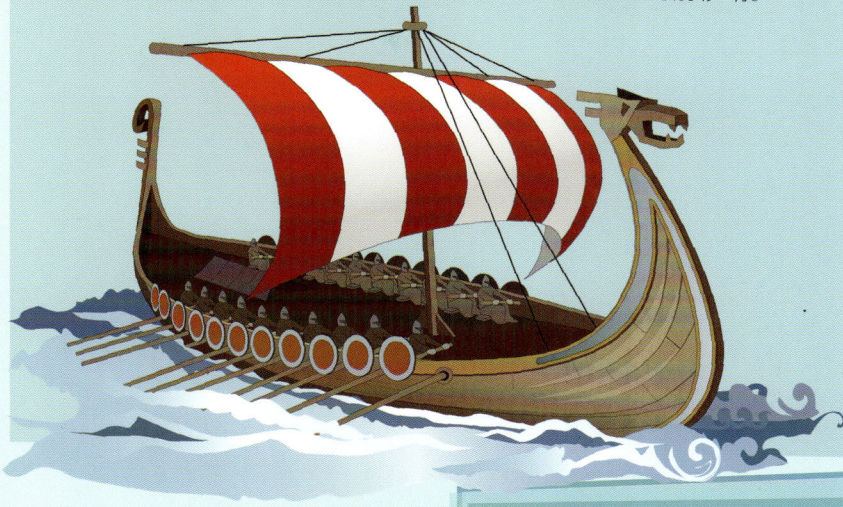

转啊转

螺旋桨的形状与风扇类似，叶片被固定在转轴上。人们利用引擎驱动转轴带动螺旋桨在水中旋转。水流过叶片的翼形，会在螺旋桨前方形成低压区域，在后方形成高压区域，引发水流流动，带动船只向前移动。为了让船只向右或向左转弯，螺旋桨需要推动水向相反的方向流动，在期望船只前进的方向产生低压，进而完成期望的移动。

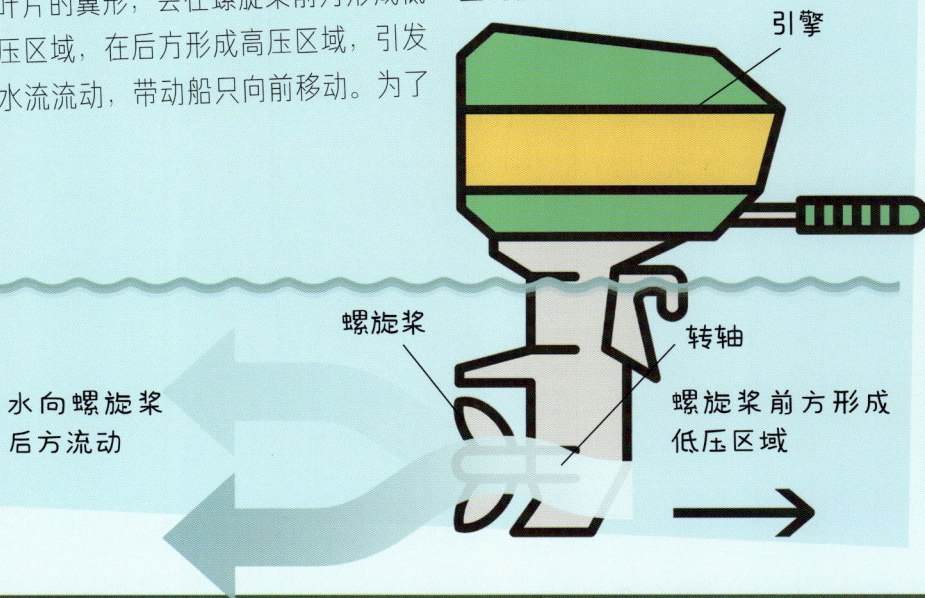

引擎

螺旋桨

转轴

水向螺旋桨后方流动

螺旋桨前方形成低压区域

有趣的真相

早期的船舶主要依靠人力前行。单层甲板大帆船经常用奴隶充当桨手。后来，由于没有人喜欢艰辛的水手生活，帆船主经常强征（绑架）水手。

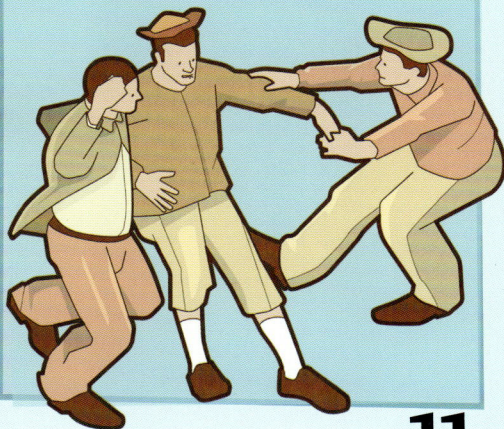

11

速度与激情

船舶的流线型身材可以帮助船舶尽可能减小在水中行进的阻力：前端尖而后端钝，船体平滑，可以减少对水流的阻力。

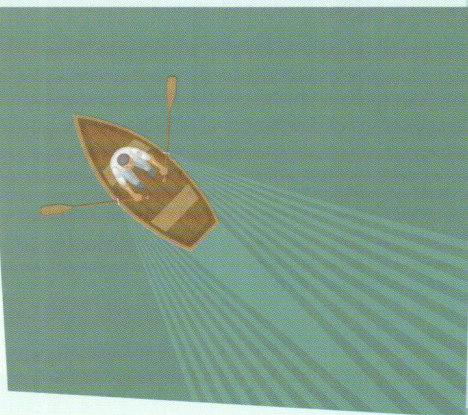

阻力是阻挡物体在水或空气等流体中移动的力。

船体形状

船体（船的底部）形状是船舶设计的重要元素，因为船体形状直接影响船舶的行进速度、结实程度、受到的阻力及浮力（在流体中受到的流体竖直向上托起的作用力）。船舶的设计必须符合其用途，而大多数船舶都采用U形或V形船体。

坚固稳定

宽体圆底船（U形船体）最稳定。相比窄高形船体，U形船体倾覆的可能性更小，拥有更大的可以分散其质量的面积，因此沉没的可能性也较小。采用V形船体的船舶遇到波浪时起伏幅度更大，因此乘坐时感觉更颠簸。游轮多采用U形船体：速度缓慢，稳定舒适。

船体内部被舱壁——不透水的隔板分成了多个部分。这样，即使船体破裂漏水，也可以避免水充满整个船体。大型船只还采用了双层船体结构，进一步提高了安全性。

水线以下

船都有龙骨——船体底部结实的纵向构件，可以提升船舶的稳定性。龙骨的长度可与船体相同，或者仅部分分布（称为鳍龙骨）。帆船经常配有深入水中的长龙骨，可以帮助帆船在遇到侧风时保持稳定——巨大的龙骨探入水中，侧风必须搅起大团的海水才能将船吹翻。

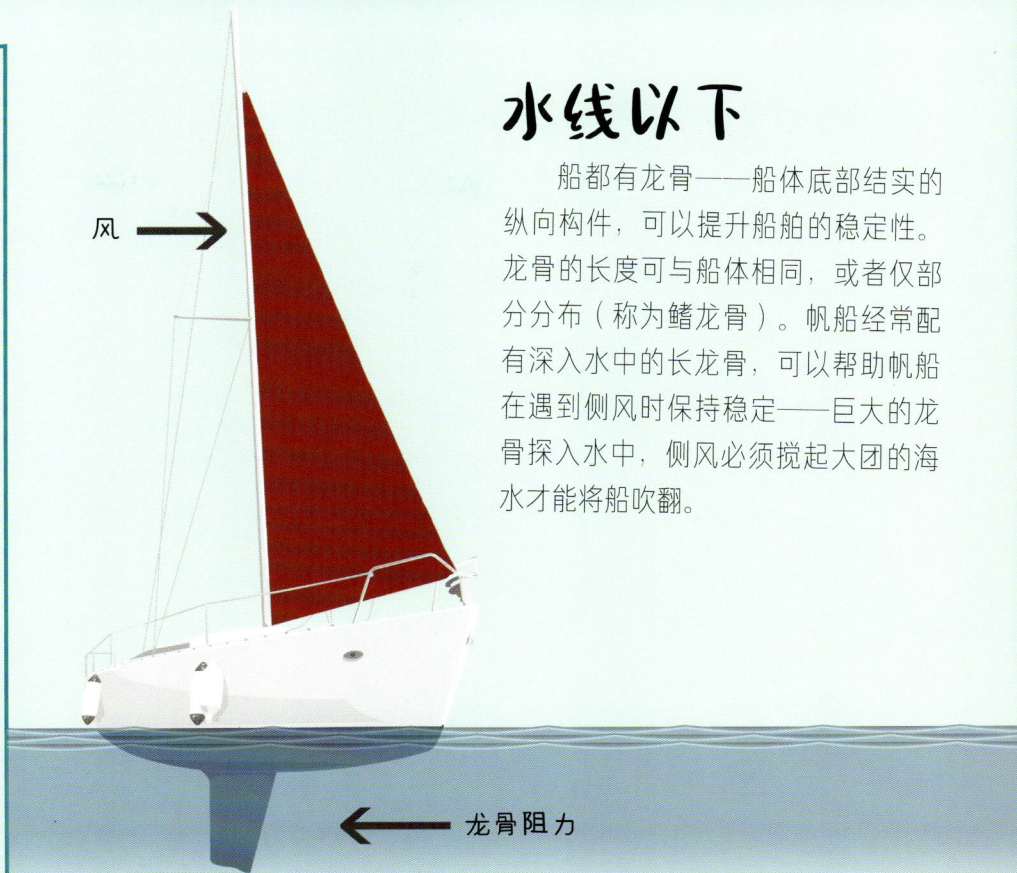

风 →

← 龙骨阻力

有趣的真相

附着在船体表面的藤壶会影响船只的流线型外形，拖慢船只的行进速度。木制船必须经常停靠在岸边除污——清理藤壶、杂草和其他附着在船体上的物体。现代船只通常在船体表面涂抹特殊的防污材料，以防止被水中的物体附着。

13

随风起航

风是什么

风是空气的移动，能够在帆等物体的表面施加压力（推力），让船随之移动。

早期的船舶使用帆并借助风的推动力行进。现代游艇仍然配有帆。水手会弯曲帆将其"鼓满"风并转换成风能来控制船舶。帆可以移动，方便水手根据风向进行调整，进而最大限度地利用风能，推动船沿期望的方向前进，而非简单地随风而行。

当风从后方吹船帆时，船向前行进。但是，很少有船需要完全顺着风的方向行驶！水手们必须尽可能地调整船帆，利用风向控制船的航向。

14

在侧风中航行

与飞机的机翼类似，风从帆的表面吹过。来自侧面的风将产生向前和向侧面的推力，方向舵和龙骨可以阻止船侧向移动，因此船将向前行驶。

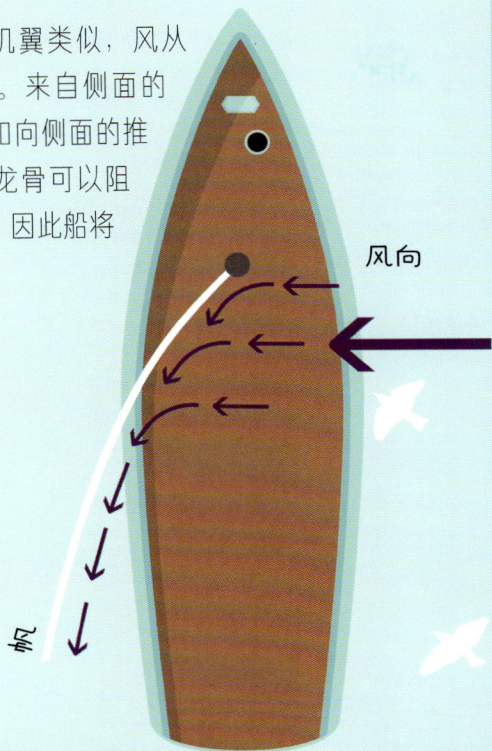

风向

帆

逆风航行

帆的边缘面向风，与船的中线接近平行或重合，作用类似于飞机的机翼。船在逆风中航行时速度最慢。

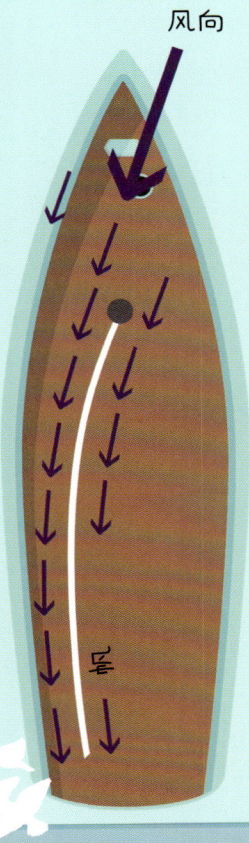

风向

帆

风并不是简单地单方向流动的，随时会产生变化，如阵风，还会产生旋涡。海鸟经常利用这些变化，乘着上升和下降气流飞翔。

有趣的真相

从美国到澳大利亚，乘坐帆船可能需要100天。最初，由于没有冰箱或冰柜来储存新鲜的水果和蔬菜，许多水手因为缺乏维生素C而患上了坏血病。酸橙和柠檬可以帮助预防坏血病。

15

非清洁能源

许多大型船舶都使用柴油为引擎提供动力——燃烧柴油，利用其产生的气体压力驱动螺旋桨转轴转动。如果使用了便宜的劣质燃料，船舶会产生大量废物，污染空气和海洋。

让沉重的舰船在水面漂浮并移动十分困难。舰船行驶的速度最高可以达到每小时55千米。

开足马力

与飞机螺旋桨相比，船用螺旋桨的转速要慢得多：它们用蛮力直接搅动水，水非常不情愿——对螺旋桨施加了极大的阻力。现代动力舰船使用柴油引擎、燃气轮机或电动-柴油引擎为螺旋桨转轴提供动力。

我觉得似乎所有形状都是船形！

停！

沉重的舰船无法迅速停止移动。让螺旋桨反方向旋转是帮助大型舰船减速的唯一方法。即使关闭了引擎，舰船也会继续向前移动一段距离。

电动

新建船舶大多通过燃烧天然气或柴油来发电，而非直接燃烧燃料提供动力。燃料在压缩空气中燃烧，产生热废气，热气经过并带动涡轮机发电，产生的电力可以驱动螺旋桨旋转。船舶也可以用电完成许多其他事情，例如操作船舶、照明、烹饪，以及为娱乐设备和计算机供电。通常，船舶使用单独的发电机来满足额外的需求。

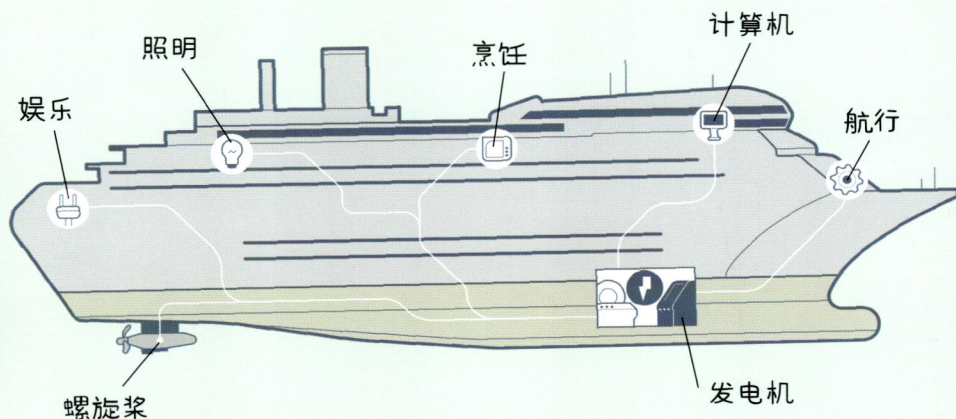

娱乐　照明　烹饪　计算机　航行

螺旋桨　发电机

船舶需要而且会携带大量的燃料，但仍然必须在沿途港口通过驳船补充燃料。减慢速度可以让船舶降低燃料的消耗速度。

工作原理

舵是船舶的转弯部件。向左或向右移动舵，船舶能够借助水的阻力朝反方向转动。有些方向舵的末端添加了襟翼，以增加侧向的力。

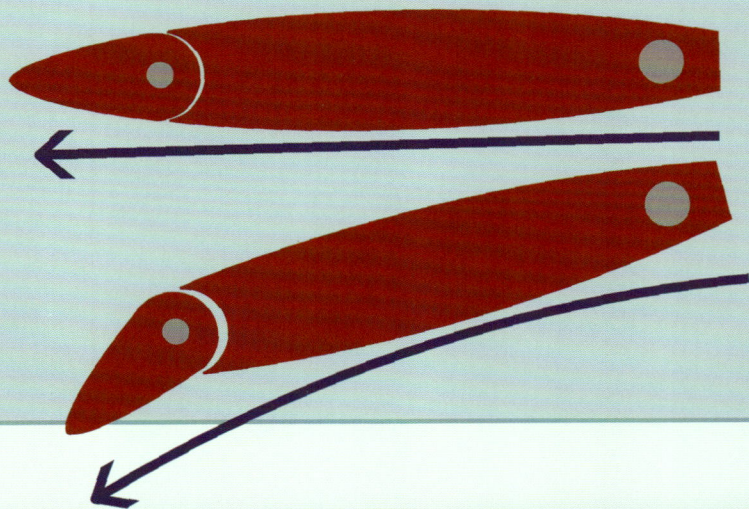

感受浮力

浮力是水向浸（或没）入水中的物体施加的向上托起的作用力，浮力的大小等于物体排出（推开）的水的质量。向下的压力（物体的质量）和向上的推力相等时，物体浮在水中。

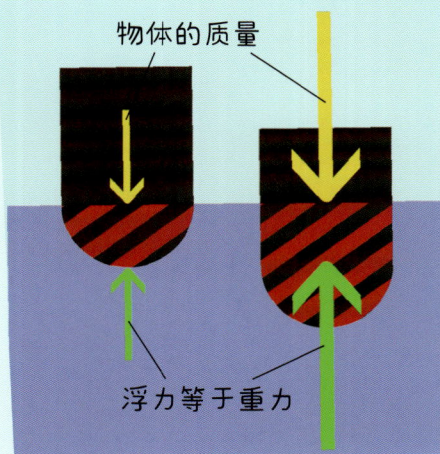

物体的质量

浮力等于重力

放入水中的物体将排出一定的水，排出的水的体积等于该物体没入水中的体积。

漂浮

密度（质量除以体积）是决定固体物在水中下沉还是漂浮的主要因素之一。如果物体的密度大于水的密度，该物体在水中会下沉；如果物体的密度小于水的密度，该物体在水中会漂浮。不过，恰当的形状也可以让比水密度大的材料漂浮在水面上。现代船舶都由密度远超水的金属制成，但大多数时候都可以漂浮在水面上。物体在水中将受到浮力的支撑。通常，密度较小的物体更容易在水中漂浮。

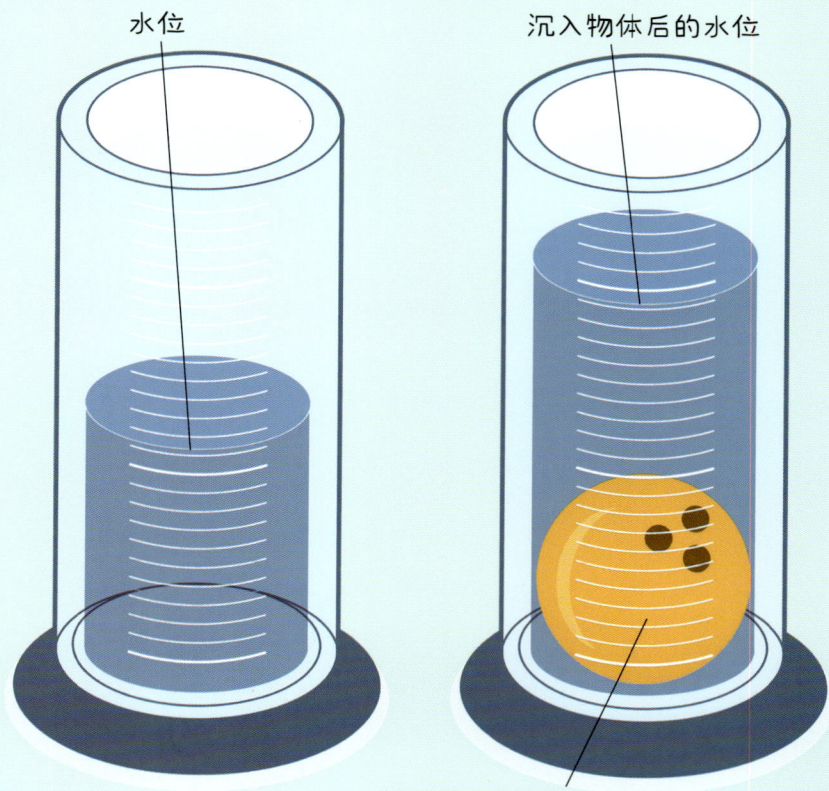

水位

沉入物体后的水位

高密度的物体沉入水底，排出一定量的水

18

金属材质的船舶在水面上漂浮的原因

　　船舶是中空的——沉重的金属船体被打造出了一个充满空气的空间，因此平均密度远低于相同大小的一块实心金属。装载货物并填充这些空间后会增加平均密度，因此载货的船只吃水更深。

　　物体的稳定性取决于其重心的位置，而重心表示上方和下方质量相同的点。重心越低，物体越难被推翻，包括轮船在内。

不要翻倒！

　　重心升高会降低船舶的稳定性，因此明智的做法是在船舱底部存放重物。在没有太多要载的物品时，船舶会利用压舱物（重物）来保持较低的重心。压舱物通常是水。装载额外的水可以防止船舶倾覆！

工作原理

　　普林索尔载重线是船身侧面的标记线，标记的是船舶的最深吃水线。标记线是根据船舶质量及各种水域中的安全浮力计算出的结果。

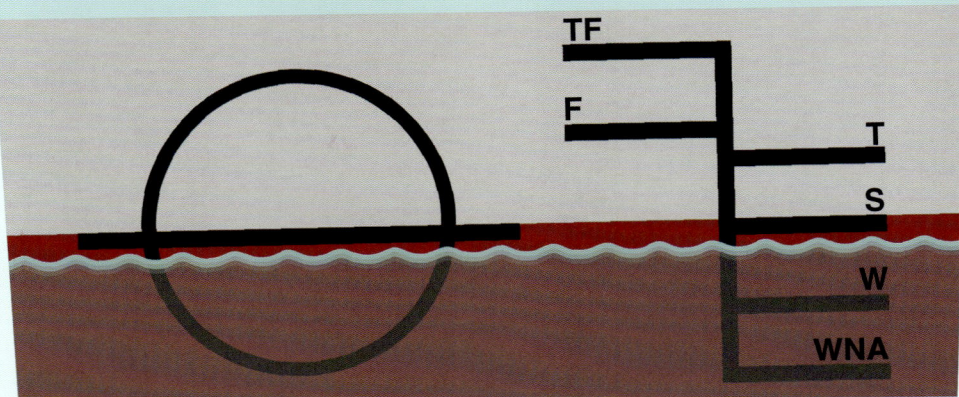

TF
F
T
S
W
WNA

TF：热带淡水　　　　　　S：夏季温带海水
F：淡水　　　　　　　　W：冬季温带海水
T：热带海水　　　　　　WNA：冬季北大西洋

为什么不同水域的安全水位线不尽相同？答案请参见第24~25页。

19

倾倒在海中的垃圾随洋流汇聚在一起，会形成巨大的漂浮"岛屿"。垃圾对海洋生物构成了致命的威胁。

随波逐流

如果将物体丢入流动的河水中，它将被水流带走。水流是流动的水。海洋拥有复杂的水流，称为洋流。洋流是潮汐、风及不同压力和温度条件的海水共同作用的结果。表层洋流是深度100米以内的水流，主要源于风的驱动。海员需要了解并利用洋流，以高效地行船并避免灾难。急速洋流可能非常危险。

风和浪

风吹过的水面会产生波浪。波浪和水流与不同形状的海床和海岸相互作用，产生洋流。在开阔的海域，风力系统和地球自转共同产生了复杂的洋流。

真希望我没有说过要乘船兜风的话！

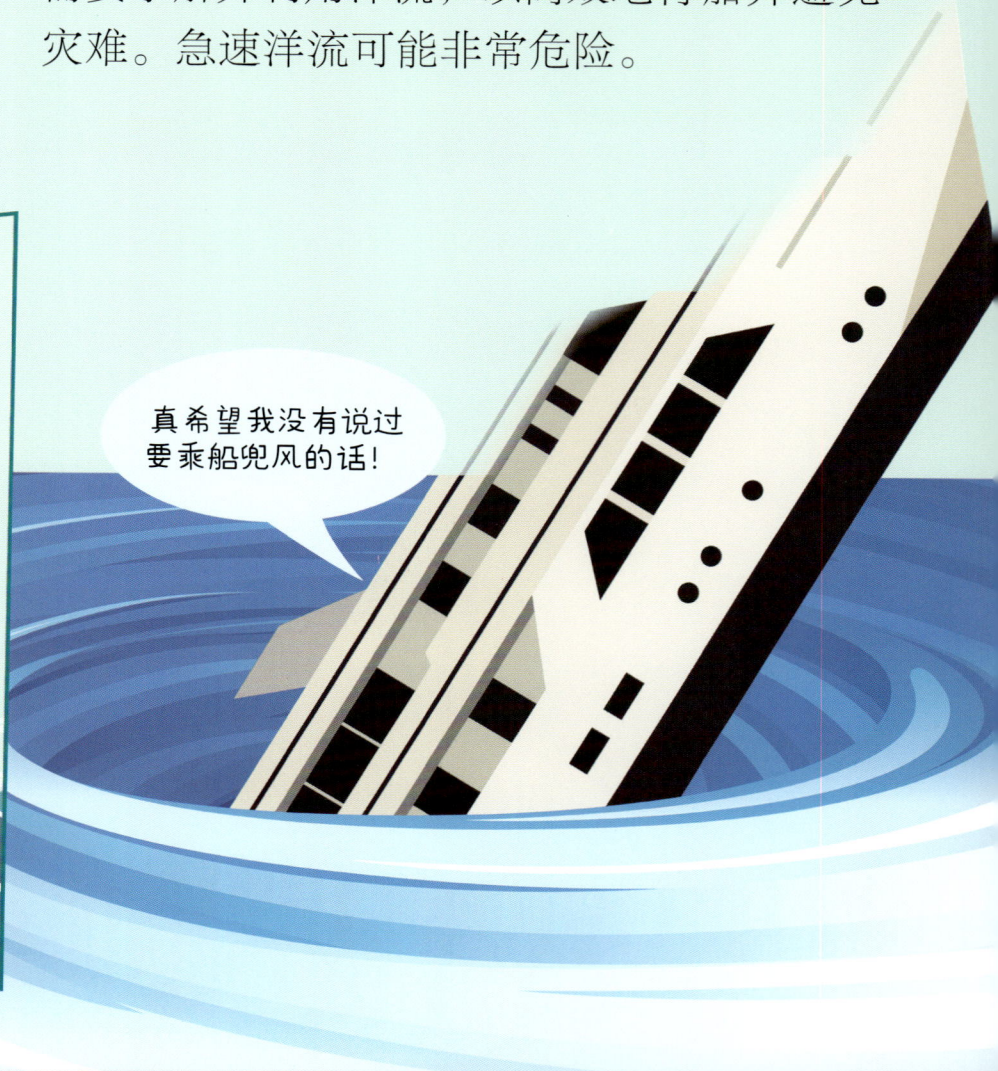

时间和潮汐

月球的引力作用在地球上，使海洋形成了潮汐。地球每24小时自转一周，而月球环绕地球缓慢移动，因此潮汐呈现出了周期约1天的规律变化，但每天的时间都会推移数分钟。

你相信吗?

1992年，一起运输事故导致2.8万只塑料鸭玩具落海。根据塑料鸭的漂移轨迹，科学家了解到了很多关于洋流的知识。

海洋生物十分依赖洋流。2.52亿年前，可能因气候变化引发的洋流杀死了95％的海洋生物。

深海洋流

水的密度受温度的影响，冷暖海水密度差是全球洋流长期模式形成的原因。海水实现一次完整的循环需要1000年：经过大西洋和太平洋，并从海面到达海床，之后海水将形成可预测的深海洋流，以每秒数厘米的速度移动。

21

波浪与波长

许多类型的能量以波的形式运动，包括声音、光和无线电。

海员必须了解波浪，才能确保船舶在水上安全行驶。波浪代表着能量。海水冲向海岸的过程显示了能量对海水运动的影响。冲浪者利用波浪的能量来获得乐趣，但巨浪可能会对船舶的安全行驶造成威胁。

这次着陆可能不那么顺利！

上下起伏

波浪的方向

波峰下降

波谷上升

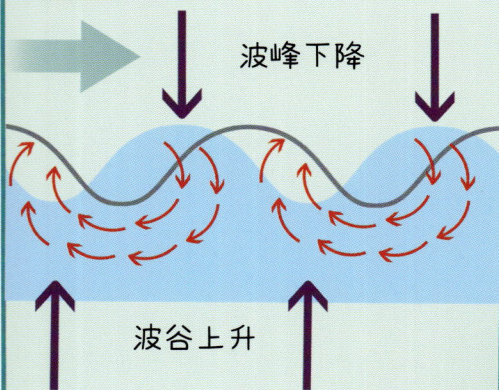

当能量波从水中穿过时，水分子将呈环形运动，形成上下起伏的波浪。所有水分子仅移动一个波长（从一个波峰到另一个波峰）的距离。

当波幅（高度）过大时，波浪断裂，波能转变为动能。波浪的波峰掉落后，会形成混乱的水流。

断裂点

波浪之间的距离和船的长度都是十分重要的参数。在波涛汹涌的海面，波浪或许能够支撑船的两端，但船的中部缺乏支撑；或者波浪支撑船的中部，让两端悬空。当船仅有一部分受海水支撑时，船可能会断裂。

平稳前行

随波浪起伏会让乘客感觉不适（晕船），并可能让货物落海。稳定器可以帮助船舶保持稳定。船体侧面探出的翼片，或者随着船身晃动而远离或靠近的水箱，都可以充当稳定器，帮助抵消波浪起伏产生的晃动。

稳定器

有趣的真相

呼！已经过去1万年了吗？

长期以来，人们一直认为海浪高达30米或以上只是夸张的说法，或者只是传说，因为几乎没有人能够在超级巨浪中幸存下来。不过，仅仅投入使用11年后，一个设计承受能力达万年一遇巨浪的系统就记录了一次超过预期的巨浪！

23

盐水和淡水

盐水的密度比淡水高，这就是与在河流或游泳池中相比，人们在海洋中更容易漂浮的原因。盐水结冰的温度也低于淡水，约为-2℃，这意味着海水的温度可以降低到冰点以下，并且不会真正结冰。

我们不能直接喝海水，因此救生艇通常载有淡水，以及能过滤海水并制作出可饮用水的系统。

咸海

海水是咸的，因为其中溶解了氯化钠和少量其他矿物质。据估计，如果析出海洋中所有的盐并均匀铺在地球的陆地表面，陆地的高度将增加超过152米，相当于约40层楼高的办公楼。盐水与淡水的特性不同，作用也不相同。海员必须了解海水对船只的影响，以适应海水的特性。

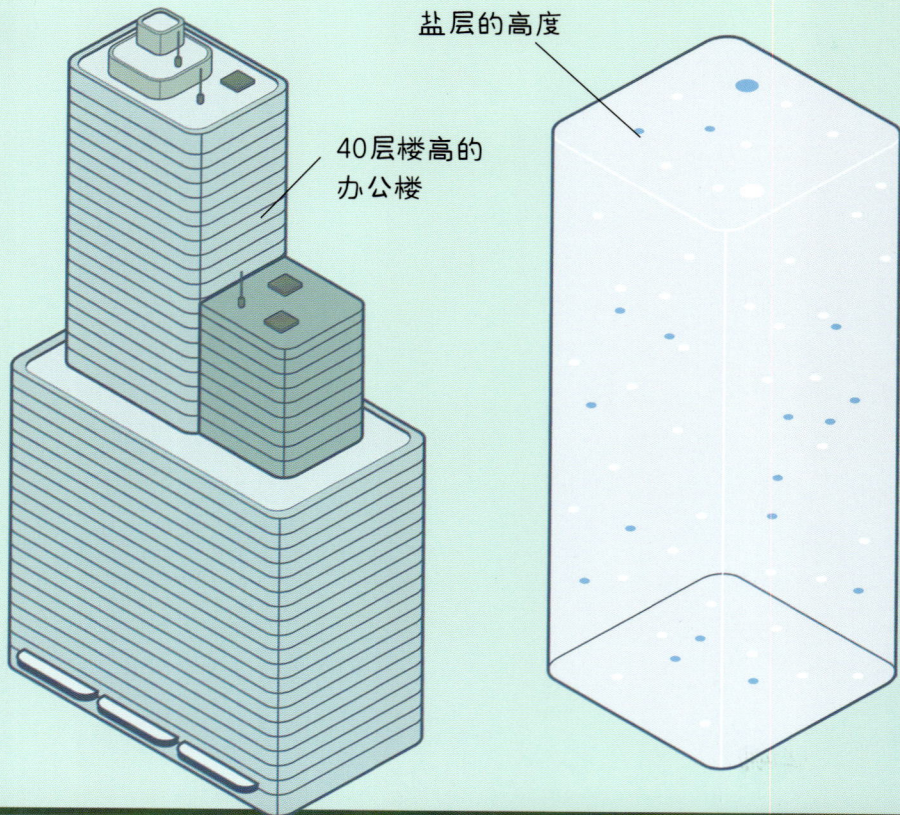

盐层的高度

40层楼高的办公楼

暖和冷

浮力大小受水温的影响。冷水的密度更高，因此船只从寒冷海域驶入温暖海域后将稍微下沉（没入水中的部分增加）。但是，冰的密度低于冷水的密度，因此冰山漂浮在水面上。

水结冰后体积增加，巨大的力量可能会挤碎被困在冰中的船只：随着船只周围的海水冻结，海冰不断地挤压空间，施加到船体上的力越来越大。

持久耐用

无论是木材还是金属材质，船体都无法避免盐水的腐蚀。600年来，水手们一直利用焦油来保护帆船的木质结构和索具。现在，人们为木船添加了环氧树脂保护层；金属船体则搭配了锌制"牺牲阳极"，可以让海水优先腐蚀锌阳极，保护金属船体。不过，必须经常检查并更换被腐蚀的船体金属板。

亲自尝试

用塑料盒制作一艘"船"，然后装载部分"货物"。将"船"放入装水的碗中，并在侧面标出水位线。在水中溶解大量的盐，再观察水位线的变化。

深入水下

上浮和下潜

潜艇通过吸入和排出空气与海水来改变浮力，以上浮或下潜。

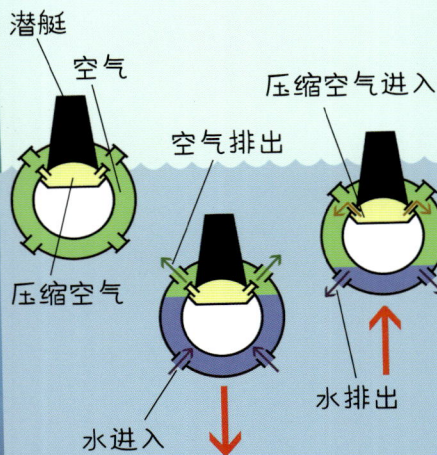

潜艇

空气

压缩空气进入

空气排出

压缩空气

水进入

水排出

大多数类型的船舶都努力待在水面上，但潜艇则会故意沉入水中。水下的潜艇可以悄悄观察其他在海面航行的船只，同时隐藏自己。不过，潜入水中为潜艇带来了独特的挑战和作用力。设计师必须充分考虑多种因素的影响。

嘘，不要出声！

潜艇采用双层船体，坚固的内层船体可以抵抗其承受的巨大水压。

哔！哔！

潜艇使用雷达系统在水面导航，使用声呐在水下导航并绘制海床地图。军方还可以用声呐探测其他船只。

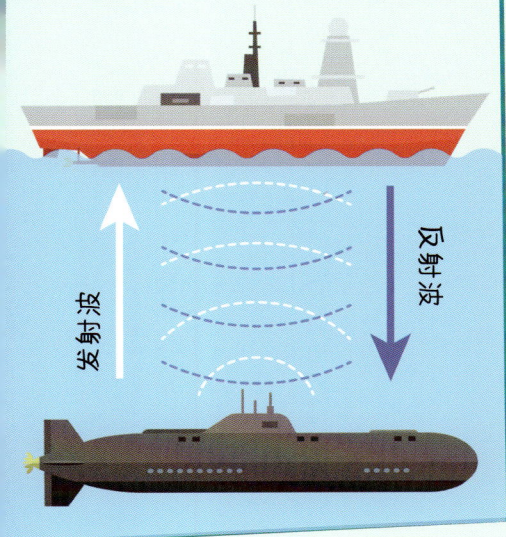

发射波

反射波

环顾四周

有些潜艇用于深海考察，例如，探测深海海洋生物、海床的岩石及深海海水特性。此类潜艇可能配有大面积的观察窗，以观察海洋生物，同时安装了轻型机械臂，用于从海底采集样本。

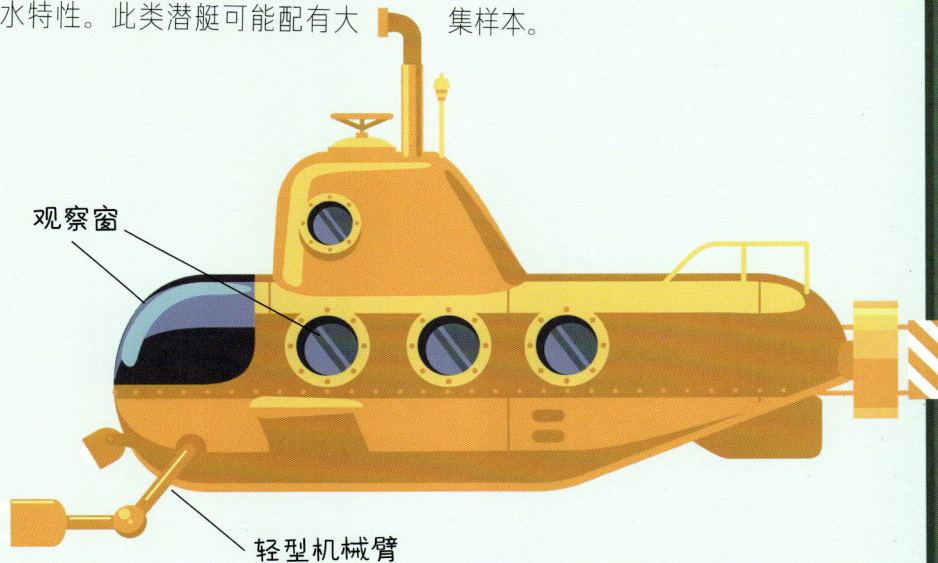

观察窗

轻型机械臂

声呐和雷达可以发射声波或无线电波，通过测量反射波返回的时间，可以计算测量点与固体物体之间的距离。

你相信吗？

声呐制图显示海底也有山脉、平原和山谷等地形。确定海面下方暗礁的位置对于航运业至关重要。

27

海洋生物和可持续性

由于驶过船只的冲撞，以及渔船沉重的水下拖网，珊瑚礁遭到了破坏。

海洋中生活着丰富的生物，海洋的健康状况对整个世界至关重要，可以影响粮食供应、大气及天气。对于航海业而言，可持续发展和海洋保护同等重要。全球90%的货物通过海运交付，而目前整个航海业有10万艘船，它们产生了全球约3%的温室气体。

有点意外

随着技术的发展，渔船开始进入大洋深处（深海）进行捕鱼。但是，远洋和深海捕鱼对鱼类种群构成了威胁，而且不局限于我们食用的鱼类。有些鱼类被意外捕获但没有得到利用，它们被称为兼获捕鱼。

垃圾倾倒场

大型船舶会产生大量的固体、液体废物，污染海洋。最新、最先进的游轮利用紫外线和细菌处理液体废物，最终能够排放接近海水的清洁废物。而且，游轮会将垃圾分类压缩并储存起来，以便回收。不过，世界上许多国家或地区仍在向海洋倾倒废物，包括稳定水箱中的污水。

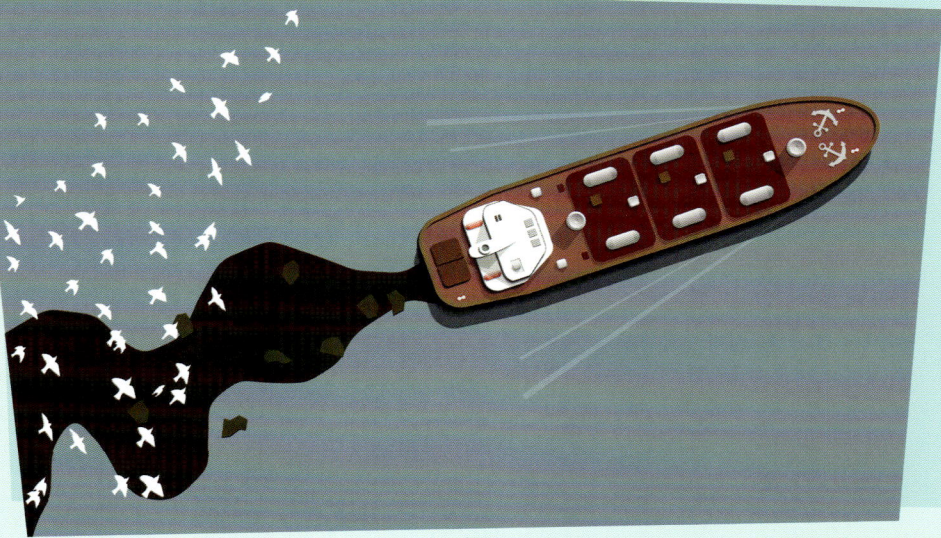

可持续的航海

减少燃料消耗，提升航海的可持续性，同时降低成本！改进的清洁引擎使用排放物更少的高级燃油，利用计算机计算航线，以充分利用洋流，并优化航程规划，从而减少等待入港和引擎空转的时间。使用对生物友好的船体涂料，以及太阳能或风能，更好地管理废物。

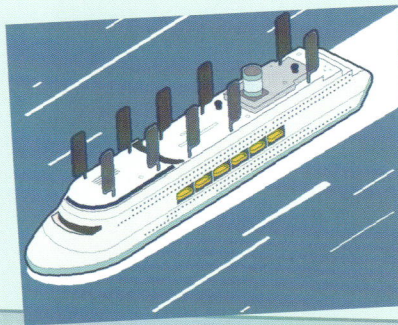

漏油和船舶其他的意外事故都会污染海洋。油轮泄漏的原油浮在海面，遮蔽阳光，并粘在海鸟和海洋哺乳动物的身上，破坏了动物用来保温和保护自己的羽毛和皮毛，最终导致大量的动物死亡。

亲自尝试

在一个浅盘或托盘中装满水，用来代表大海。将少量食用色素凝胶或油性涂料与食用油混合，然后将混合物轻轻倒入水中。混合物将漂浮在水面上。现在，将棉球、一块布和一根羽毛浸入水中。观察漂浮物在这些物体表面的黏附状况。这就是漏油事件中海鸟面临的情况。

29

术语表

舱底水　存放在污水舱中用于帮助船舶保持稳定的水。

柴油　一种燃料，与空气混合并加压可以自动点燃。

单层甲板大帆船　一种大型帆船，桨手在船体中坐成一排驱动帆船。

导航　找出从一个地方到达另一个地方的路线。

浮力　浸在流体内的物体受到的流体竖直向上托起的作用力。

辐射　由场源发出的电磁能量的一部分脱离场源向远处传播，不再返回场源的现象。

环氧树脂　用于制造耐磨清漆、胶水的一种物质。

矿物　被包裹在岩石中或以溶解的形式存在于海水中的化合物。

雷达　一种搜索空中或太空目标的系统，通过发射无线电波并测量目标反射波返回的时间，可以确定两点之间的距离。

流线型　便于水或空气从周围流过的形状。

六分仪　一种航海工具，用于测量地平线和太阳之间的角度。

罗盘　一种工具，具有永远指向磁北的铁针。

螺旋桨　一种外形类似风扇的设备，包含可以推动空气或水旋转的叶片。

平底船　利用撑杆穿越浅水的一种船。

气垫船　一种利用充气垫漂浮和穿越水面的船只。

气候变化　长时期气候状态的变化。

升力　在空中或水中悬浮的物体受到的向上的力。

生物友好 对环境或生物无害。

声呐 一种搜索空中或水中目标的系统，通过发射高频声音并测量目标反弹的声音返回所需的时间，可以确定两点之间的距离。

索具 帆船上固定风帆的绳索。

藤壶 小型海洋甲壳类动物，具有坚硬的外壳，可以附着在硬质表面上。

温室气体 位于大气层高处帮助地球保温的一种气体。

涡流 水的环形运动形成的小漩涡。

涡轮机 通过液体或气体移动而转动风扇叶片的一种机器，旋转叶片产生的能量可以驱动发电机发电。

污染 自然环境中混入对人类或其他生物有害的物质，其数量或程度超出环境承载力，从而改变环境正常状态的现象。

细菌 微生物。

压力 一个表面推挤另一个表面，或者物质的较高浓度部分对较低浓度部分产生的力。

洋（水/气）流 水体（或空气）沿特定方向的运动。

翼形 风扇叶片横截面的形状，类似于拉长的水滴。

重力 物体由于地球的吸引而受到的力。

紫外线 一类波长小于可见光的辐射。

阻力 阻止物体在水中或空气中移动或让物体减速的力。

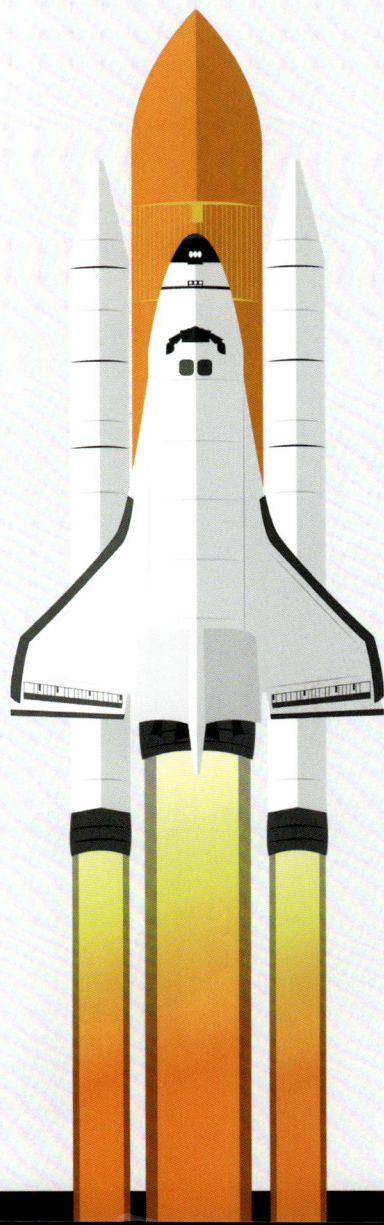

本书中文简体版专有出版权由Salariya Book Company Ltd经由墨颐書籍版權代理授予电子工业出版社，未经许可，不得以任何方式复制或抄袭本书的任何部分。

版权贸易合同登记号　图字：01-2021-4813

图书在版编目（CIP）数据

厉害了，科学. 航天 /（英）亚历克斯·伍尔夫（Alex Woolf）著；陈彦坤，马巍译. --北京：电子工业出版社，2022.3
ISBN 978-7-121-42971-2

Ⅰ.①厉…　Ⅱ.①亚…　②陈…　③马…　Ⅲ.①科学知识－少儿读物　②航天－少儿读物　Ⅳ.①Z228.1　②V4-49

中国版本图书馆CIP数据核字（2022）第029660号

责任编辑：董子晔　文字编辑：吕姝琪
印　　刷：北京缤索印刷有限公司
装　　订：北京缤索印刷有限公司
出版发行：电子工业出版社
　　　　　北京市海淀区万寿路173信箱　邮编：100036
开　　本：889×1194　1/16　　印张：40　字数：483千字
版　　次：2022年3月第1版
印　　次：2022年3月第1次印刷
定　　价：398.00元（全20册）

凡所购买电子工业出版社图书有缺损问题，请向购买书店调换。若书店售缺，请与本社发行部联系，联系及邮购
电话：（010）88254888，88258888。
质量投诉请发邮件至zlts@phei.com.cn，盗版侵权举报请发邮件至dbqq@phei.com.cn。
本书咨询联系方式：（010）88254161转1865，dongzy@phei.com.cn。

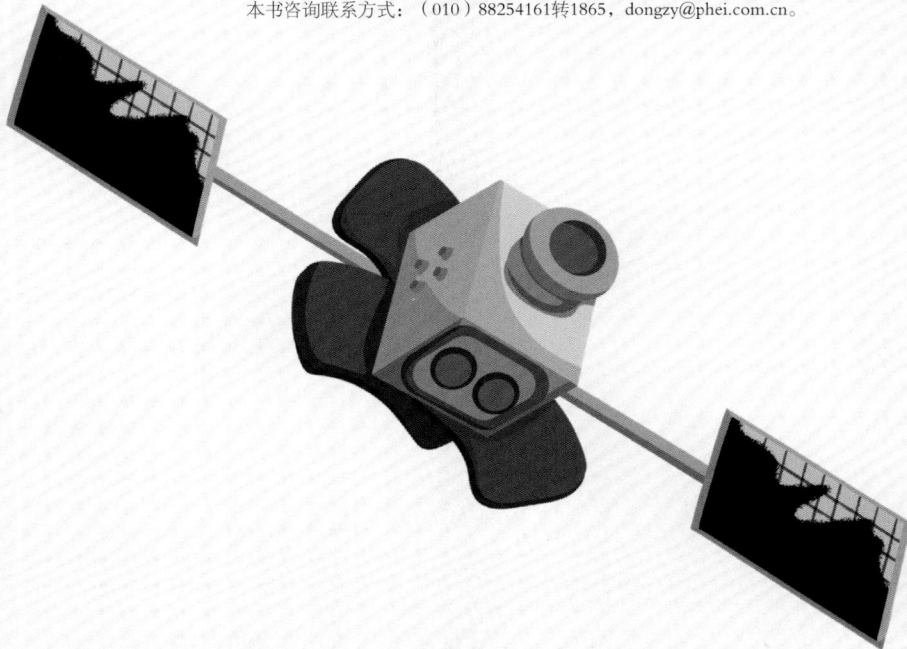

厉害了，科学

航 天

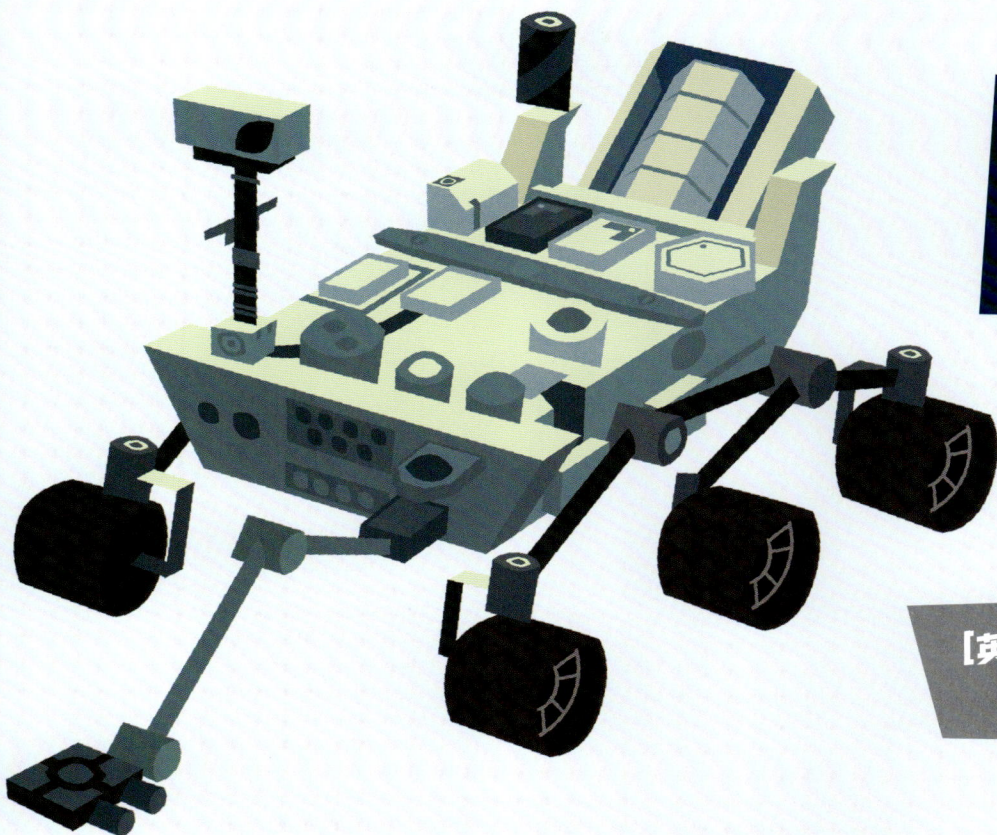

航天探测
的真相

[英]亚历克斯·伍尔夫 著

陈彦坤 马巍 译

电子工业出版社

Publishing House of Electronics Industry

北京·BEIJING

目录

纵观数千年的人类历史，太空一直是人类向往的对象。而且，绝大部分时间中，我们只能从地球表面遥望宇宙，这是我们了解宇宙的唯一方法。20世纪40年代，第一批能够摆脱地球引力束缚并到达太空的航天设备建造成功。借助这些航天器，我们能够前往月球以及绕太阳公转的其他天体。

我们将从本书中了解到不同类型的航天器，从在绕地球轨道上运行的人造卫星到探索太阳系边缘的探测器。我们将认识这些航天器的建造、导航和通信方式，以及它们在真空环境中旅行时要执行的操作。

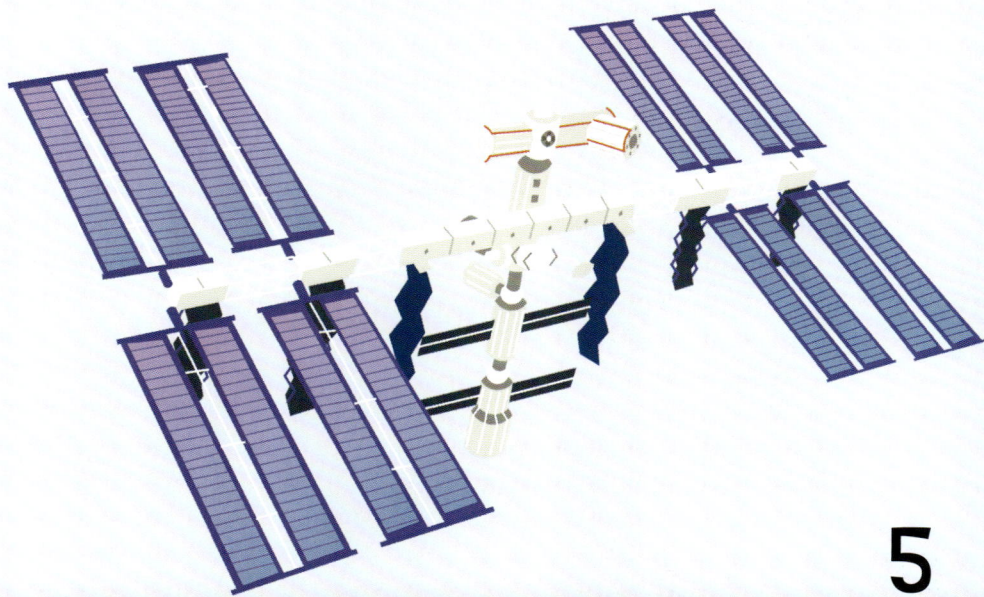

航天员

20世纪60年代初期，可以载人的航天器研发成功。第一个进入太空的人类是苏联空军飞行员尤里·加加林。1961年4月12日，加加林乘坐东方一号航天器绕地球飞行。1963年，瓦伦蒂娜·捷列什科娃成为第一位进入太空的女性。

1981年，美国第一架可重复使用的航天飞机哥伦比亚号发射升空。航天飞机能够像火箭一样发射，像飞机一样着陆，将卫星和探测器送入太空，并为空间站运送补给。

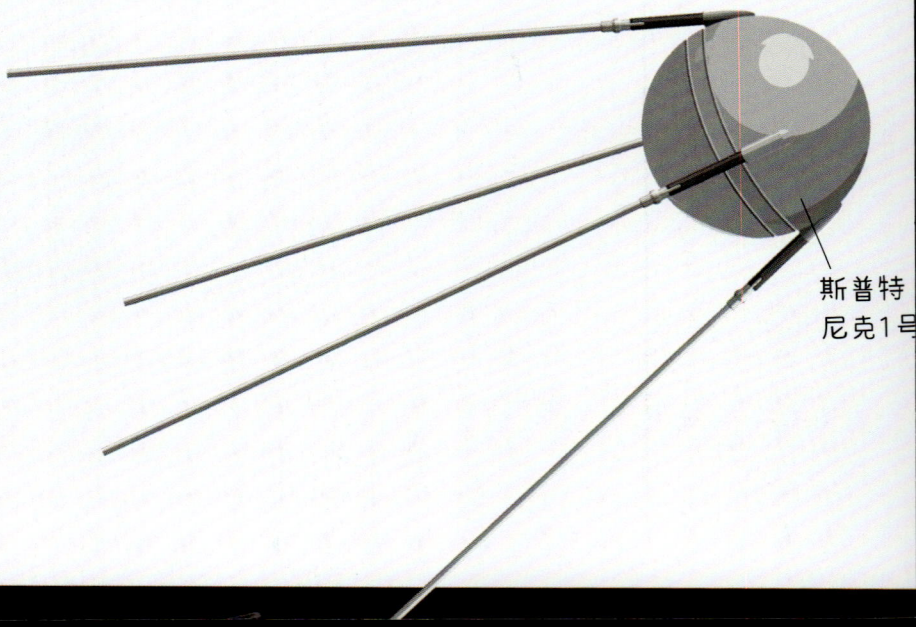

6

如何开始一次太空旅行

20世纪初，美国、苏联和德国科学家在火箭科学领域取得了突破性进展，开启了人类迈向太空的旅程。1949年，美国发射了第一枚进入太空的火箭，火箭分为两个级，每级都携带着引擎和燃料。燃料耗尽后，第一级将返回地球。1957年10月4日，苏联发射了第一颗人造卫星——斯普特尼克1号，并将其送入了地球轨道。这个成就引发了强烈反响，并迫使作为对手的美国不断增加投入，掀起了一场太空竞赛。

斯普特尼克1号

一次飞跃

1969年7月，美国赢得了登月竞赛。阿波罗11号飞船携带3名美国航天员成功降落月球，他们是尼尔·阿姆斯特朗（Neil Armstrong）、巴兹·奥尔德林（Buzz Aldrin）和迈克尔·柯林斯（Michael Collins）。阿姆斯特朗成为第一个踏上月球表面的人类。

1971年，苏联发射了第一个空间站——礼炮1号。航天员能够借助礼炮1号在太空中生活和工作一段时间。

太空探测器

20世纪六七十年代，科学家开始重点关注探索其他行星，发射了目的地为水星、金星、火星、土星和木星的探测器。1977年，美国发射了用于探索太阳系以外的宇宙的旅行者1号和2号。目前这两个探测器的探索旅程仍在继续。

有趣的事实

阿波罗11号的航天员尼尔·阿姆斯特朗和巴兹·奥尔德林返回登月舱（运载航天员从航天器降落到月球表面的着陆器）之后，发现点火开关坏了。奥尔德林用他的钢笔做了一个临时开关。然后，他们才能成功起飞。

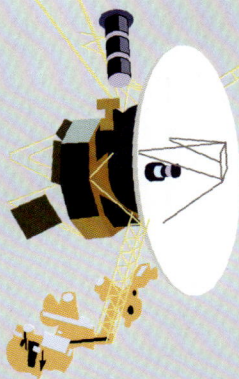

我就知道这支钢笔会派上大用场！

点火

1

火箭的原理

让火箭升空的推力必须足够大，以克服自身质量（重力）和空气阻力的拉拽。

火箭是依靠火箭引擎提供推力的飞行器，是目前人类进入太空的唯一手段。13世纪，在中国出现了最早的火箭——一种以火药为动力的爆炸武器，用于战争和围城战；1903年，苏联科学家康斯坦丁·齐奥尔科夫斯基第一次提出了将火箭用于太空飞行的可能性；1926年，美国火箭科学家罗伯特·戈达德发射了第一枚液体燃料火箭，这标志着火箭技术的决定性突破及太空时代的到来。

火箭和气球相似

松开气球的气嘴，气球中喷出的空气会推动气球运动。火箭发动机的工作原理与气球完全相同：燃料燃烧产生的气体从喷嘴高速喷出，推动火箭升空。

终有一天，我们会把它们送入太空！

我可不想待在那里面！

火箭燃料

大多数火箭采用固体或液体燃料。

1. 使用固体燃料的火箭发动机相对简单、安全，且成本低廉，但同时存在推力无法控制和发动机启动后无法停止的问题。因此，固体燃料发动机常作为火箭外部助推器，辅助火箭主发动机。

2. 液体燃料较轻，转换率更高，而且能够提供可变的推力，通常作为火箭的主发动机燃料。但是，液体燃料在燃烧室内燃烧会产生大量的热，因此必须配置复杂的冷却泵系统。

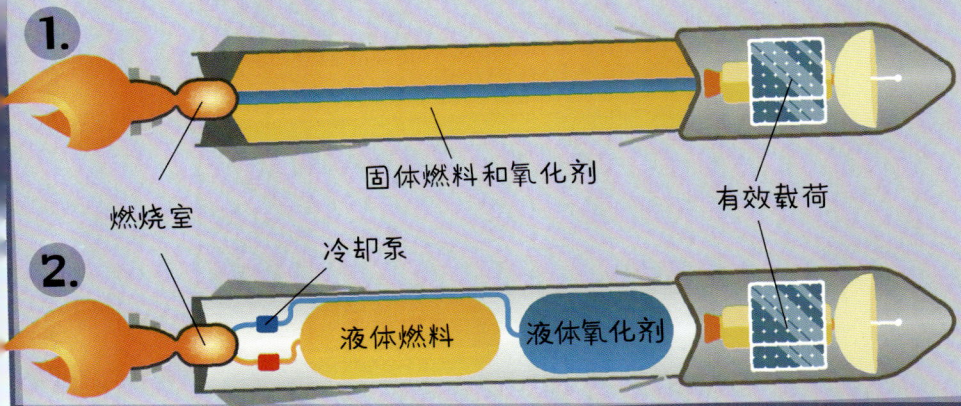

1.

固体燃料和氧化剂

燃烧室

有效载荷

2.

冷却泵

液体燃料　液体氧化剂

有效载荷

火箭结构

现代火箭非常复杂，包含约300万个零件，基本结构包括：推进系统（发动机、燃料箱、助推器）、制导系统（基于计算机的导航系统）和有效载荷（运载航天员或人造卫星）。

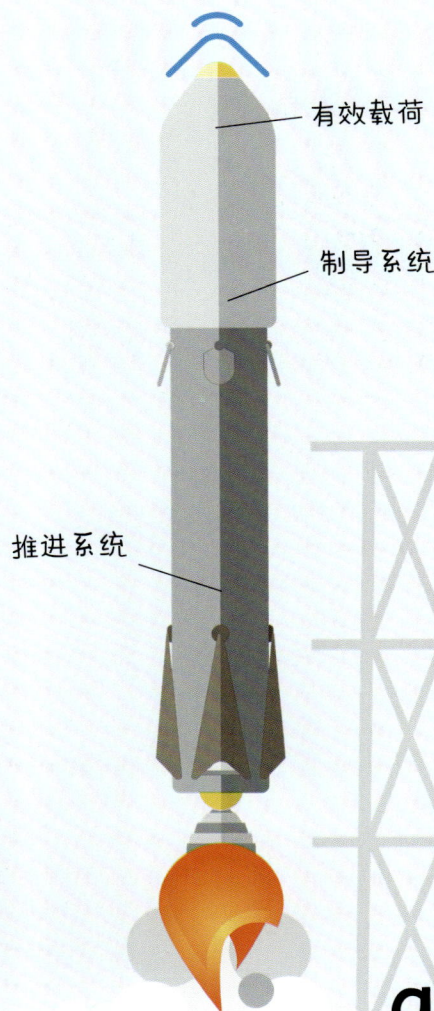

有效载荷

制导系统

推进系统

亲自尝试

做一个气球火箭。找一根长绳子，一端绑在门把手上，另一端穿过一根吸管，拉紧绳子，绑在椅子上。

吹一个气球，不要系住气嘴。捏紧气嘴，请父母或朋友帮忙用胶带将气球固定在吸管上。放手，发射气球火箭！

q

人造卫星

有些卫星携带太空望远镜进入太空进行观测，例如哈勃望远镜。太空望远镜可以有效避免光污染和大气层的干扰。

卫星是围绕行星旋转的天体，例如月球是地球的卫星。20世纪50年代以来，地球的卫星数量大幅增加，它们都是利用火箭送入轨道的人造卫星。第一颗人造卫星是1957年发射的斯普特尼克1号。此后至今，40多个国家和地区共发射了约6600颗人造卫星，目前有超过1000颗卫星仍在使用。人造卫星可以承担很多重要的工作，包括通信（在全球范围内传输电话和其他数字信息）、导航（GPS）、天气预报、天文观测等。

全球定位系统（GPS）

这是一个由许多卫星组成的网络，卫星定时发送信号，GPS接收器（例如手机）始终处于4颗卫星的覆盖范围内，通过接收信号来精确定位。

嚯，这里还挺忙！

通信卫星

这些卫星可以完成地球两个地点之间电视、电话或互联网信号的无线电波中继：通信卫星接收到一个地面发射器的信号，然后转发给另一个地面接收器，解决了由于无线电波沿直线运动，无法穿过地球曲面、高山、高楼等障碍的问题。

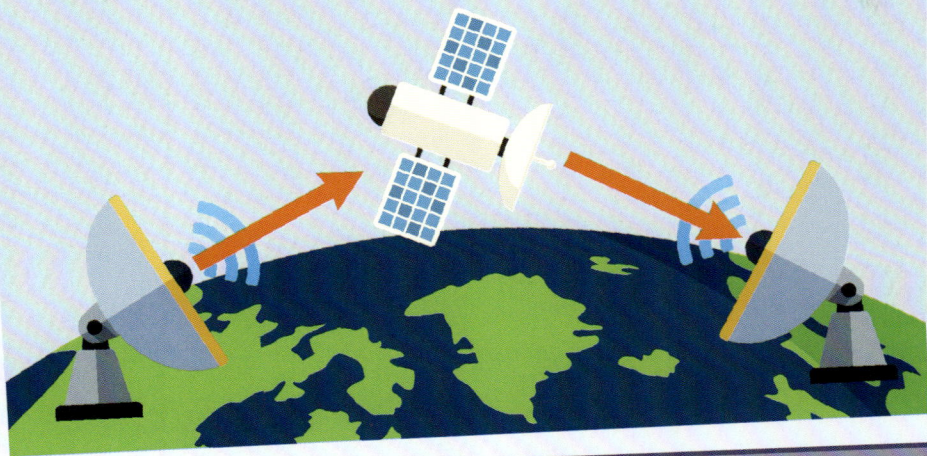

卫星的构成

所有卫星都包含的基本部件：

- 结构系统——连接所有部件的框架。
- 电源——大多数卫星由太阳能电池板供电。
- 计算机系统——控制操作和监测姿态。
- 通信系统——向地面站传送数据。
- 姿态控制系统——陀螺仪和推进器，使卫星在轨道上保持姿态，不会随意翻滚。

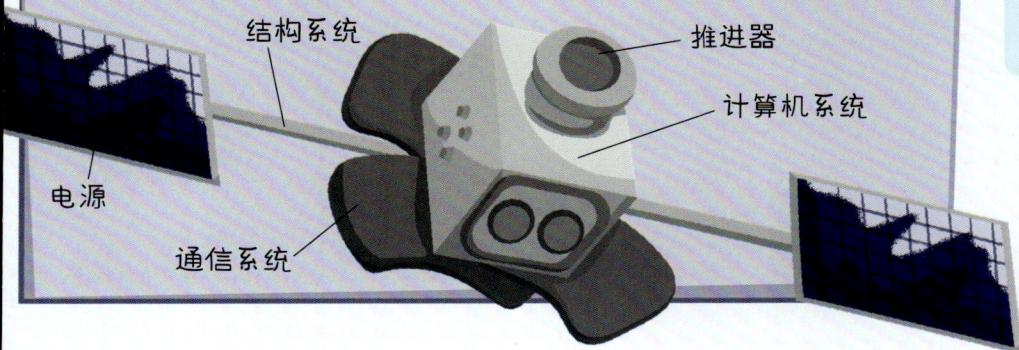

结构系统

推进器

计算机系统

电源

通信系统

卫星轨道

三种最常见的卫星轨道：

- 近地轨道（LEO）：距离地面不超过2000千米，包括地球观测卫星和侦察卫星。
- 中距离轨道（MEO）：距离地面20000千米，包括GPS卫星。
- 地球同步轨道（GEO）：距离地面36000千米，该轨道的卫星相对于地球表面的某个位置固定不变，包括通信卫星和气象卫星。

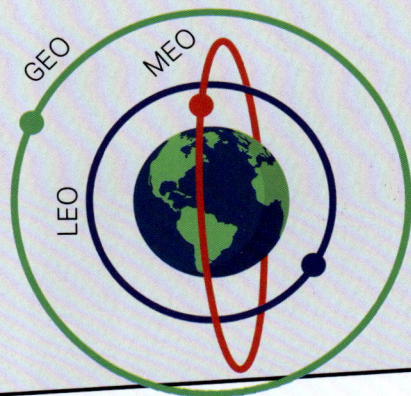

GEO
MEO
LEO

地球观测卫星拍摄和监测地球表面，并绘制地图，以便科学家实时了解地球环境的发展变化，例如海平面和北极冰盖的变化。

11

太空探测器

设备

太空探测器通常携带精密的科学仪器和工具，以便研究天体：相机可以拍摄照片，传感器能够分析大气、温度、磁场强度、辐射和构成天体的化学成分。

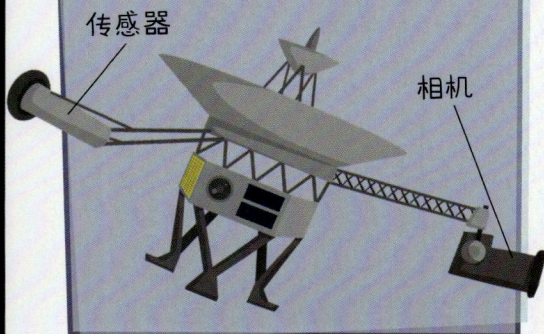

传感器

相机

第一个太空探测器是用于探索月球的月球号探测器（1959年至1966年）。水手号探测器（1962年至1973年）是最早探索金星、火星和水星的一系列探测器。先锋10号（1972年发射）是第一个到达木星的探测器。

自1959年起，太空研究机构开启了许多地球轨道之外的项目，探索外层空间。除了阿波罗登月任务（1961年至1972年），所有项目使用的是被称为太空探测器的无人驾驶机器人航天器。目前，科学家已经完成了太阳系所有行星及多颗卫星、小行星和彗星的探测。有些探测器会进入天体的轨道，有些则与天体相撞或落在天体表面。太空探测器是探索太空的常用方式，因为载人太空飞行面临着高风险和高成本的问题。探测器无须携带食物、水或氧气，并且可以耐受对航天员来说致命的环境。

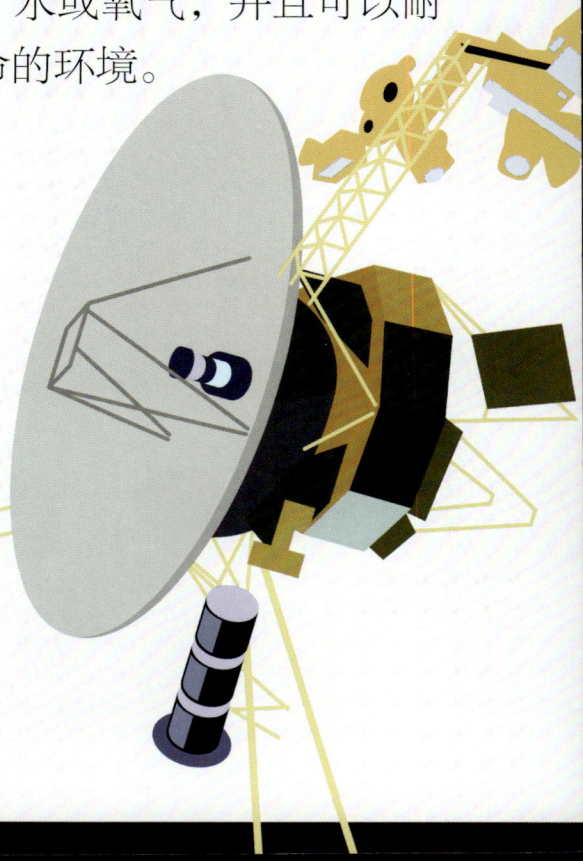

通信

太空探测器配备有计算机，可以将收集到的信息转换为数字信号。信号收发机或碟形天线以无线电波的形式将数字信号发送回地球，然后由地面大型天线接收并转换成图片和信息。

推进力

所有太空探测器都必须借助火箭发动机来摆脱地球引力，进入太空后可以利用其他方式获得推力，例如化学燃料电池。未来的探测器可能会使用太阳帆，即巨大的反射板，利用上亿颗太阳光粒子来推动探测器，类似风吹动船帆。

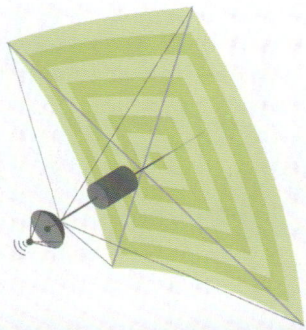

位于地球的任务控制中心通过测量发送和接收信号花费的时间来计算探测器的位置，并通过发回的照片来确定探测器的姿态，然后根据这些信息控制探测器，确保探测器正常运行。

你相信吗?

有些探测器借助行星引力来穿越太空。这种方法叫作引力辅助，可以节省燃料，并更快到达目的地。探测器通过与行星运行轨道相同的方向飞越行星，从而"窃取速度"来加速，或者通过向相反的方向飞越来减速。

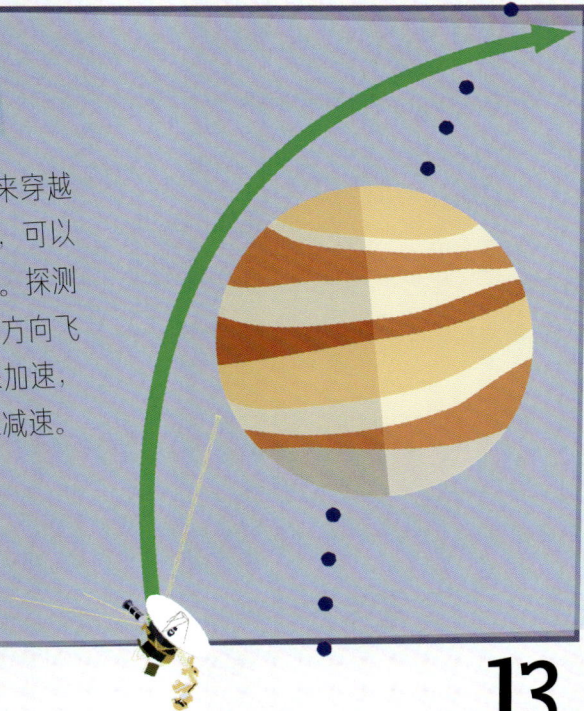

13

太空研究

- 空间站用于研究在太空生活对人体的影响，以便为将来的火星或其他行星载人探索任务做好准备。
- 微重力条件下可以形成近乎完美的晶体，这可能有助于科学家研发速度更快的计算机和更有效的药物。
- 微重力条件下，火焰燃烧缓慢且稳定，可以提供更有利的燃烧环境，进而帮助我们改善火炉设计，减少空气污染。

> 这里的火焰都变得不一样了！

和平号太空站在1986年发射升空，2001年坠毁，创造了连续3644天有人居住的纪录，其中一名航天员在该空间站停留了438天。

空间站

大多数载人航天器仅能在太空停留数天，而空间站可以让航天员在太空中生活数月甚至数年之久。这些飘浮在太空中的结构为航天员提供了一个临时住所，可以让他们在失重条件下进行科学实验。与其他类型的航天器不同，空间站没有主推进系统或着陆系统，需要借助其他航天器向空间站输送人员与物资。

太空家园

未来，私人公司可能会在太空建造"太空旅馆"式空间站，作为远征其他行星的太空港。有一天，空间站可能成为人类在太空的家。人们甚至能够自己种植农作物，在地球以外建立一个新的家园。

挑战

长时间在失重和高辐射的太空环境中生活，航天员可能面临健康问题，包括骨骼脱钙和肌肉萎缩，以及更高的癌症风险。要建造适合人类长期居住的环境，空间站可能需要配备人工重力系统和隔离辐射系统。

有趣的事实

国际空间站（ISS）：
- 以每秒8千米的速度绕地球运动。
- 宽109米。
- 由16个国家共同建造。
- 是有史以来最昂贵的结构，耗资超过1200亿美元。
- 目前是夜空中仅次于月球和金星的第三亮的天体。

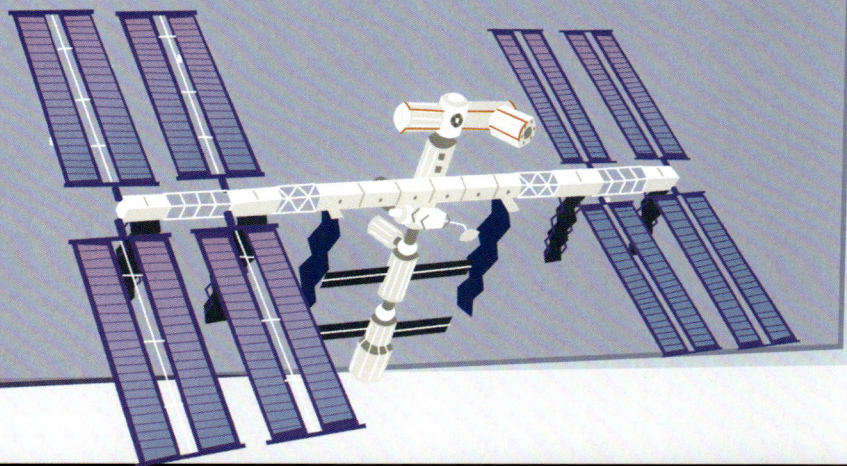

和足球场一样大的国际空间站是有史以来最大的航天器，它于2011年组建完成，预计可以服役到2028年。国际空间站使用太阳能，并设有科学研究实验室。

15

为什么要建造航天飞机？因为火箭属于一次性设备，且成本高昂。航天飞机可重复使用，提供了成本相对较低的太空探索方式。

航天飞机

航天飞机是一种可以在地球大气层中飞行，也可以升入太空的航天器，通常配有机翼，借此在地球大气层中飞行时获得升力。航天飞机可以垂直起飞，借助强大的火箭发动机到达太空，而且能够在结束太空任务后重新进入大气层，然后像滑翔机一样在没有动力的情况下着陆。2011年，美国宣布结束航天飞机项目。

起飞

升空2分钟后，航天飞机到达距离地面45千米的位置，2个固体燃料火箭助推器（SRB）的燃料耗尽，与燃料箱分离，在降落伞的帮助下降落至海上，可以进行回收。在距地面113千米的位置，航天飞机抛弃燃料耗尽的外部燃料箱，然后启动发动机进入轨道。

飞行

航天飞机的飞行速度约为每小时28000千米，每92分钟可以环绕地球一周。航天飞机每次任务的周期通常为7到8天，货舱可以容纳一辆单层巴士，能够将卫星、探测器及实验室送入太空。航天员在执行任务期间将进行实验和太空行走。

返回

重返地球大气层之前，航天员减慢航天飞机的速度并调整姿态，让机腹面向大气层。与空气的剧烈摩擦会让航天飞机的机身发热，达到1648摄氏度的高温，航天飞机机身的耐热陶瓷片可以承受高温。

航天飞机的结构

航天飞机有两个固体燃料火箭助推器（SRB）和一台喷气发动机，推动航天飞机升入太空。固体燃料火箭助推器固定在巨大的外部燃料箱上，运载航天员的有翼航天器——轨道飞行器同样固定在燃料箱上。轨道飞行器长37米，翼展为23米。

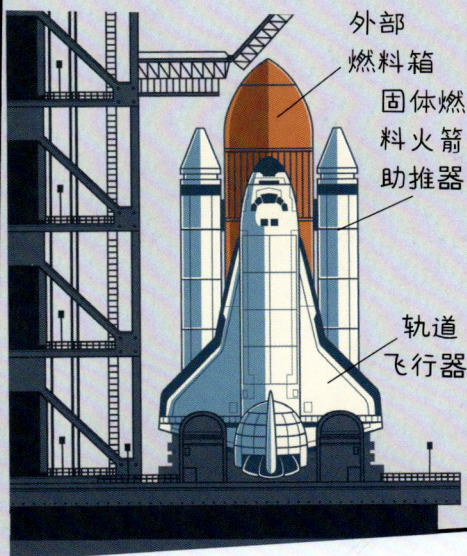

外部燃料箱
固体燃料火箭助推器
轨道飞行器

航天飞机可以充当国际空间站工作人员的"班车"，他们可以搭乘航天飞机前往太空进行卫星维护和修理。航天飞机还可以回收废弃卫星并将其送返地球。

17

着陆器和漫游车

减速降落

有时候，着陆器通过发射火箭来降低降落速度。如果天体有大气层，着陆器可以打开降落伞，帮助减慢下降速度。着陆器配有软垫或气囊，缓冲着陆的冲击。

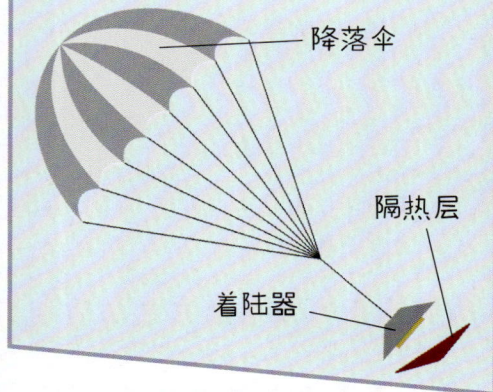

降落伞

隔热层

着陆器

太空探测器可以穿越太空，接近行星和其他天体，甚至可能发生撞击，但无法实现人为控制的着陆，更不用说在天体表面移动了。为此，我们需要另外两种太空飞行器——着陆器和漫游车。着陆器是一种能够缓慢下降并安全降落在天体表面的航天器，已经用于探测月球、火星、金星、土卫六（土星的卫星）及小行星和彗星。漫游车可以在天体表面四处移动并采样，通常由着陆器送往天体表面。月球漫游车和火星漫游车已经取得了巨大的成功。

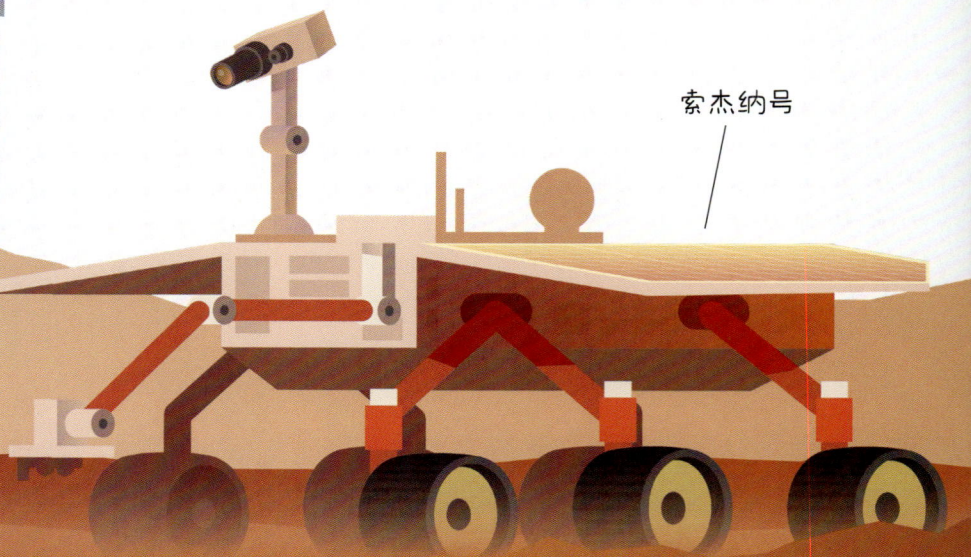

1997年7月4日，探路者号着陆器降落在火星表面，然后如同花朵绽放一样打开了外罩，索杰纳号（Sojourner，或称为旅居者号）漫游车开了出来。这是第一辆抵达另一颗行星的漫游车。

索杰纳号

登陆彗星

2014年11月12日，罗塞塔号探测器将菲莱号着陆器投放到了丘留莫夫-格拉希门克彗星表面。由于彗星的引力很小，菲莱号不得不向彗星发射鱼叉，将钢索锚定在彗星表面，并试图通过拉拽的方式着陆。不过，鱼叉无法稳固锚定，菲莱号弹跳了两次，但最终成功降落在彗星表面。

智能漫游车

远程控制遥远天体上的漫游车极其困难，因为无线电信号传输需要很长时间，无法实现实时通信。因此，漫游车配备了计算机，确定漫游车的行进方向、路线和要采集的样本。不过，计算机仍然需要人工输入信息，例如识别远距离的重要目标。

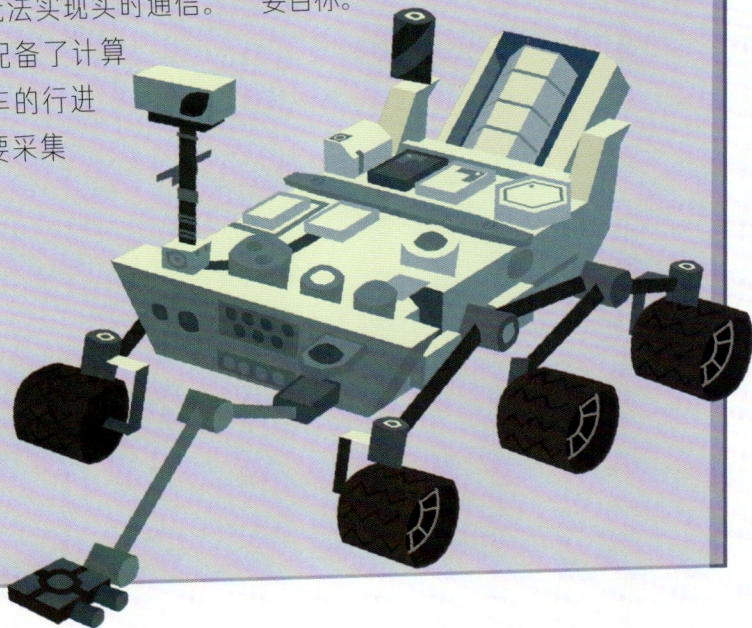

你相信吗?

工程师正在研究无轮式漫游车，以探索小行星和彗星等低重力天体。"刺猬"漫游车是一个外部有凸起的立方结构，可以在各种地形中跳跃和翻滚。如果卡入了孔洞，"刺猬"还可以通过龙卷风式螺旋向上的方式逃脱。

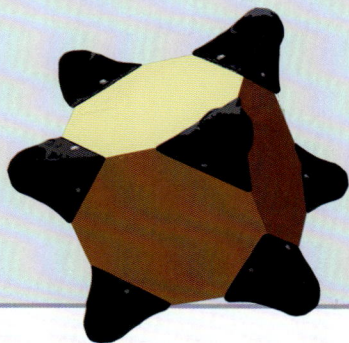

机遇号漫游车于2004年1月到达火星，预期运行3个月。不过，这台漫游车在2018年6月仍处于活动状态。当时，它总计行进了超过45千米，不但在沙尘暴中幸存了下来，甚至发现了陨石。

19

太空行走之前，航天员需要呼吸纯氧气，排出体内所有的氮气，这样做是为了预防减压病的发生。

航天服

有时候，航天员必须离开航天器，在太空环境中进行实验或维修设备。太空环境完全不适合人类生存：没有空气，温度接近绝对零度，充满了微陨石和有害辐射。为了保护自己，航天员必须穿上航天服。装备完善的航天服可以满足航天员的所有需求，包括氧气、水、温度控制、通信系统、废物处理等。

太空行走

航天员通过叫作气闸舱的密闭房间离开航天器。航天器的外部有扶手，方便航天员移动。他们用安全绳将自己与航天器固定，以免飘走。此外，他们还会把工具拴在航天服上。

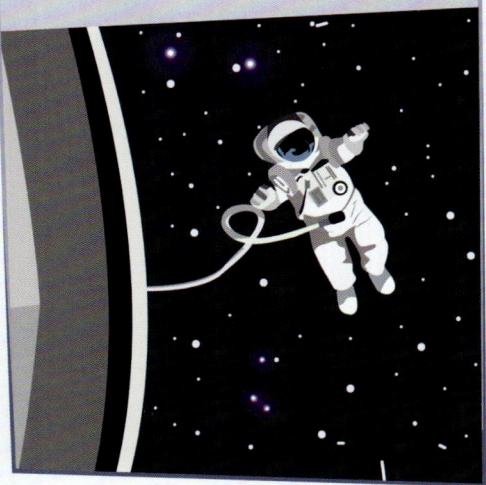

保证安全

在进行舱外活动时，航天员要携带一个叫作简易舱外活动救援装置的背包。背包配有小型喷气推进器，航天员可以借助操纵杆控制推进器，以便在太空中移动。万一航天员脱离安全绳并飘走，背包可以为他（她）提供返回航天器的动力。

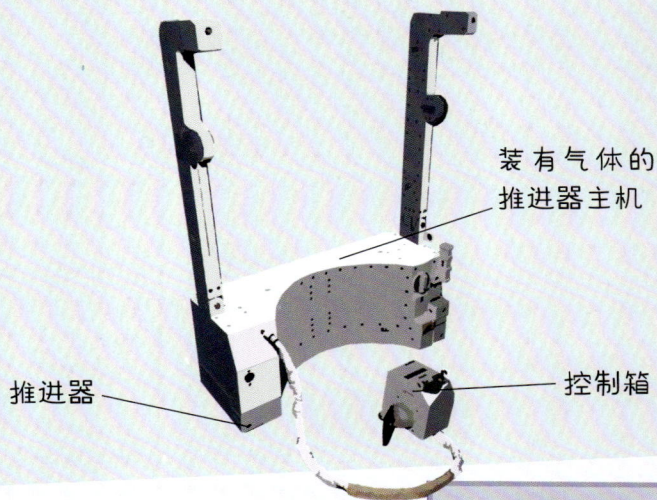

装有气体的
推进器主机

推进器

控制箱

1965年，阿列克谢·列昂诺夫完成了人类的第一次太空行走，他在太空中待了10分钟。目前，太空行走次数最多的纪录保持者是阿纳托利·索洛维约夫，达到了16次。

航天服舱门

未来，密闭气闸舱可能被航天服舱门替代：航天服的背面开口，并与航天器的外部对接。航天员从背部钻进航天服，然后与飞船分离。这样可以防止有害的太空尘埃进入航天器，并减少航天员离开和返回航天器的时间。

航天服

航天服包括一个称为便携生命维持系统的背包，可以为航天员提供氧气并排出呼出的二氧化碳，同时为航天服、通风风扇、水冷系统及通信设备供电。

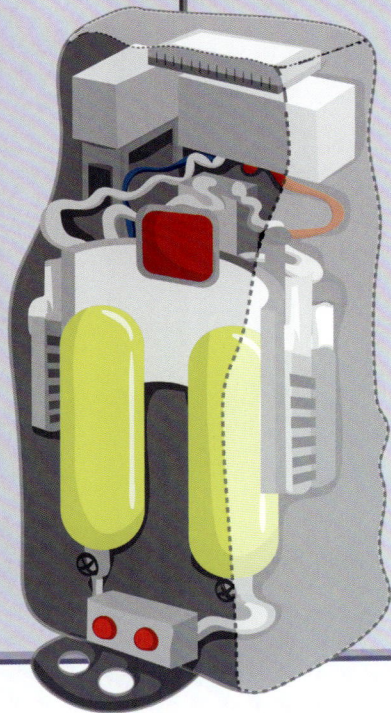

21

无尘室

航天器发射后，维修的成本非常高昂，因此建造时必须格外小心。航天器在无尘室中建造并进行测试装配，无尘室的空气经过过滤，清除了大部分灰尘和水分。无尘室的工作人员也必须穿着兼具多项功能的"兔子服"，并佩戴口罩和手套。

太空环境中没有空气，因此航天器无须刻意追求流线型设计。例如，旋转的卫星多为球形，而大多数卫星为盒形。

如何建造航天器

航天器无法像汽车那样批量生产，通常为定制设备，采用手工设计和组装，以实现特定的目的。尽管如此，大部分航天器具有相似的基本结构。例如，卫星主要由两部分组成：包括框架结构、发动机、燃料箱、助推器、电源在内的卫星平台，以及有效载荷，即执行太空任务需要的仪器和设备，例如照相机和通信设备。

测试

完工后的航天器必须接受测试。将航天器放置在模拟发射场充满震耳欲聋的噪声和强烈震动的测试房间中，且测试房间处于仿太空环境的极端温度中。接下来用强磁场来考验电气系统，强磁场也是太空存在的一种威胁。

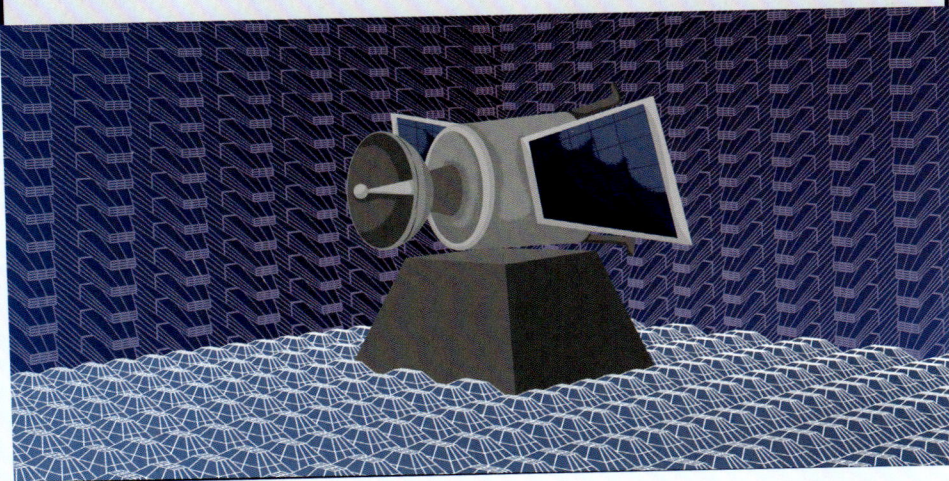

未来航天器可能用超轻且强度是钢的600倍的碳纳米管制造。纳米管中充满氢气，或许能够屏蔽辐射。

太阳能板叠纸

卫星必须足够小巧，才能放进火箭的前部。但是，太阳能电池板需要较大的面积，以保证充足的能量供应。研究人员受折纸的启发，创造性地开发出了直径2.74米的折叠板。进入轨道后，太阳能板可以展开，将宽度增加到25米。

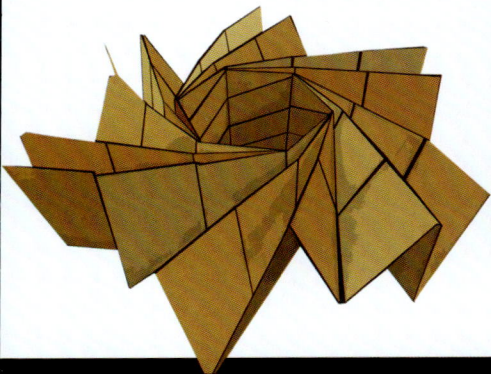

亲自尝试

画一颗卫星。
1. 首先绘制卫星平台（一个矩形）。
2. 在底部添加碟形的卫星天线（圆盘形，中间有细长的天线）。
3. 添加太阳能板（两个大矩形，每个矩形都用水平线和垂直线划分成网格）。
4. 给你的卫星涂色。

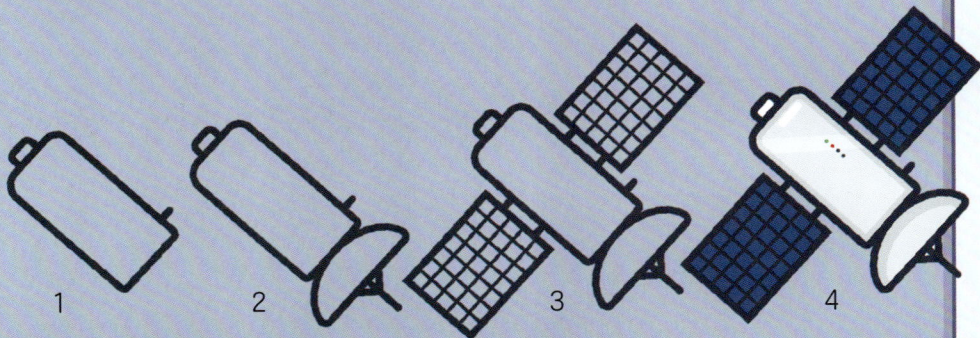

太空望远镜

詹姆斯·韦伯太空望远镜2021年12月25日发射升空，它耗资超过100亿美元，是全球已建成的最强大的太空望远镜，可探测范围能够达到宇宙原点附近。

哈勃太空望远镜

哈勃太空望远镜能够观测可见光、红外线和紫外线，但因为主镜的形状与设计值有细微偏差，它最初发回地球的图像十分模糊。美国派出了航天员去纠正这个错误：航天员插入了一个矫正透镜，给望远镜戴了一副"眼镜"。很快，哈勃望远镜就发回了清晰的图片。

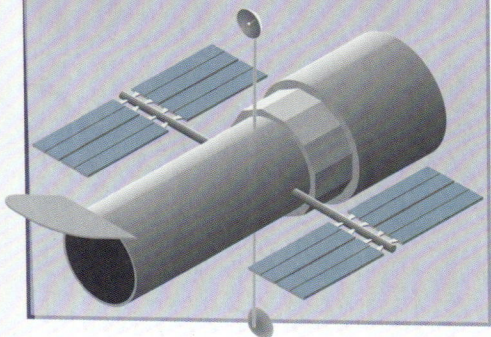

自17世纪初面世以来，望远镜的个头越来越大，功能越来越强，但有一个问题始终无法解决：光线在穿过地球大气层的过程中会发生扭曲，影响我们观察天空的视线。除了允许可见光和无线电波通过，大气层阻挡了大多数形式的辐射，限制了我们对宇宙的了解。不过，这一切在1989年发生了改变。这一年，宇宙背景探测器发射升空，用于探测宇宙背景微波辐射。人们第一次在所有波长的光线中看到了清晰的宇宙。

康普顿太空望远镜于1991年发射升空，这不是一架普通的望远镜，它可以探测伽马射线，追踪黑洞、类星体、超新星和中子星等天体。

有趣的事实

开普勒太空望远镜于2009年发射升空，用于搜寻环绕其他恒星运行的类地行星。截至2018年底，开普勒太空望远镜已经发现了2342颗行星，其中多数表面覆盖岩石，与地球相似。它发现的第一颗与恒星距离适当（位于宜居带上，适合生命存活）的岩石行星被称为开普勒69c，距离地球约2700光年。

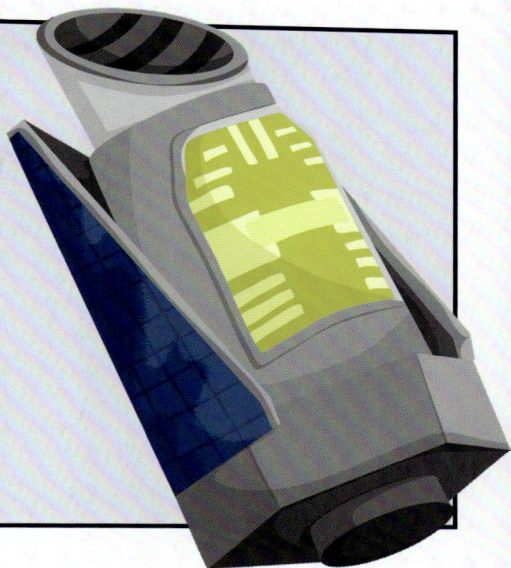

钱德拉太空望远镜

钱德拉太空望远镜于1999年发射升空，它所在的椭圆轨道高度是哈勃望远镜的200倍，装有4台套筒式望远镜，可以观测宇宙高热区域的X射线，包括爆炸的恒星、碰撞的星系和黑洞周围的物质。

斯皮策太空望远镜

斯皮策太空望远镜于2003年发射升空，用于研究表现为热量的红外辐射。因此，斯皮策望远镜的检测仪器必须保持极低的温度。遮阳罩和液氦罐让仪器的温度保持在1.4开氏度左右，非常接近绝对零度（绝对零度是热力学的最低温度，约为零下273.15摄氏度）。

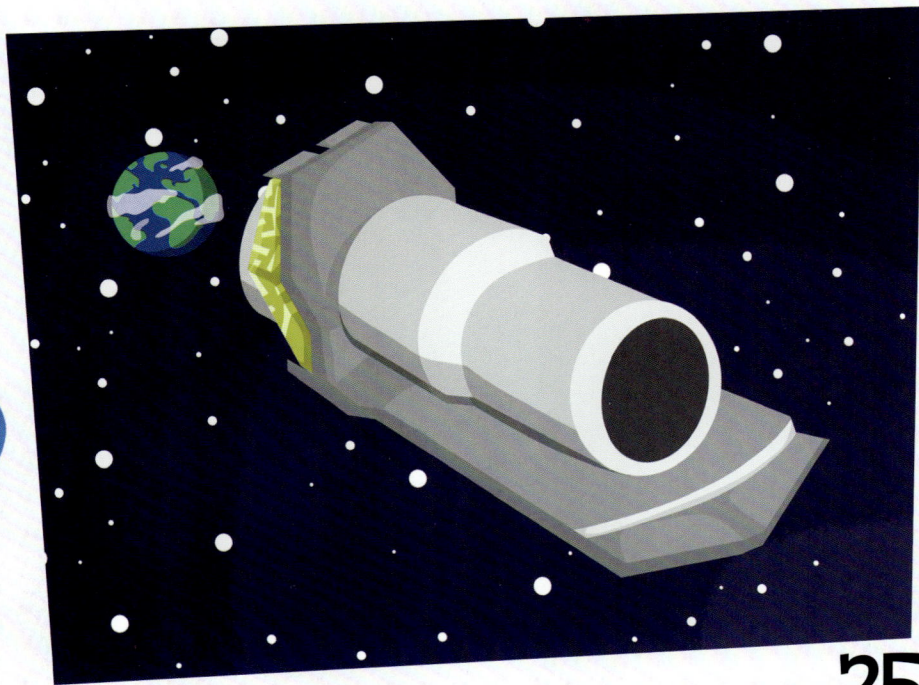

我们如何在太空生存

火星模拟生物圈是建立在地球上的自循环生态系统，模拟火星的环境。人们在这些基地中长期居住，体验在另一个星球上生活的感觉。

大气层

国际空间站上的LSS设备使用太阳能电池板的电力从水中获取氧气。过滤器排出人类产生的废气。将来，太空中生长的植物可能会提供氧气并吸收二氧化碳。人类的废气甚至可以用来推进航天器。

保持航天员的健康，这是载人航天任务面临的最大挑战之一。航天器必须为航天员提供充足的空气、食物和水，清理废物，同时保护航天员避免遭受极端温度、压力、辐射和微型陨石的伤害。从最早的载人航天飞行开始，科学家一直致力于开发、完善生命维持系统，为航天员提供舒适的环境，并监测他们的身体状况和航天器的内部环境。

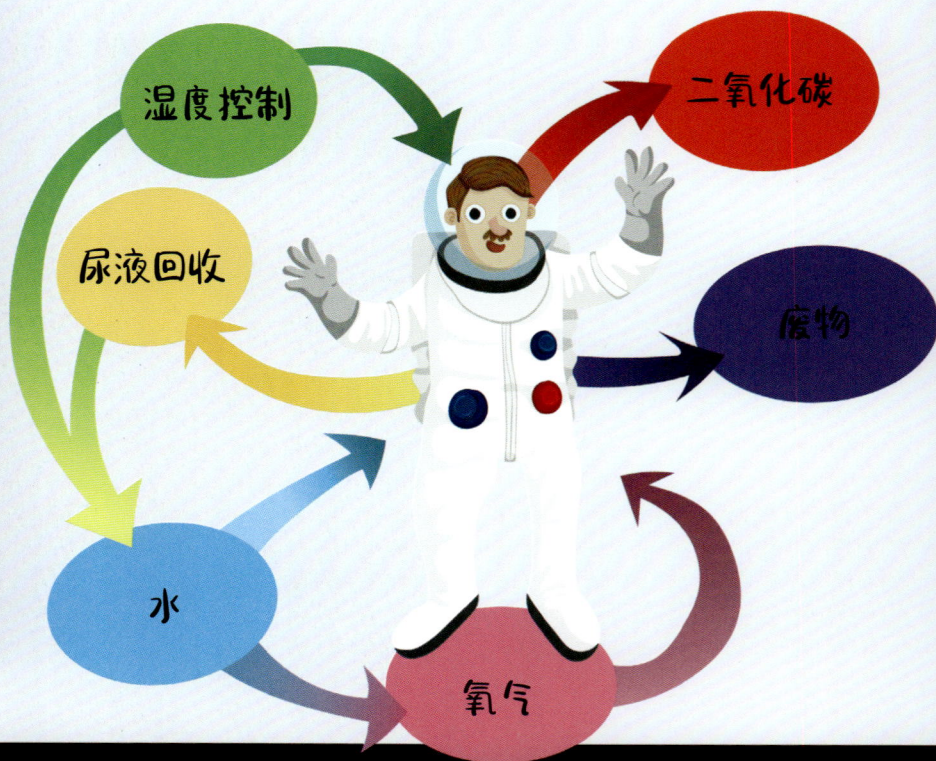

湿度控制

尿液回收

二氧化碳

废物

水

氧气

水

　　未来，执行太空任务时，航天员或许能够从目标行星和卫星的大气层或者表面冰层中获得水。但是，现在航天员必须通过回收废水来制取饮用水、清洁用水和冷却水。他们过滤尿液和洗澡水，去除杂质后循环使用。

> 我尽量不去想它是怎么来的！

> 航天器具有耐热绝缘层，可以保护航天员免受极端温度的影响。热交换器可以保持航天器内部空气的凉爽干燥。

制氧机

　　航天器通常利用电解方法从水中制取氧气。每个水分子都包含2个氢原子和1个氧原子，水分子在通电条件下将分离，并形成氢气和氧气。

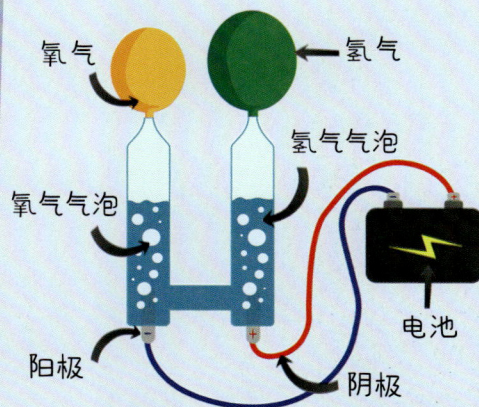

氧气　←　←　氢气

氢气气泡

氧气气泡

电池

阳极　　　　　　阴极

食物

　　现在，执行航天任务的航天员必须依赖地球获取食物。在微重力环境中种植植物十分困难，因为水分在土壤中均匀分布，根部无法吸收足够的水分。如果可以使用人工重力系统种植植物，那么厕所的肥料也就有了用武之地。

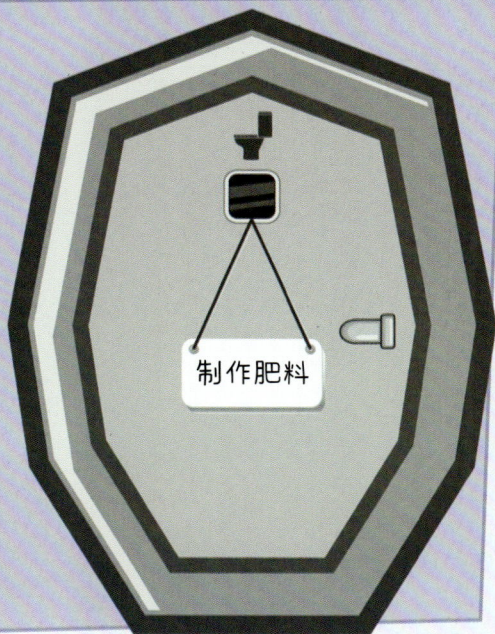

制作肥料

私人太空飞行

现在，越来越多的个人和公司参与太空项目，他们开发航天飞机、火箭和卫星，还计划发射私人资助的太空探测器，并为希望体验航天员生活的游客提供太空旅行体验。

月球仍然是未来航天领域人们关注的热点之一。月球北极附近的基地光照充足，非常适合太阳能开发和农作物种植。

未来太空旅行

自从第一颗人造卫星发射以来，人类在太空探索方面取得了巨大的飞跃，未来可能会诞生更多激动人心的时刻：我们可能建立永久月球基地，第一次踏足火星，在小行星进行矿产开发，甚至迎来第一批太空游客。不过，挑战同样不可避免。首先，宇宙如此辽阔，目前最快的探测器也需要1.8万年才能到达离地球最近的恒星。其次，进入太空并维持人类生存的成本依然高昂。或许未来有一天，新技术可以实现更便捷、更舒适的太空旅行。

我们快到了吗？

通天塔

科学家认为建造一座高塔也是进入太空的一种方式，而且成本可能更低。通天塔的高度超出地球大气层约100千米，从塔顶发射火箭可以降低对燃料的需求。不过，建造这么高的建筑物无疑是一项巨大的挑战。

不要往下看！

太空电梯

乘坐"太空电梯"可能成为另一种进入太空的方式：用异常结实的轻质材料制成的缆绳一端固定在地球表面，另一端固定在地球同步轨道（高3.6万千米）上，为航天器提供直接进入地球同步轨道的通道。经科学家计算，地球的自转可以使缆绳绷紧。

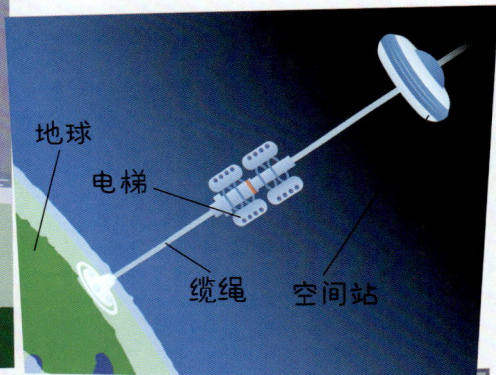

地球

电梯

缆绳   空间站

未来的探测器通过探测周围的环境所获取的数据自行做出决策，并根据情况的变化调整行为。

你相信吗？

外星环境地球化，顾名思义，就是将一颗行星的环境改造成接近地球的环境，从而适合人类、植物和动物生存。有的科学家认为，给火星表面增加气体，形成类似地球的大气层，进而改变火星的大气和气候，火星的地球化可能只需数十年就能实现。

火星改造

第一阶段

第二阶段

第三阶段

第四阶段

术语表

EVA 即舱外活动，通常为太空行走。

超新星 发生巨大爆炸且亮度突然增强的恒星。

地球同步轨道 环绕地球的轨道。该轨道上的天体绕地球旋转一周的时间与地球自转一周的时间相同。

辐射 向外散发高能粒子，有些辐射可能对人体造成伤害。

光年 长度单位，即光在一年中经过的距离。

航天飞机 往返于近地轨道和地面间的运载工具，可重复使用。

黑洞 太空中引力极强的天体，即使光也无法逃脱。

红外线 肉眼不可见的光，波长比红光长。

彗星 由冰、水、气体和尘埃组成的一种天体。

空间站 一种人造卫星，可以作为长期的太空基地。

类星体 人类观测到的极其遥远的巨大天体，不断地向整个太空释放巨大的能量。

漫游车 用于在地外天体表面行驶的车辆。

气闸舱 压力可控的气密性装置，具有两个气闸门，是进出航天器的通道。

人造卫星 一种人造天体，在环绕地球或其他太空天体的轨道上运行。

太阳能板 一种可以吸收太阳光并转换为电能的组件。

太阳系 太阳及围绕太阳运行的所有行星、卫星、小行星和其他天体。

探测器 携带科学设备探索太空的无人航天器。

天线 用来发送或接收无线电信号的设备。

推力 通常由发动机产生并推动设备运行的力。

陀螺仪 一种保持卫星姿态稳定的关键部件。

微重力 极弱的重力，可以引发失重感。

小行星 绕恒星移动的小型岩石或金属天体。

有效载荷 航天器装载的设备、人员或卫星。

陨石 脱离原有运行轨道的碎块。

着陆器 专门用于降落到天体表面的一种航天器。

中子星 一种体形很小但密度很高的天体。

助推器 一种动力装置，用于为火箭、飞船提供推力。

紫外线 一种肉眼看不见的光，波长比蓝紫光短。

本书中文简体版专有出版权由Salariya Book Company Ltd经由墨颐書籍版權代理授予电子工业出版社，未经许可，不得以任何方式复制或抄袭本书的任何部分。

版权贸易合同登记号　图字：01-2021-4813

图书在版编目（CIP）数据

厉害了，科学.恐龙猎手 /（英）史蒂夫·帕克（Steve Parker）著；陈彦坤，马巍译. --北京：电子工业出版社，2022.3
ISBN 978-7-121-42971-2

Ⅰ.①厉…　Ⅱ.①史…　②陈…　③马…　Ⅲ.①科学知识—少儿读物 ②恐龙—少儿读物　Ⅳ.①Z228.1 ②Q915.864-49

中国版本图书馆CIP数据核字（2022）第029103号

责任编辑：董子晔　文字编辑：吕姝琪
印　　刷：北京缤索印刷有限公司
装　　订：北京缤索印刷有限公司
出版发行：电子工业出版社
　　　　　北京市海淀区万寿路173信箱　邮编：100036
开　　本：889×1194　1/16　印张：40　字数：483千字
版　　次：2022年3月第1版
印　　次：2022年3月第1次印刷
定　　价：398.00元（全20册）

凡所购买电子工业出版社图书有缺损问题，请向购买书店调换。若书店售缺，请与本社发行部联系，联系及邮购电话：
（010）88254888，88258888。

质量投诉请发邮件至zlts@phei.com.cn，盗版侵权举报请发邮件至dbqq@phei.com.cn。

本书咨询联系方式：（010）88254161转1865，dongzy@phei.com.cn。

厉害了，科学

恐龙猎手

霸王龙威猛的真相

[英]史蒂夫·帕克 著

陈彦坤 马巍 译

电子工业出版社

Publishing House of Electronics Industry

北京·BEIJING

小猛犸童书

目录

埃雷拉龙

双脊龙

三叠纪：2.52亿至2.01亿年前

侏罗纪：2.01亿至1.45亿年前

前言

从 2.52亿到6600万年前的中生代大部分时间里，恐龙是地球上当之无愧的主宰者。这是一个无比精彩的时代！在这群高大的爬行动物中诞生了地球上最大、最强壮、最凶猛的陆地猎手。之所以这么说，是因为这群猎手的猎物同样十分强壮，有的甚至比一座房子还要大！所有的肉食性恐龙都属于兽脚亚目（theropods，意思是"野兽之脚"）。然而，并非所有兽脚亚目恐龙都拥有庞大的身躯，有些猎手甚至比宠物猫还要小，却有着极其凶猛的攻击性。在整个恐龙时代，兽脚亚目曾出现过数以百计的猎手。这些猎手生活在全球各地，猎食的对象也十分广泛：从各类昆虫到与它们有血缘关系的近亲，比如巨大的长着长颈、长尾的蜥脚类恐龙。在本书中，我们将一起了解地球上曾生活过的最恐怖、最具攻击性的猎食动物。

南方巨兽龙

白垩纪：1.45亿至6600万年前

5

牙齿

所有恐龙猎手都有长而锋利的牙齿，但又各不相同：有的宽而粗壮，形似香蕉；有的窄而薄，如同刀锋；有的则带有锯齿形边缘。长度达9米的达斯布雷龙大约有70颗长牙，这些牙齿可能并没有那么锋利，但十分粗壮，非常适合撕咬。

从敏锐的视觉到致命的爪子，特暴龙拥有出色猎手的全部特性。作为北美地区的霸主——霸王龙的近亲，特暴龙是同时期亚洲地区的统治者。

主要特性

熊是现代体形最大的陆地肉食动物，体长能够达到3米以上，体重约500千克。老虎和狮子的体形差不多大，但这些动物在巨大的恐龙猎手面前全都变成了"小朋友"：身长只有恐龙的1/5，体重更是不到恐龙的1/20！恐龙捕猎的武器也并不新鲜：尖牙、利爪、敏锐的视觉和其他感官，以及快速、灵敏的行动。关于恐龙，我们了解的一切都源于恐龙的牙齿、爪子和骨骼的化石，化石能够告诉我们这些凶猛的史前动物是如何跟踪、潜行、攻击和猎杀目标的。

利爪

　　兽脚亚目的恐龙大多长着长而弯曲的趾爪，但指爪相对细小。有些动物使用利爪撕扯猎物并留下伤口，让猎物流血而死；有的则用爪子捕捉猎物，然后直接吃掉。犹他盗龙足部第二趾上的爪特别长，能够发出致命一击。

有趣的真相

　　化石显示，兽脚亚目动物的骨骼并不全是实心的，有的骨骼内部是空心的，其中充满空气。中空的骨骼可以明显减轻体重，同时保证骨骼的强度。鸟类具有类似的中空骨骼，这也是鸟类由恐龙进化而来的证据之一。

感官

　　颅骨化石显示，恐龙猎手具有十分灵敏的感觉器官：双眼朝向前方，能够在攻击猎物时准确地判断距离，并提供足够的细节。相对于体形，眼睛比例最大的当属中国鸟脚龙，尽管其身长只有1米。

四肢

　　很多恐龙，尤其是植食性恐龙，大多使用四肢行走。但是，肉食性恐龙只使用长而强壮的后肢行走，长长的腿骨和宽大的脚掌非常适合快速追赶猎物。尽管长度足足有10米，庞大的永川龙却能够追逐并猎杀几乎任何猎物。

7

早期的猎手

第一只恐龙大约出现在2.35亿年前。当时，恐龙的身体并没有鼎盛时期那么庞大，但已经具备了异常出众的猎食本领。埃雷拉龙是最古老的恐龙之一，2.31亿年前生活在如今的南美洲阿根廷境内，可以长到4米长，其中逐渐变细的尾巴占据了差不多身长的一半，体重能够达到300千克。凭借长长的吻部、满口的尖牙、锋利的爪子、强壮的后肢和迅猛的速度，埃雷拉龙已经具备了站上食物链顶端的全部条件。

始于小型动物

目前，科学家还无法通过化石准确断定恐龙最早出现的时间和地点。但是其他爬行动物的化石显示，兽脚亚目恐龙可能由一种与派克鳄类似的体形较小的动物进化而来。这种爬行动物生活在南非，长度只有60厘米，大多数依靠四肢行动。但是它们拥有与兽脚亚目恐龙一样尖利的牙齿和相似的捕食习惯。

我的祖先竟然是这个小东西？！

颅骨和牙齿

相比后来的恐龙猎手，埃雷拉龙的头部较小，颅骨相对于体形来说长且窄，颌骨上长有多达80颗边缘带有锯齿的牙齿。大多数兽脚亚目恐龙的牙齿呈向内弯曲的钩形，能够防止猎物从口中挣脱逃走。

嗯，该修剪趾甲了。

埃雷拉龙以什么为食？不是鸟类，也不是哺乳动物，因为那个时候还没有这些物种，它的目标可能是以植物为食的爬行动物和虫子。

著名的化石发现

有时候，人们会使用发现者的名字命名恐龙或其他动物。埃雷拉龙（Herrerasaurus）的名字以发现者的名字命名，1963年安第斯山脉的一位牧羊人维多利诺·埃雷拉（Victorino Herrera）是第一个发现埃雷拉龙化石的人。这位牧羊人喜欢在工作时寻找化石。

恐龙并非唯一长有装饰性头冠的爬行动物。有些现代蜥蜴仍然保留了此类特征，比如变色龙和角蜥。通常，雄性的装饰性特征更明显，目的是吸引雌性的注意力，并吓退其他竞争的雄性。

冷酷的猎手

冰脊龙的体形与双脊龙相近，同属于侏罗纪早期的物种。冰脊龙长有骨质头冠，形似贝壳，可能也是一种炫耀性装饰。但是，冰脊龙生活的地区远离美国亚利桑那州——位于南极洲！不过，当时南极洲的位置比现在更靠近北方，并且气温要高得多。这也证明了这些大型猎手分布在全球。

不断长大

恐龙在中生代的第一个阶段——三叠纪出现，即2.52亿到2.01亿年前。在下一个阶段——侏罗纪之后，恐龙开始兴起，并且体形逐渐大型化。第一只大型兽脚亚目恐龙是双脊龙。根据化石显示，双脊龙生活在大约1.9亿年前的美国亚利桑那州，体重能够达到400千克，身长约7米，与现代最大的鳄鱼相差无几。

竞赛开始!

猎物抵御猎食者的一种方法是在漫长的演变历史中逐步增大自己的体形。然而,猎食者可能会选择相同的演变方向。双脊龙可能也是"体形竞赛"的参与者之一,因为它的猎食目标,如砂龙等已经达到了5米长。

有趣的真相

色彩鲜艳的颈部褶皱通常是人们对双脊龙最深刻的印象,这是1993年美国电影《侏罗纪公园》塑造的双脊龙的形象。然而,目前没有任何证据证实双脊龙存在颈部褶皱,这完全是人们编造出来的形象。

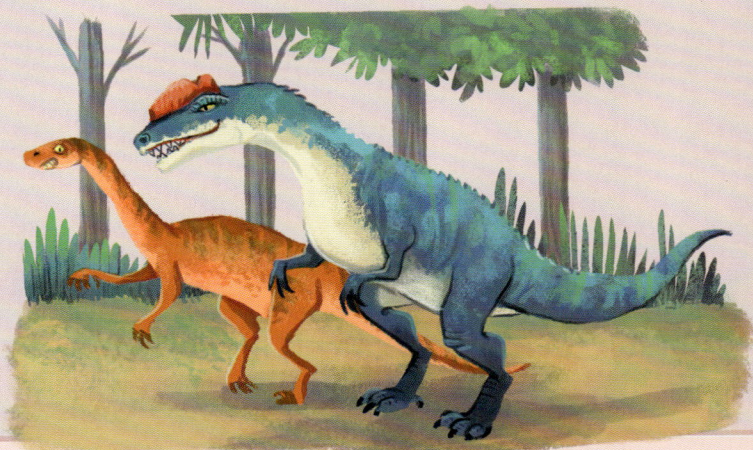

科学家发掘出土了一具伤痕累累的双脊龙骨骼化石,包括骨折的上肢、破损的指骨和肩骨,并且部分伤痕已经愈合。这说明这些猎手能够自愈,尽管自愈的过程可能很痛苦。

头冠

双脊龙有两个骨质头冠,形似半个盘子。头冠是否就像公羊的角一样,也是双脊龙的武器,可以用来攻击敌人甚至同类?实际上,头冠的骨骼很薄,而且非常脆弱,所以不可能是武器。头冠可能只是装饰,覆盖着颜色鲜艳的皮肤和鳞片,用于释放求偶的信号,或吓退竞争者。

我的头冠更漂亮。

别说梦话了。

11

侏罗纪时期的巨型猎手

目前发掘出的最完整的恐龙化石属于异特龙。美国出土了一个相当完整的异特龙化石标本，被称为"大艾尔"。

在侏罗纪晚期，有些恐龙变得巨大无比。梁龙和腕龙等植食性恐龙体长超过了20米，体重达到了数十吨，四处觅食时，它们的脚步会引发地面的震动。猎食这些庞然大物对当时最大的猎食恐龙——异特龙来说也并不容易，因为它只有11米长、2吨重。美国出土了数以百计的不同大小和年龄的异特龙化石，其中很多来自美国犹他州著名的克利夫兰采石场。

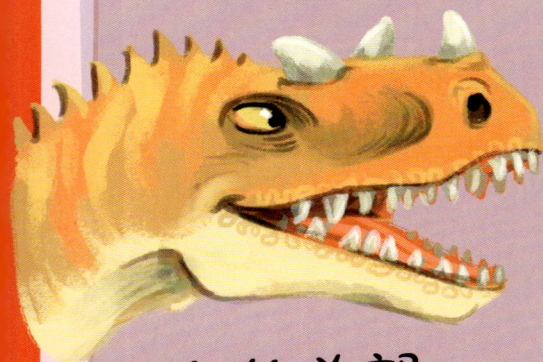

长角的头部

与异特龙相似，角鼻龙生活在侏罗纪晚期的北美洲、欧洲和非洲，鼻子上长着短短的"角"，两只眼睛上方也有凸起的角保护眼睛。虽然与异特龙相比体形较小，但角鼻龙也是当时欧洲最大的猎食动物之一。

太大而无法猎食？

有些异特龙化石的出土位置十分接近。这是否意味着异特龙会成群结队地行动，以便猎食体形超过自己的动物，就像现在的狮子和狼？或者，这些猎手只是聚集在一起，分享老死或病死的蜥脚类恐龙留下的庞大尸体？

由于异特龙化石众多且形态各异，有些专家认为异特龙可以划分为不同的种类，例如脆特异特龙、欧洲异特龙和罗氏异特龙等。

变化的名称

异特龙（Allosaurus）在1877年由著名的化石猎人奥斯内尔·查尔斯·马什命名。20世纪20年代，另一位专家查尔斯·吉尔摩尔认为异特龙与1873年命名的另一种恐龙——腔躯龙（Antrodemus）过于相似，因此废弃了异特龙的名称。然而，1976年，另一位专家詹姆斯·麦迪逊认为，已确认的腔躯龙化石数量太少，因此他建议废弃腔躯龙。于是，异特龙的名称再度启用。

腔躯龙
异特龙

你相信吗？

"青春期"的异特龙生长速度极为惊人，每天可以增重0.5千克！这是人类青少年生长速度的30倍以上。青年异特龙的生长速度将减缓。但是，与人类不同，异特龙在其一生中会持续生长。

我觉得我正在面临成长的烦恼……

钩与爪

有多大？

比尔·沃克所发现的巨爪的长度超过了30厘米，长在重爪龙的拇指上。早期的观点认为这根巨爪可能是它捕鱼并将鱼捞出水面的钩子，如同人们捕鱼用的鱼叉——长杆和钩子的组合，可以防止大鱼逃脱。

1983年的一天，管道工兼化石猎人比尔·沃克正在英格兰萨里郡的黏土坑闲逛。然后，他发现了一个样子奇怪的石块，用锤子敲了一下之后，石块裂开了，露出了一个巨大的、弯曲的爪子。他叫来了专家，专家小心地挖掘出了化石的其余部分，并将其整理组合，搭建起了一具重爪龙的骨架。这是一只约8米长、1.5吨重的凶猛的兽脚亚目恐龙的化石。这只巨兽生活在1.3亿年前的白垩纪早期。当时电影《大白鲨》（Jaws）十分流行，所以重爪龙很快获得了"爪子"（Claws）的绰号，并享誉全球。

别……跑……别……跑……别……跑……别……跑……

鱼并不是重爪龙唯一的食物。除了鱼鳞，科学家还在重爪龙化石的胃部发现过一种植食性恐龙——禽龙的幼龙骨骼。

捕鱼之地

重爪龙的化石显示重爪龙生活在水源充足的河流和湖泊地区，属于非常喜欢吃鱼的猎食者。重爪龙长而窄的颌骨和细小的牙齿与现代的长吻鳄形似，而后者也是捕鱼专家。

生存技巧

由于都需要捕食在水中生活的猎物，其他生活在水中的爬行动物会与重爪龙形成竞争关系，但重爪龙的拇指上的巨爪对所有对手来说都具有极大的威胁。

令人恐怖的捕鱼者

重爪龙的化石为专家提供了一个的证据，证明兽脚亚目恐龙也可以适应以鱼类为食的生活。在重爪龙化石胃部发现的鱼鳞也为这一观点提供了更多的证据支持。

重爪龙钩爪的捕鱼特征曾引发了科学家的困惑，但他们很快在其他恐龙化石中发现了相似特征，例如似鳄龙。

15

凶猛的族群

暴龙是一个大型的猎食恐龙大家族。早期的成员体形娇小，如1.55亿年前侏罗纪晚期的冠龙。冠龙大约3米长，但站起来与人差不多高。始暴龙与人类高度差不多，生活在1.3亿年前的英格兰。帝龙生活在1.25亿年前，与人类身高接近，长有羽毛。

覆盖羽毛的怪兽

想象一下，一只庞大且凶残的恐龙猎手却覆盖着色彩艳丽的羽毛，会是什么样子？自从1996年在一种小型兽脚亚目恐龙——中华龙鸟的化石中发现原始羽毛以来，人们就确信很多恐龙长有羽毛。考古学家整理并命名了化石中的部分羽毛，这些羽毛化石在进一步研究后引发了专家的关注。2012年，人们有了新发现，直接的化石证据显示华丽羽王龙是目前已知体形最大且长有原始羽毛的恐龙。华丽羽王龙生活在1.25亿年前的中国，身长9米、体重1.5吨左右，是暴龙家族的早期成员。

羽毛

华丽羽王龙的羽毛是简单的丝状物，这些原始羽毛没有分叉且柔软，更类似人体的毛发，长度可以达到20厘米。不同的化石样本显示，华丽羽王龙身体多个部位都覆盖了羽毛，包括颈部、上肢、臀部、下肢和尾部。

华丽羽王龙是暴龙家族的早期成员之一，但这并不意味着华丽羽王龙与暴龙家族著名的霸王龙有直接的关系。华丽羽王龙可能是暴龙家族的一个分支。

为什么会长羽毛？

华丽羽王龙的羽毛完全不适合飞行，因为这种猎食动物的体重超过了1吨！羽毛的作用可能是保暖，因为华丽羽王龙当时生活的环境温度较低。华丽羽王龙羽毛的另一个作用是装饰，例如暗淡的颜色用于伪装，鲜艳的颜色用于炫耀。

我觉得是时候换种颜色了……

你相信吗？

1996年，中华龙鸟成为在辽西热河生物群发现的第一个长"毛"的恐龙。著名的华丽羽王龙的化石也诞生于辽西热河生物群。这里的化石除了保存有骨骼信息，还保留着羽毛印痕、皮肤印痕等软体组织信息，这在世界上是非常罕见的。

17

整理羽毛

小盗龙上肢的羽毛可以达到20厘米长，下肢的羽毛可以达到15厘米长。它的羽毛有羽轴，且两侧羽毛不对称，与现代鸟类的飞羽类似。小盗龙有可能花费大量的时间用牙齿和爪子梳理并清洁羽毛，就像现在的鸟类一样。

凶猛的小型猎食动物

并非所有恐龙猎手都有着卡车一般的身躯和大如匕首的牙齿。兽脚亚目中也有一些小型但凶猛的恐龙。这些猎手会捕食昆虫、蠕虫和蜥蜴等小型爬行动物。小盗龙是已知最奇特、最小的恐龙之一。小盗龙生活在1.2亿年前的中国，仅有75～100厘米长、1千克重，并且具有其他恐龙，甚至其他脊椎动物罕见的特征——覆盖着羽毛的四肢。（或者还是称为翅膀更好些？）

相对于娇小的躯干，小盗龙的羽毛较长，这可能会增加它行动的难度，在树丛或灌木丛中时尤为明显。

18

（注：最新研究表明，小盗龙的羽毛可能是闪亮的黑色。）

羽毛有什么用途?

小盗龙的羽毛与现代鸟类的羽毛十分接近,因此这些羽毛可能也用于飞行。当然,这些羽毛可能也有其他用途,例如用于炫耀或者保暖。小盗龙可能也会经历褪毛或脱毛,然后长出新的羽毛,与现代鸟类一样。

小小飞行者

科学家研究小盗龙的肩骨、上肢、臀部和腿骨后发现,这些骨骼轻而强壮,不仅适合滑翔,而且适合振翅飞行。但是,目前尚不确定小盗龙飞行时是同时使用四肢,还是只挥动上肢。

生存技巧

为什么飞行?如果主要在树上栖息,那么小盗龙选择飞行的原因有很多,比如可以飞越空地和溪流,从上而下突袭猎物,也可以逃脱大型兽脚亚目恐龙的尖牙利爪,等等。

抓不到我,抓不到我哟!

生活在1.5亿年前欧洲地区的美颌龙此前一直被认为是最小的恐龙,但小盗龙或许可以与它竞争体形最小的恐龙这一称号。

19

利爪

盗龙是恐龙猎手中非常有名的一种，其名字的意思是"小偷"、"掠夺者"或"盗贼"。这种恐龙属于驰龙科（意思是"奔跑的蜥蜴"）。不过，该科大部分恐龙的名称中都带有"盗龙"，例如犹他盗龙、小盗龙、伶盗龙（迅猛龙）和斑比盗龙。驰龙科中被研究最多的是恐爪龙，虽然名字中没有"盗"，但却明确指出了它的特点——巨爪。恐爪龙后肢的第二趾上长有锋利且可活动的巨大而弯曲的爪子。

速度与激情

恐爪龙生活在1.1亿年前白垩纪中期的北美洲，身长约3米，体重约70千克，与成年人身高相当。恐爪龙体形并不十分出众，但骨架化石显示，这是一种行动快速、敏捷的猎食者，能够高速跳跃、奔跑、扭转并拐弯。

超级锋利

盗龙钩状且锋利的第二趾爪十分突出。在中国出土的盗龙脚印化石显示了其他趾爪的痕迹，但没有第二趾爪。说明它们走动时可能会将第二趾爪抬起来，因此地面上不会留下第二趾爪的爪印。

几只恐爪龙化石与一只大型植食性恐龙化石共同出土，这表示恐爪龙可能成群捕猎。

多种武器

利爪是一种高效的武器和工具，灵活的趾骨关节能够形成弧形的攻击路线，在猎物身体上留下伤口，或者刺戳对手。利爪还可以刺穿并抓紧猎物，协助牙齿撕裂肌肉并进食。

恐爪龙的牙齿也可以作为武器。尽管并不十分强壮，恐爪龙可以用牙齿攻击猎物，形成伤口，或者撕碎猎物方便进食。

有趣的真相

20世纪六七十年代，化石专家约翰·奥斯特罗姆对于恐爪龙的精彩描述改变了人们对于恐龙的印象：恐龙不再是迟钝、笨拙和傻呆呆的巨兽，而是敏捷、强壮、狡猾且智慧的物种，就像我们现在所知道的一样。

水中死神

棘龙的模式种——埃及棘龙是根据1915年在埃及发现的化石命名的，而新的、更完整的化石发现则进一步证实了棘龙是地球上最大的陆地猎食动物之一。

没有任何恐龙猎手能够在体形和力量上媲美棘龙：棘龙的身长可以达到15米以上，体重可能达到26吨——差不多是霸王龙的2倍。因此，棘龙是迄今为止地球上最大的兽脚亚目恐龙之一，也是最大的陆地肉食动物之一。不过，近期的科学研究发现，棘龙也是游泳高手，高度适应水中生活。因此，棘龙可能主要猎食鱼类等水中生活的动物，也会潜伏在水边捕猎来饮水的其他恐龙。

到底有多大？

专家普遍认为棘龙生活在1.1亿年到9500万年前的北非，但无法对棘龙的体重达成一致意见。在根据骨架化石还原体形时，专家产生了分歧：棘龙到底是一种苗条、敏捷的生物，还是一种壮实、肌肉发达的猎食者？根据不同的体形推测，棘龙的体重可能为7～8吨，也可能重达26吨。

下水游个泳

为了适应水中活动，棘龙的身体发生了很多演化：鼻孔和眼睛位于吻部上方，颈部长而柔韧，宽大的上肢形似船桨，躯干呈流线型，臀部较小，后肢适合打水而非奔跑，尾巴长而灵活，骨骼为实心（有些兽脚亚目恐龙的骨骼中空，充满空气）。

棘龙和鳄鱼

重爪龙和棘龙等棘龙科恐龙拥有许多与现代食鱼鳄相似的特性，例如都有狭长的吻部和颌骨，大量锥形的尖牙，而且牙齿之间有间隙。与棘龙化石一同出土的鱼鳞和鱼类骨骼化石显示了棘龙喜欢吃鱼的特性。

我喜欢好吃的鱼肉。

棘龙在陆地上是否能够像在水中一样自如猎食？有可能，尽管它有点儿头重脚轻，但棘龙可以凭借四肢快速行动。

神秘的背帆

棘龙后背脊椎骨长有延长骨刺，长长的骨刺中间有皮肤相连，形成了十分奇特的背帆。背帆有什么用处？调节体温？恐吓对手或吸引异性？辅助游泳？目前这些疑问都还没有答案。

巨兽之地

巨大的脑袋！

硕大的脑袋是南方巨兽龙十分明显的一个特征，它的头骨长达1.8米。南方巨兽龙巨大的颌部可以张开的角度很大，牙齿不大但数量众多，尖锐而细长，边缘有锯齿，适合撕裂和切割猎物。

南方巨兽龙的化石于1993年被发现，刷新了霸王龙保持了将近一个世纪的最大肉食恐龙的纪录。作为一种庞大且强壮的兽脚亚目恐龙，南方巨兽龙生活在9600万年前白垩纪中晚期南美洲阿根廷的丛林、灌木和沼泽中。尽管只挖掘出了2/3的骨架化石，但南方巨兽龙不同寻常的身体比例仍旧引发了关于其体形的猜测：体长在13~14米之间，体重6~8吨。

当时的阿根廷是真正的"巨兽王国"，生活着一种略小于棘龙的兽脚亚目恐龙——马普龙，以及阿根廷龙和南极龙等体形庞大的蜥脚类恐龙。

霸王龙也不过尔尔！

24

饕餮盛宴

南方巨兽龙的猎食目标包括当时地球上最大的蜥脚类恐龙之一——阿根廷龙。从鼻子到尾巴末端，阿根廷龙的长度可以达到30米以上，体重可能达到80吨，它们与南方巨兽龙都生活在白垩纪中晚期的阿根廷。

有趣的真相

1993年，南方巨兽龙取代霸王龙成为最大的陆地肉食性恐龙。然而，这一纪录并没有持续太长时间。新发现的鲨齿龙和棘龙化石很快成为新的纪录保持者。未来，科学家可能会发现其他更大的恐龙猎手。

运动健将

在南方巨兽龙生活的地区，科学家还发现了足迹化石。化石显示，足迹长50厘米，间隔130厘米左右。结合其他细节，如腿长和比例等，专家推测南方巨兽龙的奔跑速度在每小时45千米左右，比人类短跑冠军还要快一些。

南方巨兽龙化石最早是石油工程师鲁本·卡罗里尼在驾驶他的沙漠越野车时偶然发现的。为了纪念卡罗里尼，南方巨兽龙的模式种叫作卡罗里尼南方巨兽龙。

25

超级猎手

鲨齿龙与棘龙生活在同一地区，但时间上比棘龙晚了数百万年。当时，地球上生活着大量的大型植食性动物，例如尼日尔龙。

伟大的名字

鲨齿龙的意思是"长着锯齿状牙齿的蜥蜴"，因为其牙齿与另一种大型猎食动物，也就是现存最大的猎食鱼类——大白鲨（噬人鲨）的牙齿相似而得名。

所有鲨鱼猎手都长着巨大而锐利的牙齿，但它们的牙齿形状并不完全相同。作为最大的兽脚亚目恐龙之一，鲨齿龙生活在9500万年前的北非，像匕首一样的牙齿边缘带有细小而整齐的锯齿，但这些锯齿并不是三角形的，而是起伏的波浪状，与牛排刀有些类似，特别适合刮鱼鳞。

第二大猎食动物

化石显示鲨齿龙的牙齿长约23厘米，身长约13米，体重9~10吨，略大于霸王龙和南方巨兽龙，但略小于棘龙。

最早发现的鲨齿龙牙齿化石被人们误认为是斑龙留下来的。

肌肉切割

通过比较与鲨齿龙类似的兽脚亚目恐龙化石，例如异特龙，科学家推测出这些巨大猎手的进食方式：前后及左右甩动头部，利用牙齿锯开猎物的肌肉、软骨和骨骼。而霸王龙的咬合力足以直接咬碎骨骼。

你相信吗？

摩洛哥、阿尔及利亚和埃及都曾出土过鲨齿龙化石，这些北非国家目前多为沙漠地区——广袤的撒哈拉沙漠，而1亿年前这里曾被绿色的植被覆盖，还有许多河流和湖泊。

猎手之王

所有人都知道我的名字。

在将近一个世纪的时间中，霸王龙一直被认为是陆地上最大的猎食动物。尽管后来丢失了这个头衔，但霸王龙仍是地球上最著名的猛兽之一：身长达12米，体重约10吨。霸王龙是最后一种巨型肉食动物，生活在大约6600万年前的北美洲，即白垩纪的末期。随后，可能由于受巨大的陨石或者小行星撞击地球的影响，地球出现了空前的生物大灭绝，恐龙及其他大部分史前生物都消失了。

香蕉牙

霸王龙的牙齿带有细小的锯齿，且十分粗壮。这些修长而略带弯曲的圆锥状尖牙有一个绰号，叫作"香蕉牙"，它们更适合撕咬和嚼碎猎物，而非切割和刺穿。

咬合力

霸王龙的咬合力可能在地球上的所有动物中排名第一。除了坚固的牙齿，霸王龙的头骨与颌骨十分宽大，增加了肌肉的附着面积。著名的霸王龙化石标本——"斯坦"的完整度超过2/3，有力地证明了上述观点。

霸王龙的奔跑速度有多快？科学家预测它的速度在每小时20千米到60千米之间。

生活不易啊……

猎食者还是食腐动物？

专家们关于霸王龙习性的争论持续了很长时间。霸王龙是主动追击猎物的猎食者，还是寻找动物尸体的食腐者？凭借如此庞大的体形，这种动物似乎可以轻松猎食比自己弱小的动物。或者，就像现代的鬣狗，霸王龙可以灵活选择战术。

霸王龙是否以家族为群体群居生活，进行团队捕猎活动？有些专家持此观点，但缺乏坚实的证据。这也是等待解答的一个谜题。

生存技巧

科学家曾用医疗设备来扫描霸王龙头骨的内部结构。结果显示这个庞然大物的头部有很多空腔。头骨中有大量的气室和通道，特别是鼻腔附近。因此，嗅觉可能是霸王龙最重要的感官之一。

29

术语表

白垩纪 中生代的最后一个阶段，从大约1.45亿年前到6600万年前。

古生物学家 研究古代动植物化石遗迹领域的专家。

化石 嵌入岩石中石化的古生物遗体或遗迹。

脊椎动物 具有脊椎骨的动物。

猎食动物 以捕食其他动物为生的动物。

爬行动物 一种变温脊椎动物，具有干燥、覆盖鳞片的皮肤，通常通过在陆地上产软壳卵的方式繁殖，包括蛇、蜥蜴和鳄鱼等。

群居 一群动物生活在一起，可以集体协作捕猎，也可以一起迁徙。

三叠纪 中生代的第一个阶段，从大约2.52亿年到2.01亿年前。

生物大灭绝 大量不同种类的生物在一段时间内灭绝，可能持续数年到一二百万年。

食腐动物 主要以动物尸体为食的动物。

食鱼动物 以鱼为主要食物的动物。

兽脚亚目 包括了所有肉食性恐龙和一些其他食性的恐龙，绝大多数使用两个后肢行走。

物种 生物分类的基本单位，其学名包括两部分——属名和种名，例如霸王龙（或称为雷克斯暴龙）。

蜥脚类恐龙 大多数成员为大型植食性恐龙，头部较小，有长长的颈部和尾巴，躯干宽大，四肢粗壮。

小行星 太空中的巨大岩石，直径通常在数百米到数百千米之间。

行迹　成排或列的脚印、爪印等痕迹，可以显示动物的行动方式。

演化　在漫长的时间中通过遗传缓慢发展变化。

羽轴　鸟类羽毛中间长而硬的梗。

爪子　肉食性动物手指和脚趾上坚硬、锐利的指甲。

中生代　史前时代的一个阶段，从2.52亿年前开始，到6600万年前结束，包括三叠纪、侏罗纪和白垩纪。

侏罗纪　中生代的第二个阶段，从大约2.01亿年到1.45亿年前。

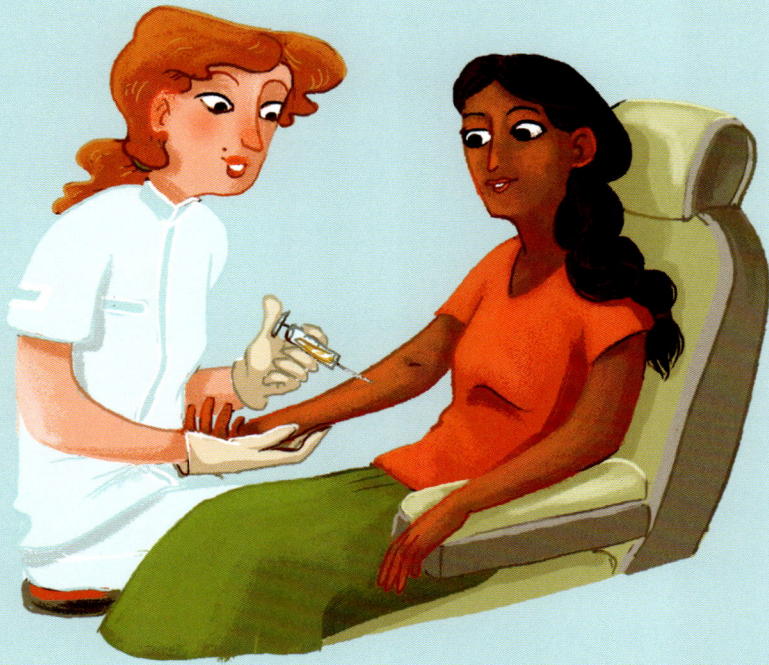

本书中文简体版专有出版权由Salariya Book Company Ltd经由墨颐書籍版權代理授予电子工业出版社，未经许可，不得以任何方式复制或抄袭本书的任何部分。

版权贸易合同登记号　图字：01-2021-4813

图书在版编目（CIP）数据

厉害了，科学. 化脓和结痂／（英）伊恩·格雷厄姆（Ian Graham）著；陈彦坤，马巍译. --北京：电子工业出版社，2022.3
ISBN 978-7-121-42971-2

Ⅰ. ①厉… Ⅱ. ①伊… ②陈… ③马… Ⅲ. ①科学知识－儿童读物 ②人体－少儿读物 Ⅳ. ①Z228.1 ②R32-49

中国版本图书馆CIP数据核字（2022）第029032号

责任编辑：董子晔　特约编辑：刘红涛
印　　刷：北京缤索印刷有限公司
装　　订：北京缤索印刷有限公司
出版发行：电子工业出版社
　　　　　北京市海淀区万寿路173信箱　邮编：100036
开　　本：889×1194　1/16　印张：40　字数：483千字
版　　次：2022年3月第1版
印　　次：2022年3月第1次印刷
定　　价：398.00元（全20册）

凡所购买电子工业出版社图书有缺损问题，请向购买书店调换。若书店售缺，请与本社发行部联系，联系及邮购电话：（010）88254888，88258888。

质量投诉请发邮件至zlts@phei.com.cn，盗版侵权举报请发邮件至dbqq@phei.com.cn。

本书咨询联系方式：（010）88254161转1865，dongzy@phei.com.cn。

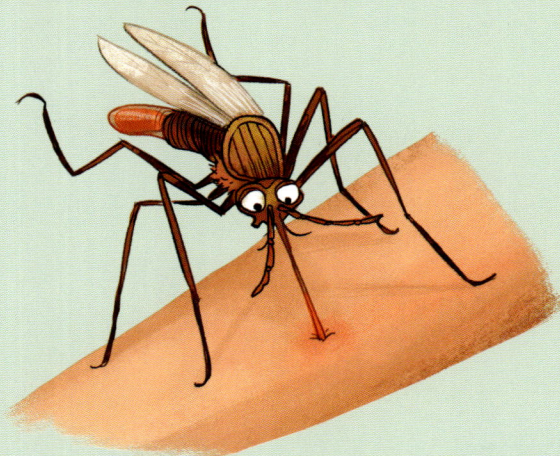

厉害了，科学

化脓和结痂

血液的真相

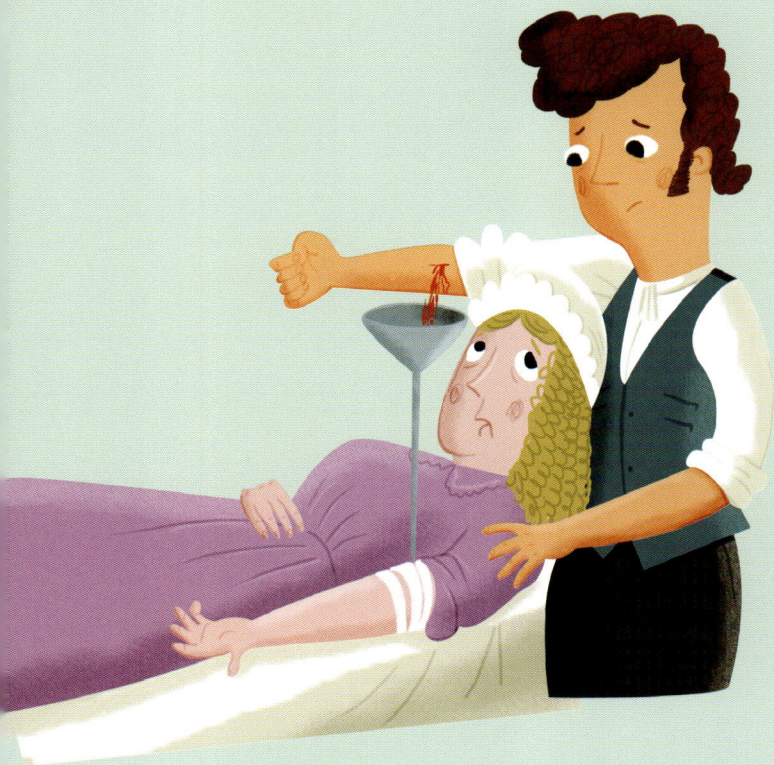

[英]伊恩·格雷厄姆 著
陈彦坤 马巍 译

电子工业出版社

Publishing House of Electronics Industry

北京·BEIJING

目录

前言

所有人的体内都流淌着血液。血液一直在不断地流动，可以向身体不同的部位传输有用的物质，满足人体的需求。与此同时，血液还可以向全身输送热量，包括手指和脚趾。

血液主要由红细胞、白细胞和血小板（一种微小粒子）组成。红细胞可以携带并向全身输送氧气，白细胞能够抵御致病菌，血小板能够修复血管的缺口。血液细胞需要借助血管中的水性液体——血浆才能流转全身，而血液的红色源于红细胞包含的名为血红蛋白的物质——血红蛋白与肺中的氧气结合可以变成红色。

血液是生命的基础，失血过多会导致死亡，所以人体会时刻保证血液的安全和清洁。这也是我们很少能够见到血液的原因，只有发生膝盖擦伤、手指割伤或者流鼻血等情形时血液才会流出。

什么是血型

所有人类的血液都是红色的，看起来虽并无二致，但其实不然。血液可以分为不同的血型，每个人都属于其中的一类。大多数时候，不管你拥有哪个血型都没关系。不过，如果在住院期间需要接受输血，医生必须确定你的血型，以便输入对应血型的血液。

什么是恒河猴因子（Rh因子）？

红细胞的表面包含名为抗原的物质，其中的D抗原也叫恒河猴因子，因为这种抗原最早在恒河猴体内发现。包含恒河猴因子的血型称为Rh阳性血型。

人类的血型有哪些？

最常见的人类血液的分类方法称为ABO血型系统。根据ABO血型系统，人类的血液分为4种类型，即A型、B型、AB型和O型。其中，最常见的血型为O型，占全球人口总数的一半左右。

血型中最罕见的当属Rh阴性AB血型，占总人口的比例不足百分之一。

动物的血液也分血型吗？

人类并不是唯一划分血型的生物，动物也同样拥有血型。有些动物的血型数量众多，例如，牛拥有超过800类血型，狗拥有超过13类血型，马的血型达到了30种以上，而猫只有3类血型。

血液可以向身体各部位输送所有有用的物质，包括维生素、名为激素的化学信使，以及微量的矿物质和元素——包括金！

有用的提示

如果你的血型是O型，你需要更密切地注意蚊虫，并随时备好杀虫剂。研究显示，相比其他血型，吸血蚊子更喜欢袭击O型血的人。

心脏有什么作用

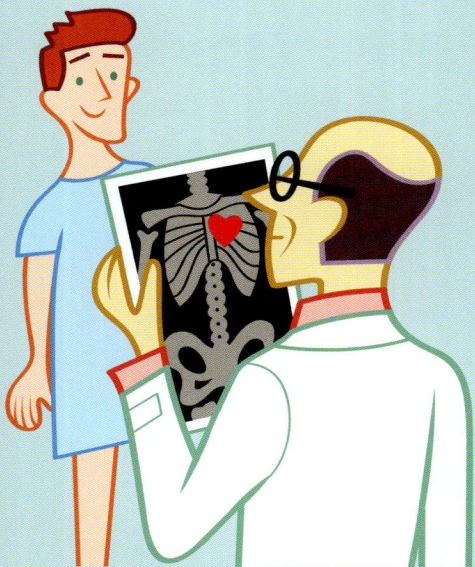

心脏是血液循环的动力之源，是一个肌肉构成的"水泵"，负责向血液施加压力，以促使血液在全身流转。我们无须特别关注心脏，因为心脏始终不停地在跳动。幸运的是，心脏由永远不会疲倦的特殊肌肉构成，无须休息。心脏的跳动频率一般在每分钟70次左右。当我们用力时，肌肉需要更多的氧气，心脏会加快跳动，以提高体内的血液循环速度，满足肌肉额外的氧气需求。

心脏在哪儿？

几乎所有人的心脏都位于胸部偏左的位置，只有大约万分之一的人心脏在胸部右侧。心脏的大小与成年人握紧的拳头接近，位于肋骨组成的"骨质护甲"内。

心脏如何向全身泵送血液？

用力攥紧塑料瓶，其中的水将喷射而出，这就是心脏促使血液循环的原理。当来自肺的血液进入心脏以后，心脏收缩、挤压血液向全身输送氧气；当完成交换的血液返回心脏以后，心脏将挤压血液进入肺部，以便收集吸入体内的氧气，然后再次进行全身的流转。

8

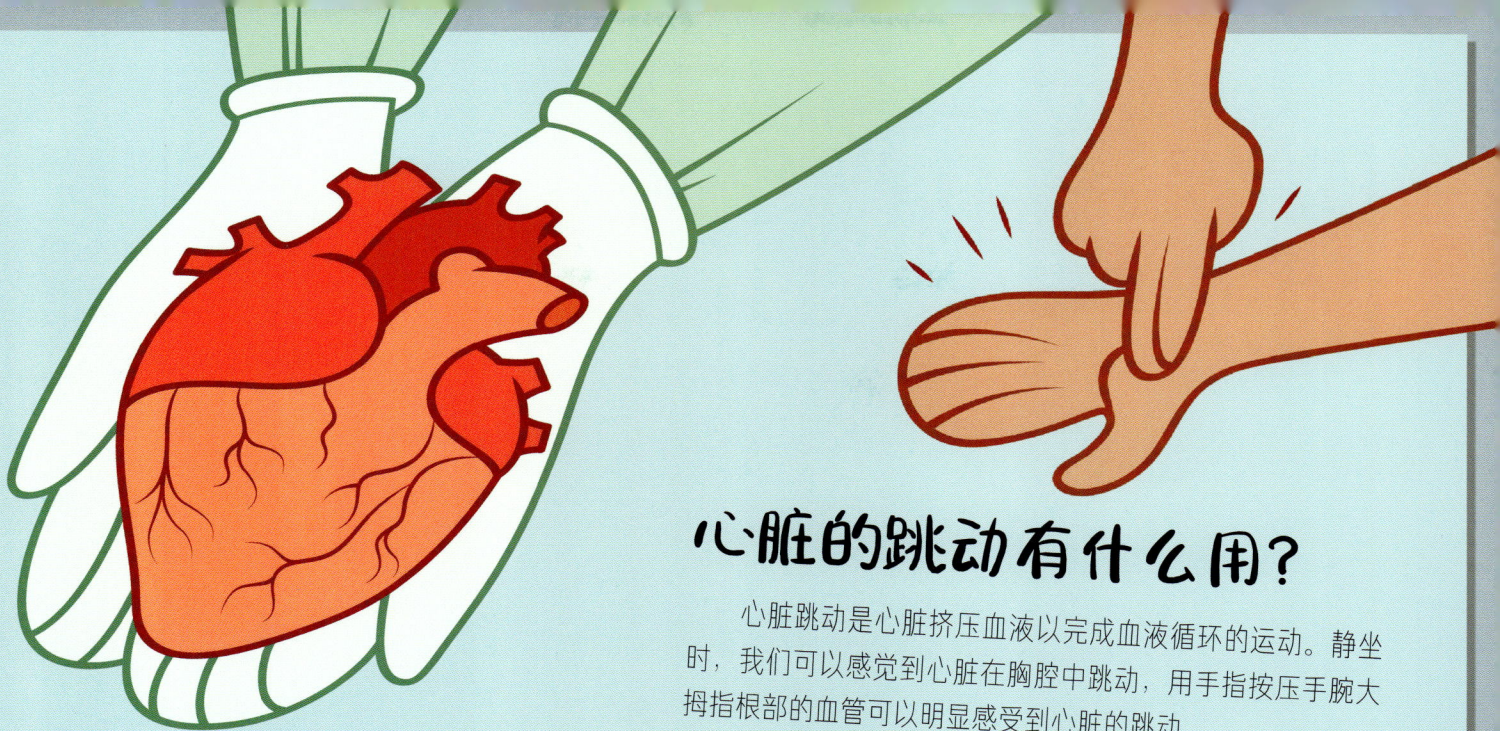

心脏的跳动有什么用？

心脏跳动是心脏挤压血液以完成血液循环的运动。静坐时，我们可以感觉到心脏在胸腔中跳动，用手指按压手腕大拇指根部的血管可以明显感受到心脏的跳动。

心脏是一个神奇的器官，每天跳动约10万次。在人的一生中，心脏跳动能达到惊人的25亿次。

您相信吗？

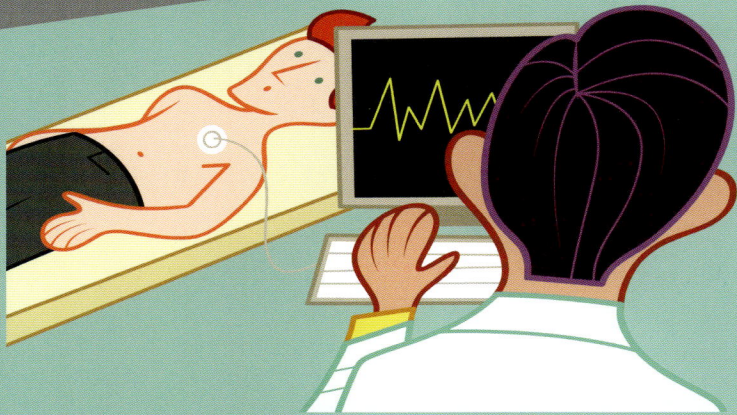

心脏受类似电钟的电信号控制：微弱的电脉冲信号刺激心脏进行肌肉收缩。医生可以通过检查心脏的电脉冲信号，来确定心脏的机能和健康状况。

q

血液如何完成全身的流转

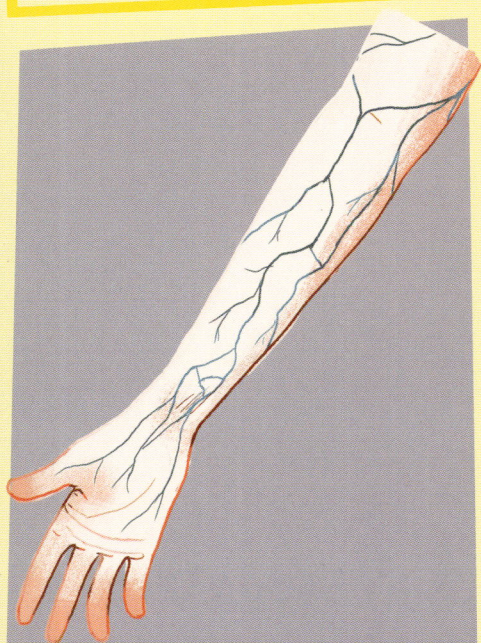

血液在体内的分布并不是弥散性的，而是通过血管流动完成循环的。血管是心脏与身体几乎所有其他部位之间连接的桥梁，有的血管比拇指还要粗，有的则细到肉眼无法发现。从心脏向其他部位输送血液的血管称为动脉，从身体其他部位收集血液并返回心脏的血管称为静脉。

动脉和静脉是否相同？

动脉血管的管壁厚且富有弹性，能够承受更大的压力。由于返回心脏的血液压力较小，静脉血管的管壁相对较薄。静脉通常更接近皮肤的表面，更容易被肉眼观察到——看起来像蓝色的线条。

什么是毛细血管？

毛细血管是动脉与静脉之间的微小血管，管壁非常薄，能够让氧气自由进出，在红细胞与体细胞之间完成交换。毛细血管大多无法被肉眼所见，但有时候血管破损或泄漏有可能在皮肤中形成细长如同蛛网的纹路。极端的温度变化也有可能导致毛细血管破裂。

10

静脉

动脉

如果将人体中所有的血管端到端连成一条线，其长度可以达到10万千米左右，也就是说可以绕地球两圈半!

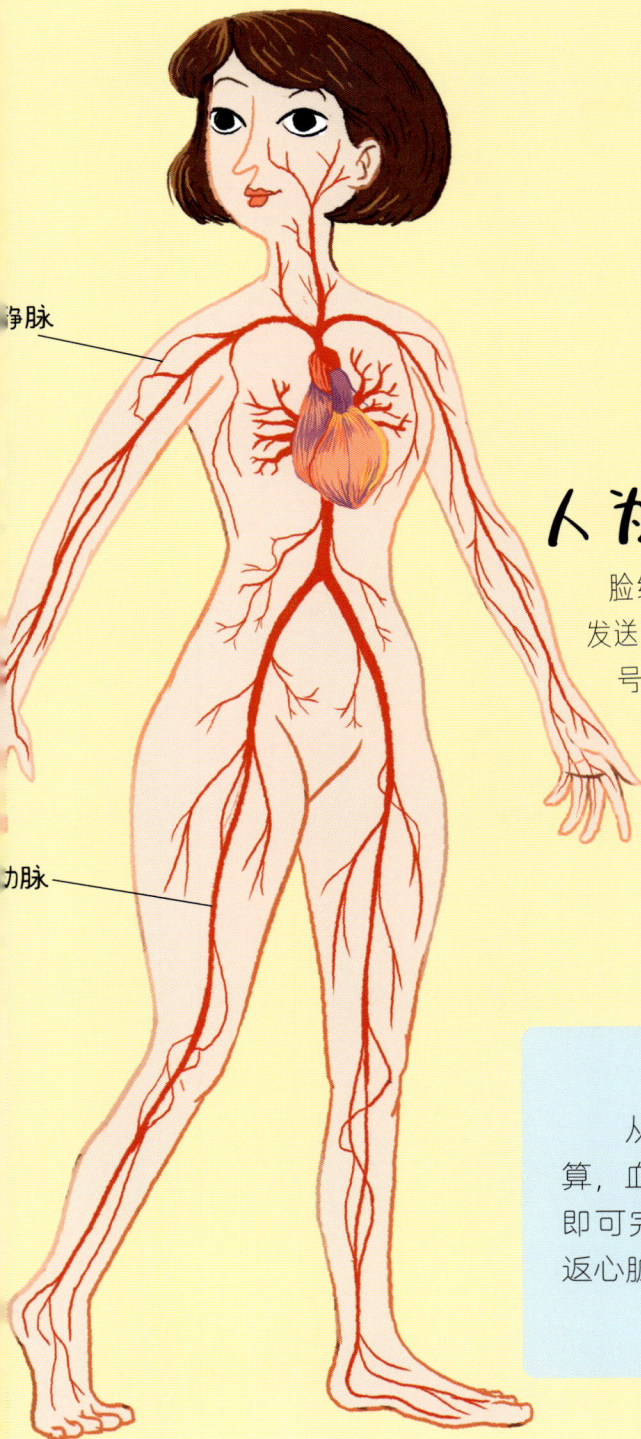

人为什么会脸红?

脸红，即面部发红，是因为大脑发送了让皮肤毛细血管扩张的信号，使流经血管的血液增加而让皮肤变红。面部更容易发红的原因在于：靠近面部皮肤表面的位置分布着大量的毛细血管。

从离开心脏开始计算，血液只需不到1分钟即可完成流转全身并重返心脏的旅程。

11

脓从何而来？

如果出现感染，我们的身体将生成大量的白细胞，以杀死致病菌——白细胞将吞噬致病菌，然后死亡。我们无法用肉眼看到单个白细胞，但数以百万计的白细胞聚集在一起将形成乳白色的脓。

收到，我马上派出军队！

白细胞有多种不同的类型，最常见的白细胞叫作嗜中性白细胞，就是形成脓的白细胞。

什么是脓

如果你的皮肤被割伤，但你没有注意伤口处的卫生，那么你的伤口就可能被感染。如果伤口渗出了黏稠的白色或黄色黏液，那就表示你的伤口被感染了。这种让人不快的物质就是脓。脓来自血液，脓的出现说明我们的身体正在抵御感染，同时也说明伤口存在病菌，身体已经被感染。此外，脓本身并不讨喜。

脓肿是如何形成的?

脓被困在体内无法排出所形成的肿块就是脓肿。大多数脓肿都是病菌感染引发的，是身体抵御致病菌的证据。如果脓肿位于皮肤下方，将形成肉眼可见的肿块。

在触碰脓肿前后请务必清洁双手，以防止感染扩散。切记不得挤压脓肿部位。

脓本身可能完全没有味道，也可能十分难闻，其味道取决于引发感染的细菌类型。

什么是青春痘（面疱）?

皮肤表面密布着微小的毛孔。如果死亡的皮肤细胞阻塞了毛孔，那么被人们称为皮脂的一种油性物质将被困在体内。皮脂中的细菌将会成倍繁殖。如果白细胞离开血液开始吞噬细菌，死亡的白细胞将形成脓及脓疱——也称为面疱或青春痘。

令人侧目的数据

在确定引发感染的原因之前，医生会将脓视为人体正常恢复过程的一部分。医生通常认为乳状的脓是有益的，但散发异味的脓通常被视为身体部位出现问题的征兆。

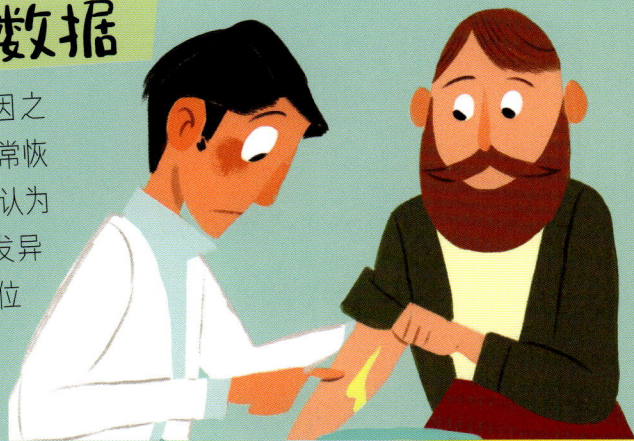

13

痂是如何出现的

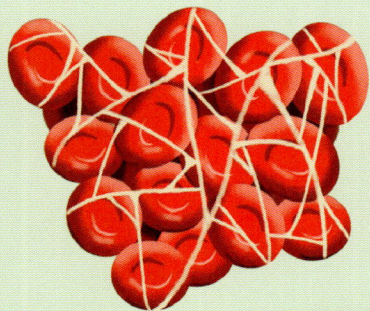

为什么会出现凝块？

恢复受损皮肤的第一步是防止血液继续流出，即止血。血小板和红细胞会在伤口处堆叠，血液也会形成类似毛发的线——血纤蛋白。这些物质将共同组成一种胶黏性物质——凝块，像塞子一样堵住伤口。

皮肤是一个神奇的器官，具有强大的自我修复能力。一旦出现擦伤或割伤，皮肤将立即开始修复工作。无须经过大脑思考，因为身体可以自行完成修复。血液是身体内的秘密武器，可以帮助修复皮肤的破损。抵达破损的皮肤位置后，血液会在皮肤表面形成补丁一样的外壳，称为痂。

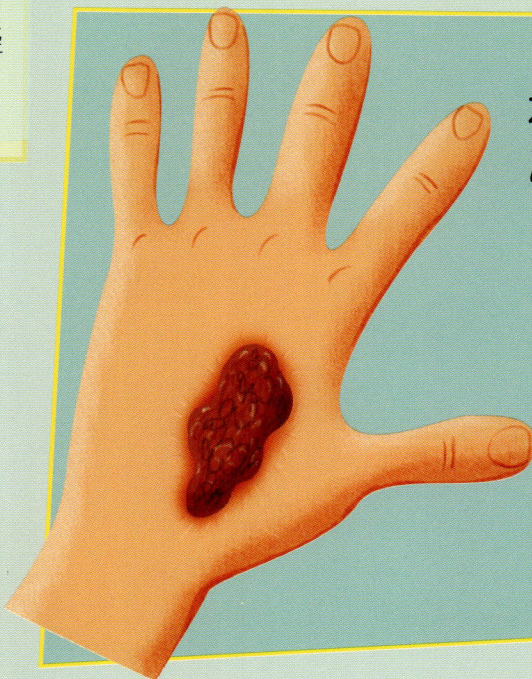

血纤蛋白能够帮助伤口处形成痂，而痂的主要成分是白纤维蛋白原，即一种血液携带的、由肝脏合成的具有凝血功能的蛋白质。

痂为什么会有硬的外壳？

血液凝块可以阻塞伤口，但凝块会很快干燥且变硬，在伤口表面形成硬痂。硬痂看起来很粗糙，但在看不见的下方新皮肤正在生长并愈合伤口。痂可以起到保护皮肤的作用。伤口愈合后，痂完成了自己的使命，就会自动脱落。

你的膝盖护套真酷!

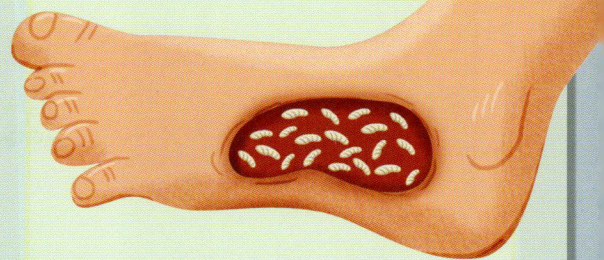

令人侧目的数据

如果伤口迟迟没有愈合,医生有时候会在伤口处放上让人汗毛直立的蠕动的蛆!蛆是苍蝇的幼虫,可以吞食死亡的肌肉,帮助干净、健康的肌肉更好地生长,促进伤口愈合。

蛆一直是医生清理和促进伤口愈合的"利器",使用的历史已经超过了一千年——实际可能还要更久远。

揭掉硬痂好吗?

揭掉硬痂似乎是我们总忍不住想做的事情,伤口发痒时尤其如此。不过,尽量克制不要揭掉硬痂。如果在皮肤愈合前揭掉硬痂,伤口可能再次出血,然后形成新的痂。

15

什么是淤青

通常，血液形成的淤青消退，即形成淤青的血液完全分解，需要两周左右的时间。

当血液从血管流出并被困于皮肤下方时，就会形成带颜色的记号——淤青。如果摔倒或撞击导致小血管破裂和血液流出，但没有渗出体表，就会出现淤青。淤青可能同样让人感觉到疼痛，因为渗出的血液会引发肿胀，压迫皮肤中的神经细胞。随着淤青和肿胀消退，疼痛感也会减轻并最终消失。随着年龄的增加，血管会变得更容易破裂，所以老年人会更频繁地出现淤青。

为什么会出现青眼圈？

眼球位于骨质的眼窝中。如果眼窝遭到重击，眼窝附近的血管将破裂，血液随之渗出，并在眼睛周围凝结，从而形成淤青。深色的淤青就是青眼圈。

16

哎哟！

快消失了！

淤青为什么会变颜色？

通过颜色我们可以判断淤青所处的阶段。新形成的淤青颜色接近黑色或蓝紫色，但这种状况不会持续很长时间。皮肤下面淤积的血液会马上开始分解，颜色在分解进程中会发生改变。深色的淤青将慢慢呈黄色和褐色，最后消失。

所有淤青都可以看到吗？

有时候，如果出血的位置位于身体内部，我们将无法看到淤青，例如心脏、肝脏和肾等身体内部器官出现淤血。实际上，有血管分布的身体的任意部位都可能出现淤青，包括大脑。

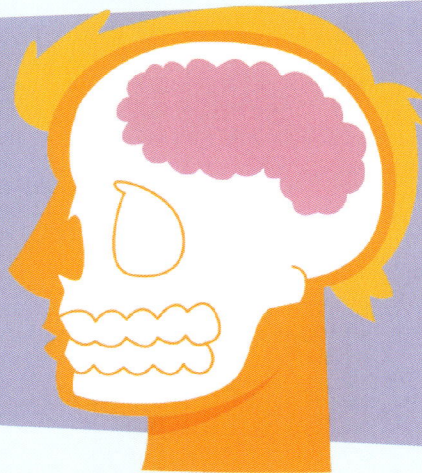

如果要在受伤后缓解肿胀或减少出血，请使用低温物品（例如冰块）覆盖并压迫淤青位置至少10分钟。

有趣的真相

皮肤上的某些标记看起来像淤青，但实际上那是一种胎记。血管数量过多或血管过粗都会在皮肤表面形成类似淤青的胎记。

17

我们的身体如何清洁血液

收集身体各部位的废物并排出人体，这是血液的一项重要功能。如果无法排出人体，废物将在人体内堆积，引发疾病。清洁工作由肝脏和肾脏负责。当血液流经这两个器官时，肝脏和肾脏将过滤血液中的有害物质。被清洁的血液将继续在全身循环。将手放在腹部右侧肋骨下方，手掌覆盖的位置就是肝脏。肾脏位于背部腰两侧。

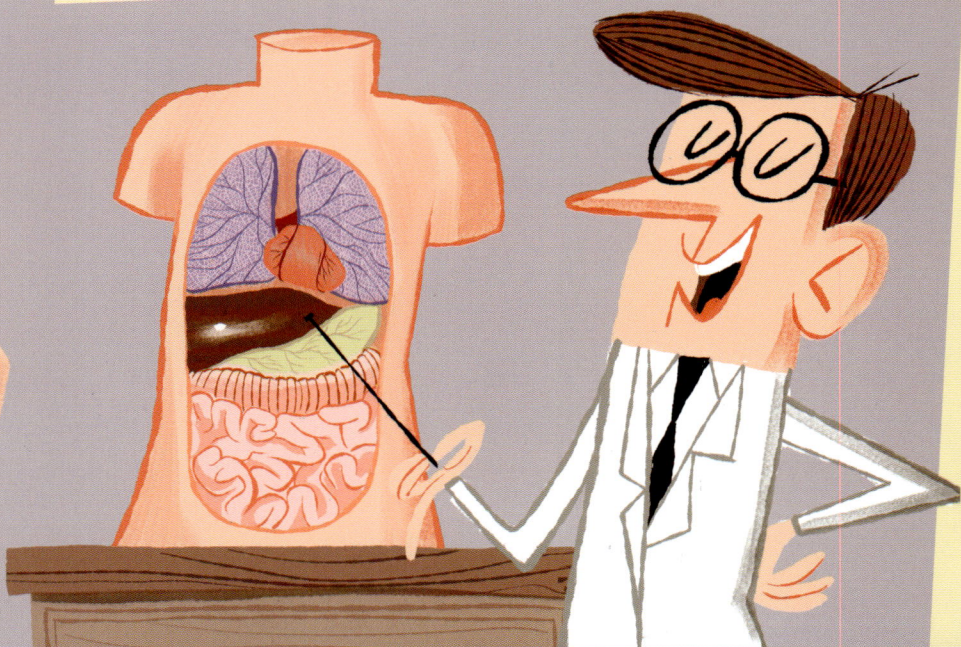

肝脏如何清洁血液？

肝脏是一个神奇的、活的化学实验室。在血液经过的时候，肝脏可以过滤出死亡的血液细胞，以及溶解在血液中的化学物质，然后将其分解为简单的化学物质，以便身体再次利用或者排出人体。

肾有什么作用?

　　人体内有两个肾,每个肾都包含数以百万计的微小过滤器,称为肾元。当血液流过肾元时,肾元将会过滤其中的水,析出水中溶解的废物,然后将水返回血液中。水性的废物将形成尿并被排至体外。

　　肝脏是非常重要的器官,承担着数以百计的任务,其中包括从血液中清理各类微粒、废物和化学物质。

什么是透析?

　　如果肾脏无法正常工作,我们必须借助机器来清洁血液。医院可以使用一台机器连接患者的血管,过滤并将清洁的血液重新注入患者体内。这种利用机器清洁血液以发挥肾脏功能的过程叫作透析。

　　肝脏是人体内唯一在部分切除后能够重新长出的器官。

你相信吗?

　　如果肝功能异常,你的皮肤可能会发黄,这是胆红素泄漏引发的。胆红素是血液细胞在肝脏中分解时产生的一种物质,如果泄漏到血液中就会使皮肤变黄。

19

什么是贫血症

红细胞

氧分子

液也会因为很多问题或出现异常而无法保持最佳的状态，贫血就是其中最常见的一种。贫血表示血液无法输送足够的氧气。引发贫血的原因有很多，例如，血液中的红细胞数量不足，以及红细胞中的血红蛋白数量不足。无论哪种原因，贫血都会导致体细胞的氧气供应不足，进而引发机能异常。

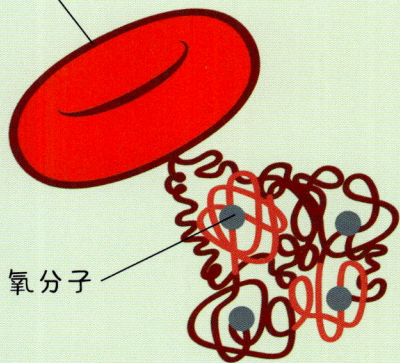

为什么血红蛋白非常重要？

血红蛋白是为血液提供携氧功能的物质，是一种大分子蛋白质。血红蛋白含铁，铁能够在血液流经肺的时候与氧气结合。与氧气结合后，血红蛋白的颜色将由平时的暗红色变为鲜红色。

贫血会引发哪些不适？

贫血会让你感觉疲倦和虚弱，你的脸色会变得苍白，并且会引发呼吸急促或眩晕。其他疾病也有可能产生类似的问题，所以验血是确定贫血原因的唯一方法。

贫血是当今最常见的健康问题之一，全球约有16亿人有贫血问题。

什么是镰状细胞贫血？

正常细胞

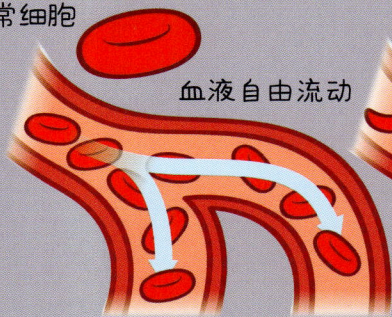

血液自由流动

镰状细胞

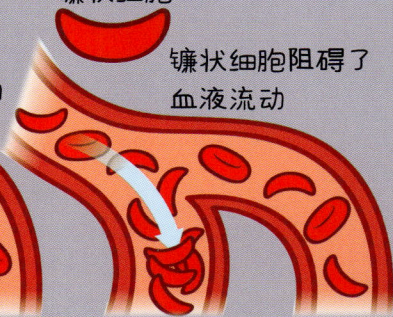

镰状细胞阻碍了血液流动

健康的红细胞呈圆盘形，中间薄、外缘厚，可以在血管中顺畅地滑动。如果得了镰状细胞贫血症，则表示红细胞变成了镰刀形。这种异常的细胞无法长时间存活，并且会堵塞血管，阻碍血液的流动。

直径仅1毫米的一滴血液包含多达500万个红细胞、1万个白细胞和40万个血小板。

有趣的真相

贫血有可能在患者的骨骼上留下标记。科学家在古代人的骨骼化石中发现了此类标记。目前已发现的最早的贫血病例来自4000年前的一具骨骼。

什么是血友病

可以防止持续出血的血液凝块功能有时候也可能出现问题。我们的血液中包含凝血因子，能够在需要时帮助血液凝结。血友病是一种罕见的凝血因子不足引发的病症。此类病症患者的血液很难凝结，因此出血量远超正常人。而且，不仅外部伤口会持续出血，血液病患者体内的伤口同样难以愈合。血友病可以从父母遗传给子女，而且男孩的遗传和发病率远高于女孩。

甲型血友病是最常见的血友病。甲型血友病患者的血液中几乎不含8号凝血因子。

如何治疗血友病？

健康的血液中包含13种凝血因子，所有凝血因子都是血液凝结所必需的物质。缺少其中一种，或者凝血因子数量过低都有可能导致血液凝结速度减慢。因此，注入缺少的凝血因子是常见的治疗血友病的方法。

蚊子为什么能够防止血液凝结？

吸食血液的蚊子能够防止其"猎物"的血液凝结。落在人体裸露的皮肤上之后，蚊子将伸出针形的口器，刺入人的皮肤并注入自己的唾液。蚊子的唾液中包含抗凝剂，可以确保血液能够持续流动。

什么是携带者

女孩患血友病的概率较低，但其身体细胞中可能包含导致患病的缺陷基因。即使本身的健康状况良好，她们也有可能将血友病遗传给子女。本身没有发病但可以传递疾病的人被人们称为携带者。

有趣的真相

英国的维多利亚女王是一位血友病携带者，她的部分子女就患有血友病。

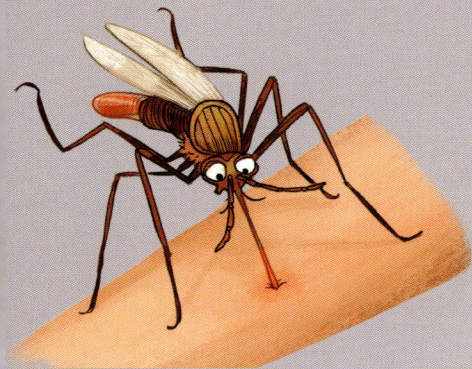

23

什么是白血病

白血病一词的原意是"白色的血液"，因为白血病患者血液中的白细胞数量超高，而红色的血红蛋白的数量极低，因此这类患者通常看起来都脸色苍白。

每天，我们的身体都会产生数十亿新的血液细胞，而生产细胞的指令存储在细胞物质DNA中。有时候，在非常罕见的情况下，错误的指令会导致身体产生过多的白细胞。这些多余的细胞无法正常发育，因此不能对抗感染。过多的错误白细胞将影响健康的血液细胞的正常机能。由这种问题导致的疾病被称为白血病。

健康的血液

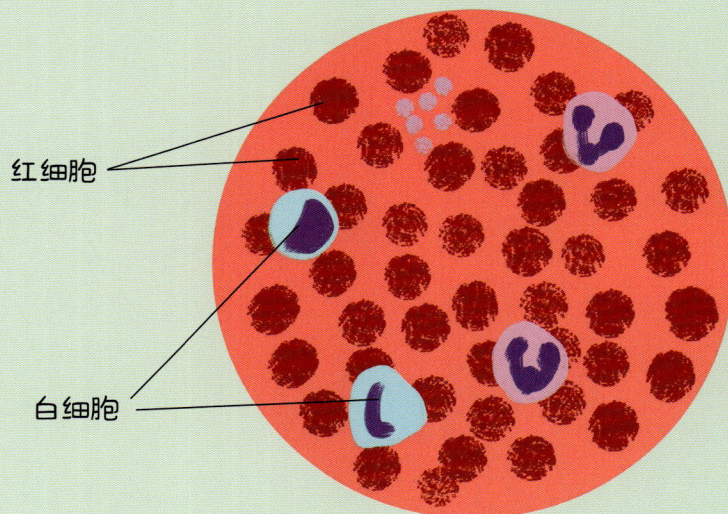

白血病患者的血液

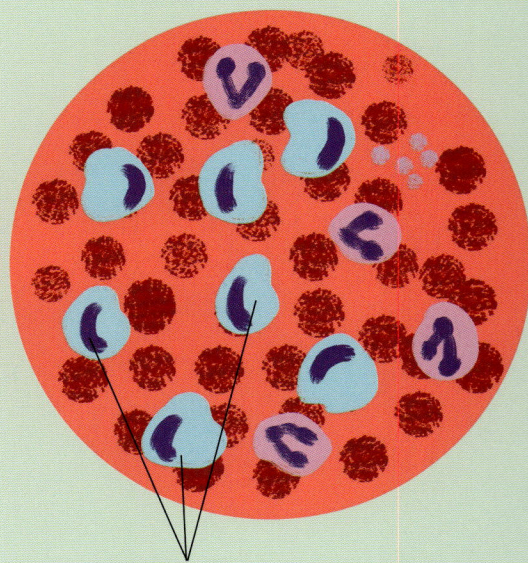

红细胞

白细胞

数量增加的白细胞

24

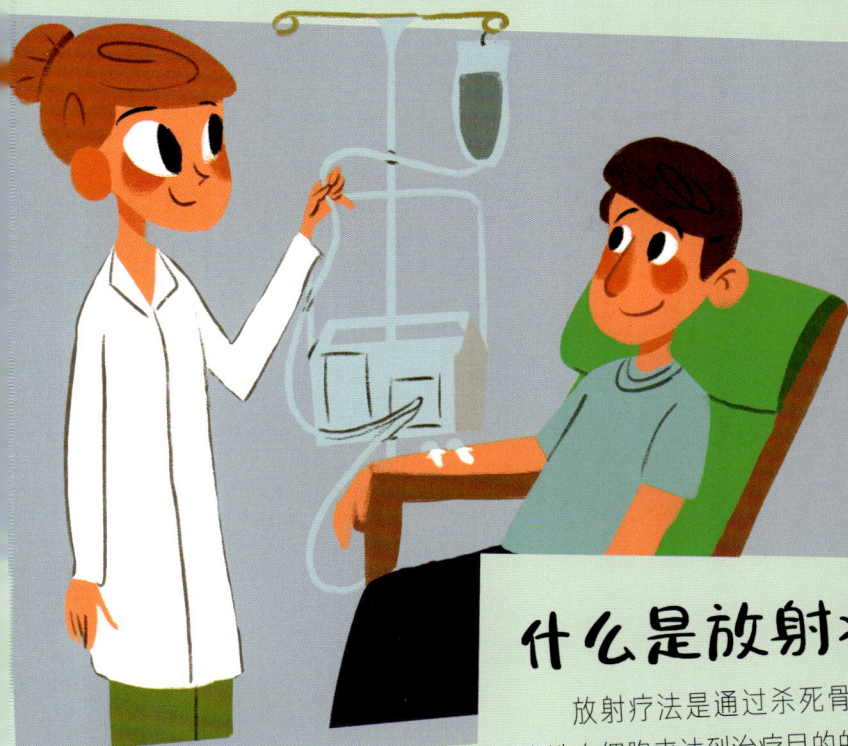

如何治疗白血病？

使用药物杀死异常的白细胞是治疗白血病的一种方法，药物包括可吞食的药片和静脉注射的针剂。液体疗法被人们称为化学疗法。

什么是放射疗法？

放射疗法是通过杀死骨髓中的所有造血细胞来达到治疗目的的。放射疗法也是应用广泛的白血病治疗方法：患者平躺在床上，上方放置一台能够发射精确放射线的设备，以针对特定部位进行放射治疗。利用放射线进行治疗的方法就是放射疗法。

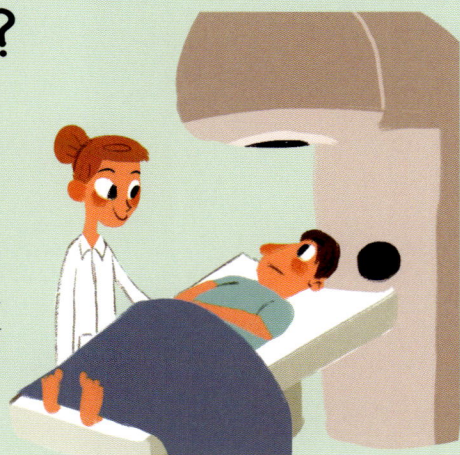

干细胞移植是什么意思？

通过放射疗法杀死白血病患者的骨髓细胞后，患者必须移植新的造血干细胞。造血干细胞通常采集自健康的捐赠者，并通过滴注移植给患者。装造血干细胞的袋子与血袋几乎无区别。

有趣的真相

波兰科学家玛丽·居里死于工作导致的白血病。她是最早研究放射性元素的科学家之一，但她对放射线导致的危害不甚了解。放射线破坏了她的骨髓，导致她患上了白血病。

输血是什么意思

人体具有出色的造血能力，能够弥补少量的血液损失。然而，如果损失的血量过多，超出了身体补充血液的速度，有时候我们必须通过外部输血来补充血液。确保为患者输入血型正确的血液十分重要。因为输入血型不合适的血液后，患者的身体会将新的血液视为入侵的病菌，并与之展开"搏斗"。造成的结果就是，血管内形成血液凝块，阻塞血管，引发严重的危害甚至导致死亡。

什么是交叉配血？

交叉配血是医院确保输血安全的一种方法。取少量待输入血液（替换血液），与患者血液的水性成分混合，然后观察结果。如果出现结块，则表示两种血液不匹配；如果没有出现结块，则表示患者可以接受输血。

如何输血？

大多数输血需要在医院完成：将装满血液的袋子挂在患者旁边一个高高的架子上，血液在重力的作用下沿连接血袋的管子流下，通过末端的中空针头进入患者胳膊的静脉血管中，与患者自有的血液混合。

26

人能否接受动物的血液？

数百年前，医生曾尝试采集动物的血液，将其输入人体内。当时，由于人们缺乏关于血型的知识，不知道不同的血型不能混合，因此很多人因为体内混合了动物的血液而死亡。

有些医生专门研究血液和血液病的治疗方法。以血液为研究对象的科学称为血液学，研究血液学的专家称为血液学家。

有趣的真相

詹姆斯·布伦德尔在1818年第一次成功完成了输血。当时，他遇到了一位大出血的产妇。为了挽救产妇的生命，詹姆斯·布伦德尔向产妇体内输入了产妇丈夫的血液，并取得了成功。

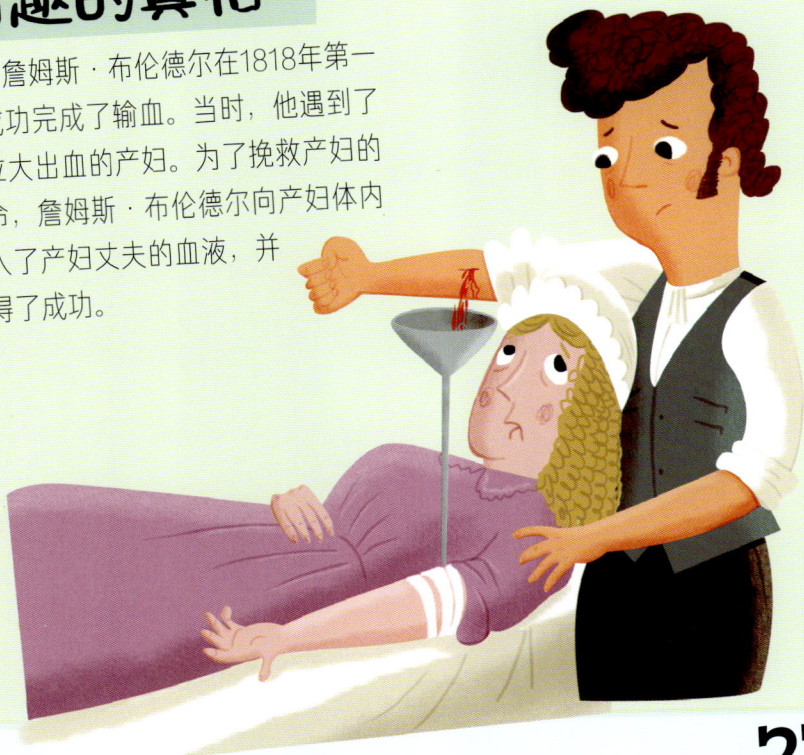

为什么需要鼓励人们献血

我们如何献血？

一位护士将中空的针头插入献血者胳膊的静脉中，血液从献血者的静脉沿管子进入采血袋中。数分钟后，护士在装满采血袋后拔出针头，献血完成。献血者也无须担心针头留下的细小针眼，因为针眼很快就可以愈合。

用于输血的血液来自献血者。献血者大都是主动捐献部分血液以帮助其他人的普通人。大部分健康且没有疾病的成年人都可以成为献血者。隔几个月献血一次完全不会影响健康。献血者可以前往附近的献血点，在检查确认身体健康后捐献一定量的血液。

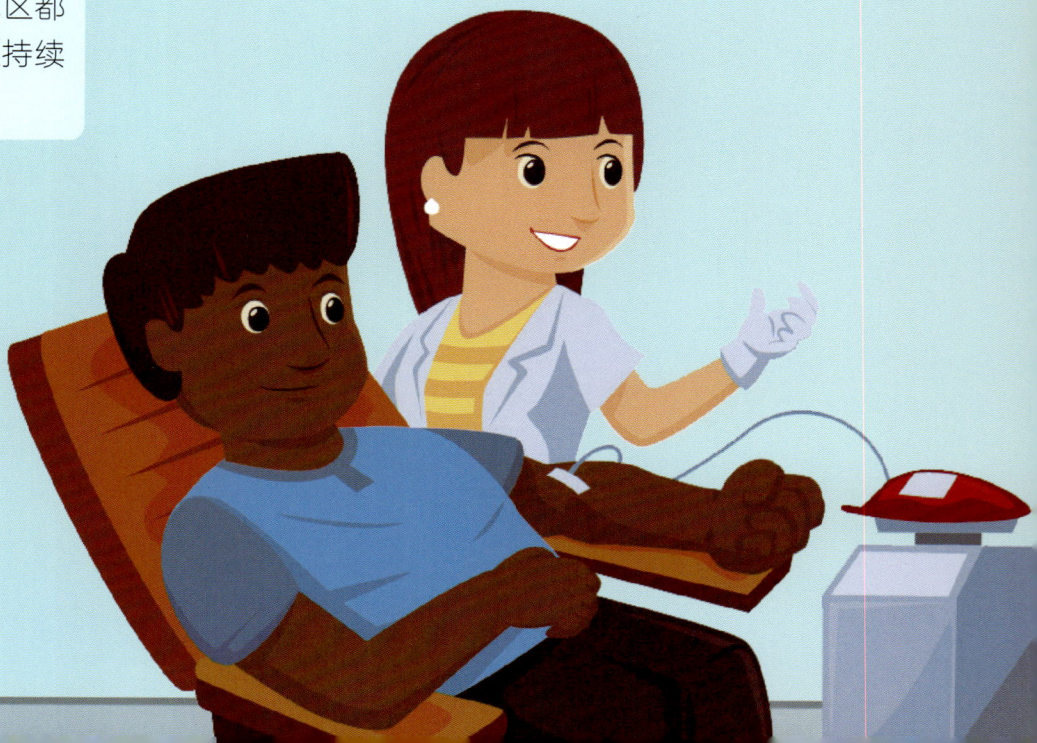

每天，输血消耗的血量达数万单位，而且血液无法长期储存，因此很多国家和地区都设立了血液中心，以保证持续的血液捐献和供应。

28

如何处理捐献的血液?

献血者捐献的血液称为全血，因为其中包含健康血液所有的成分。不过，患者通常需要的只是血液中某种有用的成分，并不需要其他成分。捐献的血液可被分离成红细胞、白细胞、血小板和血浆。这样，我们可以通过1单位的捐献血液帮助多位患者。

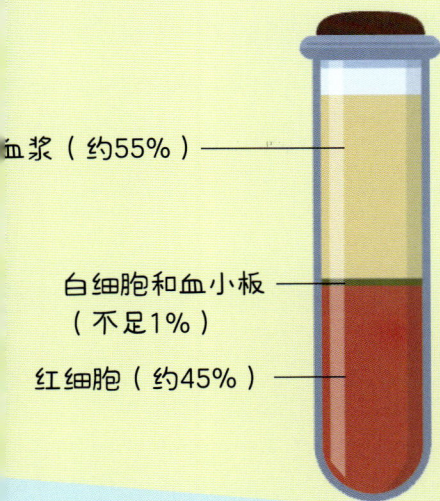

血浆（约55%）

白细胞和血小板
（不足1%）

红细胞（约45%）

动物也可以成为献血者。在获得主人的许可后，兽医可以从动物身上采集一定数量的血液，来帮助其他的动物。

捐献的血液保存在哪里?

医护人员将采集的捐献血液保存在冷库中，而储存血液的冷库称为血库。医院通常建有血库，血库如同一个巨大的冰箱，其中存放着装在血袋里的血液。每个血袋上都标记了所装血液的血型，以确保为需要输血的患者提供血型正确的血液。

A

有趣的真相

澳大利亚的詹姆斯·哈里森的血型十分特殊，其血液中包含一种可以治疗恒河猴病的罕见抗体。如果一位Rh阴性血型的女性怀了一个Rh阳性血型的胎儿，母体可能会受到胎儿血液的攻击。注射以哈里森血液为样本制作的药物可以避免这种状况。

29

术语表

DNA　即脱氧核糖核酸，携带生长、发育和体细胞功能指令的分子。

白血病　血液癌症，身体产生过多白细胞的一种疾病。

挫伤/撞伤　又称淤青，因为血管破裂和血液流出导致的皮肤或身体其他部位变色和肿胀。

胆红素　肝脏中发现的橙黄色化合物，死亡的红细胞在分解过程中合成的物质。

动脉　从心脏向身体其他部位输送血液的血管。

肝脏　具有数百项功能的重要器官，其中的众多功能都与清除血液废物、分解死亡血液细胞及消化相关。

骨髓　骨骼中柔软的脂肪类物质，可以产生血液细胞。

恒河猴因子　在一部分人的红细胞表面发现的一种抗原。

激素/荷尔蒙　随血液循环的一种化学信使，可以控制特定细胞或器官的活动。

痂　在生物学中，表示伤口在愈合过程中于割伤或擦伤的表面形成的硬壳。

静脉　从身体各部位向心脏输送血液的血管。

抗原　一种被身体视为多余或有毒的分子或物质，将引发免疫系统的反应。

镰状细胞性贫血　一类因为红细胞变形引发的贫血。

毛细血管　连接动脉和静脉的十分细小的血管。

凝血因子　血液中的一种物质，是让血液凝结的必不可少的物质。

脓　浓稠的黄色或绿色液体，由死亡的白细胞和细菌构成。

脓疱　皮肤表面充满脓的疙瘩或面疱，也称为青春痘。

脓肿　聚集在身体某个部位的脓形成的肿块。

贫血　因为红细胞或血红蛋白数量不足引发的血液异常。

肾元　肾脏中的微过滤器，可以清除血液中的废物。

肾脏　人有左右两个肾，能够从血液中过滤体内代谢产物及某些废物、毒物，其基本功能是生成尿液。

嗜中性粒细胞　常见的一类可以形成脓的白细胞。

输血　将健康人的血液输入患者体内。

维生素　人体需求量很少的多种化合物或其中之一，是保证身体正常生长和机能的重要物质。

细菌　单细胞微生物，部分细菌会引发感染和疾病。

献血者　主动捐献血液以帮助其他人的人。

血浆　生物学中表示血液的液体成分。

血小板　血液中数量众多的盘形微粒，是促使血液凝结的重要物质。

血型　血液的不同类型，例如，ABO血型系统包括多种血型。

血液凝块　血液细胞、血小板和血纤蛋白丝线凝固形成的固态块状物。

血友病　因为缺少某类凝血因子导致血液无法凝结和过量出血的一种遗传性血液疾病。

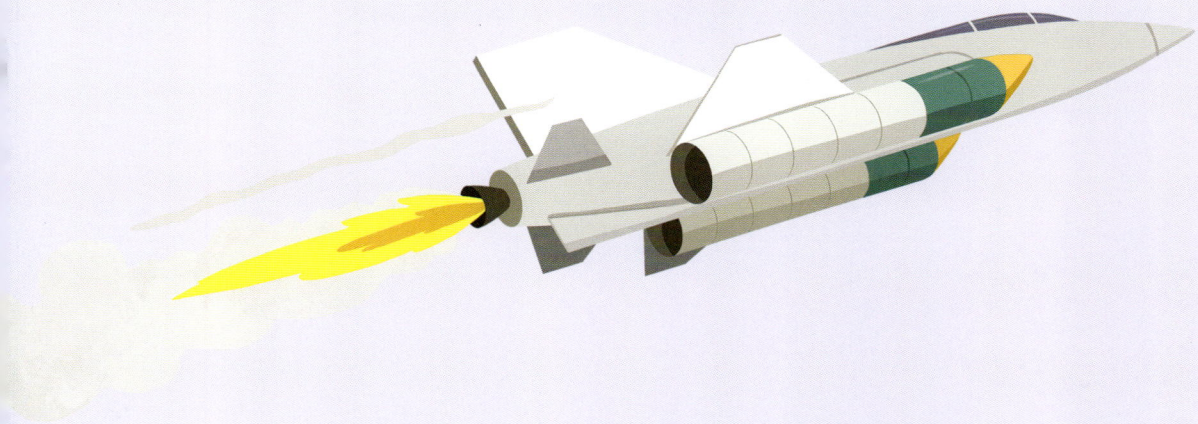

Original title: The Science of Flight
Author: Ian Graham
Copyright © The Salariya Book Company Ltd 2019
All rights reserved

本书中文简体版专有出版权由Salariya Book Company Ltd经由墨颐書籍版權代理授予电子工业出版社，未经许可，不得以任何方式复制或抄袭本书的任何部分。

版权贸易合同登记号　图字：01-2021-4813

图书在版编目（CIP）数据

厉害了，科学.飞行／（英）伊恩·格雷厄姆（Ian Graham）著；陈彦坤，马巍译.--北京：电子工业出版社，2022.3
ISBN 978-7-121-42971-2

Ⅰ.①厉… Ⅱ.①伊… ②陈… ③马… Ⅲ.①科学知识－少儿读物 ②飞行－少儿读物 Ⅳ.①Z228.1 ②V323-49

中国版本图书馆CIP数据核字（2022）第029040号

责任编辑：董子晔　特约编辑：刘红涛
印　　刷：北京缤索印刷有限公司
装　　订：北京缤索印刷有限公司
出版发行：电子工业出版社
　　　　　北京市海淀区万寿路173信箱　邮编：100036
开　　本：889×1194　1/16　印张：40　字数：483千字
版　　次：2022年3月第1版
印　　次：2022年3月第1次印刷
定　　价：398.00元（全20册）

凡所购买电子工业出版社图书有缺损问题，请向购买书店调换。若书店售缺，请与本社发行部联系，联系及邮购电话：
（010）88254888，88258888。
质量投诉请发邮件至zlts@phei.com.cn，盗版侵权举报请发邮件至dbqq@phei.com.cn。
本书咨询联系方式：（010）88254161转1865，dongzy@phei.com.cn。

厉害了，科学

飞行

飞机升空的真相

[英]伊恩·格雷厄姆 著
陈彦坤 马巍 译

电子工业出版社
Publishing House of Electronics Industry
北京·BEIJING

目录

纵观人类历史，大多数时间人们都只能对熟练掌握飞行技能的鸟类投以艳羡的目光。人们曾试着为自己装上翅膀并拍打手臂来模仿鸟类，但这甚至无法让我们离开地面。1853年，乔治·凯利爵士在英格兰建造了一架滑翔机，并成功完成了短暂的空中滑行。19世纪90年代，奥托·李林塔尔利用自己的滑翔机在德国完成了一次短途飞行。

20世纪初，美国莱特兄弟（威尔伯和奥维尔）终于破解了飞行的秘密。首先，他们制造了风筝和滑翔机，并学习了在空中操控飞行器的方法。然后，莱特兄弟为飞机增加了动力——驱动两个螺旋桨的引擎。

1903年12月17日，奥维尔·莱特乘坐比空气重的飞行器完成了首次人为控制动力的飞行。这架动力飞机名为"飞行者"，开创了当代飞机的历史。不过，在莱特兄弟之后，飞机经历了翻天覆地的变化。

飞行的力量

平滑

所有探出飞机表面的物体都会增加阻力并拖慢飞机飞行的速度，迫使飞机引擎消耗更多的燃料。因此，飞机表面应尽可能地平滑，以便空气更顺畅地滑过，最大限度地减小阻力。

所有动力飞机都需要承受4种力：升力、重力、推力和阻力。机翼产生的升力向上托举飞机，飞机同时受到向下拉的力——重力。此外，动力飞机还在引擎产生的推力的作用下向前移动，而阻力是让飞机减速的作用力。阻力是空气阻挡飞机移动产生的力。飞机始终会因地球引力的作用受重力的影响，但其他3种力源于飞机及其运动。设计人员需要尽可能地降低飞机的质量和阻力，以充分利用升力和推力。

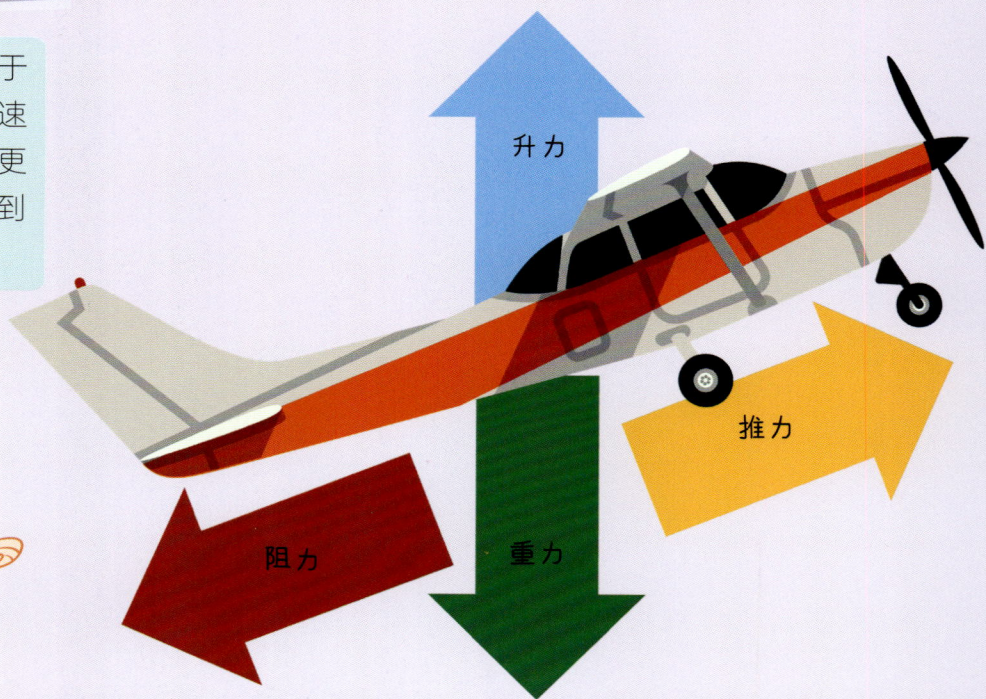

升力和拉力同时作用于飞机。飞机在空中的移动速度加快时，机翼可以产生更大的升力，但同时也会受到更大的阻力。

升力

推力

阻力   重力

6

纤细的身形

你是否想过，为什么飞机大多采用细长的机身，而非方方正正的盒形？飞机的主体多为细长的管状，非常适合在空气中穿行，而盒形机身无疑会增加阻力。

它太短了，永远都不可能飞起来！

有趣的真相

每架客机每次起飞的速度都必须经过精确计算，而飞机的质量、载客量和燃油量，以及气温和机场的海拔高度都会影响飞机起飞的速度。

轻量化

为了减轻质量，大多数飞机都采用了铝和塑料等轻质材料。飞机的表面平滑，表面之下是轻量化的高强度框架。

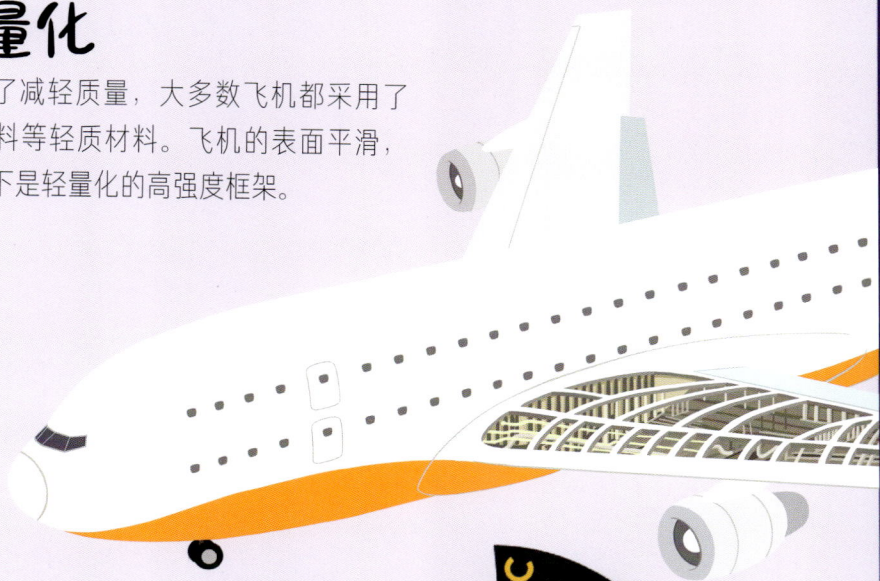

一架客机必须达到约每小时260千米的速度，机翼才能产生足以向上托举飞机的升力。

1

神奇的双翼

聪明的形状

机翼的形状可以让空气向下偏转，产生向上反推飞机的升力。在飞行时，机翼上方的气压降低，机翼下方的气压升高，从而产生较大的升力。倾斜的机翼能够放大这种效果，产生更大的升力。

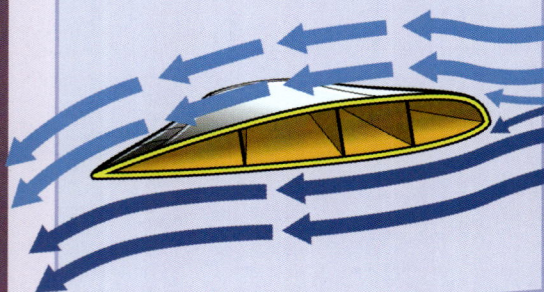

机翼是很神奇的。在空气中穿行时，机翼可以利用空气产生向上托举飞机的升力，从而让比空气更重的飞机在空中飞行。机翼具有这种神奇的作用源于其特殊的形状——翼形。这种形状可以通过改变周围空气流动的方向来产生升力。机翼通过不断地移动产生升力，停止移动，升力也将消失。如果机翼的移动速度太慢或者前部的倾斜角度过大，飞机有可能突然失去所有升力。这种突然失去升力的状态称为失速。飞行员都必须接受避免失速的训练。

在水平飞行时，一架大型客机的机翼可以产生足够多的升力，从而完全平衡飞机自身所受的重力。

专为军舰（例如航空母舰）设计的飞机通常具有折叠式机翼，以减少占用的空间。

危险的冰！

水在机翼表面结冰可能会破坏机翼平滑的翼形——结冰后机翼产生的升力将减小，进而引发危险。在低温天气，人们经常向客机喷洒防冻的化学物质，以防止机翼表面结冰，或者用来融化机翼和机尾的冰。

缝翼和襟翼

起降时飞机的飞行速度较慢，机翼产生的升力较小。为了获得更大的升力并保持较低的安全飞行速度，飞机需要增大机翼面积。每个机翼前缘滑出的金属板为缝翼，机翼后缘滑出的金属板为襟翼。

缝翼

襟翼

有趣的真相

巨型客机需要搭配巨大的机翼，才能产生巨大的升力，以平衡庞大的机体自身的质量。空客A380机翼的面积足以容纳70辆轿车。

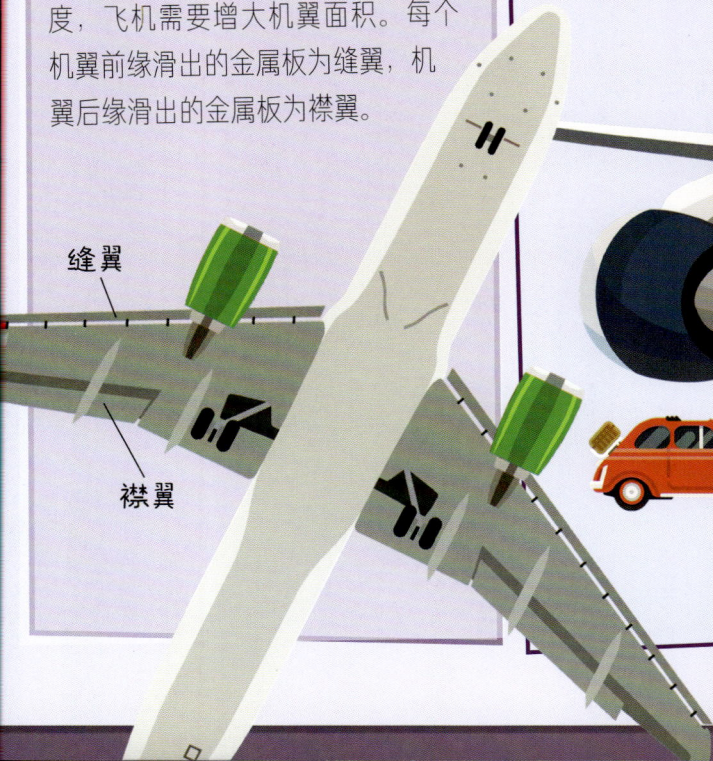

q

飞行的动力

一架巨型A380客机的油箱可以容纳30万升燃油，重达25.4万千克。

飞机飞行的动力源于飞机的引擎，而引擎通过燃烧燃料产生动力。燃料在内部燃烧的引擎称为内燃机。燃烧是燃料与空气中的氧气发生的化学反应，化学反应以发热的形式释放能量。引擎内部的气体因为受热而迅速膨胀，气体膨胀产生的能量转化为力推动螺旋桨转动，或者形成喷气式发动机的强大气流。

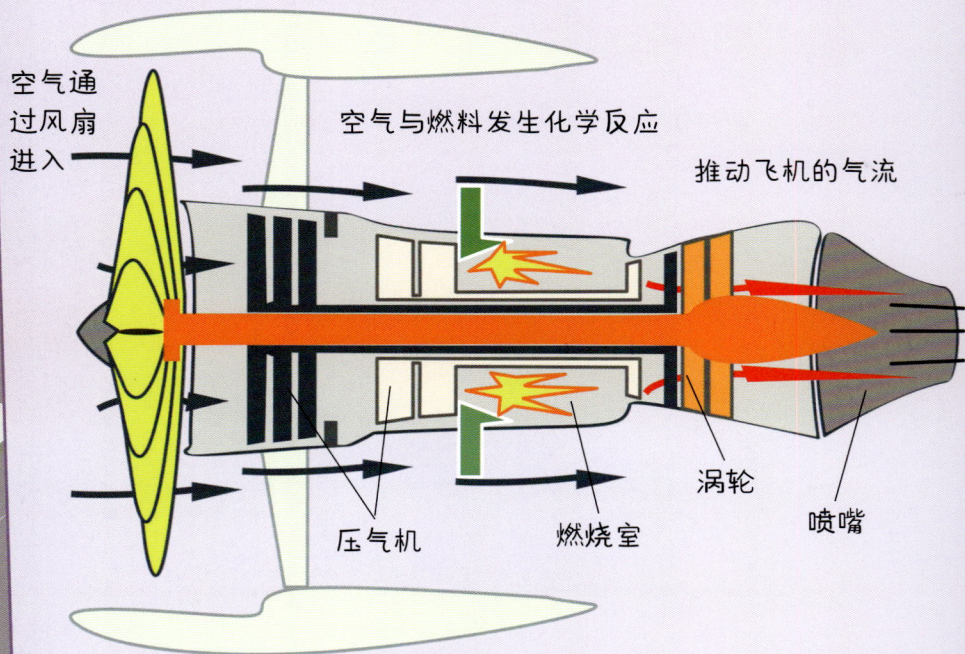

活塞引擎

微型飞机使用了类似汽车发动机的引擎。燃料在引擎内部发生一系列爆燃，推动活塞来回移动，进而转动固定螺旋桨的轴。螺旋桨旋转，迫使空气向后移动，为飞机提供向前的推力。

空气通过风扇进入

空气与燃料发生化学反应

推动飞机的气流

压气机

燃烧室

涡轮

喷嘴

喷射动力

大多数最大或最快的飞机都配置了喷气引擎。大型喷气引擎能够加速流经其中的空气，形成速度达每小时约2100千米的气流。因此，喷气式飞机后方的尾流会对附近的车辆造成影响。

真是动力强劲的引擎！

即使引擎停止工作，客机也不会立刻从天而降。一架大型客机可以在没有引擎提供动力的情况下滑行约160千米。

你相信吗?

燃料在喷气式引擎内部燃烧时可以产生达2000℃的高温，而引擎的零部件在温度达到1300℃时就开始熔化，因此喷气式引擎必须拥有先进的配套冷却系统来防止引擎熔化！

鼓风式喷气引擎

大多数大型客机使用涡轮风扇喷气引擎。喷气引擎推动类似螺旋桨的有数十片叶片的大风扇旋转，而位于引擎前方的风扇产生驱动引擎的大部分动力和推力。

我敢打赌，你肯定想象不到它有这么大！

11

三角翼

三角形翼又称三角翼，这种形状非常适合超声速飞行。采用三角翼的飞机看起来有点像飞镖。

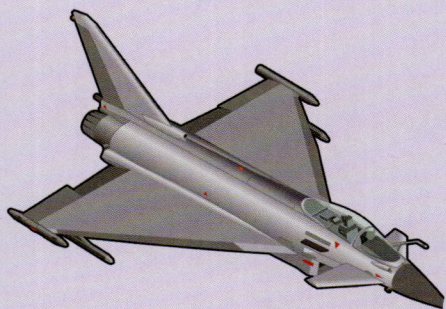

比声速还要快

飞机的飞行速度越来越快，最高速度甚至接近声速。但是，飞行员们发现，飞机接近声速时受到的阻力会突然增大，而且飞机经常变得难以控制。声速似乎是一道无法跨越的坎，人们称之为声障。不过，设计师们最终制造出了飞行速度超过声速的飞机——超声速飞机。超过5倍声速的速度称为极超声速。

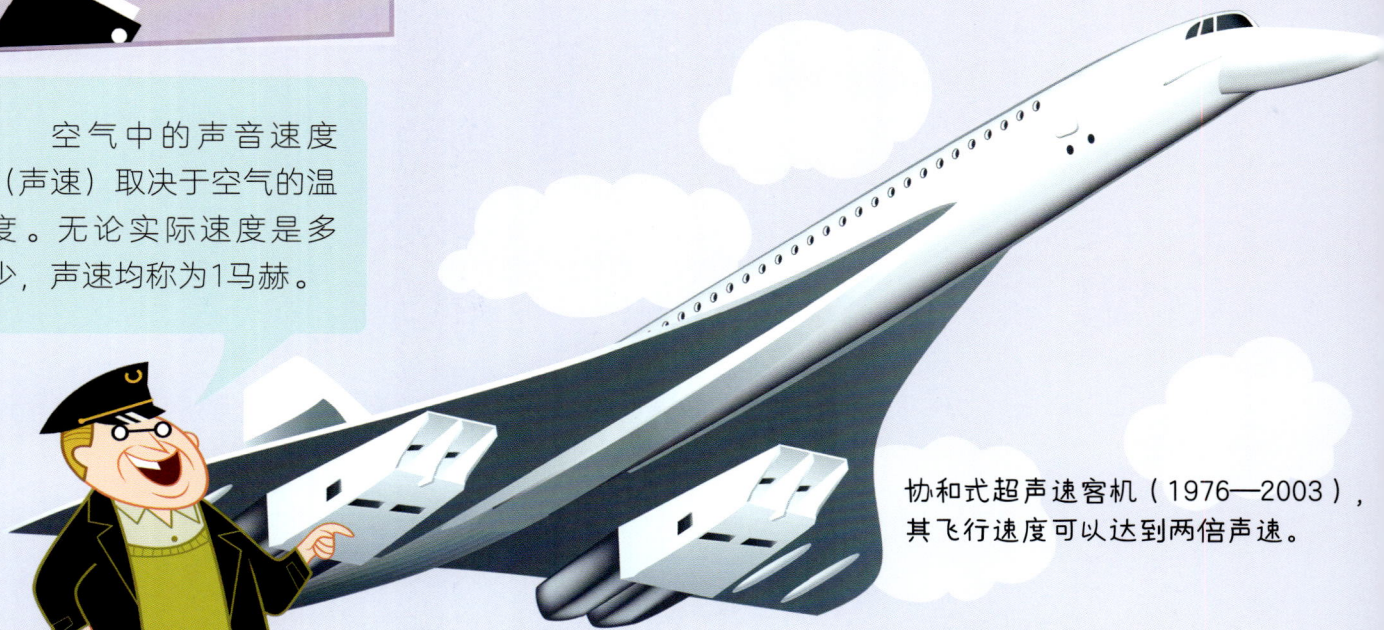

空气中的声音速度（声速）取决于空气的温度。无论实际速度是多少，声速均称为1马赫。

协和式超声速客机（1976—2003），其飞行速度可以达到两倍声速。

音爆

当飞行速度超过声速时，飞机会挤压前方的空气，被压缩的空气称为冲击波。冲击波会向四周扩散传播。当冲击波扫过地面时，人们会听到一声被称为声爆的巨响。

甚至更快

2013年，一架名为X-51A的极超声速实验飞机在试飞中达到了超过5倍声速的速度。但是，极超声速客机并不会被马上投入运营，因为建造一架极超声速飞机可能需要20多年的时间。

1947年10月14日，美国空军上尉查克·耶格尔驾驶贝尔X-1火箭引擎飞机完成了第一次超声速飞行。

有趣的真相

我们必须放慢速度才能着陆……

截至目前，飞行员驾驶过的速度最快的有翼飞行器当属航天飞机。航天飞机能够以25倍声速（约2.8万千米/时）的速度从太空返回地球大气层。

13

使用外太空全球定位系统（GPS）卫星网的无线电信号，飞机几乎可以在世界任何地方精确定位自己的位置。

操控

走路时，如果我们想拐弯，可以利用鞋子与地面的摩擦力改变方向。飞行员在空中操控飞机时没有任何可以借助的固体：他们使用被称为操纵面的金属板来操控飞机。大多数飞机具有3种操纵面——机翼上的副翼、尾翼上的升降舵和垂直尾翼上的方向舵。飞行员移动控制杆时，操纵面旋转进入飞机表面的气流，空气推动操纵面带动飞机转向。

俯仰、横滚和偏转

飞机可以通过3种方式移动——俯仰、横滚和偏转，飞行员借助3种动作可以将飞机转向任何方向。

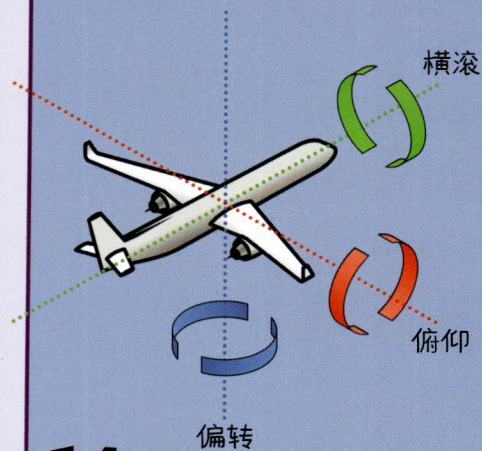

横滚

俯仰

偏转

升降舵

方向舵

副翼

14

手脚并用

飞行员操控飞机时要用到双手和双脚：拉或推控制杆可以控制飞机爬升或俯冲，转动控制杆顶部的驾驶杆可以让飞机横向翻滚，用力踩两个脚踏板可以转动飞机的方向舵。

驾驶飞机真的是一种很消耗体力的体验！

工作原理

部分最新客机配置了侧杆——小控制杆。小控制杆看起来类似于游戏控制器，移动小控制杆可以向计算机发送信号，然后由计算机完成对飞机的操控。

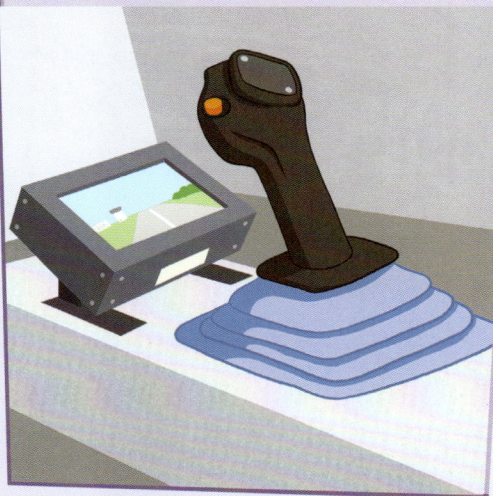

飞机转弯时，乘坐飞机的乘客会感觉到一种作用力——G力，转弯越急、越快，G力就越大。

飞行员的体力

小型飞机控制杆的另一端连接着钢缆，驾驶员可以拉扯钢缆来移动操纵面。不过，对于体积更大、速度更快的飞机，飞行员无法仅仅依赖肌肉的力量来控制操纵面。因此，移动大型飞机的控制杆可以向执行器发送电信号，进而控制操纵面。

15

飞行仪表

空气压力

距离地面越高，气压就越低。右下图的6种基本仪表中有3种会根据气压或气压变化来测量飞机的飞行高度、速度和爬升率。

过去，飞机的仪表台密密麻麻地排列着许多仪表，显示与飞机相关的信息。一架小型飞机可能需要数十个仪表，一架大型客机的仪表更是多达上百个。现在，几乎所有的仪表都已经被计算机屏幕取代，但仍然保留了多达6种老式仪表与计算机配合使用，其中3个仪表依赖气压工作，另外3个仪表使用陀螺仪。如果计算机屏幕出现故障，飞行员仍然可以借助这些简单的机械仪器安全地驾驶飞机。

我们在地球表面感觉到的气压是我们上方所有空气挤压我们身体的结果。

空速表	高度表	高度计

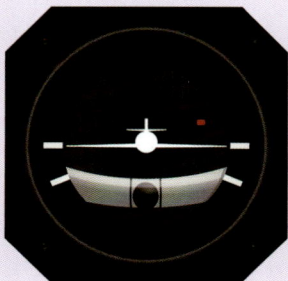  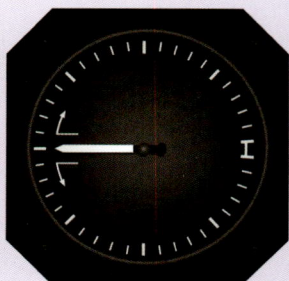

转弯指示器	航向指示器	爬升率指示器

陀螺仪

　　陀螺仪是一个旋转的轮子，可以不受环境的影响，始终保持水平。3种仪表利用陀螺仪来显示飞机是否保持水平飞行，以及飞行方向和转向是否正确。

让我检查一下我的陀螺仪……

磁

　　飞机可能也会配置磁罗盘，以借助地球磁场来显示飞机的航向（飞机的前进方向）。

　　磁罗盘的指针始终指向北，主要是因为受到地球核心旋转的液态铁形成的磁场的影响。

有趣的真相

　　现在，人们可以通过语音指令控制手机和其他部分设备。飞机也开始应用此类仪器，但到目前为止，语音指令主要用于军机。不过，预计很快各类飞机的飞行员就能与机载计算机"谈话"了。

计算机，我们到了吗？

17

空中发射

实验性火箭飞机通常在空中发射火箭，即将火箭悬挂在大型飞机下方并带到高空发射。在恰当的海拔（高度），火箭脱离飞机并启动火箭发动机。空中发射火箭可以让火箭飞机减少携带的燃料量，进而减轻质量。

X-15是有人驾驶动力飞机的速度纪录保持者。1967年10月3日，威廉·J.奈特驾驶X-15时最高飞行速度达到了7274千米/时。

火箭式飞机

在极高高度或以极快速度飞行的实验飞机通常使用火箭发动机，而不是喷气式引擎。引擎需要氧气来支持燃料燃烧，但高海拔稀薄的空气可能无法提供足够的氧气。火箭通过携带氧气罐或含氧气的化学物质及燃料罐来解决这个问题。太空船一号是最新的火箭飞机之一：最高飞行速度可达3倍声速，并在2004年完成了首次秘密载人航天飞行。

X-15

20世纪50年代和60年代，美国一架X-15火箭飞机在高度保密的情况下完成了数十次实验飞行：最快飞行速度超过了6倍声速，而飞行高度已经接近地球大气层边缘。这些飞行实验数据为航天飞机的设计提供了帮助。

子弹飞机

在建造第一架超声速飞机贝尔X-1期间，没有人知道超声速飞机应该是什么形状的。由于有些子弹的速度超过了声速，设计师为贝尔X-1设计了一个类似子弹的机头。

飞行速度越快，飞机自身的温度就越高。在高速飞行时，X-15火箭飞机某些部件的温度甚至达到了1315℃。

有趣的真相

X-15火箭飞机的驾驶员需要穿上增压服，这让他们看起来和航天员一样。有时候，X-15火箭飞机确实会离开大气层进入外太空。如果飞行到了100千米以上的高度，驾驶员就成了"航天员"。

19

长而薄

滑翔机的机翼长且薄。这种形状是设计不断优化的结果，能够最大限度地增加升力，同时减少阻力，让滑翔机在保持一定高度的情况下长距离飞行。

看，没有引擎！

滑翔机是没有引擎的飞机，因此只受飞机飞行所受4个力中的3个力：升力、阻力和重力，缺少了推力。每次开始飞行之前，滑翔机都必须依靠飞机的拖曳升到空中，或者借助绞车拉拽从地面升空。滑翔机升空后，驾驶员可以利用上升的气流继续升高。上升的空气流可以为滑翔机提供升力。滑翔机的设计以尽可能消除阻力和最大化升力为目标，以便尽可能延长滑翔机在空中停留的时间。

2010年1月12日，克劳斯·奥尔曼创下了2 256.9千米的滑翔机不间断飞行距离的世界纪录。他拥有30多个滑翔纪录。

寻找上升暖气流

　　暖空气比冷空气轻，因此二者相遇会形成上升的暖气流。滑翔机驾驶员要寻找上升暖气流，然后环绕暖气流飞行，以便获得上升的动力。然后，他们寻找下一个上升暖气流。

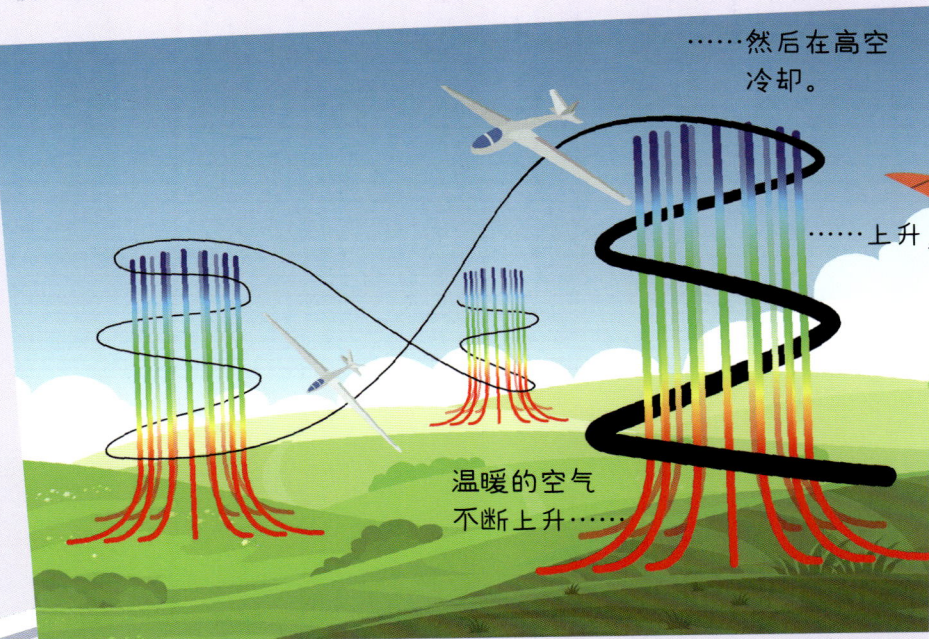

……然后在高空冷却。

…… 上升，

温暖的空气不断上升……

悬挂式滑翔机

　　悬挂式滑翔机是最简单的飞行器之一：只需在框架上蒙上织物即可。飞行员挂在滑翔机下方，通过向前、向后或向某一侧移动身体来控制滑翔机的方向。

　　升力与阻力的比值称为升阻比。升阻比越高越好。一架客机的升阻比约为18，滑翔机的升阻比高达70。

亲自尝试

　　当暖气流上升时，暖空气中的水蒸气与顶部的冷空气相遇将凝结形成蓬松的云。在晴朗的天气中，你可以借助蓬松的积云来寻找上升暖气流。

21

背包螺旋桨

动力伞或动力滑翔伞使用安装了小型发动机和螺旋桨的背包提供动力。为了确保安全，螺旋桨被放置在金属罩中，飞行员待在翅膀形状的降落伞下方的吊舱中。

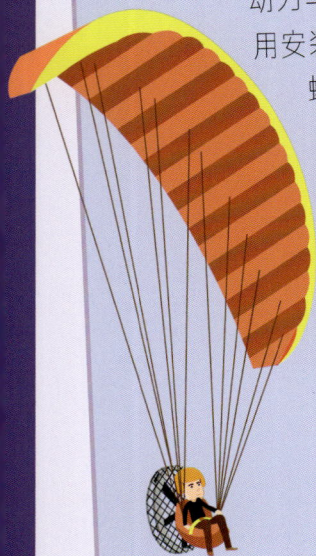

最小的飞行设备

飞行器的形状和尺寸各异，有些甚至如同常见的背包。这些小型飞行设备大多由发动机驱动螺旋桨来提供动力，但有些采用了喷气式发动机，有的甚至配置了小型火箭发动机。瑞士飞行员伊夫·罗西发明了包括4个小型喷气发动机的碳纤维飞行翼。穿上碳纤维飞行翼之后，他变成了一架飞行速度可达300千米/时的人形喷气机，而且完全凭借身体的移动来操控方向。

飞机前部的螺旋桨称为拉进式螺旋桨，可以向前方拖拽飞机；位于后部推动飞机前进的螺旋桨称为推进式螺旋桨。

这是一只鸟，还是一架飞机？

微型飞行设备

轻型或超轻型飞机是最小的飞机，通常具有开放式驾驶舱，或者只是在简单的机翼或悬挂式滑翔机下方悬挂一个座位，所以此类飞机有时也称为动力悬挂滑翔机。动力悬挂滑翔机由座位后方的螺旋桨提供动力。

美国航天员在国际空间站外进行太空行走时会背着喷气背包，以防他们从航天器上漂移。

火箭腰带

火箭腰带或喷气背包是一种背包式设备，朝下的气流可以让飞行员离开地面并进行短途飞行。飞行员通过改变喷射管口的角度来转向。背包包含油箱，其中的燃料足以支撑约30秒的飞行。

我很快就会回来！

工作原理

火箭腰带可以将过氧化氢分解为蒸汽和氧气，然后热气迅速膨胀并从两个喷口中喷出，气流将产生足够的推力，让飞行员升空。

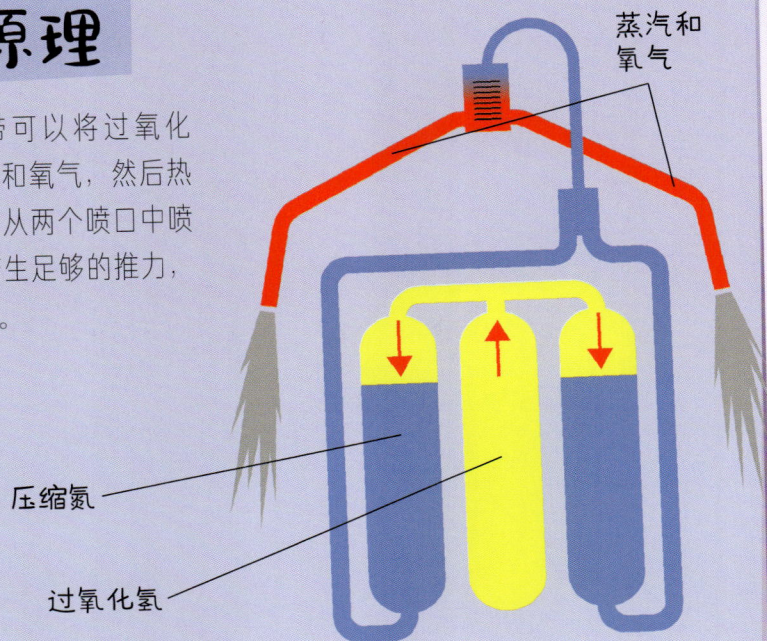

蒸汽和氧气

压缩氮

过氧化氢

23

旋转的桨叶

直升机通过旋转桨叶这种薄长翼来产生升力。旋转的桨叶称为旋翼，使用旋翼的飞机称为旋翼飞机。即使直升机在空中悬停，旋翼也可以产生升力，因此直升机可以完成大多数飞机无法做到的事情。直升机可以在空中悬停，甚至向后飞，还可以垂直起飞和降落，不需要长跑道和庞大的机场。凭借独特的飞行特性，直升机成了执行搜救工作的理想选择。

直升机的空速世界纪录为400.87千米/时。事情发生在1986年8月11日，由英国的特雷弗·艾金顿驾驶威斯特兰山猫直升机创造了这一纪录。

阻止旋转

直升机旋转的旋翼桨叶会产生反推力，并带动直升机向相反方向旋转。因此，大多数直升机都在尾端安装一个小旋翼，向侧方吹动空气，以阻止直升机自身的旋转。

西科斯基VS-300是伊戈尔·西科斯基在1939年制造的第一架实用现代直升机，也是第一架配置了主旋翼和尾部小旋翼的直升机。

尾桨不见了!

有些直升机有尾翼，但并没有旋翼。取而代之的尾部风扇可以让空气穿过尾翼，从尾端一侧的孔中排出，发挥与旋翼相同的作用。

倾转旋翼

倾转旋翼飞机看起来很奇怪：机翼末端的旋翼能够像直升机旋翼一样旋转，以支持垂直起飞。倾转旋翼飞机的引擎和旋翼向前倾斜，变得同其他飞机并无二致，并借助机翼获得升力。

你相信吗?

旋翼机通过旋翼获取动力，但旋翼并不需要发动机驱动，而是使用自由轮。螺旋桨推动直升机前进，而气流推动旋翼桨叶旋转并产生升力。

25

电动飞机

与喷气引擎相比，电动机要小得多、轻得多，而且安静得多。随着技术的突飞猛进，电池现在存储的电能已经能够满足正常尺寸有人飞机的动力需求。有些电动飞机依赖太阳获取能量：机翼上铺满了太阳能电池板，可以将太阳能转换成电能，为驱动螺旋桨的电动机提供动力。到目前为止，大多数电动飞机都只是处于研究阶段的实验机，但可以运送乘客和货物的实用电动飞机已处于开发阶段。空中客车公司研发的E-fan是一款实验性两座电动飞机。

太阳能飞机

阳光动力2是第一架完成环球飞行的太阳能飞机。从2015年3月到2016年7月，整个旅程耗时23天，停站16次：白天阳光动力2依赖太阳能飞行，晚上则使用电池储存的能量。

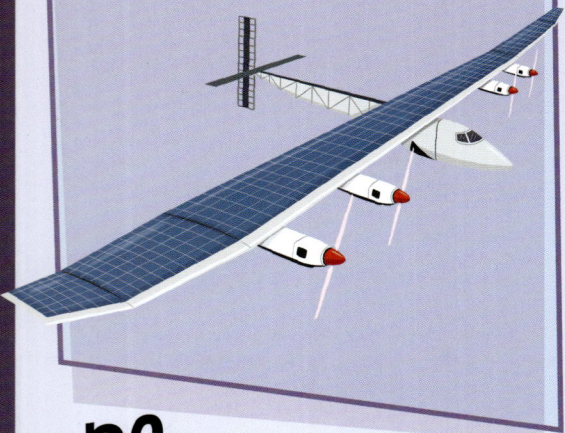

空中出租车

空中客车公司的城市空客是一种作为空中出租车开发的电池供电旋翼飞机，可以飞行15分钟左右，用于满足城市短途使用需求。预计最初城市空客将采用有人驾驶方式，但未来将实现无人驾驶，一次运载4名乘客。

多电机

麦斯威尔X-57是美国国家航空航天局正在开发的一款电池供电飞机，通过14个驱动螺旋桨的电动机提供动力。起飞时，X-57需要所有电动机同时工作，但它仅需要两个翼尖电动机提供动力，就能够以约280千米/时的速度巡航。

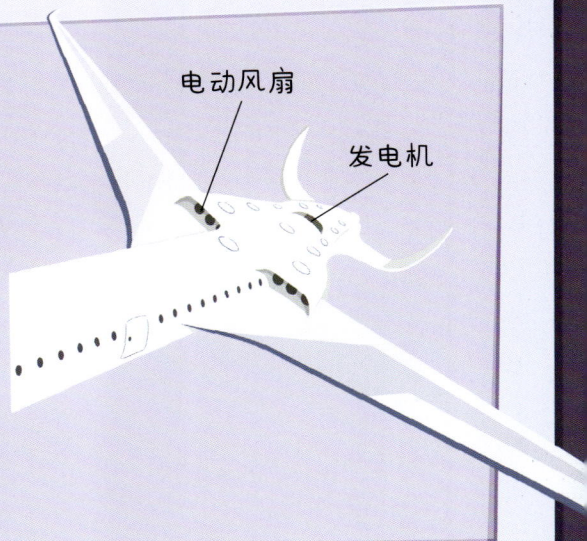

早在1883年，法国科学家加斯顿·蒂桑迪耶就建造并驾驶了第一架电动飞机——飞艇。

有趣的真相

多家飞机制造商目前都在开发电动客机。欧洲宇航防务集团（EADS）正在研发的电动客机名为E-Thrust。该客机由6个电池供电的电动风扇推动，而且可以在每次飞行期间利用小型喷气发动机驱动的发电机为电池充电。

电动风扇

发电机

造型奇特的飞机

在碳纤维等强度优于钢材的轻量材料出现之前，前掠翼是飞机制造领域的一个难题。

设计师和工程师一直在尝试不同的飞机建造方式，以提升飞机的飞行速度，并且优化机型、降低噪声，同时减少对环境的破坏。新型军用飞机需要增强隐身性能，以便成功地执行任务。有时，设计师还会设计特殊用途的飞机，例如空中客车A300-600ST"白鲸"——以鲸的名字命名的飞机。A300-600ST是一架巨型飞机，庞大的货舱可以装载客机零部件，以便运送到飞机制造厂。

飞翼

为了减小导致飞机减速的阻力，将整个飞机设计成机翼形状是一种方法。没有机体或机尾的飞机称为飞翼。但是，这种造型大幅增加了飞行难度，飞行员必须借助计算机才能确保安全飞行。

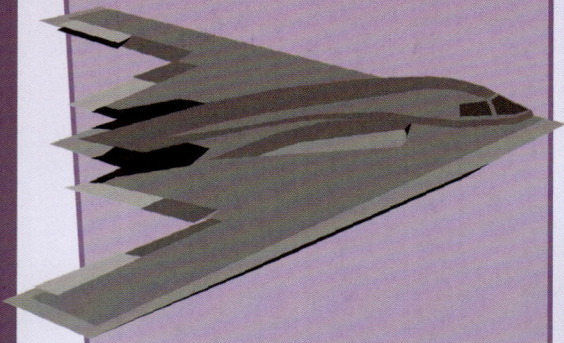

错误的方向

这架X-29实验飞机看上去十分怪异，它的机翼似乎装反了。实际上，这种机翼称为前掠翼。美国国家航空航天局和美国空军制造并试飞了两架前掠翼飞机，而且事实证明反向机翼的效果很出色。

海怪

这架巨型喷气式飞机绰号是"海怪"，能够在不到10米的高度飞越水面。飞行时，这个庞然大物由机翼下方的一层空气垫提供支撑，并借助10台喷气发动机提供动力——前部8台，尾部2台。

第一架超大型运输机是20世纪60年代美国航空航天公司建造的"大肚彩虹鱼"，用于为美国阿波罗太空项目运输巨大的火箭部件。

巨能装

空中客车公司的"白鲸"运输机能够装下长达37.7米、重达42 637千克的物品，因为飞机驾驶舱上方的整个前部都可以打开以装载货物。

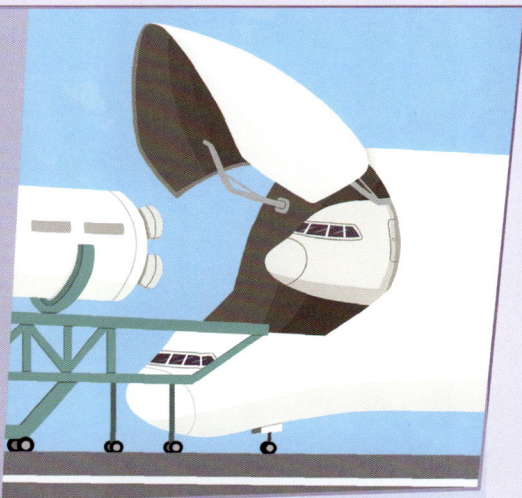

29

术语表

GPS　由24颗绕地轨道导航卫星组成的全球定位系统。

G力　加速度产生的力。

NASA　美国国家航空航天局，美国政府在航空航天领域的主管机构。

操纵面　飞机的部件，例如方向舵、副翼或升降舵，移动操纵面可以操控飞机。

动力伞　可操控的动力降落伞。

飞机　具有固定翼且比空气重的飞行器。

俯仰　向上或向下倾斜机头，飞机的3种移动方式之一。

副翼　与机翼铰接的金属板，可以帮助飞机向一侧翻滚。

高度　飞机飞行时与地面或海平面的垂直距离。

过氧化氢　一种氢和氧组成的化合物，结构与水类似，但氧含量更高。

滑翔机　一种无须引擎提供动力的飞机。

活塞发动机　一种发动机，通过活塞在气缸中的往复运动产生动力。

火箭　一种通过一个或多个火箭发动机燃烧氧气和燃料提供动力的运载工具，氧气和燃料都被放置在火箭内部。

货物　飞机或其他车辆运载的物品。

极超声速　超过5倍声速的速度。

驾驶舱　飞行员控制飞机的座舱，通常位于飞机的前端。

绞车　一种通过动力滚筒缠绕绳索或缆绳来牵引或举升物体的装置。

襟翼　机翼上用于产生更大升力的装置，用于在飞机以较低的速度起飞和降落时保障安全。

控制杆　飞机驾驶舱中的操作杆，移动控制杆可以操控飞机。

螺旋桨　一种具有两扇或多扇桨叶的装置，可以旋转并为飞机或船提供动力。

能量　表示物体做功能力大小的物理量。

气压　作用在单位面积上的大气压力。

轻型飞机　一般指最大起飞质量小于5 700千克的飞机。

三角翼　三角形的机翼。

升降舵　升高或降低尾翼的飞机操纵面。

升力　机翼在空气中移动而产生的向上的力。

推力　推动（移动）物品的力。

陀螺仪　可以始终保持水平的旋转轮或转盘。

氧气　约占地球大气五分之一的一种气体。

翼形　翼的横剖面形状，又称翼剖面。在空气动力学中，通常指剖面形状不变的无限翼展机翼。

增压服　为极高高度飞行飞机和航天器机组人员准备的防护服。

重力　物体由于地球的吸引而受到的力。

阻力　阻挡飞机等物体在空气中或地面上移动的力。

Original title: The Science of Bridges and Tunnels
Author: Ian Graham

版权贸易合同登记号　图字：01-2021-4813

图书在版编目（CIP）数据

厉害了，科学. 桥梁和隧道／（英）伊恩·格雷厄姆（Ian Graham）著；陈彦坤，马巍译. --北京：电子工业出版社，2022.3
ISBN 978-7-121-42971-2

Ⅰ.①厉… Ⅱ.①伊… ②陈… ③马… Ⅲ.①科学知识—少儿读物 ②桥—少儿读物 ③隧道—少儿读物 Ⅳ.①Z228.1
②U448-49 ③U459-49

中国版本图书馆CIP数据核字（2022）第029731号

责任编辑：董子晔　文字编辑：吕姝琪
印　　刷：北京缤索印刷有限公司
装　　订：北京缤索印刷有限公司
出版发行：电子工业出版社
　　　　　北京市海淀区万寿路173信箱　邮编：100036
开　　本：889×1194　1/16　印张：40　字数：483千字
版　　次：2022年3月第1版
印　　次：2022年3月第1次印刷
定　　价：398.00元（全20册）

凡所购买电子工业出版社图书有缺损问题，请向购买书店调换。若书店售缺，请与本社发行部联系，联系及邮购电话：
（010）88254888，88258888。
质量投诉请发邮件至zlts@phei.com.cn，盗版侵权举报请发邮件至dbqq@phei.com.cn。
本书咨询联系方式：（010）88254161转1865，dongzy@phei.com.cn。

厉害了，科学

桥梁和隧道

工程技术的真相

[英]伊恩·格雷厄姆 著

陈彦坤 马巍 译

电子工业出版社

Publishing House of Electronics Industry

北京·BEIJING

目录

前言

从 地球上出现人类以来，我们一直需要穿越河流和山谷。最初，古人利用天然材料搭建简单的桥梁，例如石板、树干和编织的植物纤维。人类挖掘隧道的历史可以媲美桥梁建设的历史。第一条隧道可能是挖掘水渠或有用矿石的意外收获，例如燧石。后来，人们开始挖掘更大的运输隧道。最初的建设者们只能通过反复试验验证桥梁和隧道能否投入实际运用，有时难免经历惨痛的失败。后来，科学家和工程师发现了修筑桥梁和隧道的自然规律，也总结了各类材料的优缺点。随着混凝土和钢等新材料的出现，人们开始建造更长的新型桥梁，挖掘更深的隧道。现在，桥梁和隧道设计已经变成了艺术与工程技术相结合的一门科学。

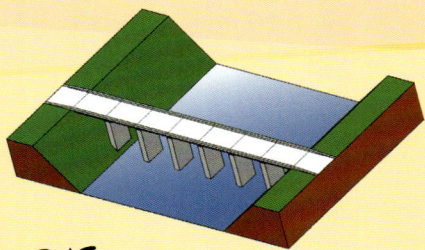

梁桥

梁桥的两端都有支撑，梁（桥墩）承担了桥身及桥上所有人和物体的质量。桥梁的上方受到压力，而底部受到张力（处于拉伸状态），分散桥面压力。

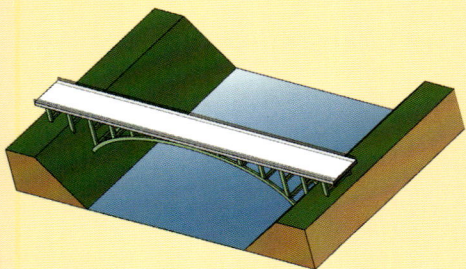

拱桥

拱桥是一种利用压力的桥梁，多采用砖石材料。拱形结构可以抵消压力，让桥梁更坚固。

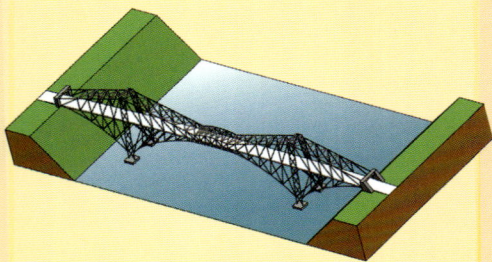

悬臂桥

悬臂是只有一个支撑点的梁，悬臂的上方受到拉力，悬臂下方受到压力。

桥梁类型

桥梁大致可分为4种基本类型：梁桥、拱桥、悬臂桥和悬索桥。所有桥梁都需要承受的作用力包括4种，分别为：压力、张力、扭力和剪切力。压力是挤压力；张力是拉伸力；扭力是扭转的力；剪切力是两个力沿相反方向作用的结果，可以让部件相对滑动，类似剪刀的两个刃。压力和张力最为重要。桥梁设计者必须考虑这些力对桥梁的作用，并增加抵消此类作用力的设计。

至今仍在使用的最古老桥梁是一座建于2900年前的石拱桥，位于土耳其伊兹密尔的梅勒斯河上。希腊发现了超过3600年历史的桥梁遗迹。

斜拉桥是一种特殊的悬索桥，桥面由固定在索塔上的斜拉索支撑。索塔承受压力，斜拉索承受张力。

悬索桥

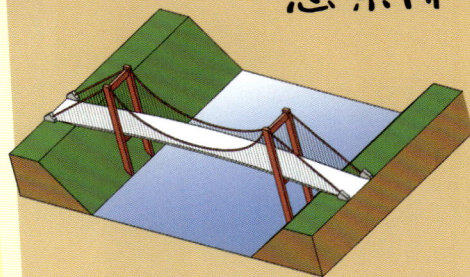

悬索桥悬挂在穿过索塔顶部的主缆上，索塔承受桥的载荷，主缆承受张力。主缆必须足够粗壮才能承受桥梁的自重及负载的巨大质量。

印度东北部的梅加拉亚邦有一种树根桥。这些树木生长在河边，人们用辅助工具引导两岸的树根连起来，形成一座桥。

7

梁桥

梁桥结构简单，而且易于建造，但跨越的距离有限。单座梁桥的长度很少超过80米。不过，人们可以通过连接梁桥的方式增加跨距，也就是建造多座首尾相接的梁桥。数千年来，坚实的岩石或木材一直是建造梁桥的首选材料，但很多现代梁桥使用箱形梁或桁架梁代替了实心梁。美国庞恰特雷恩湖桥是两座平行的梁桥：其中一座建于1956年，包括2243段桥跨；另一座建于1969年，包括1500段更长的桥跨，总长度达38.4千米。

简易石板桥

古代用石板铺成的梁桥也叫作石板桥，建造时间从史前一直持续到了大约15世纪。石板桥低矮而扁平，通常有许多支撑的桥墩。

8

美国庞恰特雷恩湖桥

我还没看到尽头！

桁架桥

桁架桥采用被称为桁架的坚固框架，而非实心梁。桁架非常坚固，而且需要的材料更少，因此比实心梁自重更轻。桁架桥在19世纪非常流行。

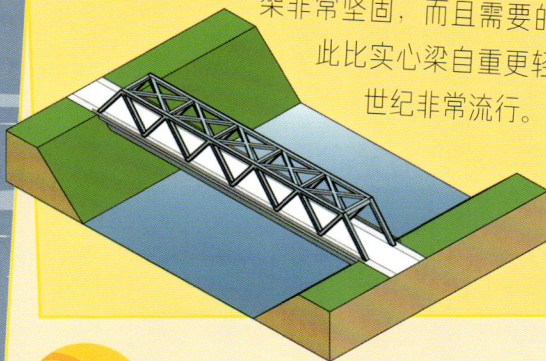

一系列梁桥首尾相连形成的长桥，称为连续梁桥。

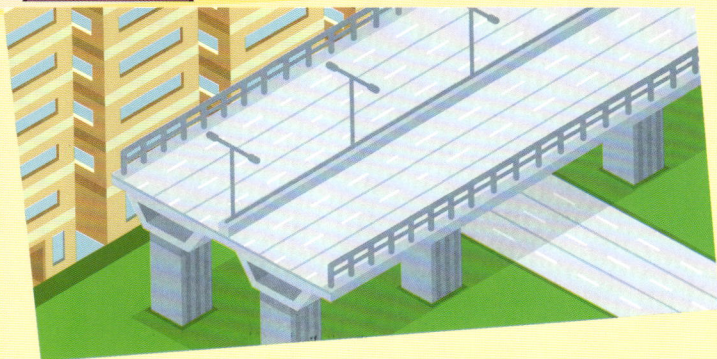

箱梁桥

箱梁桥使用空心的混凝土或钢制箱形梁替代了实心梁。箱形梁还能用于建造其他类型的桥梁，例如现代悬索桥就采用了细长的空心箱形梁桥面。

法国加尔水道桥

拱桥

人类应用拱形结构的历史长达数千年。古罗马人是拱形结构专家，他们利用拱形结构来支撑大型建筑物门窗上方墙壁的质量，并建造了各种拱形桥梁。直到现在，拱桥仍然是最受欢迎的一种桥梁，悉尼港湾大桥就是著名代表之一。拱形结构通常位于桥面下方，从下方提供支撑，但悉尼港湾大桥的桥面从拱形中穿过。由于这种独特的形状，悉尼港湾大桥也被人们称为"晾衣架"。

加尔桥位于法国，建于古罗马帝国时期，是一座将水从山谷运至城镇的高架水渠，也称为渡槽。加尔桥为3层拱形层叠结构，共同承载结构质量。

拱桥受到的压力向两侧传递，因此拱桥两端的拱座必须足够坚固，否则拱桥将坍塌。

混凝土拱桥

借助优质混凝土结构，当代设计师和工程师能够建造以前无法实现的精美、细长的拱桥。例如，工程师在美国俄亥俄州哥伦布市的赛欧托河上建造了一座"身材纤细"的富街桥，这座桥以4道高强度轻质混凝土浇铸而成的拱形纵梁为支撑。

澳大利亚悉尼港湾大桥

全球跨度最大的拱桥是中国重庆的朝天门长江大桥，跨度为552米。

有趣的事实

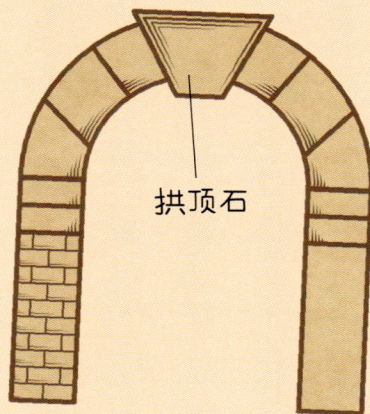

拱顶石

建造过程中，石拱结构无法独立固定，必须依赖支撑框架。只有在嵌入最后一块叫作"拱顶石"的石材之后，拱桥才能形成完整结构，独立承重。

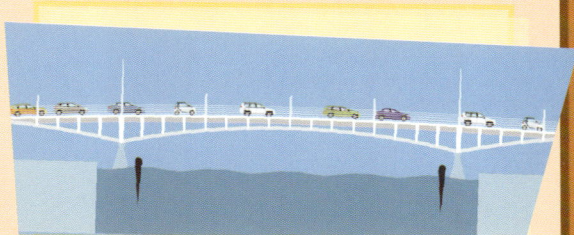

现代拱桥

德国柏林王子桥是对传统拱桥的现代诠释：钢制浅弧拱架伸展到两端，支撑平直的桥面。

悬臂桥

悬臂桥是19世纪出现的一种桥梁，当时新建的铁路项目需要大量的桥梁。与梁桥和拱桥相比，悬臂桥需要的支撑较少，因此非常适合跨越湍急的河流。一座长悬臂桥通常有一对悬臂，悬臂之间通过一座梁桥连接。

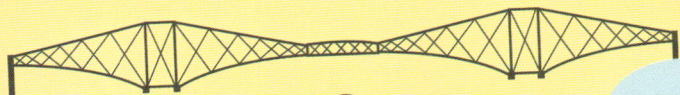

嗒哒！

工作原理

1887年，设计第四铁路桥的3名工程师展示了悬臂桥的工作原理。中间的工程师坐在连接两个悬臂的梁桥上，另外两名工程师代表相邻的两个悬臂。"悬臂工程师"的手臂施加拉力，手臂下方的棍子承受压力。

尽管建于1919年，魁北克大桥仍然是世界上悬臂跨度最长的大桥，达549米。

我感觉不太舒服……

最早的钢悬臂桥之一福斯铁路桥（上图）建于1880年代，横跨苏格兰的福斯湾海峡。

坚实的基础

人们曾用一种无底的巨大沉箱建造基座，利用塔桥的质量将沉箱压入水中，置于河床或海床上，箱内充有压缩空气能够防止水倒灌。工人在沉箱中挖掘水底的泥浆，让沉箱继续下沉，直到遇到岩石。然后，工程师在沉箱中填充混凝土，形成稳固的基座。

13

大型锚固点

悬索桥的质量会将主缆的末端拉离地面，因此工程师必须将主缆末端固定在岩石或混凝土的锚固点中。日本明石海峡大桥的每个锚固点可承受35万吨的拉力。

悬索桥

悬索桥是20世纪流行的一种桥梁，因为它们能够支持的跨度超过悬臂桥，而且无须在下方添加大量的支撑或桥墩。悬索桥是跨越宽阔河流和海湾的理想选择，因为这些地方很难架设桥墩。悬索桥由称为吊杆的钢缆垂直从上方吊住桥面。吊杆悬挂在桥梁的主缆上，主缆固定在桥梁的两端。横跨美国旧金山海峡之上的金门大桥是最著名的悬索桥代表之一。

许多大型悬索桥都很长，甚至会受到地球表面形状（弧形）的影响。因此，悬索桥索塔的顶部距离略宽于底部。

美国旧金山金门大桥

钢丝旋制

主缆由成千上万根高强度的钢丝捆扎而成。金门大桥的主缆约1米粗，每根主缆都由27572根铅笔粗细的钢丝制成。

主缆的横截面

钢丝捆扎而成

简单桥梁

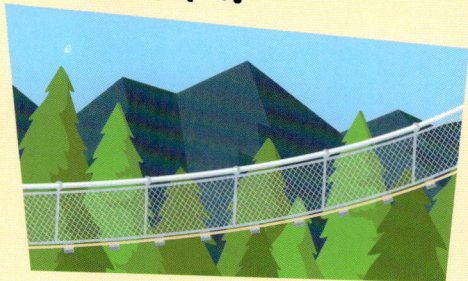

有些悬索桥仍在沿用古代索桥的建造方法，但使用的是现代材料。加拿大卡比兰诺悬索桥是一座钢索人行吊桥。人们借助这座吊桥，可以在树梢间步行穿过卡比兰诺河，同时欣赏美丽的景色。

第一座现代悬索桥是建于威尔士和英格兰安格尔西岛之间的梅奈桥。梅奈桥于1826年完工，至今仍在使用。

你相信吗？

日本明石海峡大桥比最初计划的长度长了1米，因为大桥在建造过程中遭遇了地震，索塔之间的距离增加了1米，因此工程师不得不延长了桥面。

建造耐用的桥梁

要建造坚固耐用的桥梁，必须选择坚固耐用的建筑材料。桥梁的不同部位需要使用不同的材料。精心选择材料可以保证每个部件承受一定的压力或张力。中国的赵州桥是仍在使用的全球最古老的桥梁之一，是一座建于公元605年的石拱桥，目前为止已经经历了10次洪水、8次战争和多次地震。

坚固的材料

钢筋混凝土是常见的修建桥梁的材料，主要由混凝土制成，其中添加了加固钢筋。混凝土具有出色的抗压性，钢筋具有良好的拉伸性，两者结合能够组成非常坚固的建筑材料。

16

稳固的形状

构成桥梁的钢板和桁架通常以三角形的方式连接，因为三角形是最稳固的形状。三角形连接的钢架兼具强度高和质量轻的特性，而且能够减少风的受力面（风可以从结构中穿过）。

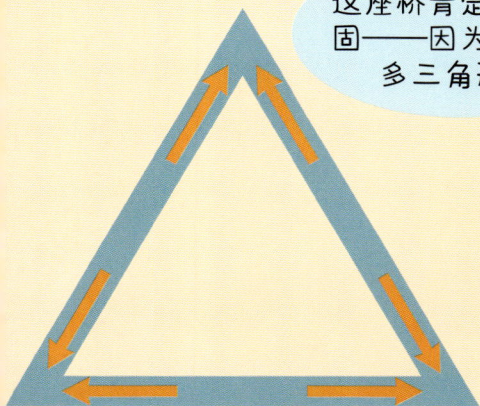

罗马混凝土如此坚固且耐用的秘密是因为其中添加了火山灰。火山灰能够牢固地黏合混凝土，防止开裂，并且可以增强抵御海水侵蚀的能力。

这座桥肯定非常坚固——因为它有很多三角形！

快点儿，我们必须在下次喷发前离开！

三角形十分稳固，因为三角形的每条侧边都锁定了另外两条侧边。

18世纪70年代，建成了第一座铸铁材质的大型桥梁。这座桥横跨塞文河，靠近英格兰的煤溪谷，而且保存至今。

铰链

钢铁升温时会膨胀，冷却时会再次收缩。受温度变化的影响，悉尼港湾大桥的顶部最多可以升高或降低18厘米。拱桥末端的巨型铰链为桥梁提供了一定的伸缩空间，避免因为挤压或拉伸而断裂。

17

螺旋桥

日本河津七泷环形桥是一座螺旋桥，连接两条落差45米的山路。

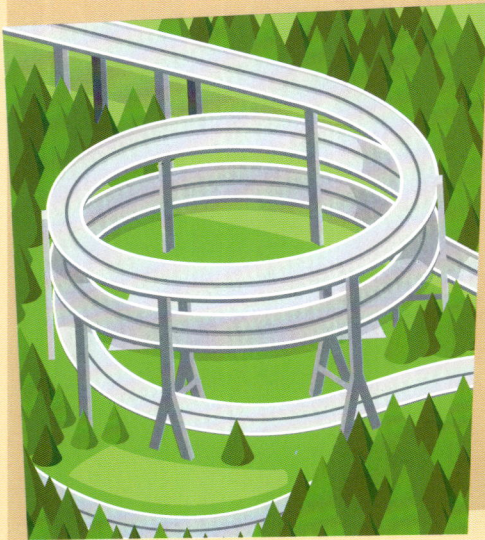

福尔柯克轮可以通过调节水量保证两边的水槽质量一样，因此，将船只从一条运河升高到另一条运河消耗的能量与煮沸8壶水消耗的能量相同。

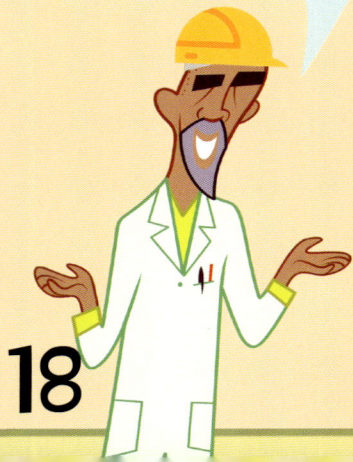

桥梁高度

桥梁通常连接相同高度的河流两岸或山谷两侧，但有些桥梁需要连接高度相差巨大的两个地点。因此，有些桥梁会在一端建造直径很小的螺旋车道，如同旋转楼梯。螺旋车道还适合地面空间狭小，无法建设长坡道来连接桥梁的地方。此外，升降机是应对高度差的另一种方法：先让车辆在一个高度集中，然后通过升降机提升或降低到另一级高度。

苏格兰的福尔柯克轮连接了两条落差为24米的运河，它其实是一个对称设计的大转轮，两边各有一个容量为25万升的水槽，可以容纳4艘20米长的驳船。

架空缆车桥

架空缆车桥将车辆从河的一侧运送到另一侧。在桥跨下方，用钢缆吊着一个桥厢，桥厢四周安装着安全围栏，它像缆车一样往来河流两岸。

路还长着呢！

架空缆车桥发明于1872年，第一座叫作比斯开桥，于1893年在西班牙建造完工，至今仍在使用。短暂流行之后，目前全世界范围内只保留了不到12座架空缆车桥。

桥梁的下沉部分

有趣的事实

垂直升降式桥梁可以使整座桥梁向上抬起，在下方留出畅通的水道，便于船只通过。潜桥则是移动方向相反的一种升降式桥梁，可以直接沉入水下。当有车辆要通过时，它会升起来变成桥。希腊科林斯运河有两座横跨运河的潜桥。

奇特的桥

桥梁设计师和工程师一直在探索新的建造方法，他们甚至建造了漂浮的桥和可以翻卷打开的桥。荷兰是一个低地国家，遍布纵横交错的河流和运河，因此桥梁众多，水运发达，其中最奇特的当属跨越哈林格瓦特河的公路桥——斯劳尔霍夫桥（又叫作飞行吊桥）。这是一座尾桥，当桥下有船只想通过时，安置在河边的一对机械臂会抬升桥面，方便船只通过。

眨眼桥

英国泰恩河上的盖茨黑德千禧桥也叫作眨眼桥，因为这座桥的桥面会倾斜向上抬起，以便船只通行，看起来像眨眼一样。

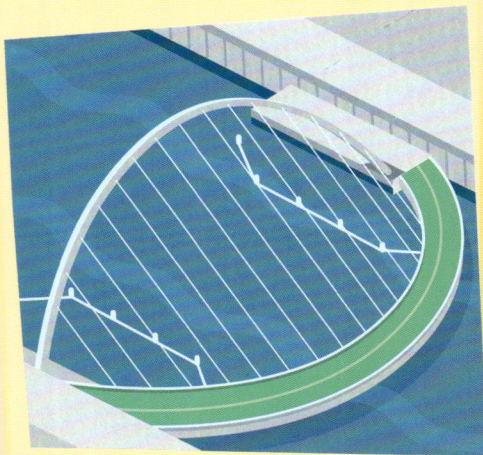

卷桥

这座由托马斯·赫斯维克设计的卷桥可以像机械蠕虫一样卷曲折叠，然后在河岸上形成一个八边形。这是全球独一无二的可以卷曲的桥梁。

低矮的悬索桥

横跨伦敦泰晤士河的干禧桥是一座与众不同的悬索桥，因为它的悬索与桥面平行，位于桥面两侧，而非垂直于桥面上方。所以，行人可以毫无阻挡地欣赏泰晤士河。桥的刚度和强度源于两侧钢缆的拉力。

2000年，伦敦千禧桥落成，由于观光人数过多，晃动幅度超过了预期。为此，这座开放了仅2天的桥关闭了1年多，经过技术人员的整修，安装了减震器，解决了晃动的问题。

你相信吗?

尽管桥梁属于重达数千吨的大型结构，但它也可以漂浮在水面上。古代浮桥依赖船或浮箱浮在水面上，现代浮桥则用空心混凝土浮筒作为"桥墩"。

21

出现事故

突然垮塌

2007年8月1日，美国明尼苏达州明尼阿波利斯市一座位于密西西比河上的钢梁混凝土桥突然断裂坠河。由于叫作角撑板的金属板太薄且强度不足，其中一块碎裂，最终整座桥随之垮塌了。

气象专家需要密切关注桥梁上的天气。如果风大到足以吹动车辆，或者桥面开始结冰，桥梁就要关闭。

安全和耐用性（可以持续使用数十年）是桥梁设计的关键要素，但极少数情况下，桥梁也难免出现问题。出问题的原因可能是桥梁设计中存在失误，也可能是建造过程中埋下了隐患。桥梁的关键部分可能断裂，或者因为材料被腐蚀发生意外。极端天气也能够导致桥梁遭到破坏。1879年12月28日，横跨苏格兰泰河的一座铁桥在一列满载旅客的列车经过时断裂。经调查发现，这座桥断裂的主要原因在于强度不足以抵抗当晚的大风。

飓风

2005年，卡特里娜飓风席卷了美国新奥尔良市。飓风卷起的巨浪冲毁了庞恰特雷恩湖上的10号州际公路大桥，大桥有数十段桥面离开了桥墩，有些发生了位移，其他部分坠入了湖中。

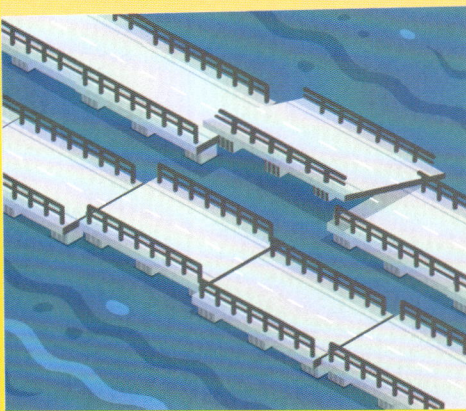

全世界桥梁的总数目前还没有确切统计，仅美国就有大约60万座各类桥梁。

交通事故

有时，桥梁可能因交通事故而损坏。2013年，一辆卡车撞到了美国5号州际公路华盛顿段的斯卡吉特河桥，导致桥梁部分坍塌。这座桥当时已经使用了近60年。更现代的设计增强了桥梁应对此类事故的能力。

你相信吗？

19世纪，英军和法国的两座悬索桥在部队行军经过时垮塌。这是因为队伍齐步前进时引发桥身共振，所以，此后士兵必须缓步过桥，不得齐步行进。

一二一，
一二一！

23

挖掘隧道

隧道承受的力与桥梁相同——压力、张力、扭力和剪切力。隧道周围的土壤和岩石向内挤压隧道，隧道的形状、结构和建造材料必须承受这些强大的力量。挖掘隧道主要包括3种方式：炸药爆破、徒手挖掘，以及利用巨型隧道掘进机进行挖掘。

磨齿

隧道掘进机前端的钻头缓慢旋转，利用磨齿或切割轮切削岩石。挖出的碎石落在掘进机的传送带上，再被输送到等候的卡车上。然后，掘进机继续向前移动，磨碎更多的岩石，在身后形成一条完美的圆形隧道。

隧道衬砌

在隧道掘进机的后方，一台起重机将沉重的混凝土预制块放置到相应位置，建成坚固的隧道衬砌。采用互锁混凝土块作为衬砌后，圆形隧道的强度足以抵抗周围的压力，并且可以让力均匀作用于整条隧道。

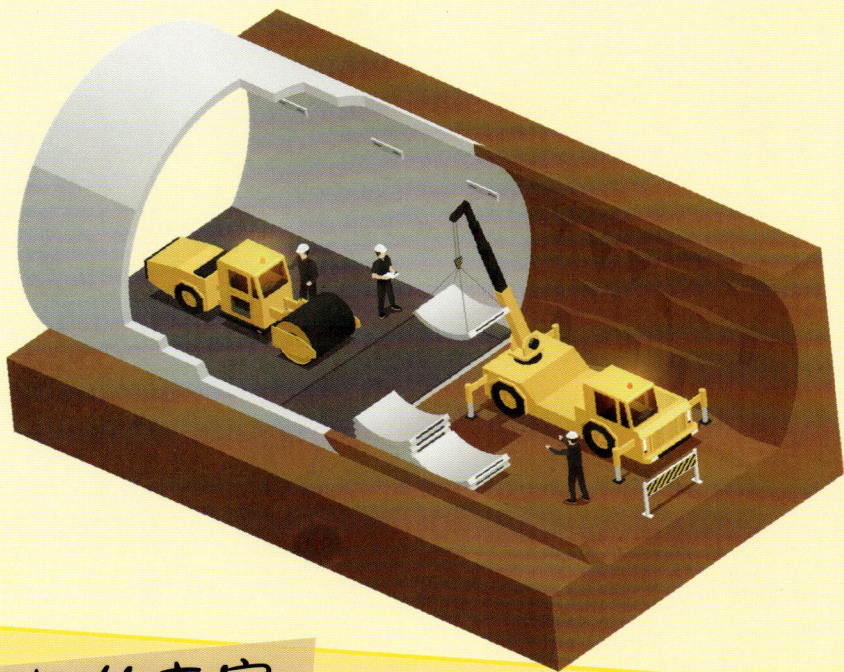

1863年，伦敦建成了世界上第一条地下铁路，其他城市紧随其后。1904年，纽约地铁投入使用。

爆破

对于隧道掘进机无法切碎的坚硬岩石，工程师必须使用爆破的方法进行清理。先在岩石上钻孔并装填炸药，再进行引爆。爆炸将炸碎岩石，然后爆破专家继续在新的隧道工作面进行爆破，直到隧道完工。

3、2、1，轰！

有趣的事实

有一种隧道挖掘方法叫作箱涵顶进——使用千斤顶将预制箱形混凝土隧道直接压入松软的土壤中，然后挖掘出隧道中的泥土。

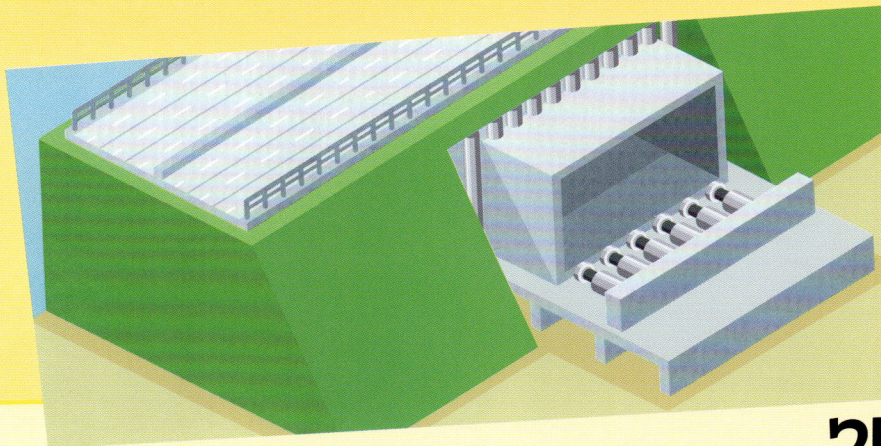

水下隧道

在挖掘英吉利海峡隧道时使用了11台大型隧道掘进机，其中6台用于挖掘3条海底隧道，另外5台用于挖掘隧道的陆地部分。

在水下挖掘隧道难度大且危险，因为水底的泥土通常十分松软，而且很可能出现渗水和淹没隧道的危险。如果能找到条件合适的岩石层，工程师可以使用隧道掘进机挖掘隧道；如果没有，工程师可以使用一种叫作"沉管法"的方法，在河床或海床表面铺设隧道。最大的海底隧道系统是连通英国和法国的英吉利海峡隧道，该系统实际包括3条隧道，其中2条是铁路隧道，第3条是辅助隧道。

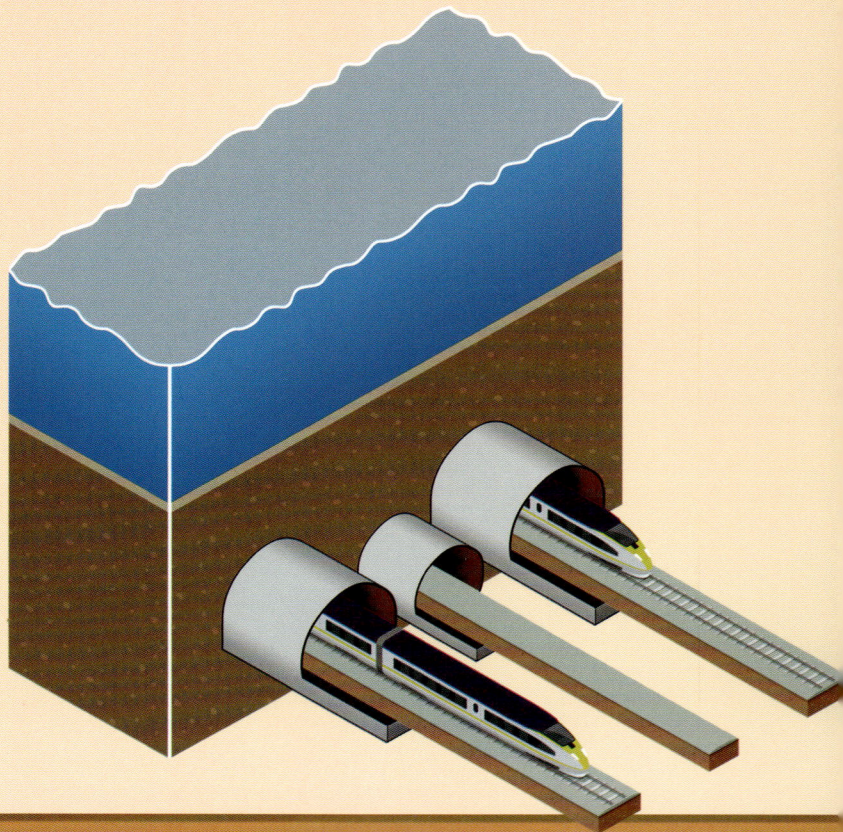

荷兰隧道

从地下穿越纽约市哈得孙河的荷兰隧道是最早的现代水下公路隧道之一，也是第一个安装风扇以排放大量汽车尾气并交换新鲜空气的隧道。该隧道于1927年完工通车，至今仍在使用。

沉管法

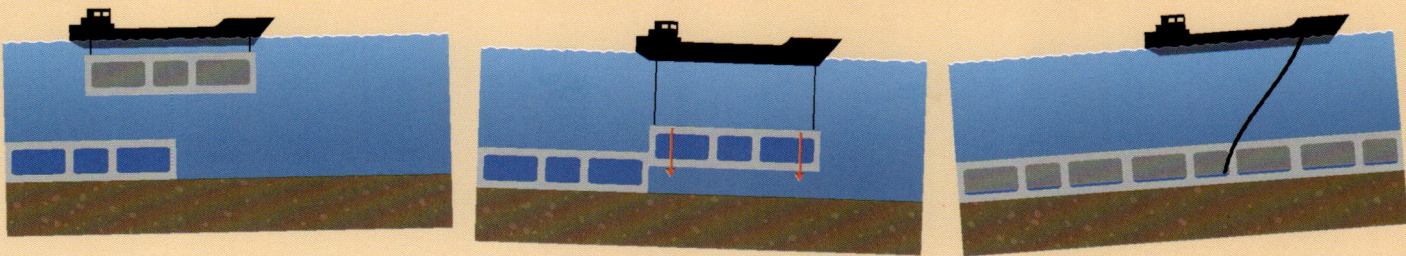

用沉管法建造隧道通常采用分段建造。每段沉管都用混凝土制成，两端都必须密封，防止水渗入。然后，将沉管拖运到设计好的位置并沉入水中。最后，连接沉管，抽空管中的水。

1916年，在修建纽约东河隧道项目时发生了一起事故，使得3名工人像子弹一样穿过隧道壁、河床、河水，被弹射到了空中。最终，有一人幸存下来！

又长又深的隧道

连接日本本州和北海道的青函海底隧道是目前世界上最长且最深的海底隧道，隧道位于海床下方100米，最深处距离海平面240米，全长近54千米，其中近一半位于海底。

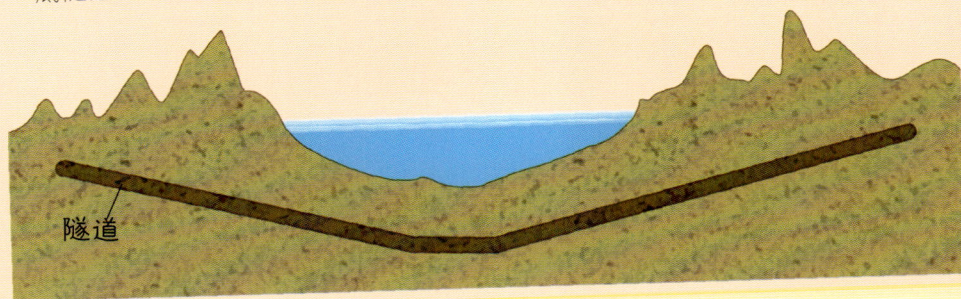

隧道

隧道盾构

有趣的事实

在挖掘隧道的过程中，掘进机一直都会面临岩石塌陷被掩埋的风险。因此，隧道掘进机的前部通常都会包裹着称为隧道盾构的外罩，防止隧道塌陷，并帮助完成衬砌。

桥梁隧道

旧金山-奥克兰海湾大桥是一座独一无二的大桥，因为这座桥分为东西两段，中间通过贯穿岛屿的地下隧道相连。

运输通道有时既需要建造桥梁也需要建造隧道，因为要跨越的距离过长，可能无法依赖单独一座桥梁实现，或者地理环境完全不适合建造桥梁。挖掘隧道的成本远高于建造桥梁，因此有些时候人们会首先建造一座桥梁，然后挖掘隧道来完成连接。如果桥梁和隧道在水中相遇，那么工程师必须在连接点专门造一座岛。

此路不通？

瑞典马尔默市海岸的厄勒海峡大桥似乎仅连通了厄勒海峡中的一座小岛，但实际上这座桥与连通丹麦的德罗登隧道相接。为什么没有建造一座跨越海峡的高架桥呢？因为这可能会影响飞机在哥本哈根机场起降。

保障航运畅通

美国弗吉尼亚州切萨皮克湾大桥隧道包括4座桥梁、2条隧道和4座人工岛。修建隧道是为了避开2条繁忙的航线（兼重要的军事航道）。为了避免桥梁在战时阻碍航道，美国海军要求挖掘隧道来保障航运畅通。

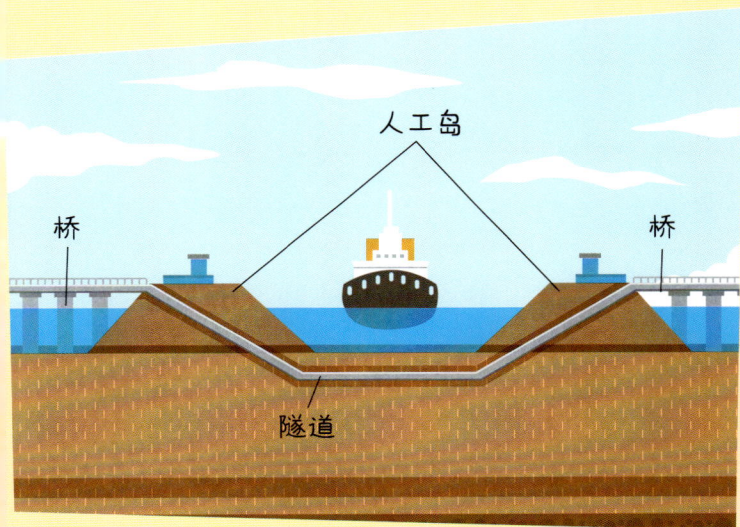

桥　　人工岛　　桥

隧道

沉管隧道

莫尼特-梅里麦克纪念桥梁隧道是一个4车道公路桥梁隧道系统，连接美国弗吉尼亚州的纽波特纽斯市和萨福克市。长度1.5千米的隧道段于1992年完工，是一条沉管隧道，由15段预制管道在海床表面连接而成。

厄勒海峡大桥最初计划通过名为萨尔索姆岛的天然岛屿与隧道相连，但为了保护萨尔索姆岛上的动植物，最终工程师专门建造了一座人工岛屿。

有趣的事实

东京湾的水手可能会注意到这个形状类似帆船的物体，这实际是东京湾跨海高速路海底隧道通风孔的顶部。

术语表

沉管隧道　分段预制，然后运输到指定位置，最后在水下连接组装的隧道。

沉箱　底部开口的箱子，内部的高气压可以防止水进入。

堤道　横跨水域或湿地的高架道路或人行道。

渡槽　用于输送水的桥梁。

浮箱　支撑浮桥的平底船或其他漂浮结构。

腐蚀　一种缓慢改变并损坏金属、石材或其他材料的化学过程。

钢　一种主要由铁和碳构成的金属。

钢筋混凝土　添加钢筋的加强混凝土。

工程师　设计、建造机器或建筑的人。

拱顶石　拱形结构中央的石块，可以锁定拱形结构的其他部分。

固定载荷　桥梁等结构自身的质量。

混凝土　沙子、水泥、石块（或砾石）与水混合制成的一种建筑材料。

活动载荷　桥上人员及车辆的质量。

剪切力　两个反方向力作用的结果，能够让结构像剪刀刀片一样相对位移。

简易石板桥　将石板铺在石墩上形成的一种简单桥梁。

角撑板　结构中固定连接部位的金属板，用于结构加固。

飓风　大西洋和东太平洋地区强大的热带气旋，飓风中心天气晴朗、风力较小的区域称为"风暴眼"。在世界其他地区也称为台风或旋风。

梁　支撑负载的石头、金属或木材。

桥墩　抬升桥面的桥下支撑物。

桥台　拱桥末端的结构，具有固定拱桥的作用。

人行桥　一种只能步行穿越的桥梁。

箱梁　箱形的空心梁。

运河　人工水道。

纵梁　一种用于建筑结构的铁或钢制梁。

本书中文简体版专有出版权由Salariya Book Company Ltd经由墨颐书籍版權代理授予电子工业出版社，未经许可，不得以任何方式复制或抄袭本书的任何部分。

版权贸易合同登记号　图字：01-2021-4813

图书在版编目（CIP）数据

厉害了，科学. 鼻涕和痰 /（英）菲奥娜·麦克唐纳（Fiona Macdonald）著；陈彦坤，马巍译. --北京：电子工业出版社，2022.3
ISBN 978-7-121-42971-2

Ⅰ.①厉…　Ⅱ.①菲…　②陈…　③马…　Ⅲ.①科学知识－少儿读物 ②人体－少儿读物　Ⅳ.①Z228.1 ②R32-49

中国版本图书馆CIP数据核字（2022）第029035号

责任编辑：董子晔　特约编辑：刘红涛
印　　刷：北京缤索印刷有限公司
装　　订：北京缤索印刷有限公司
出版发行：电子工业出版社
　　　　　北京市海淀区万寿路173信箱　邮编：100036
开　　本：889×1194　1/16　印张：40　字数：483千字
版　　次：2022年3月第1版
印　　次：2022年3月第1次印刷
定　　价：398.00元（全20册）

凡所购买电子工业出版社图书有缺损问题，请向购买书店调换。若书店售缺，请与本社发行部联系，联系及邮购电话：（010）88254888，88258888。
质量投诉请发邮件至zlts@phei.com.cn，盗版侵权举报请发邮件至dbqq@phei.com.cn。
本书咨询联系方式：（010）88254161转1865，dongzy@phei.com.cn。

厉害了,科学

鼻涕和痰

呼吸的真相

[英]菲奥娜·麦克唐纳 著

陈彦坤 马巍 译

电子工业出版社·

Publishing House of Electronics Industry

北京·BEIJING

目录

呼气、吸气是每个人每时每刻都在做的事，因为生命不息，呼吸不止。通过呼吸，我们将氧气（空气中包含的一种气体）送入肺部，大脑和身体需要氧气来确保机能的正常工作。如果没有呼吸，不能吸入氧气，生命将很快消逝！

通常，我们很少会留意呼吸的动作，这是一种自发的行为。不过，如果得了感冒或哮喘，或者枯草热发作，我们就可能感觉呼吸困难。我们的鼻子、嗓子、气管和肺将被黏糊糊、滑溜溜的黏液阻塞。这些黏液的学名叫作鼻涕或痰。当感觉呼吸不畅时，我们会用力吸气、打喷嚏、咳嗽、擤鼻子。

过多的鼻涕或痰可能让人难以忍受，不过这些黏滑的液体是不可或缺的，在体内发挥着重要的作用。阅读本书，来了解更多真相吧！

生命的气息

吸入氧气……

在肺中，氧气穿过数以百万计的肺泡的外壁，进入毛细血管，溶于血液。然后与血液中的红细胞结合，并随血液循环到达全身各部位，进而与从食物中获取的营养物质发生反应，释放出人体需要的能量。

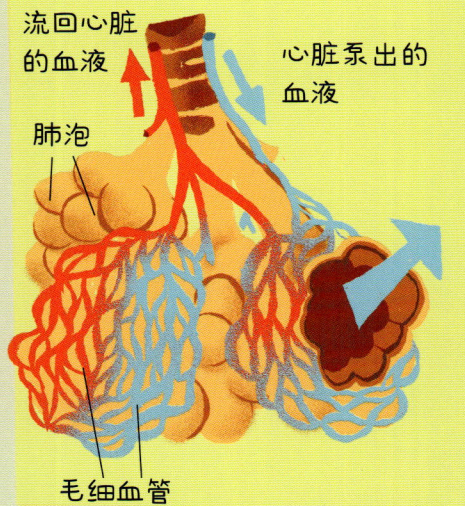

流回心脏的血液

心脏泵出的血液

肺泡

毛细血管

正常情况下，一个人每天要消耗超过550升的氧气。其中，大脑的氧气消耗量占比达到了惊人的20%——大脑需要消耗大量的能量来接收并分析信息，例如，发出电信号指令，指挥人体器官发挥各自的功能。

呼吸是人体的基础功能之一，人体负责呼吸的一系列器官称为呼吸系统。呼吸系统中的每个器官各司其职。当我们吸气时，包含氧气的空气通过鼻子（和/或口）进入体内，沿气管经喉咙进入肺；当我们呼气时，肺使废气（二氧化碳和水蒸气）沿相同的路线反向流动，离开肺被排到体外。从鼻子到肺，人体呼吸器官的内表面都覆盖着一层黏滑的黏液，能够发挥类似机械设备润滑油的作用，保证呼吸系统的顺利运行。总之，我们的呼吸系统需要这些黏液！

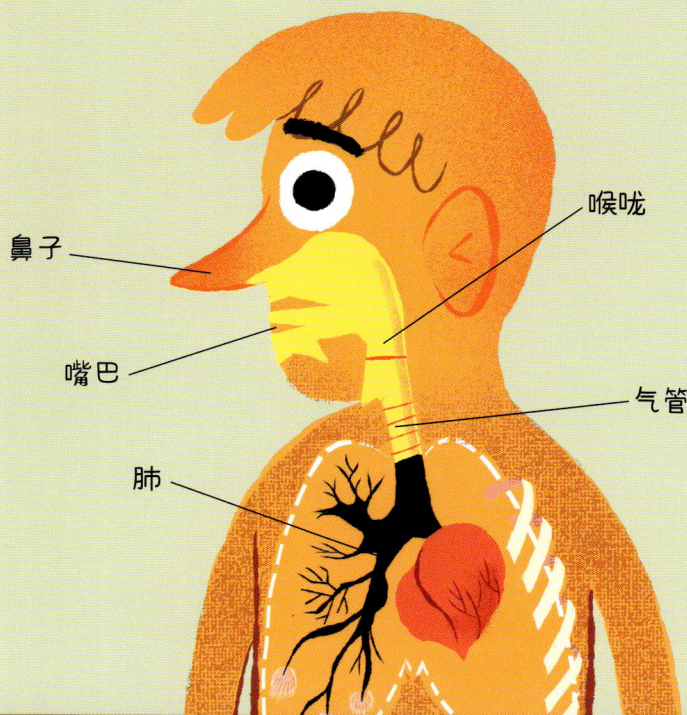

喉咙

鼻子

嘴巴

气管

肺

……排出废气

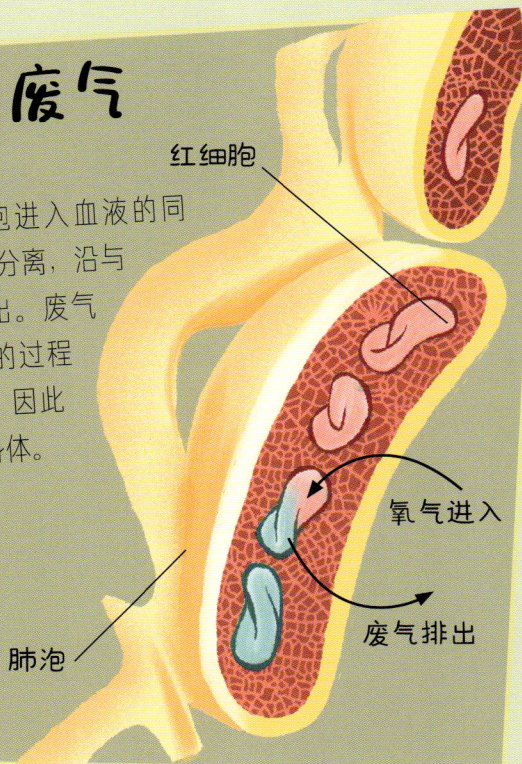

红细胞

在氧气通过肺泡进入血液的同时，废气会与红细胞分离，沿与氧气相反的方向排出。废气是身体在消耗能量的过程中产生的有毒气体，因此我们必须将其排出身体。

氧气进入

肺泡

废气排出

有趣的真相

在平静的状态下，我们呼吸的频率大约为每分钟20次。在运动时，我们呼吸的频率将显著加快。马拉松运动员的呼吸频率能够达到每分钟45次，短跑运动员可以达到每分钟60次。

60

20

强有力的肌肉

呼吸系统吸入和呼出气体靠的是胸部、背部和腹部的肌肉。吸气时，腹部的一块肌肉——膈膜将收缩，胸腔扩张，形成便于空气进入的低气压；呼气时，膈膜松弛，胸腔缩小，挤压肺部，排出废气。

我们呼吸的空气中包含：78.1%的氮气、20.9%的氧气、0.93%的氩气、0.031%的二氧化碳，以及微量的稀有气体，可能还包含多达1%的水蒸气。不过，不同地区和环境的气体含量和构成并不完全相同。

吸入

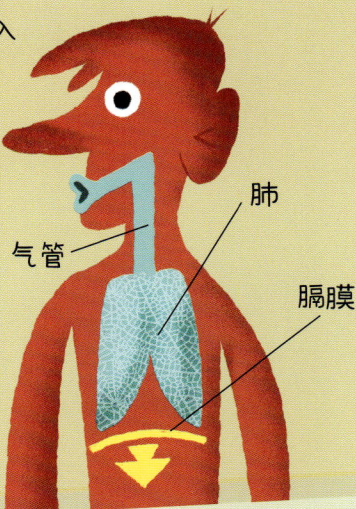

气管

肺

膈膜

呼出

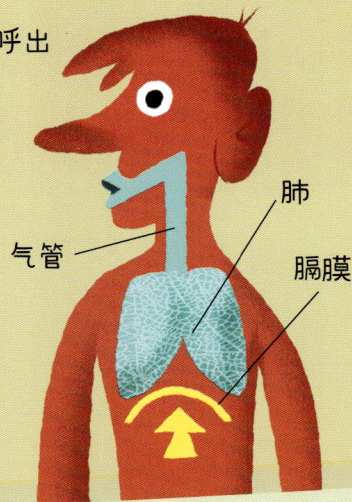

气管

肺

膈膜

保护和幸存

不要抠鼻子！擤鼻涕是一个相对更安全、更好的选择。鼻涕通常包含大量的病毒和细菌——抠鼻子会让你的手指沾满病毒和细菌，甚至会四处传播。这可不是一个好习惯！

鼻涕和痰是强大的卫士，能够防止外界的致病菌、尘土及其他危险且有刺激性的物质进入人体。黏液可以包裹并"捕捉"所有"入侵者"，形成浓稠且黏糊糊的鼻涕和痰，然后通过咳嗽或擤鼻涕的方式排至体外。黏液中可能还包含从血管"溢出"的白细胞，而白细胞属于对抗有害细菌的免疫细胞，能够保护呼吸系统脆弱的内表面，防止内表面变得粗糙、干燥、被撕裂或刮伤。

鼻涕可以告诉我们什么？

正常的鼻涕清澈且容易流动。当你的身体出现异常时，鼻涕的颜色也有变化。

白色：鼻腔发炎	黄色：你感冒了	绿色：细菌感染	红色：鼻腔出血	棕色：鼻腔污垢	黑色：真菌感染，马上去看医生！

哦，亲爱的，我觉得鼻涕不是这样的颜色。

细菌

噬菌细胞

噬菌细胞"吞噬"细菌

噬菌细胞破坏细菌

致病菌吞食者

呼吸系统的黏液包含数以百万计的噬菌细胞——能够"吞食"并杀死致病菌的特殊白细胞，从而"吞食"并破坏致病菌。每时每刻人体都在产生新的噬菌细胞，而死亡的噬菌细胞将以痰或鼻涕的形式从口或鼻子排出。

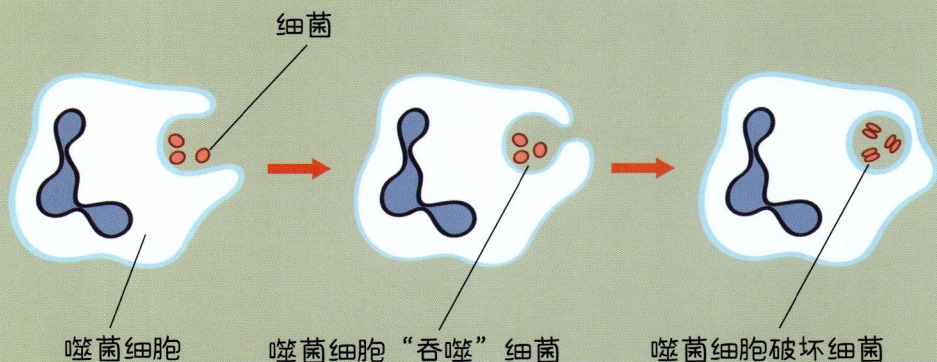

有多少！？

一个人平均每天产生3.5~5杯（1~1.5升）黏液，鼻子和肺是"生产"黏液的主力。不过，人体的其他部位也会产生黏液，例如胃和肠子。黏液能够保护这些器官的内壁，帮助食物和废渣顺利移动。

希望我不会这么做！

黏液包含溶解酵素——一种可以对抗感染的酶（天然的化学催化剂）。说到酶，这种化学物质的发现过程实在令人意外。一天，科学家亚历山大·弗莱明的一滴鼻涕从鼻子上滴下，落在了细菌培养盘上。结果，培养盘中的细菌全被杀死了！

令人侧目的数据

健康的黏液能够拉伸，因为其中包含来自身体多个不同部位产生的化学物质——黏蛋白。黏蛋白形似细长的线，能够相互纠缠黏合——就像炒制的糖浆一样，是鼻涕黏滑而有弹性的主要原因。

q

为什么会流鼻涕

在身体健康的情况下，鼻腔内部的特殊细胞会产生恰好足够的黏液，来维持器官的正常机能。鼻子能够温暖人体吸入的空气，帮助人们保持恒定的体温，这是鼻子的主要功能之一。与此同时，鼻腔中的鼻涕及鼻孔中的毛发可以防止灰尘进入。但是，如果鼻腔内壁出现炎症或被感染，黏液细胞将产生非常多的鼻涕，部分可能会滴落，因为这些黏液总要有地方可去！

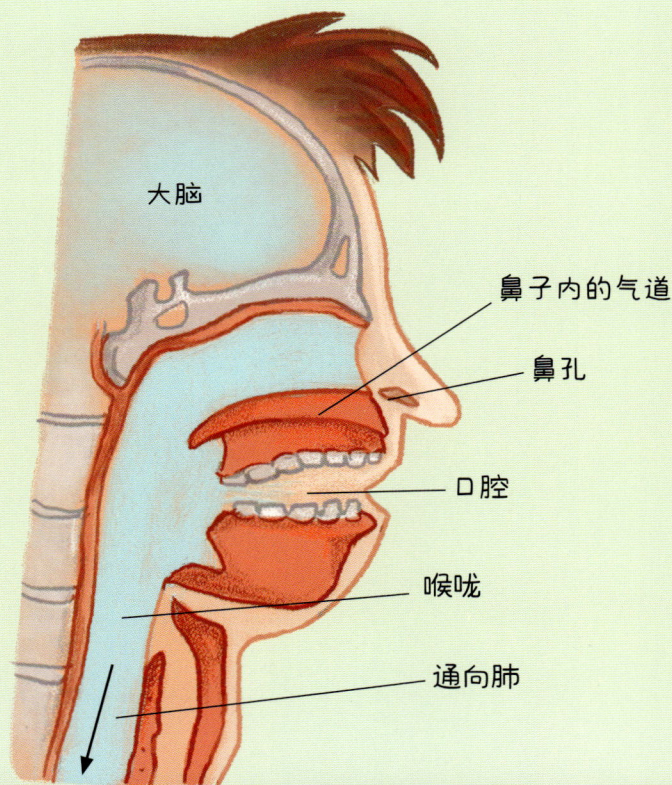

吸溜、吸溜，天真冷！

天冷也是流鼻涕的一个原因！当冰冷的空气进入鼻孔后，鼻腔内壁的毛细血管中会聚集更多温暖的血液，以帮助升高鼻腔内空气的温度。不过，额外的血液也会刺激黏液细胞产生更多的鼻涕。

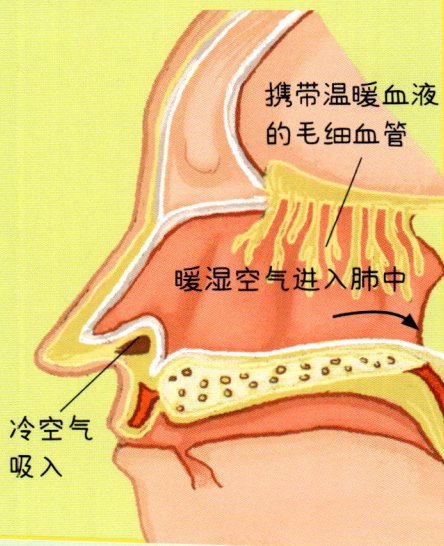

携带温暖血液的毛细血管

暖湿空气进入肺中

冷空气吸入

大脑

鼻子内的气道

鼻孔

口腔

喉咙

通向肺

10

吸气和吞咽

人们会通过咳嗽、吐痰、擤鼻涕等各种方法将鼻涕和痰排出。不过，人体每天都会产生大量的黏液，其中的绝大部分最终进入胃——我们会在没有意识到的情况下吞咽黏液，而胃中的强酸可以杀死黏液中所有的病毒或细菌，然后黏液将与其他食物一起被消化吸收。

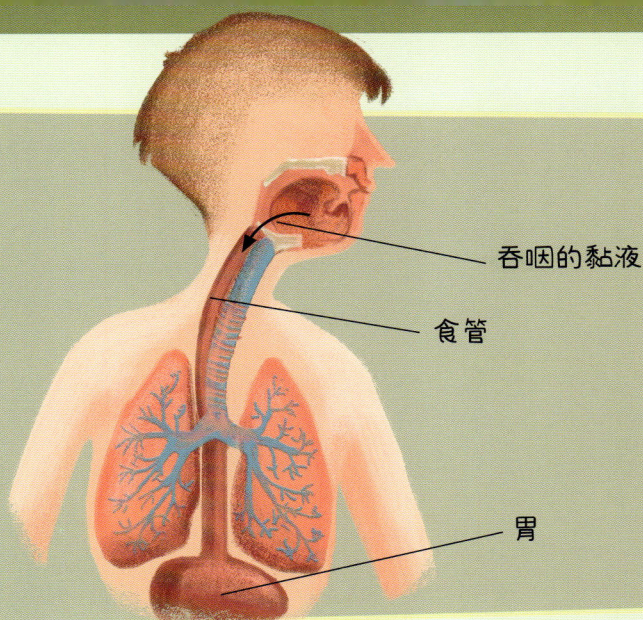

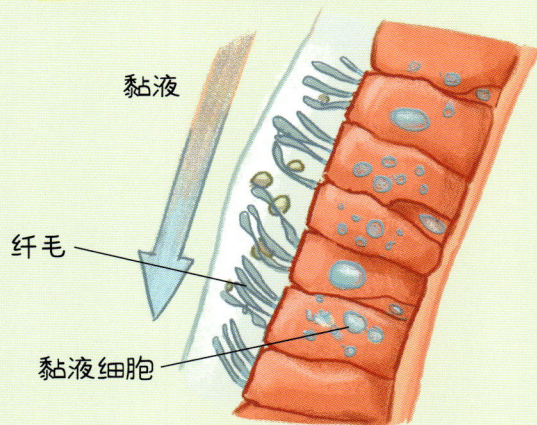

吞咽的黏液

食管

胃

动起来，别停下

我们的呼吸道内壁长着很多纤毛，纤毛能够像纤细的"手指"一样轻轻地弯曲，帮助黏液流动，确保正常数量的鼻涕和痰不会在从鼻子到肺的呼吸道上的任意位置形成阻塞。

黏液

纤毛

黏液细胞

不同的人长着不同形状和大小的鼻子，目前人类鼻子长度最长的纪录为8.8厘米，其主人是来自土耳其的穆罕默德·奥兹瑞克。

令人侧目的数据

人的一生中，鼻毛的总长度可以达到2米。不过，鼻毛通常在长度达到1厘米时脱落。然而，有些人（特别是老年人）的鼻毛可能变得不容易脱落，而且会持续生长。

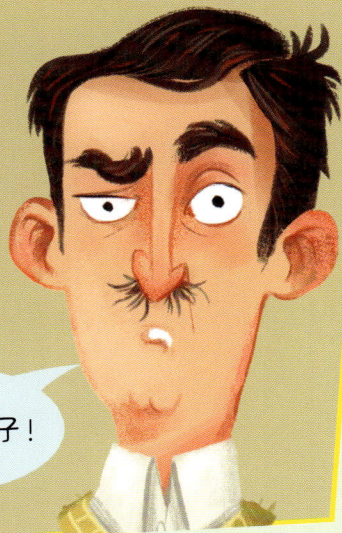

这不是胡子！

11

鼻窦、扁桃体、腺样体

得了鼻窦炎？小口地大量喝水（热饮），可以帮助稀释鼻涕，避免鼻涕形成淤塞。

什么是鼻窦、扁桃体和腺样体？鼻窦指鼻梁上方双眼之间的颅内空间。扁桃体和腺样体位于喉咙内部和鼻腔后部，属于海绵状淋巴组织，包含数以百万计的红细胞和白细胞。鼻窦、扁桃体和腺样体都可以帮助我们呼吸：鼻窦可以温暖进入鼻腔的空气，扁桃体和腺样体可以帮助控制可能引发疾病的细胞，保持人体的健康，保证人们可以顺畅地呼吸。

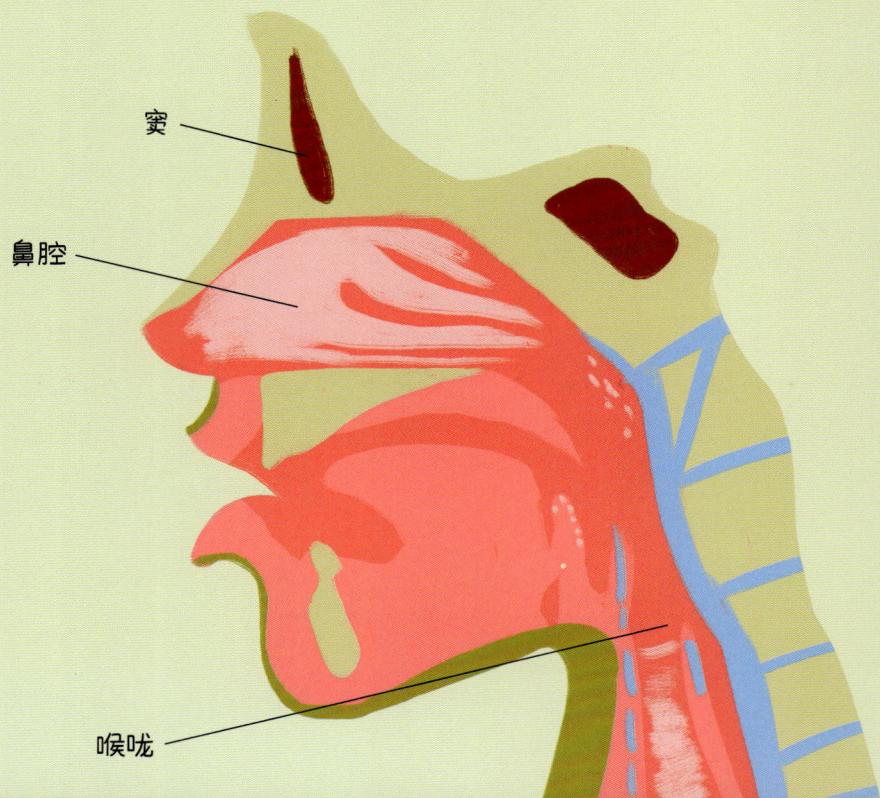

疼！发炎了……

有时候，鼻涕可能成为致病细菌繁殖的"温床"。或者，鼻窦可能充满鼻涕和黏液。无论哪种情况，静止不动的黏液团都会对其周围的皮肤和骨骼产生压力，引发疼痛和炎症，即鼻窦炎。

窦

鼻腔

喉咙

正常的健康纤毛

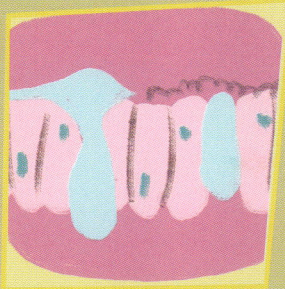

鼻窦炎：内壁发炎，纤毛无法移动

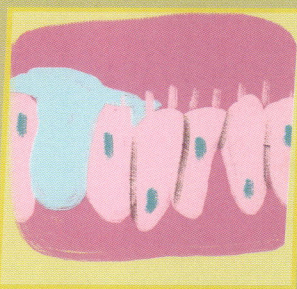

反复发炎：内表面出现伤疤，纤毛被破坏

窦疤

鼻窦发炎时，细菌会侵袭鼻窦和鼻腔内壁，白细胞在发炎部位聚集并吞噬致病菌。炎症有可能留下疤痕，抑制纤毛，影响黏液的顺畅流动。

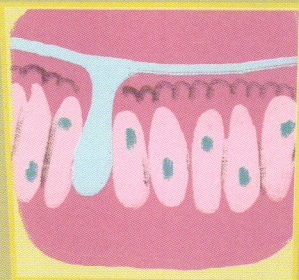

肿大的腺样体

肿大的扁桃体

喉咙

气管

受感染的免疫系统

大多数时候，扁桃体和腺样体都能帮助抵御疾病。不过，如果受到感染，这些免疫组织也可能阻塞鼻腔和喉咙部位的输气通道，引发疼痛和呼吸困难，甚至出现难闻的口腔异味！

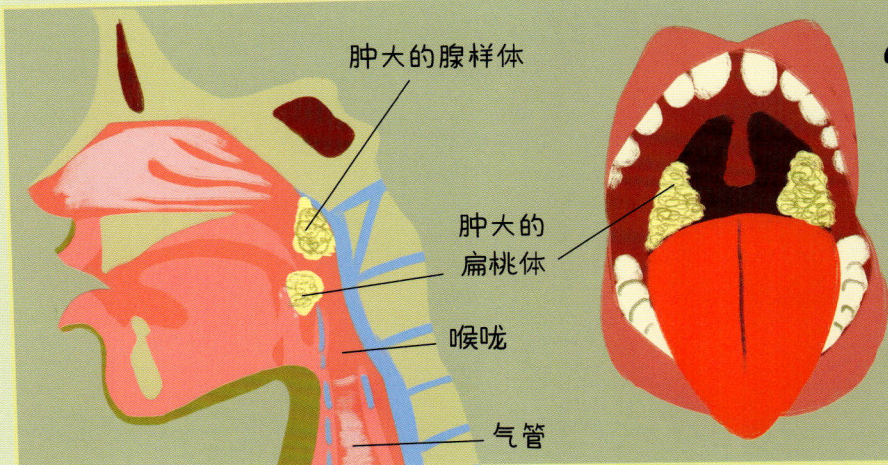

扁桃体由结实的海绵组织构成，弹性十足，掉落在地上甚至可以像橡胶球一样回弹！

有趣的真相

啊呀呀！健康而干净的颅内空间——鼻窦能够帮助发出清澈、洪亮且悦耳的声音，还可以作为回声室，让声音更响亮。很多歌剧演员都有出众的鼻窦！

感冒病毒

感冒可能是人类最司空见惯的疾病之一：每个人都无法避免感冒，有人甚至可能一年感冒多次。每年冬天，美国可能出现多达10亿人次的感冒患者。以往，人们以为寒湿是引发感冒的原因，因此，中国古代人们称感冒为"伤寒"。不过，现在我们都知道感冒有可能是病毒引发的。病毒是一种微小的生物，是可以入侵其他生命体的细胞。通常大多数感冒出现在身体疲倦或者压力过大的时候，或者在鼻子和喉咙的防御能力较弱时。

感冒的生命周期

第2天到第3天 你的鼻子开始感到不适，出现鼻塞、打喷嚏、身体疲倦、发冷或疼痛等症状。鼻子和喉咙都会疼痛。此时的你应该休息并大量饮水，让所有免疫组织做好准备！

第1天到第2天 你得了感冒！目前身体还没有太大的反应，不过病毒正在迅速繁殖，攻击呼吸系统的内壁。

第3天到第5天 鼻涕不断地从鼻子流出。起初是清鼻涕，后来会变成白色、黄色或绿色的鼻涕，这意味着在鼻腔和喉咙部位聚集的白细胞正在吞噬病毒。或许，你需要继续卧床休息一天。

病毒······

喉咙也有可能感染感冒病毒，出现发红、疼痛且刺痒的症状，但疼痛一般不会长时间持续。

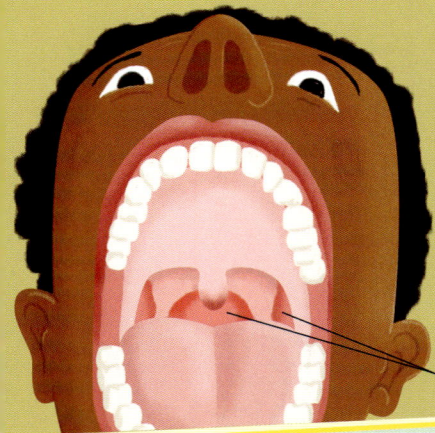

啊——

发红、肿胀的喉咙和扁桃体

······还是细菌？

当受到细菌侵袭时，喉咙的疼痛可能加剧并且长时间持续这一状态。我们的喉咙可能呈深红色，舌头可能覆盖着厚厚的舌苔，扁桃体也变得肿大且长有白色的溃疡。

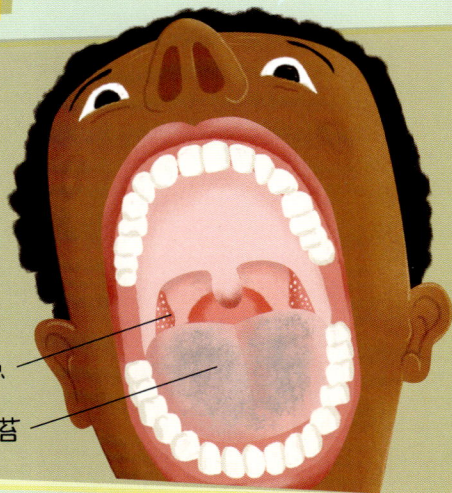

白点

灰白色舌苔

第5天到第6天 咳出去！有些黏液可能进入肺，而肺也会产生痰（混合了白细胞和水性分泌物的黏液）。你需要咳嗽，把痰咳出去。如果感觉身体虚弱，或者出现了头疼或体温升高的症状，请卧床休息。

有趣的真相

可以感染人类的感冒病毒超过了300种，并且感冒病毒一直在不断地变异，这也是感冒如此常见但却缺乏有效治疗手段的原因所在。

第7天到第10天 感觉好些了吗？大多数感冒患者此时已经痊愈，至少症状已经显著减轻。你的身体打败了感冒病毒。好样的！

15

炫目的阳光会让有些人打喷嚏，但没有人知道原因，这是一个医学谜题！

什么是枯草热

以前，人们需要收集枯草，以便为牲畜储存过冬的粮草。由于缺乏机械设备，人们必须亲自切割和晾晒牧草。虽然并不会患上流感，但接触干草时人们总免不了打喷嚏和流鼻涕：鼻子喷嚏连天或鼻塞，喉咙疼痛；眼睛发痒，满含泪水。这些都是枯草热的症状：眼睛和呼吸道内壁粘满牧草和其他植物粉末的结果。

过敏反应

过敏原是一种能够引发刺激或炎症的物质。当人体接触过敏原时，白细胞将释放一种名为组胺的化学物质，组胺与神经细胞结合将引发过敏反应——打喷嚏、瘙痒和产生大量的黏液。抗组胺药物能够缓解或阻止过敏反应。

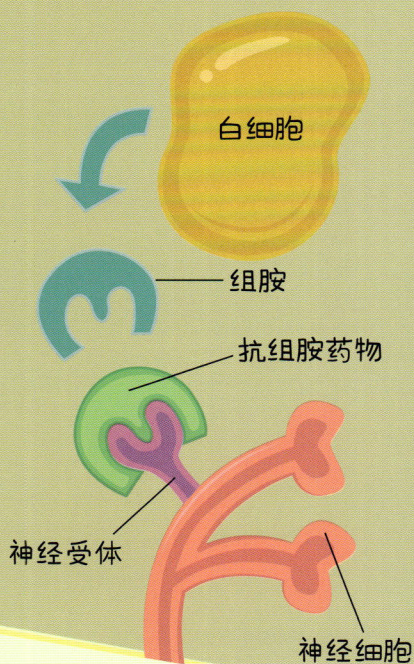

白细胞

组胺

抗组胺药物

神经受体

神经细胞

为什么我们会打喷嚏?

当鼻腔受到刺激时，神经会向大脑的"打喷嚏中心"发送信号。然后，大脑向身体多个部位的肌肉发送信号，刺激肌肉收缩，然后用力将鼻腔中的刺激物排出。

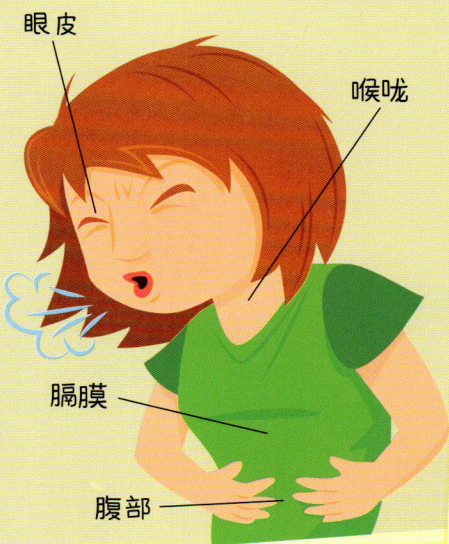

眼皮

喉咙

膈膜

腹部

我们很难睁着眼睛打喷嚏。因为打喷嚏是一种（无意识的）反射动作，而完成动作的所有肌肉不受意识控制，我们无法通过大脑控制这些肌肉。

还有哪些物品可能引发过敏?

植物粉末也是常见的过敏原，枯草热病例也并不罕见。其他常见的过敏原包括辛辣食物、家用化学制品、宠物毛发和皮屑（皮肤碎屑），以及房内尘土中生活的微小寄生虫（例如螨虫）。

令人侧目的数据

你是否听过一句老话——"咳嗽和打喷嚏是疾病的帮手"？你知道这句话是什么意思吗？当你打喷嚏时，鼻子和口腔中的鼻涕和唾沫将以高达每小时79千米的速度喷射而出，把病毒和细菌喷洒得到处都是。所以，我们在打喷嚏时应该注意遮挡口鼻。

17

太多了

这是一个恶性循环！呼吸系统产生的黏液越多，呼吸道内壁的炎症就越严重；而炎症越严重，人体产生的黏液就越多。

黏液很重要，但也并非多多益善。感冒、过敏反应都可能产生过多的黏液，阻塞我们的呼吸系统，进而让垃圾桶堆满鼻涕纸。此外，过多的黏液还会导致鼻腔和喉咙内壁发炎、肿胀，引发疼痛和压力，限制呼吸系统中空气流动的空间。最终，让我们感觉呼吸困难！

蒸汽

吸入潮湿而温暖的蒸汽是清理被鼻涕阻塞的鼻腔的好方法，因为水蒸气可以软化、稀释浓稠的黏液，以便将它们排出。

我受不了了！

闻起来很香，不过这真的有效吗?

过去，人们认为在胸部或脚底揉搓气味强烈的草药或香料混合物可以帮助清理鼻涕和痰。混合物的气味进一步散发并被吸入鼻腔，进而安抚受刺激的气管，缓解病人的症状。不过，强烈的气味并不能包治百病!

消肿剂

消肿剂是一种药物，能够缓解鼻腔内壁毛细血管的肿胀，帮助扩张气道，改善呼吸状况，清理阻塞的黏液。然而，有些消肿药物可能引发患者头疼或者使患者感觉虚弱。

想清理带有超浓稠黏液的鼻黏膜，可以用一些医用盐水清洗鼻子。或许有些出人意料，但这种方法确实简单有效，因为盐水是一种天然的消肿剂。

有趣的真相

曾遭遇鼻梁骨折的人更容易出现鼻黏膜和鼻窦感染。这是为什么呢? 因为折断的鼻梁骨可能破坏鼻腔内壁，留下疤痕，导致纤毛无法顺畅地移动黏液，或者阻塞或减小气管中空气流动的空间。当鼻涕无法流动时，就会为细菌提供繁殖的"温床"。

我们为什么会咳嗽

大多数时候，我们无法控制咳嗽，因为咳嗽也是一种反射行为，它可以无视我们的意愿而发生。有一句谚语准确地表达了这个意思："只有爱和咳嗽无法隐藏。"

嗯哼（清理嗓子）！呼哧（呼吸不畅）！大声咳嗽！感觉喉咙上卡了一根刺，或者胸部闷得难受？你的身体正在试着保护你！当我们咳嗽时，膈膜肌肉可以挤压肺部，使空气高速排出。幸运的话，气流还可以带出多余的物质。感冒是导致咳嗽最常见的原因之一——人们通过咳嗽清理鼻涕和痰。不过，肺部受到任何刺激都会导致咳嗽，包括汽车尾气、霉菌和香水，以及辛辣的烹饪油烟。

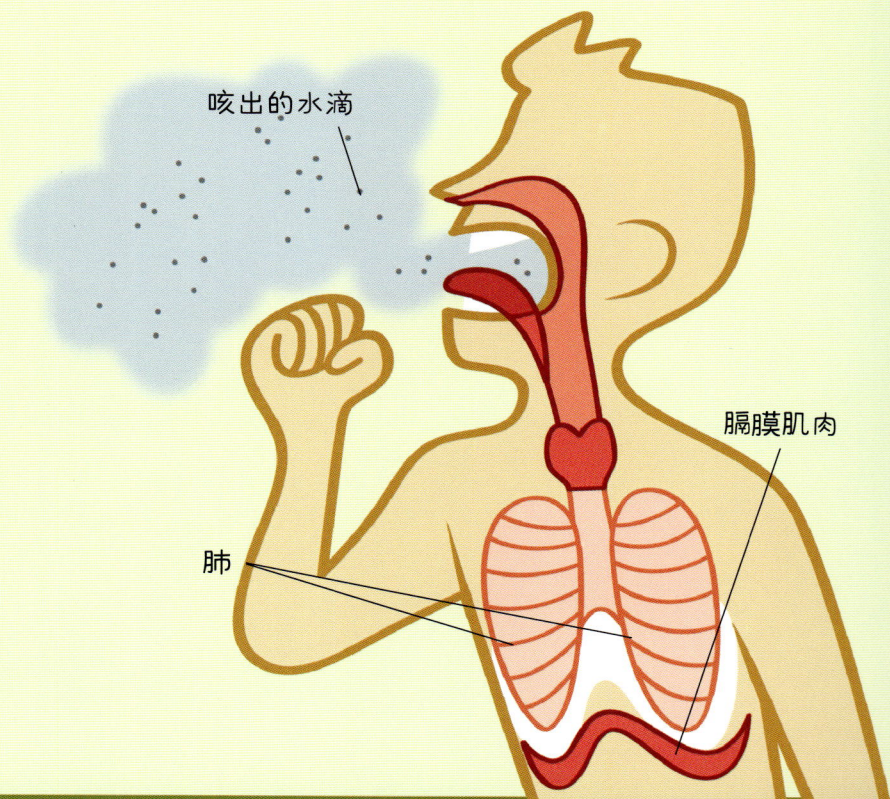

为什么咳嗽让我们无法入睡？

晚上，当我们躺在床上时，会咳嗽得更频繁，因为鼻子、喉咙和鼻窦的黏液会顺着气管进入肺，然后肺刺激大脑，让我们通过咳嗽来清理多余的黏液。

咳出的水滴

膈膜肌肉

肺

顺后部而下……

鼻涕从鼻子的后部流入喉咙,即鼻涕倒流也是引发咳嗽的常见原因之一。鼻涕刺激喉咙,并引发疼痛,然后我们就会咳嗽来清理鼻涕。

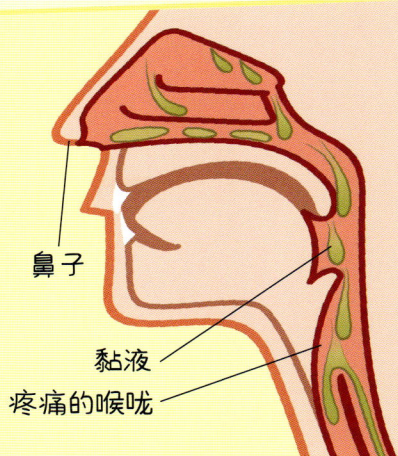

鼻子

黏液

疼痛的喉咙

有时候,我们还会干咳,也就是说不会排出任何黏液或痰。当我们的肺、喉咙或气管受到灰尘、烟雾或污染物的刺激时,就会引发干咳。

食管

灼烧感

胃

胃酸

……自下而上

消化问题也有可能引发咳嗽。如果暴饮暴食,有些人可能会出现胃酸过多的状况,胃酸将从胃部上涌到食管,引发胸部的灼烧感。为了缓解不适,并减轻疼痛,人们就有可能咳嗽。

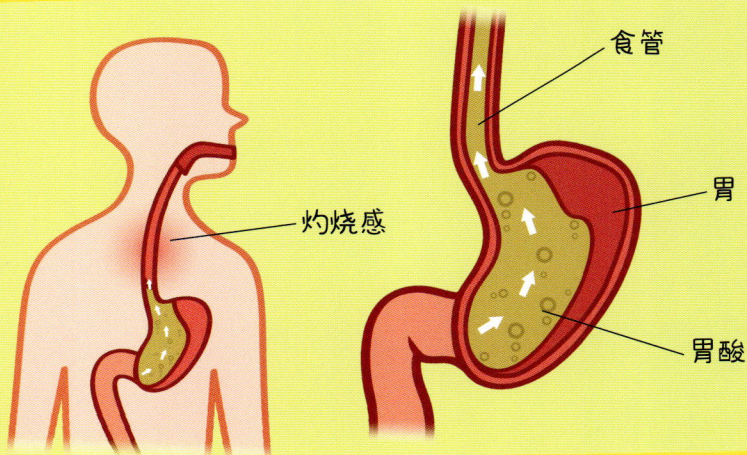

每次咳嗽时,我们的肺将排出一条长达2米的气流,体积大约为2立方分米。每次咳嗽都包含黏液、唾液和水蒸气水滴,总数多达3 000个。

你相信吗?

奇怪但真实:海洋哺乳动物不使用嘴或鼻子呼吸,所以它们不会像人类一样咳嗽!相反,它们通过头顶的洞排出空气和水,就像喷泉一样!

21

什么是支气管炎和肺炎

支气管炎可能引发持续数周、数月甚至数年的咳嗽，导致胸部和膈膜肌肉疲劳、紧张，使得每次咳嗽都伴随着肌肉疼痛。

顾名思义，支气管炎和肺炎表示出现问题的是身体的相应部位。如果不及时治疗，疾病就可能进一步加重，导致严重的结果。那么，两者又有何不同？如果连接肺的气管（称为支气管）发炎或感染，产生了过多的黏液，那么医生将告知我们得了支气管炎；如果肺泡发炎，即发炎位置在肺内部，则我们将得到患了肺炎的诊断结果。病毒、工业粉尘、空气污染或者抽烟都可能引发支气管炎，而肺炎则大多源于细菌、病毒或真菌感染，同时会伴随着高烧和胸部疼痛。

发炎的气管

过多的黏液

受损的肺泡

22

人类有左右两个肺，分别包含大约4.8亿个肺泡，如果把所有肺泡展开平铺在地面上，每个肺的肺泡差不多可以铺满一个网球场。

听起来不太好！

如果得了肺炎，肺泡将充满液体（黏液）。因此，就像支气管炎患者一样，肺炎患者也无法获得足够的氧气供应。患者将感觉虚弱无力且呼吸困难。医生在使用听诊器给肺炎患者听诊时可以听到特殊的水泡音（湿啰音），这是肺泡内液体发出的声音。

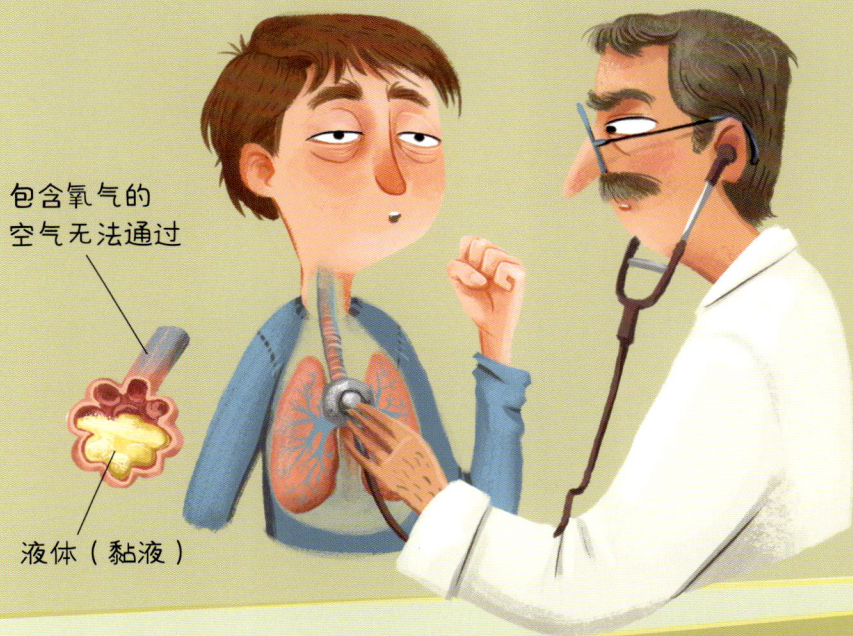

包含氧气的空气无法通过

液体（黏液）

呼吸短促

有时候，过多的黏液可能阻塞支气管，导致身体无法获得足够的氧气。患者的症状表现为呼吸急促，或者上气不接下气，极易感觉疲倦和虚弱，甚至无法长距离行走。

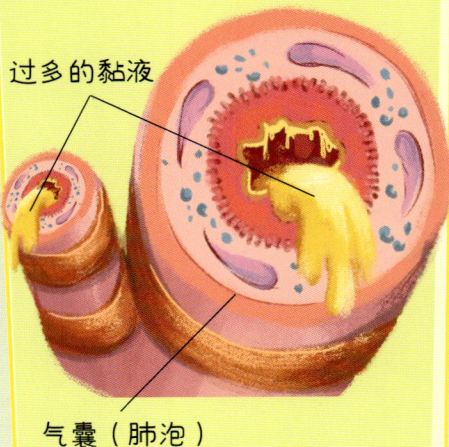

过多的黏液

气囊（肺泡）

有用的提示

请勿抽烟！抽烟会致癌和引发心脏问题，而且高达80%的抽烟者患有慢性（长期）支气管炎，以及其他多种肺病。

23

无法呼吸

在极度恐慌或者休克时，我们也会感觉到无法呼吸，因为心脏跳动过快和过弱都会影响富氧血液在身体内的传输。

哮喘和囊肿性纤维症（CF）是两种影响呼吸的疾病。哮喘患者的呼吸道肿胀变窄，限制了空气的流动。囊肿性纤维症患者的呼吸系统会产生极其黏稠的黏液，并且经常伴随着细菌感染。患这两种病的患者有时会感觉呼吸就如同一场艰苦的战斗，呼吸的声音听起来吓人且让人难受。不过，现在哮喘患者已经可以借助药物改善呼吸状况，而囊肿性纤维症患者能够借助抗生素抑制感染，通过物理治疗能够保持呼吸道的清洁。

哮喘和喘息

哮喘发作时，胸部经常会感觉发紧或者发胀，呼吸的声音听起来就像在拉风箱。变窄的肺部气管会产生更多的黏液，进一步压缩肺部可以容纳含氧空气的空间。所以，哮喘患者发病时经常会急促喘息和咳嗽。

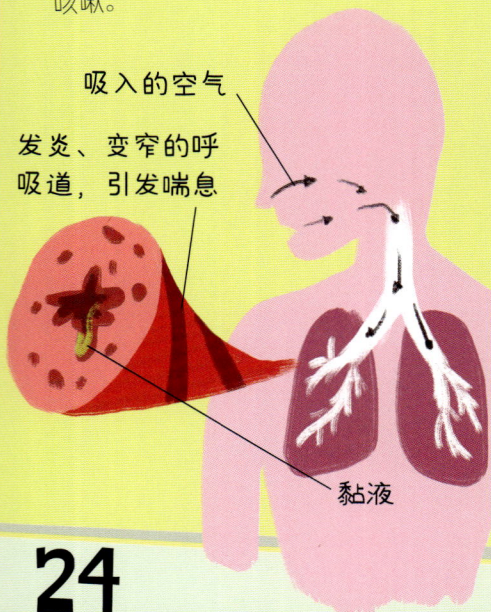

吸入的空气

发炎、变窄的呼吸道，引发喘息

黏液

24

快速而有效！

吸入器是哮喘患者常备的一种工具，可以为他们提供可吸入的喷雾，喷雾中包含的药物可以快速直达肺部。吸入器能够以两种方式帮助哮喘患者呼吸：预防式吸入器可以缓解呼吸道的炎症；缓解式吸入器能够放松肌肉，扩张呼吸道。

急救

如果哮喘发作时症状十分严重，或者患者年事已高、尚且年幼或身体虚弱，患者就需要入院治疗，医生可能会使用雾化器帮助他们呼吸。雾化器能够将液体药物转变为水雾，方便患者呼吸。有时候，医生还会让患者吸氧，以满足身体对氧气的需求。

囊肿性纤维症是一种会遗传的疾病，可以从父母遗传给子女，而子女的症状可轻可重。目前，美国有超过3万例儿童囊肿性纤维症患者。

令人侧目的数据

从前，人们会服用稀奇古怪的药物来尝试治疗哮喘，例如，服用混合狗毛的洋葱汁。然而，这些偏方并没有效果，请勿轻易自行尝试！

25

震动和打鼾

如果喉咙和气管的肌肉过于放松，甚至开始阻塞呼吸道，我们就会打鼾。肺吸入和呼出空气的时候，松弛的肌肉将随之振动，发出噪声，这就是鼾声。

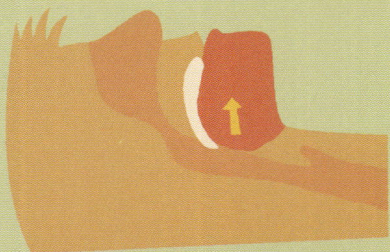

安静、平和的睡眠，肌肉保持一定的张力，确保了呼吸道畅通。

呼吸道变窄，但空气可以流通。振动引发轻柔的鼾声。

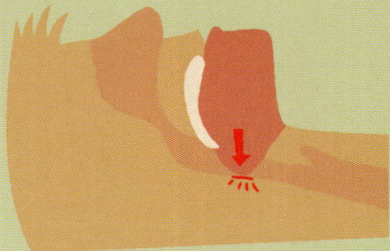

肌肉过于放松，呼吸道被阻塞。我们会从睡梦中醒来，以更顺畅地呼吸。

密不透风

要正常呼吸，必须保持从鼻子到肺的呼吸道畅通，以便空气自由流动。有时候，呼吸道可能被阻塞，这种情况十分危险！如果气管被食物、饮料或呕吐物阻塞，我们会窒息；如果气管被灌满水，我们可能被淹死。因为疾病、事故或者其他原因导致的肌肉麻痹也可能阻塞呼吸道。如果我们在睡觉时肌肉过于放松，或者身体被过量的脂肪包裹，呼吸道可能变窄，我们将会打鼾。物理治疗能够帮助保持呼吸道畅通，打鼾的人也可以佩戴特殊的止鼾贴片，以保持鼻腔畅通，方便空气流动。

呼噜！

超重也有可能导致呼吸困难和打鼾，心脏病、肺病或贫血症（红细胞缺少）都可能让呼吸变得急促。

咳出来！

大多数人可能都有过类似的经历：食物碎屑或者一小口水"走错了方向"——没有顺着食管进入胃，而是错入并堵住了气管。如果气管被堵，最好的办法是咳嗽，咳嗽能够把异物咳出来。

打呵欠并不代表我们需要更多的氧气。有些专家认为这是我们锻炼呼吸系统的一种方式——能够拉伸肺、口腔、鼻子、喉咙和气管，其他人则认为打呵欠能够帮助人体在肺部构建保护性黏液层。

呼吸机

如果需要接受手术，我们必须接受麻醉药（让我们失去意识的药物）注射，以减少手术期间的疼痛感。但是，麻醉药也会减弱我们的呼吸。这时，医生可能为我们使用呼吸机——一种能够保持呼吸道畅通并向肺部供应氧气的设备。

你相信吗？

打鼾制造的噪声甚至比得上手提钻工作时的声音，即高达50～100分贝。在不同的姿势中，平躺时的鼾声最大。

27

轻松呼吸

感觉紧张不安？要平静下来，你可以试着做两到三次深呼吸，然后恢复正常呼吸。深呼吸能够刺激身体释放化学物质，帮助平复情绪。

通常，我们的身体可以自主完成呼吸，无须特别注意。不过，当我们生病时，呼吸可能变得困难。如果病得很重，我们可能需要借助药物来保持呼吸道的通畅，并清理受感染的黏液。不过，对于日常的感冒和感染，我们可以依赖身体自身的防御体系——产生鼻涕和痰来恢复健康。很多时候我们就是这么做的。那么，我们如何帮助这些"护卫"以保持健康及自由的呼吸呢？

保持健康！

定期锻炼能够改善心脏和呼吸系统的状况，增强免疫力，为身体注入能量，提升身体的活力和敏捷度，保持身体健康。

演奏乐器

唱歌和演奏乐器（例如铜管乐器）是一种出色的锻炼呼吸系统的方式，能够增强胸部和膈膜肌肉，提高我们的肺活量。

放松和顺其自然

瑜伽和太极等传统的锻炼方式讲究对呼吸的控制和缓慢、轻柔的动作，能够帮助人们改善精神及身体状况。结合冥想及呼吸的锻炼，此类运动能够放松身体，平复心情，清空思绪。

嗯……

你相信吗？

通常，成人屏息憋气的时间在30～60秒，超过这个范围就可能引发危险。千万不要盲目挑战！自由潜水员通过训练能够改变身体使用氧气的方式，大幅延长憋气的时间。人类憋气时间最长的世界纪录达到了不可思议的22分钟！

开怀大笑，保持乐观！笑其实是多次地短促呼吸，能够缓解压力、平复紧张的情绪，让我们感觉良好。

29

术语表

鼻涕　鼻腔中分泌的黏液。

鼻窦　鼻腔周围颅骨内含气空腔的总称。

扁桃体　喉咙后部的组织结构。

病毒　能够在另一种生物的细胞内部繁殖的微生物，很多病毒都会引发疾病。

催化剂　一种可以帮助产生化学反应的物质。

动脉　从心脏和肺向身体其他部位输送富氧血液的血管。

发炎　表现为红肿、疼痛的一种症状。

反射　人和动物通过中枢神经系统对刺激产生的规律性反应。

肺泡　微小的肺部气囊，氧气可以通过肺泡的薄壁进入血液。

肺炎　肺部肺泡发炎并充满黏液的病症。

膈膜　胸部下部、肺下方的肌肉层。

过敏　接触过敏原引发的一种症状。

过敏原　导致身体出现不适（例如刺痒或呼吸困难）甚至危险反应的物质。

呼吸系统　协作构建呼吸机能的一系列器官。

静脉　从身体其他部位向心脏和肺输送贫氧血液的血管。

枯草热　植物粉末引发的过敏反应，症状包括打喷嚏、刺痒、发炎和产生大量的黏液。

溃疡　皮肤或体内黏液覆盖的表面出现的破损且有痛感的受感染区域。

毛细血管　负责在动脉、静脉及体细胞之间输送血液的微细血管。

囊肿性纤维症　产生极其黏稠液体的一种病症，通常伴随感染。

溶解酵素　黏液中的一种天然杀菌物质。

食管　从咽喉向胃部运送食物的管道。

痰　胸部的浓稠黏液，通常包含死亡的白细胞、细菌和唾液。

吞噬细胞　特殊的白细胞，能够"吃掉"并破坏细菌。

唾液　口腔产生的水性液体，包含能够帮助分解食物的酶（天然化学物质）。

雾化器　一种能够将药物变成细小水雾以便人们吸入的设备。

细菌　生活在人体内和其他地方的微生物。很多细菌对人体有益，但也有很多可能导致疾病。

纤毛　呼吸道内壁的微小"手指"，可以帮助移动黏液。

腺样体　鼻子后部的淋巴组织结块。

哮喘　因为呼吸道肿胀变窄引发的疾病，表现为呼吸急促。

氧气　我们呼吸的空气中包含的一种气体，是身体细胞众多活动必不可少的要素。没有氧气，人类将死亡。

有毒　对人体有害。

黏液　呼吸系统和身体其他部位产生的黏性液体，能够拦截和防止危险微粒进入人体，并帮助破坏这些微粒。与此同时，黏液能够保持身体内部的湿润。

支气管炎　表现为支气管（连接气管与肺）发炎和充满黏液的疾病。

组胺　体细胞产生的保护性化学物质，可以在细胞接触过敏原时引发刺痒。

Original title: The Science of Vehicles
Author: Roger Canavan
Copyright © The Salariya Book Company Ltd 2019
All rights reserved

版权贸易合同登记号　图字：01-2021-4813

图书在版编目（CIP）数据

厉害了，科学. 交通工具／（英）罗杰·卡纳万（Roger Canavan）著；陈彦坤，马巍译. --北京：电子工业出版社，2022.3
ISBN 978-7-121-42971-2

Ⅰ.①厉… Ⅱ.①罗… ②陈… ③马… Ⅲ.①科学知识—少儿读物 ②交通工具—少儿读物 Ⅳ.①Z228.1 ②U-49

中国版本图书馆CIP数据核字（2022）第028965号

责任编辑：董子晔　文字编辑：吕姝琪
印　　刷：北京缤索印刷有限公司
装　　订：北京缤索印刷有限公司
出版发行：电子工业出版社
　　　　　北京市海淀区万寿路173信箱　邮编：100036
开　　本：889×1194　1/16　印张：40　字数：483千字
版　　次：2022年3月第1版
印　　次：2022年3月第1次印刷
定　　价：398.00元（全20册）

凡所购买电子工业出版社图书有缺损问题，请向购买书店调换。若书店售缺，请与本社发行部联系，联系及邮购电话：（010）88254888，88258888。
质量投诉请发邮件至zlts@phei.com.cn，盗版侵权举报请发邮件至dbqq@phei.com.cn。
本书咨询联系方式：（010）88254161转1865，dongzy@phei.com.cn。

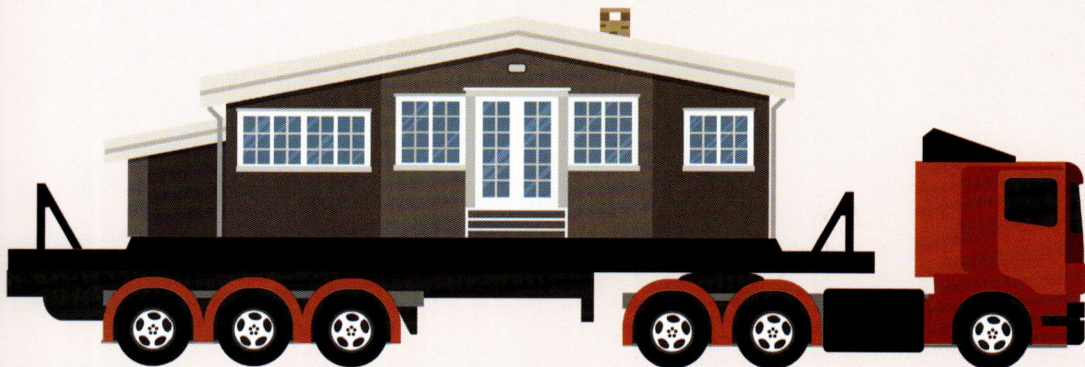

厉害了，科学

交通工具

发动机的真相

[英]罗杰·卡纳万 著

陈彦坤 马巍 译

电子工业出版社

Publishing House of Electronics Industry

北京·BEIJING

目录

在繁忙的城市街道上，我们总会看到川流不息的汽车。你可能经常乘坐公交车、校车或出租车，货车、燃料运输车和应急车辆也会与它们共享道路空间。在城市以外，你还会看到农用车、大型工程车，甚至外形更接近船或飞机的汽车。在本书中，我们将介绍众多汽车背后的科学。或许你会发现，车辆应用的科学原理就是你在课堂上学过的一些知识（例如力、能量和运动）。无论是以石油为动力的汽油车还是依靠电池驱动的电动车，科学才是所有车辆最重要的驱动力。

当时在许多国家和地区，必须有人手持红旗走在"无马马车"的前面，警告行人和马匹即将有车辆驶来。

铺平道路

工业革命期间的技术突破带来了新的动力。工程师和发明家利用这些新技术寻找更好、更快的人员和货物运输方式。到了19世纪末，内燃机得到广泛使用，汽油动力的车辆宣告了马匹时代的结束。工程师和发明家意识到内燃机的潜力，不断寻找提升速度和动力的新方法，直到现在还在努力探索。

一个时代的结束

数百年来，马一直是人们熟悉的运输工具，人们知道骑马1小时可以行进的距离，或者马1天可以耕种多少农田。18世纪的苏格兰工程师詹姆斯·瓦特发明了"马力"一词，把蒸汽机输出功率换算成挽马（拉拽重物的马）的力量。

6

蒸汽动力

蒸汽动力推动了第一次工业革命，而早期设计师也使用蒸汽来"驾驶"车辆。水加热变成水蒸气所产生的力可以驱动机械。但是，很快人们就发现蒸汽机笨重而且危险。

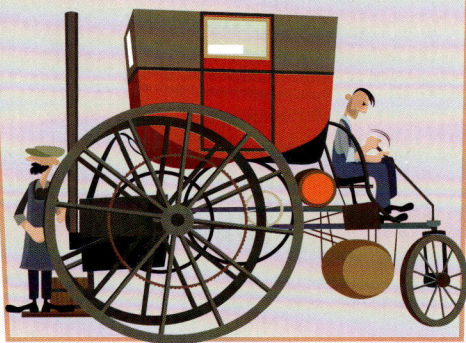

即使现在，很多工程师仍然以"马力"为单位来衡量车辆的输出功率。马力一词可以追溯到汽车刚刚取代马匹成为运输主力的年代。

新型燃料

凭借对自行车的热爱，德国发明家卡尔·本茨结合对火车知识的了解，在1885年制造出了第一辆真正的汽车。现在看来，他制造的三轮机动车可能显得有些笨拙，但先进的发动机设计为未来汽车的发展铺平了道路。本茨用空气和汽油的混合物为汽车提供行驶所需的能量。这种内燃的技术目前仍被大多数汽车所使用。

有趣的事实

1769年，在本茨发明动力车之前的一个多世纪，法国人尼古拉斯·约瑟夫·屈尼奥发明了一辆蒸汽动力的拖拉机。这辆车十分笨重，很难操控。两年后，屈尼奥遭遇了世界上第一起车辆事故，让情况变得更糟：他撞毁了巴黎的一堵砖墙，并因此入狱。

1

能量传递

科学家将能量定义为做功的能力。你无法创造或销毁能量，但可以存储、释放或转移能量。加油站提供的汽油具有势能（储存起来的能量，可以转化为其他形式的能量）。火花塞产生的火花点燃汽油，将能量转化为机械能，满足汽车的行驶需求。

涡轮增压器借助发动机排出的废气的力为涡轮提供动力，涡轮可以将更多的空气泵入气缸，然后与更多的燃料混合，从而为汽车提供更强的动力。

引擎罩下方

油箱中的汽油流入发动机，火花塞产生的火花点燃空气和燃料，释放出热能为汽车提供动力。

不过，这仅仅是一个过程的开始。汽车发动机中的这个过程可以持续产生能量，然后结合巧妙的设计，驱动后轮（或前轮）连续转动，让汽车向前或向后运动。

需要点火吗？

电信号刺激每个气缸中的火花塞产生电火花，点燃气缸内被压缩的空气和燃料的混合物。等到活塞由于气体膨胀而向下运动（吸气）、向上运动（排气），然后再次向下运动（吸入更多的空气和燃料混合物）和向上运动（压缩空气和燃料混和物）后，火花塞将做好再次释放电火花的准备。

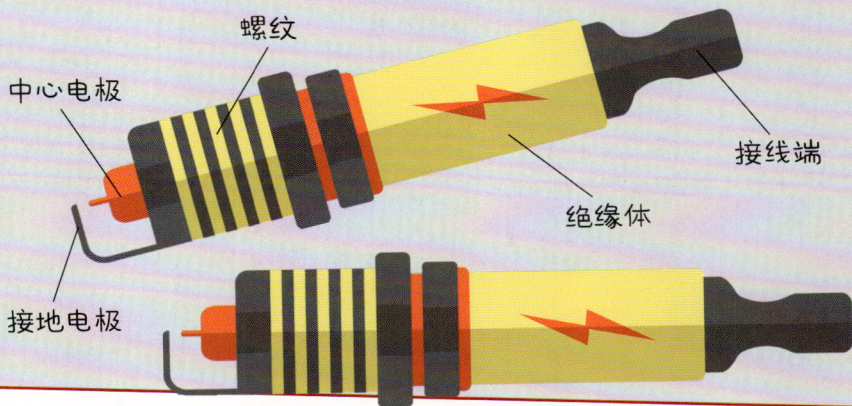

中心电极

螺纹

接线端

绝缘体

接地电极

转向

车轮

发动机

轮轴

传动轴

差速器

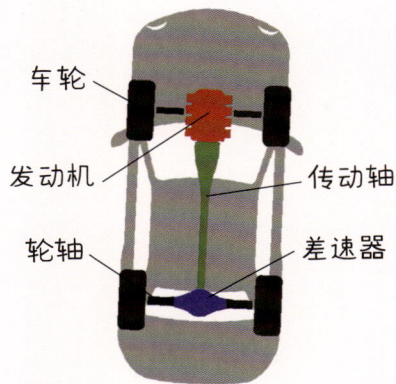

活塞的往复运动驱动传动轴旋转，传动轴与差速器的齿轮连接，齿轮传递旋转运动，带动车轮向前或向后滚动，而非侧向滚动。

前轮驱动的汽车不需要传动轴，因为轮轴就位于发动机下方。不过，前轮驱动的车辆仍然需要差速器，以实现90度的转向。

工作原理

发动机的每个金属气缸中都有一个活塞，活塞会进行往复运动。首先，活塞向下运动，将空气和燃料吸入气缸；然后，活塞上移压缩混合物；第三步，电火花点燃混合物，使气缸中燃气的体积迅速膨胀，推动活塞下移；最后，活塞向上移动，将废气从气缸中排出。

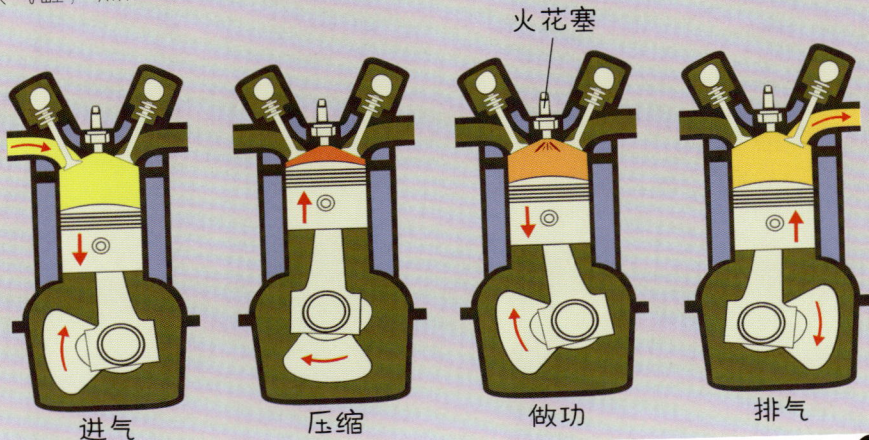

火花塞

进气　　　压缩　　　做功　　　排气

各类小型汽车

有些城市，例如伦敦和巴黎，通过提高收费的方式来限制进入城市中心区域的车辆数量，确保交通顺畅并减少污染。

当最早的汽车以每小时8千米的"惊人"速度在城市街道上轰隆驶过之后，社会发生了巨大改变。现在，汽车不仅速度更快，而且变得更安全、更可靠、更多样化。目前，全世界的汽车超过了10亿辆。

科学是推动一切变化的动力，不但帮助工程师开发了可以应对陡坡、低温及重载荷等挑战的车辆，而且满足了富豪对于奢华汽车的追求。无论是要穿越撒哈拉沙漠，还是用于工作和上学通勤，你都可以找到一款适合的车辆。

经济型汽车

"经济型汽车"表示购买和运行成本较低的车辆。大多数经济型汽车的体积较小、质量更轻，因此不需要大功率的发动机。较小的发动机消耗的燃料更少，可以降低成本。

10

豪华车经过精心设计，可以提供平稳且安静的行驶体验。只有超级富豪才能买得起最昂贵的豪华车型，这些汽车的售价可能超过了一幢房子。

吉普车

吉普车采用能够应对各种路况的军车设计，甚至能够在没有道路的情况下行进。吉普车的悬架、转向系统和轮胎都非常适合崎岖的地形。

改装

业余汽车爱好者经常改装他们的汽车，以便在原始版本的基础上提高功率或速度。改装发动机、轮胎和悬架后，家用汽车也可以开上赛车场一展身手。

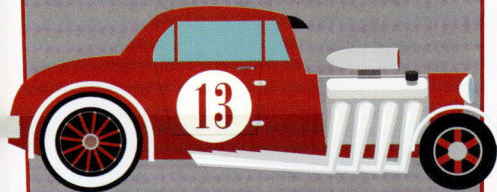

你相信吗？

有时候，人们会为汽车添加并不科学，甚至完全不必要的附加功能。20世纪50年代，第一批成功进入太空的火箭引起了巨大反响。受此启发，美国汽车设计师按照火箭的外形设计汽车，在汽车尾部竖起了高高的"鳍"，看起来如同火箭的尾翼。这些"装饰"与汽车的功能无关，但深受人们的追捧。

11

皮卡车

皮卡车并不比普通轿车大太多，但大功率发动机和更大的存储空间非常适合运输货物。许多皮卡支持四轮驱动，这可以在崎岖的路面上为车辆提供更出色的牵引力。

运输卡车

作为运输界的主力军，卡车的外形和尺寸各异，每款型号都旨在以最科学的方式完成工作。对于卡车来说，科学意味着高效和安全。大多数卡车都配有大功率发动机，用于拉动或搬运重物。相比速度，卡车更重视稳定性，以保证货物或乘客的安全。

满载——平稳前进！

判断重心位置是卡车设计中的一项重要内容：设计师必须平衡发动机（前轴）和负载（后轴）的质量。

车辆运输卡车是用于运输小型汽车的卡车。

压缩负载

有些垃圾清运车配备了压缩机，可以将载货量增加5倍（相比没有配备压缩机的车辆）。由于"货物"（包括压缩机）十分沉重，此类车辆需要第三支撑轮轴。

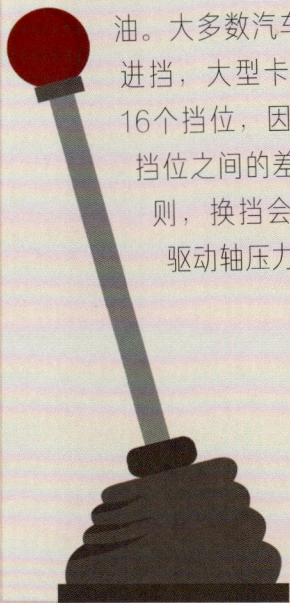

许多校车配备了路由器，以便学生通过无线网络连接互联网。如果回家的路途较长，他们可以在路上完成一部分家庭作业。

公交车安全

乘客安全是设计和制造公交车时最重要的一项工程要求。公交车巨大的质量可以分散撞击力。即使乘客没有系安全带，密集排列的高座椅和软垫也可以保护乘客。

13

快速救援

救护车配有特殊的噪声过滤器,避免响亮的鸣笛声(警示驾驶员和行人)打扰救护车内的患者。

救护车

全面的工程和电路改进可以保证救护车更加快速、平稳地行驶,同时与医院保持联系。特殊的定位系统和导航设备能够提供最快的路线。救护车在执行紧急任务时不受行驶路线、行驶速度等因素限制。

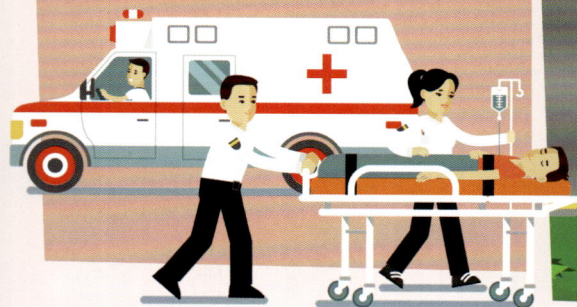

应急车辆总在你需要时出现——这是它们的使命。紧急情况需要快速响应,因此应急车辆必须尽快到达目的地,所以警车通常选择大功率的车辆,例如运动型多用途汽车(SUV)和皮卡车等。

其他应急车辆形似货车或卡车,但经过了改装来满足特殊需求,例如消防车或山地救援车。平衡特殊功能与快速抵达和离开现场的需求是工程师面临的一项挑战。

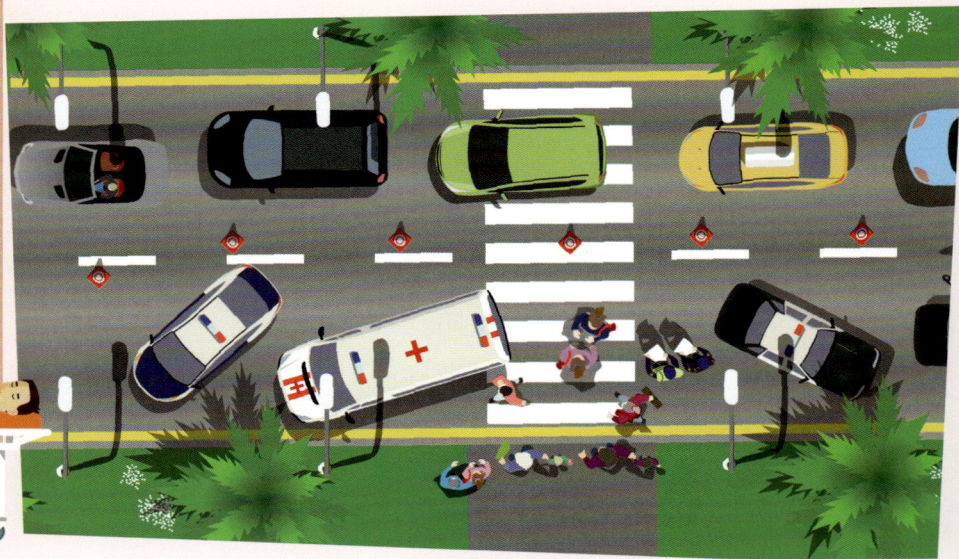

消防

消防车必须应对城市高层建筑火灾、野外火灾、化学火灾等各种火灾。有时，消防队在到达现场后才能准确判断火灾类型，因此消防车必须配置应对电气与化学品火灾的水枪和化学泡沫，以及常规的消防水泵、软管和梯子。

山地救援

山地救援车能够应对陡坡、泥潭、水坑或雪地等地形，同时携带各类救援和急救设备。即使是最复杂的地形，救援车仍然可以安全平稳地救出受伤的徒步旅行者或滑雪者。

有些城市消防车配备了可延伸超过40米的云梯，以便救援被困在高楼里的人员，或者替代不安全的外部逃生通道。

你相信吗?

奇怪的是，应急车辆警报器发出的声音似乎并不能有效地警告其他驾驶员。驾驶员在应急车辆接近时才会注意到那些警报声，尤其是如果车内大声播放着音乐，驾驶员可能根本不会听到警报声！最近的一项研究表明，90%的驾驶员因为看到了闪烁的警示灯才注意到应急车辆。

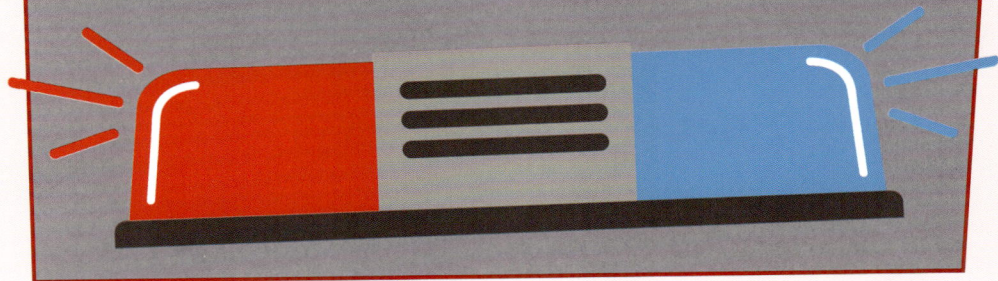

15

启动！

汽车制造业是全球支柱产业之一，每年的新车产量达到了约7500万辆。与车辆本身一样，车辆的制造方式同样经历了翻天覆地的发展过程。工程技术的进步大幅度减少了制造阶段的时间和成本。现在，工厂可以在不到一天的时间内制造一辆包含1800个零部件的汽车。

所有车型在投产之前都必须通过一系列严苛的测试，工程和技术是测试的重要内容，主要包括计算机模拟、实验室测试和户外道路测试。

流水线

1913年，美国福特汽车公司将流水线装配工艺引入汽车制造：汽车沿笔直的装配流水线移动，84组工人沿传送带两侧排列，每组工人只需重复自己的工序。新工艺将一辆汽车的装配时间从12小时减少到了90分钟，显著提升了效率，彻底改变了工厂（不仅仅是汽车工厂）的生产方式。

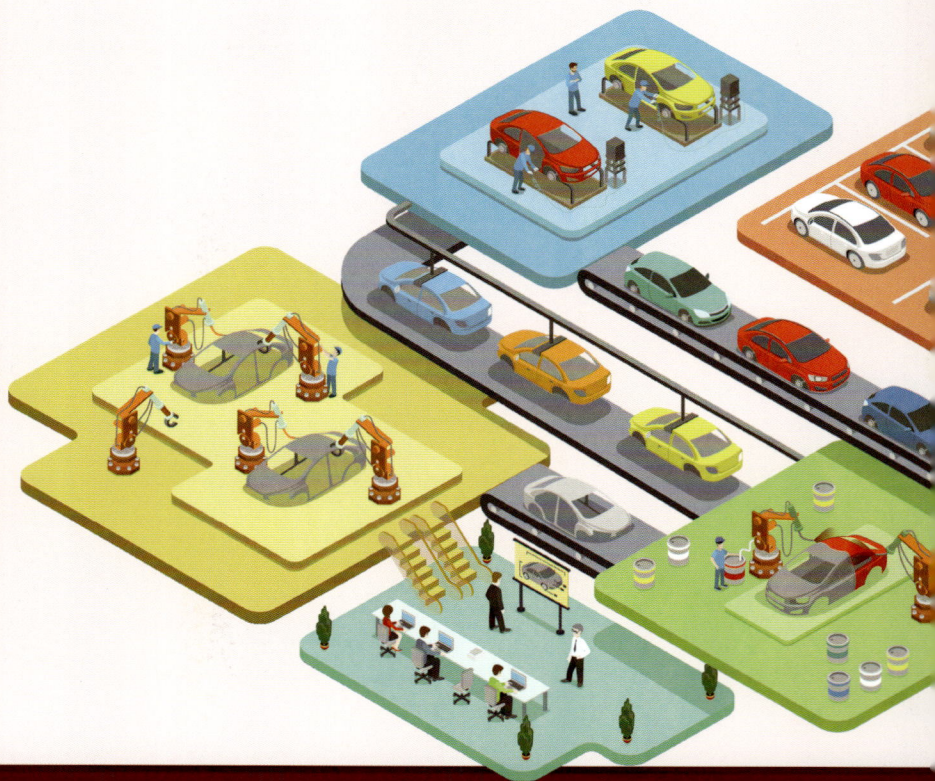

机器人

几乎所有现代汽车都是流水线生产的产品，但现代的流水线已经与1913年的福特工厂大有不同，许多生产阶段的工人已被机器人取代。相比人类工人，机器人的速度更快，准确度更高，甚至可以24小时不知疲倦地工作。

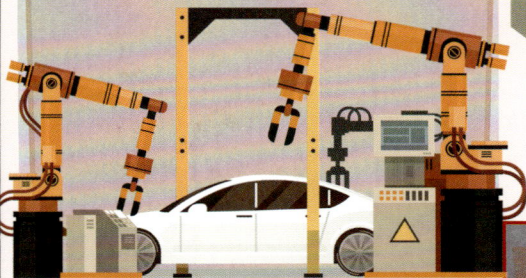

许多测试计算都使用扭矩的概念，扭矩用于测量让物体转动的作用力。

试驾

每款新车型都要在工厂和特殊的道路上接受反复测试，保证其科学、工程和安全性能达标。碰撞测试（用假人代替人类乘客）可以测试不同撞击速度对车辆和乘客的影响。

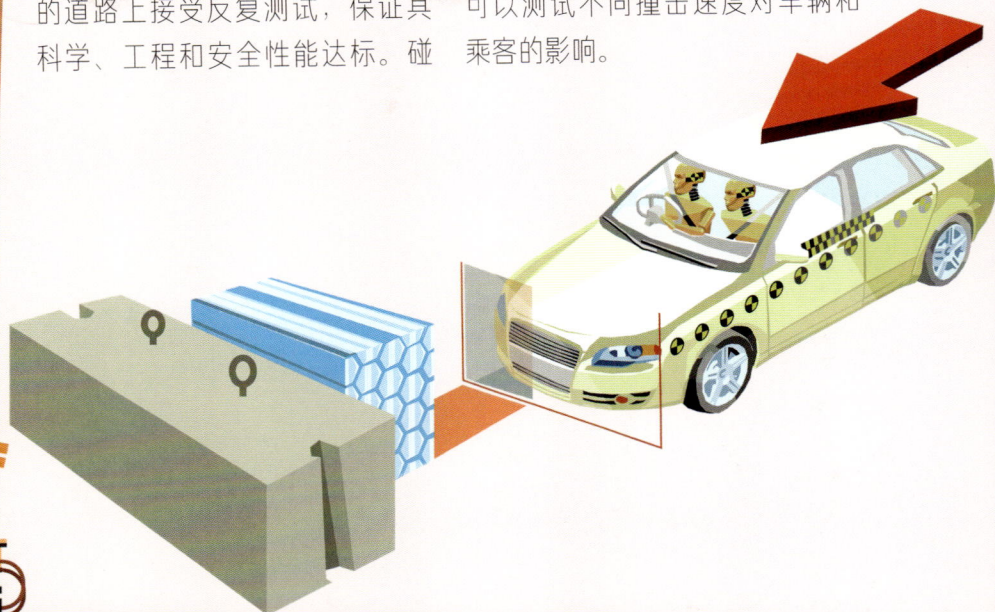

亲自尝试

精准定位重心是汽车底盘设计的关键。你可以用一把直尺和一块石头做个实验。伸出两根手指支撑直尺，然后两根手指缓慢相向滑动，同时保持直尺平衡直到手指并在一起。这就是尺子的重心。现在再尝试一次，但先让朋友在直尺的一端放一块石头。你会发现这次重心靠近放石头的一侧。

11

赛车

飞机借助翼型（机翼的形状）获得升力，而赛车的尾翼与倒置的机翼相似，作用与机翼相反——防止高速飞驰的汽车离开路面。

自第一批汽车出现以来，汽车竞赛也随之兴起。赛车可以选出速度最快的车辆（或赛车手）。通常，科技含量最高、速度最快的车辆获胜。

许多一级方程式赛车的工程研发成果最终都会应用到家用汽车上，例如最早用于赛车的轮胎设计、空气动力学车身和更平顺的变速箱现在已经十分普遍。

应用科学

一级方程式赛车的制造商不断改进设计，提升速度。典型赛车可以在2秒内从静止状态加速到每小时100千米。在加速期间，赛车手承受的G力甚至超过了航天飞机发射时的G力。

比赛开始了！

纯粹的速度

直线竞速赛是世界上速度最快、路程最短的赛事。这项比赛的胜负完全取决于加速度。有些车辆能够在305米的赛道上达到每小时540千米的速度。

加拿大和美国的冰上赛车手驾驶普通汽车在冰冻的湖面上比赛。赛车手利用摩擦力和牛顿运动定律来控制车辆，防止不受控制的打滑和碰撞。

撞车大赛

这项疯狂的比赛并不是一场竞速赛，而是一场搏击——能够经受最多碰撞的车辆获胜。不过，有些车辆会采用"软硬兼施"的策略吸收或者反弹撞击力，避免碰撞冲击。

哎哟！

亲自尝试

拿一张A4纸，将两端横向折叠并在中间对齐（如图1所示），再次往外折（如图2所示）。将折纸翻过来放在桌面上（如图3所示），形成一个通道。吹气，让空气吹过隧道，观察纸屋顶如何移动。这就是一级方程式赛车尾翼下压，避免车辆离开路面的方式。

1

2

3

车辆的刹车灯比其他灯更亮、更显眼，目的是警示其他驾驶员减速。

控制速度

汽车设计师努力提升车辆的加速性能，帮助驾驶员适应复杂的交通状况，并顺利越过障碍物。但是，快速安全地减速同样重要，甚至可能更重要。

科技在实现加速和减速方面都发挥着主导作用。汽车设计师必须熟知基本运动定律，防止出现危险的交通事故。

刹车改进

大多数车辆配备的防抱死制动系统（ABS）可以预判车轮锁死状态，允许车轮慢速滑移（以提供更好的转向控制），而不是完全停止转动。老式汽车的制动器会在光滑路面上锁死车轮，导致出现车辆打滑的危险现象。

哦，不，打滑了！

感知危险

现代车辆的刹车（制动器）与电子系统连接，电子系统又连接着其他部件。现在出产的很多新车都配有电子传感器，可以探测到过马路的行人，进而发送信号，自动刹停车辆。

100到0

购买汽车时，很多人都十分看重车辆从静止到时速100千米的加速性能，尽管驾驶员并不是真的需要这些性能。其实，车辆从时速100千米快速安全刹停的能力更为重要，可以有效地减少交通事故。

100千米/时

大型卡车减速时发出的嘶嘶声源于车辆的空气制动器。空气制动系统利用压缩空气产生额外的力（摩擦力）来减慢车轮的转动速度。

有趣的事实

制动距离主要取决于两个因素。思考距离表示驾驶员做出制动反应之前车辆行驶的距离，刹车距离表示踩下制动踏板到车辆完全停止前所行驶的距离。车辆速度越快，制动距离和刹车距离越长。

思考距离   刹车距离   停止

乌尼莫克

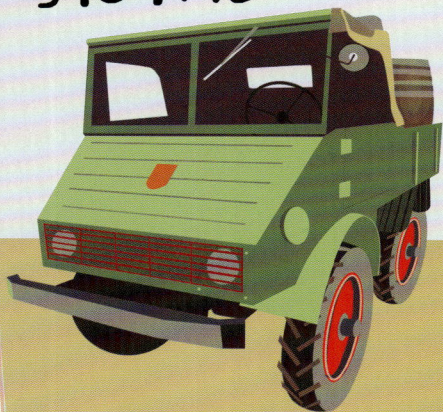

乌尼莫克越野车是最早的全地形车之一。虽然牺牲了一定的货运能力，但乌尼莫克越野车灵活的车架和高离地间隙保证了出色的越野能力。

某些SUV可以爬上高达45度的陡坡，这意味着它们爬坡的高度与前进的距离相同。

去越野

特制的轮胎、特殊的攀爬变速箱，以及来自四轮驱动结构的强大牵引力，一直以来人们借助专门设计的特殊卡车前往小型汽车无法到达的地点，比如崎岖的山地、陡峭的斜坡、雪地或泥潭。

现在，运动型多用途汽车（SUV）也配置了很多上述功能，意味着家庭用车也具备了一定的越野能力。因此，人们开始乘坐家庭用车前往野外探险，探索此前无法涉足的地区。工程技术的突破为汽车带来了新的可能，例如轮船的涉水能力和飞机的飞行能力。或许，天空才是极限，不是吗？

潜水车

20世纪50年代就出现了能够漂浮的汽车设计，称为汽车船。现在，工程师已经改进了设计。林斯比得水陆两用车拥有防水驾驶舱，可以像潜艇一样潜入水中行驶。驾驶员和乘客则需要佩戴类似水肺的呼吸管。

在某些地区，如果天气突然恶化，普通车辆行驶不安全，人们会用四轮驱动的车辆送学生回家。

四轮驱动

大多数车辆的发动机通过后轮轴（后轮驱动）或前轮轴（前轮驱动）为车辆提供行驶动力。越野车采用四轮驱动，可以支持车辆安全通过光滑或崎岖的地形。全时四轮驱动（AWD）系统是四轮驱动（4WD）的改进，能够检测每个车轮的抓地力，进而优化动力分配，增强车辆的脱困能力。

你相信吗？

1971年和1972年，美国国家航空航天局曾在3项月球任务中使用了月球越野车。

23

走向极限

巨型自卸车

大型建筑项目，比如修建水坝、挖矿或山区爆破修路等，都需要用到世界上最大、动力最强的卡车。最大的卡车甚至安装了约4000马力的发动机！

无论在城市街道上还是野外，最引人注目的当属重型卡车，无论是超长、超重，还是超大功率的车辆，所有重型卡车都借助科技来充分发挥自己的体形优势。

根据牛顿运动定律，动力必须与体形相匹配。相比网球，投掷保龄球需要更大的力量；同样，家庭用车一般只需搭配小型发动机，而重型卡车必须匹配大功率发动机。

大多数家庭用车的发动机功率仅为150马力左右，完全无法与"怪物卡车"相比。

嘿！那是我哥哥！

中国的重型卡车运载了90个风力涡轮机叶片登上了一座2900米高的山峰，每个叶片的长度都超过了52米。

加长豪华轿车

要把一辆普通汽车变成夺人眼球的加长豪华轿车，工程师需要"大思维"。连接多个传动系统，发动机才能将动力传递到后轮轴，电气连接器确保为整个车辆提供动力。

移动的家

特制卡车可以承载巨大的载荷，甚至是整栋房屋！它需要许多轮轴来分散巨大的质量。

你相信吗?

多数大型卡车都通过牵引车来拖曳后面的挂车。澳大利亚巨型公路列车的牵引车可以拖拽3辆或更多挂车。最长的公路列车牵引了112辆挂车，长达1474米。

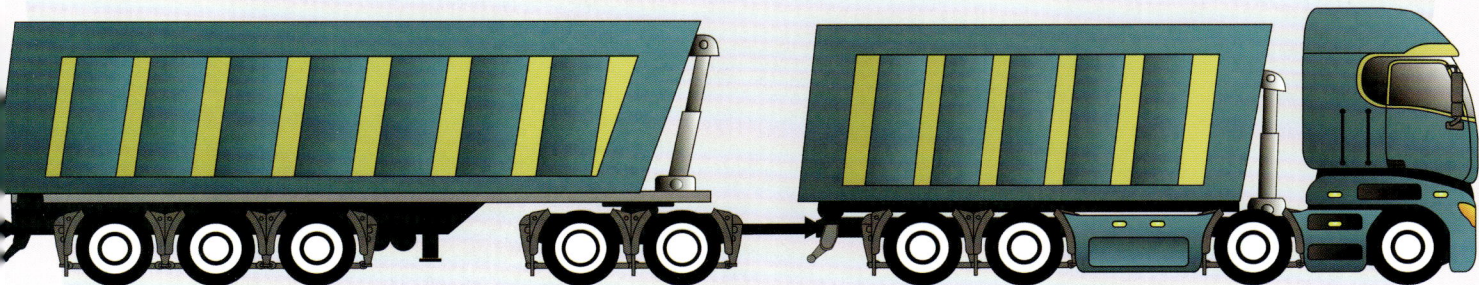

新型动力

电动车

用电代替汽油或柴油的汽车几乎不会造成空气污染，而且大幅降低了发动机噪声（减少了噪声污染）。但是，低噪声同时产生了一个问题：如何警示行人有车辆正在靠近？汽车工程师计划为此类车辆配备声音警报系统。

内燃机作为汽车发动机已经有一个多世纪的历史了，但现在全球面临着一项严重威胁——燃料可能会耗尽。汽车发动机使用的汽油和柴油等燃料源于石油，而科学家们目前还不能确定石油何时会耗尽。

石油是一种化石燃料，是由死去的动植物经历数百万年的时间分解后形成的，它是一种非再生能源。由于石油的消耗速度超过了生产速度，所以无法保证无限的供应。为此，世界各国竞相开发使用可再生能源的车辆。

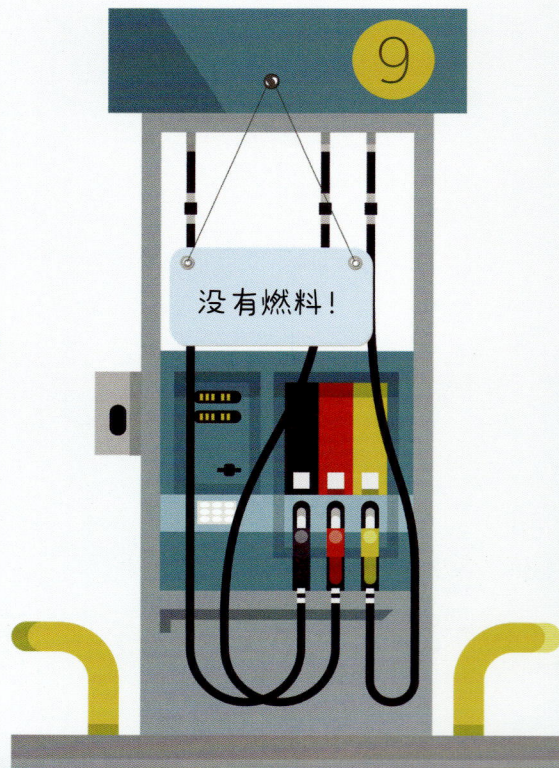

汽车尾气是导致全球变暖的因素之一。汽车尾气中包含二氧化碳，二氧化碳在地球的大气层中聚集，如同透明玻璃罩一样让地球不断升温。

9

没有燃料！

混合动力汽车

有些车辆通过汽油和电能获取动力，因此称为油电混合动力汽车。混合动力汽车拥有两个引擎，低速时依赖电动机提供动力，加速或爬坡时通过汽油发动机获得更多动力。电动机也可以作为发电机使用，用来储存电能，并满足下次用电需求。

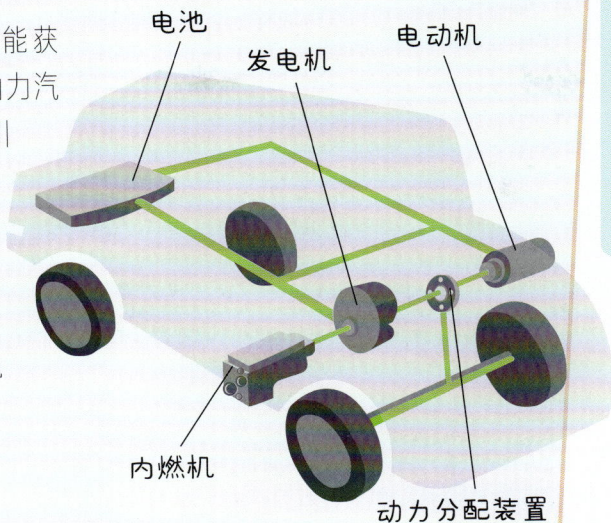

电池

发电机

电动机

内燃机

动力分配装置

现在，新一轮的电动车电池研发竞赛已经开始，各个国家都在开发体积小、容量大、效率高的电池。而且，电动车充电站的数量每年都在增加。

替代能源——氢

科学家正在研究用无污染的氢燃料来替代化石燃料，为车辆（特别是重型车辆）提供动力。压缩氢气可以转换为电能，并为车辆提供动力，整个过程产生的唯一副产品是热和水。

有趣的事实

计算车辆燃油效率的方式很多。对于使用内燃机的车辆，英国、美国等国家计算车辆消耗1加仑汽油行驶的距离（以英里为单位）——每加仑英里（mpg）；其他国家则计算汽车行驶100千米消耗的汽油数量（升/100千米）。

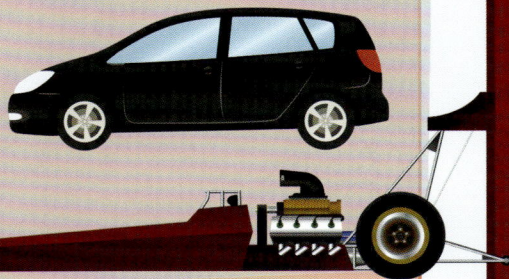

未来，不仅汽车将变得更"智能"，甚至道路也将与汽车的计算机系统连接。汽车系统可以随时接收道路施工、事故或异常天气等信息。

未来汽车

有时候，困难和挑战可能成为新发明的灵感。例如，最近数十年中，化石燃料危机、拥挤和污染等问题推动了电动车和清洁燃料的发展。

无人驾驶汽车已经投产，未来还会出现更多令人惊奇的发明。就像智能手机和互联网能让人们随时联网一样，未来的汽车也可以不间断地发送和接收信息，为用户提供更加安全和便捷的驾驶体验。

飞行汽车

早在一个多世纪前，人们就幻想着跳进汽车然后飞向天空。但是，这个梦想真的能够成真吗？特拉弗吉亚公司的TF-X是一款仍处于测试阶段的飞行汽车，它能够垂直起飞，并以每小时320千米的速度巡航800千米。

孩子们眼中的汽车

一家英国公司邀请了孩子们来设计未来汽车。孩子们在纸上尽情发挥想象力，绘制了龙形的汽车和蛋糕形状的助推器。不过，有些孩子的创意可能激发了汽车设计师的灵感。有些汽车设计师已经开始考虑把孩子们的想法变成现实，例如变色材料和适合水下汽车的柔性玻璃。

自动驾驶卡车能够沿固定的路线运送乘客或货物，例如机场航站楼之间的摆渡车。自动驾驶卡车已经在美国亚利桑那州投入使用，它可以通过高速公路运输货物，但会在到达目的地之前停下来，然后由人驾驶完成最后一段路程。

"呼叫车辆"

微型车占用的空间非常小，停车便利，燃料消耗少，并且可以通过智能手机呼叫。

实现方式

智能手机兼具计算机和通信设备的功能，可以精确定位当前位置。微型车收到呼叫后，可以自动定位用户的位置，并导航到用户身边。

术语表

G力 物体做高速运动时承受的力，在拐弯或加速时最容易感觉到。

GPS 全球定位系统，该系统通过与卫星通信来确定位置和速度等参数。

变速箱 用来改变来自发动机的转速和转矩的结构。

差速器 一种倾斜的旋转齿轮，可以调整左、右轮（或前、后轮）的转速差。

底盘 支撑车身和车辆发动机的框架。

废气 发动机释放的气体，不仅危害人体健康，还会污染环境。

工业革命 发生在18世纪和19世纪的技术革命，发明家和工程师在此期间发明了使用蒸汽作为动力源的新机器，用机器代替了手工劳动。

化石燃料 包括石油、煤或天然气等，是古生物遗骸经过数百万年形成的燃料。

经济型汽车 使用相对较少的燃料就可以满足动力需求的汽车。

力 物体改变运动状态或发生形变的根本原因。

轮轴 两端有旋转轮的转轴。

摩擦 阻碍物体运动的作用力，通常会让运动的物体减速。

内燃机 一种通过在机器内燃烧汽油（或其他可燃燃料）与空气混合物来提供动力的机器，燃烧产生的热气体膨胀推动活塞运动。

能量 做功的能力。

牛顿运动定律 英国科学家艾萨克·牛顿提出的三项基本定律，用于描述物体在受力作用时的反应。

扭矩 使物体发生转动的力矩。

碰撞 两个或多个移动物体的撞击。

气缸 内燃机中引导活塞运动的圆筒形部件。

曲轴 一根长金属杆，可以帮助发动机驱动车轮运动。

全时四轮驱动（AWD） 一种发动机系统，代表车辆拥有全轮驱动能力，可以把发动机的大部分动力传递给具有良好抓地能力的车轮，同时减少给打滑的车轮分配动力。

全球变暖 受火山爆发等自然活动和人为因素（例如燃油车排放废气）的影响，全球总体温度升高。

水炮 一种用于灭火的大功率喷水装置。

四轮驱动（4WD） 一种为前后轮轴提供动力的发动机系统，可以确保四个车轮同时驱动，但需要驾驶员根据路面情况进行切换，平时处于两轮驱动模式。

质量 物质的量的量度。

重心 也称为质心，是地球对物体中每一个微小部分引力的合力作用点。

Original title: The Science of Warfare
Author: Roger Canavan
Copyright © The Salariya Book Company Ltd 2019
All rights reserved

版权贸易合同登记号　图字：01-2021-4813

图书在版编目（CIP）数据

厉害了，科学.武器／（英）罗杰·卡纳万（Roger Canavan）著；陈彦坤，马巍译. --北京：电子工业出版社，2022.3
ISBN 978-7-121-42971-2

Ⅰ.①厉…　Ⅱ.①罗…②陈…③马…　Ⅲ.①科学知识－少儿读物②武器－少儿读物　Ⅳ.①Z228.1②E92-49

中国版本图书馆CIP数据核字（2022）第029001号

责任编辑：董子晔　特约编辑：刘红涛
印　　刷：北京缤索印刷有限公司
装　　订：北京缤索印刷有限公司
出版发行：电子工业出版社
　　　　　北京市海淀区万寿路173信箱　邮编：100036
开　　本：889×1194　1/16　　印张：40　字数：483千字
版　　次：2022年3月第1版
印　　次：2022年3月第1次印刷
定　　价：398.00元（全20册）

凡所购买电子工业出版社图书有缺损问题，请向购买书店调换。若书店售缺，请与本社发行部联系，联系及邮购电话：（010）88254888，88258888。
质量投诉请发邮件至zlts@phei.com.cn，盗版侵权举报请发邮件至dbqq@phei.com.cn。
本书咨询联系方式：（010）88254161转1865，dongzy@phei.com.cn。

厉害了，科学

武器

战争中隐藏的真相

[英]罗杰·卡纳万 著

陈彦坤 马巍 译

电子工业出版社

Publishing House of Electronics Industry

北京·BEIJING

目录

似乎很多原因都会让人类产生冲突，例如，喜欢不同的足球队，对选举结果不认同，或者国家之间对金矿的归属权意见不统一。严重、广泛的分歧甚至可能演变成灾难性的战争。

好奇心是人类的一种天性，是人类获取知识、增加生活便利性的动力。科学与技术（技术是科学成果的实际应用）可以体现出人类的进步。你能想象没有电视、没有汽车甚至没有车轮的时代吗？我们应该感谢科学（科学家）——它（他）们是造就当今世界的基础。

因此，纵观整个历史，人们总是借助科学努力在冲突中占据优势。接下来，我们一起了解科技进步带来的成果：步枪、大型战列舰及太空激光武器。

柔道和很多武术不依赖任何武器。不过，武术大师可以判断对手的重心（平衡点），进而轻松击败对手。

最早的武器

有些动物也可以借助木棍或石块（虽然有时只是简单地利用重力）来获取食物。但是，动物与人类最大的区别在于，即使是最聪明的动物，也无法提出自己的想法并迅速完善。相比动物而言，正是科学知识，甚至是无意识的认识，让人类占据了绝对优势。

即使是最原始的人类也能够利用技术（科学的实际应用）制造工具和武器。通过持续地认真观察不同作用力的效果，原始人类为科技的发展奠定了基础。

肉搏战

肉搏战是战争的最初形式——人们将身体作为唯一的武器，与动物之间的搏斗没有区别。肉搏战在现代世界仍然存在，主要表现在摔跤、拳击和武术等竞技运动上。

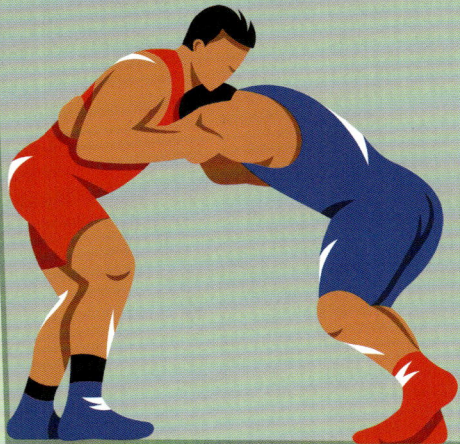

长矛

人类在至少40万年前发明了矛——削尖的木棍。后来，人们将尖锐的石块绑在木棍前端，使这种武器进一步升级。长矛可以作为投掷武器用来攻击猎物或敌人，也可以用于近身战。

投矛手会本能地利用科学技术，设计最顺手的矛（平衡投掷距离和准确性）。防御此类武器也需要运用科学技术：盾牌和盔甲必须足够坚固，足以承受高速飞来的锐利长矛。

弓和箭

弓和箭是势能积累和释放的典型例子（拉拽弓弦不断积累势能），释放的势能可以部分转化为动能（箭矢从静止到高速射出）。

1415年，英国人在阿金库尔击败了法国军队，很大程度上借助了新式武器——长弓带来的科学优势（额外的力量）。

你相信吗?

以南美洲阿兹台克勇士使用的梭镖投射器为例。它利用了基础的科学原理：投掷臂类似杠杆，而梭镖投射器相当于延长了的杠杆，可以提供更大的力量。

梭镖投射器

弩的使用方法与弓相同，但可以释放更大的动能。因此，用弩发射的弩箭（形似缩小的箭）可以刺穿金属铠甲。

军备竞赛

人类是天生的科学家，因为人们会反复测试设定的目标和行动以寻求最佳结果。这种探索科学的好奇心不断推动着武器的升级。经过数个世纪的磨砺，武器变得越来越锋利，威力也越来越大。

防御性堡垒（例如城堡）能够承受投石机等攻城器的重击，但却无法抵御更具破坏性的火药武器。具有毁灭性力量的火药最早起源于中国，后来传入亚洲其他国家和欧洲。

大马士革钢

中世纪时期，中东地区出现了一种特别的兵器——用大马士革钢打造的兵器。用大马士革钢制造而成的兵器具有锋利的刃，坚固不易崩坏，而且易于打磨。没有人知道大马士革钢是利用什么科学技术炼出来的，因为这种技术在18世纪就已经失传了。

火药

中国使用火药的历史可以追溯到春秋时期。到了10世纪，中国军队开始利用火药制造火箭：燃烧的火药可以为火箭提供飞行动力，并通过爆炸来攻击敌人。

围城心态

投石机是一种中世纪时期的武器，主要利用铰链固定的长臂向远处投掷重物。转动曲柄降低长臂，并提高（位于另一只臂的）配重。释放配重后，重力转化为动能，带动长臂向上摆动并将有效载荷投掷到远处。

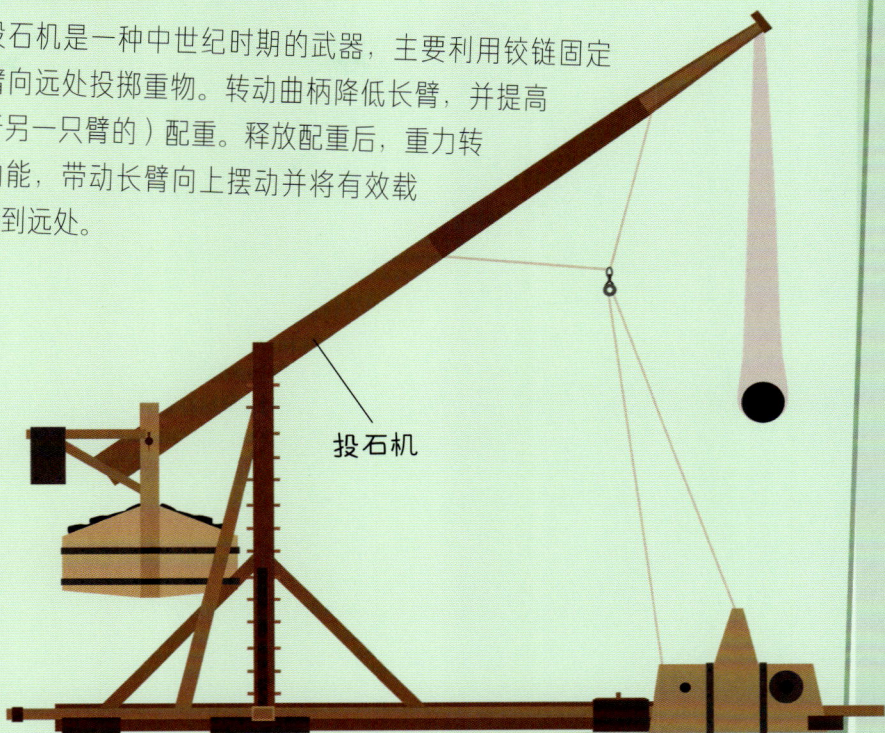

投石机

亲自尝试

我们可以自己动手制作简单的攻城武器。将一个塑料蛋杯粘在直尺的一端，然后将尺子搭在一支横置的铅笔上，如同跷跷板一样。在蛋杯中放入一颗葡萄，然后用力按下直尺的另一端，发射葡萄。

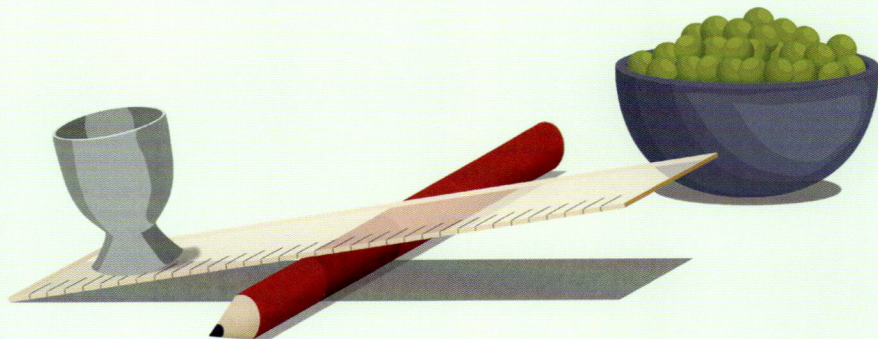

有史以来，防御一直是科学技术重要的应用领域之一。英国铁器时代的要塞多建于丘陵之上，周围环绕着防御沟渠。沟渠与城墙保持一定的距离，以削弱攻城方投掷飞石带来的冲击力。

战争火器

早期的火器很不可靠：经常发生爆炸伤及士兵，而非正常地向外发射子弹。

中世纪时期，关于火药的爆炸力的知识从亚洲传到欧洲。长矛和弓箭等早期的冷兵器逐渐被淘汰。科学为人类带来了更强大的武器，热兵器时代拉开帷幕。

随着科学技术的发展，武装部队装备了更精准的新式武器，可以将爆炸性炮弹发射到数千米之外并准确地击中目标。此外，现代手持武器为士兵提供了每分钟超过1 000发子弹的火力。

火绳枪

18世纪，士兵开始使用通过扳机发射的火绳枪：扣动扳机，击锤末端的打火石撞击金属产生火花，点燃火药。

10

步枪

角动量用于测量保持稳定旋转的物体。自行车是一个典型例子：车轮的转速越快，自行车就越稳定。

另一个可能的例子是旋转的步枪子弹：发射后，步枪子弹需要高速旋转以保持稳定（准确击中目标）。

自动武器的弹药被存放于固定在武器上的容器（弹药匣）中，因此士兵无须自己装弹就可以连续开枪射击。

火炮

人们结合使用火药和其他炸药的基本科学原理完成了大型火炮的制造，显著延长了炮弹的射程，可以远距离发射炮弹。第二次世界大战期间，英军和德军分别在英吉利海峡两岸部署了火炮，其中英国两门最大火炮的绰号分别为"温妮（Winnie）"和"小熊（Pooh）"。

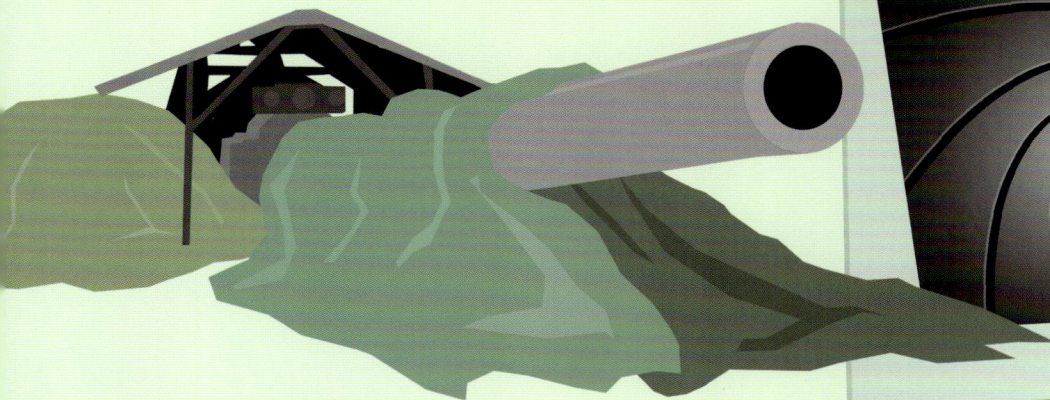

膛线

步枪的枪管内壁有一系列螺旋状凹槽（人们称之为"膛线"），可以让子弹在离开枪口时进行旋转。于是，子弹获得了角动量和更高的精度。

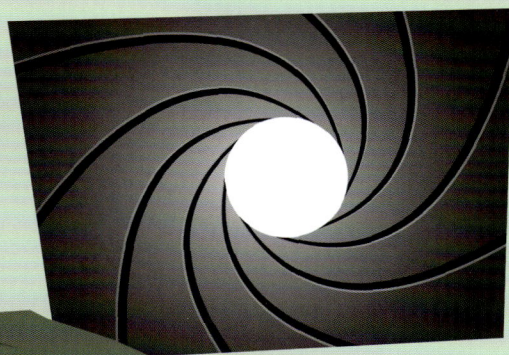

铁路

第一次世界大战（1914年至1918年）期间，交战双方开始利用铁路运输军队和设备。每个师（1.2万名士兵）每天需要火车运送两次补给，而每次可以运送的补给超过90万千克。

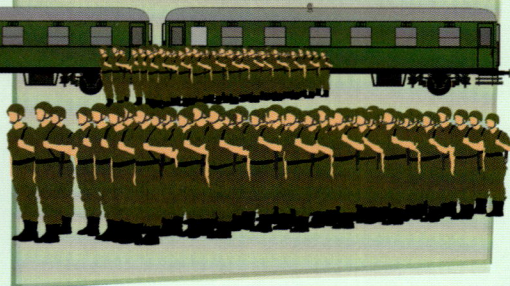

第二次世界大战期间，美国陆军的谢尔曼坦克遭遇了真正的挑战：装甲太薄，火炮有时可能回火……并且经常陷入泥潭无法动弹。

车轮滚滚

此前的数个世纪，军队一直徒步行进，有时会借助马和牛等动物运送货物和武器，但行军速度缓慢的问题始终无法解决。到了19世纪后期，交通运输技术的发展（特别是火车和动力车辆的出现）显著提升了军队的机动性。

许多新式车辆本身也是高效的武器。有些现代车辆可以探测地雷和其他危险，精密的雷达和计算机设备甚至为地面车辆提供了探测和击落导弹与飞机的功能。

坦克

作为可移动的堡垒，坦克在第一次世界大战期间首次亮相，并作为常规武器全程参与了第二次世界大战。

坦克的设计必须兼顾速度、越野及防御敌方火力攻击的功能。

半履带车辆兼具卡车的速度和灵活性，并且能够在土质松散或泥泞的地面上保持附着力（抓地力）。

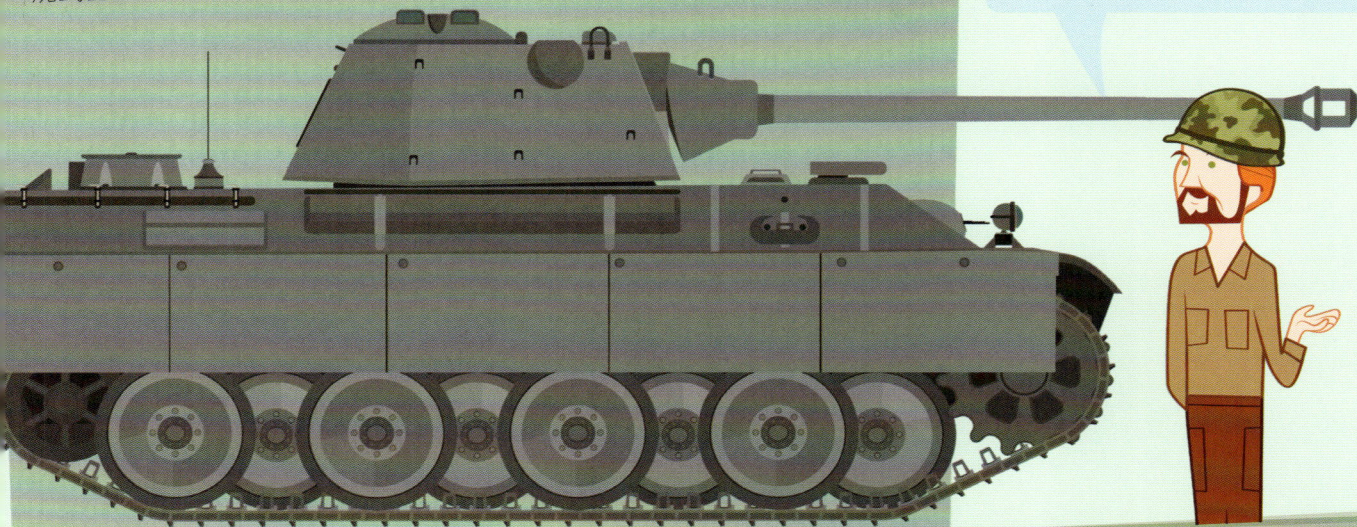

吉普车

吉普车的诞生源于一项基础技术的出现（四轮驱动而非两轮驱动）。美国著名的乔治·马歇尔将军称吉普车是"美国对现代战争的最大贡献"。

履带

坦克的履带可以将坦克自身的巨大质量分散在较宽的区域，以免坦克穿越松软的地面时被困。

13

西班牙无敌舰队

1588年，由大型笨重舰船组成的西班牙无敌舰队在海战中不敌舰船体形相对较小但更灵活的英国舰队，因为后者可以更高效地利用风向。

公海

浮力学，一门让沉重物体漂浮在水面的科学，为海军的出现和兴起奠定了基础。早在史前时代，人类就学会了利用浮力，并造出了可以漂浮的木筏和独木舟；现在，航行在公海的当代海军使用的舰艇，包括大型战列舰和航空母舰在内，借助的仍是同一种基础力量。

不过，现代海军拥有了更先进的军舰（或者更准确的名称应该是潜艇），能够在水下航行长达90天——人们只需补充食物即可。

部分19世纪帆船的速度可以达到每小时40千米，与当时的动力车辆相当。但是，如果风停了或者改变了方向，这些帆船可能不得不减速甚至停在原地。

潜艇

现代潜艇使用核燃料驱动——通过裂变,核反应堆能够产生大量的热,水吸收热量变成蒸汽,进而驱动涡轮机发电,满足潜艇的动力需求。

有趣的真相

第二次世界大战期间,近7 000艘船只参加了诺曼底登陆作战。准确预测恶劣天气短暂好转的时间成了登陆能否成功的决定性因素。

移动的机场

航空母舰可以为飞机提供移动的海上机场。在1942年的中途岛战役中,日本和美国航空母舰编队携带飞机在远离陆地的太平洋上展开了空中激战。

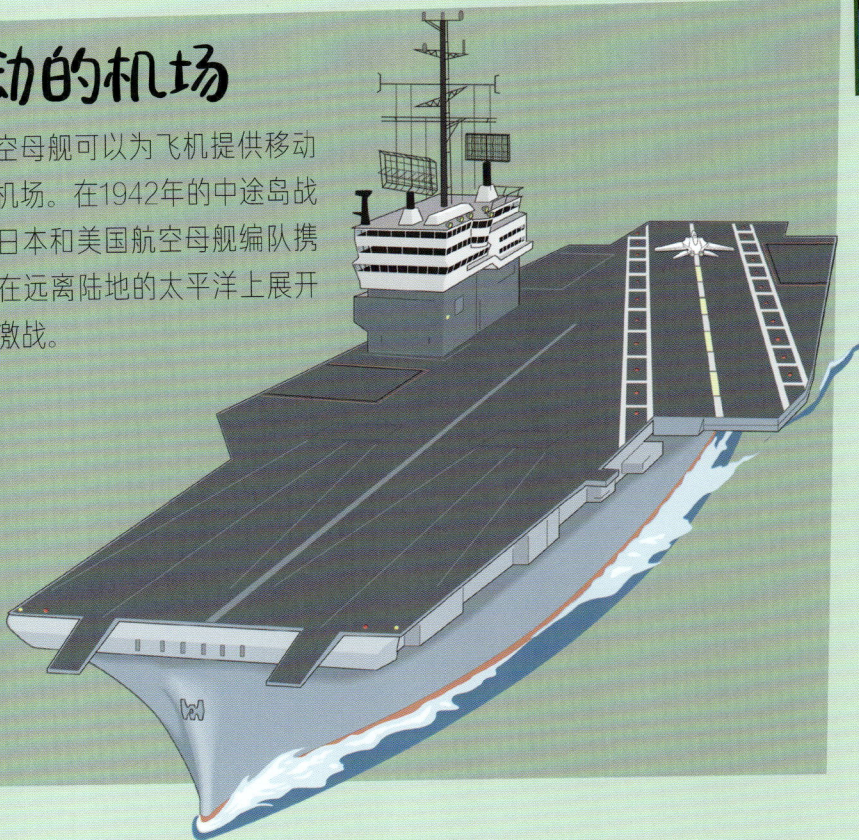

英国医生发现维生素C可以预防坏血病。坏血病曾是19世纪长途航行的水手面临的最大威胁之一,而富含维生素的酸橙为英国水手保持健康做出了巨大贡献。

15

第一次世界大战期间，人们利用战斗机搭载机枪作为攻击武器，但机枪的射击路线会与旋转的螺旋桨存在冲突。所以，工程师必须协调机枪的射击节奏与螺旋桨的旋转节奏，避免子弹击中旋转的螺旋桨叶片。

升空

美国莱特兄弟的第一架动力飞机成功升空仅仅十多年后，人们就将飞机投入了实战，在空中缠斗并攻击停在地面的飞机。

飞机飞行时会受到4种力的作用：向前的运动会产生升力（向上的力）、阻力（飞机前进时的"空气阻力"）、发动机提供的推力和地球对飞机的引力——重力。

提供升力和克服阻力只是升空的第一步：人们很快就掌握了弹道学和爆炸的相关知识，开始为军用飞机装备武器和威力强大的炸弹。

第一架战斗机

每组机翼都可以为飞机提供一定的升力，第一次世界大战期间有些战斗机就配备了三组机翼。

音障

有人担心飞机会在"突破音障"（飞行速度超过声速）的过程中被撕扯得七零八落。20世纪40年代的新型喷气引擎进一步提升了飞机的速度，并终于在1947年安全突破了声速。

V-2火箭

第二次世界大战的最后一年，沃纳·冯·布劳恩带领德国科学家研制出了液体燃料火箭，并向英国和其他西欧国家发起了火箭攻击。V-2火箭被视为最早的制导弹道导弹。

1945年，德国航空工程师沃纳·冯·布劳恩向美国投降，随后加入并参与了美国的火箭制造计划——该计划最终将人类送上了月球。

亲自尝试

我们可以在一名成年人的帮助下制作迷你火箭。将1/4茶匙的小苏打放在一张卫生纸上，包裹起来，然后粘在旧胶片筒内的底部。在筒中灌入一半左右的醋，盖上盖子。将筒颠倒过来，等待火箭起飞！

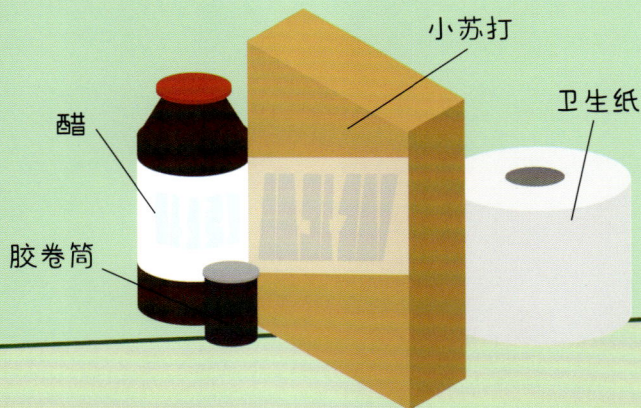

小苏打

卫生纸

醋

胶卷筒

17

炸弹和炮弹

贝尔莎巨炮

20世纪初，武器技术人员开始制造能够发射巨型炮弹的可移动火炮。此前，人们认为只有固定火炮的炮管直径才能超过20厘米。德国的"贝尔莎巨炮"是一种可移动的火炮，能够发射重达820千克的炮弹。

爆炸物学是一门古老的科学，但人们仍在不断发现新知识，并用来完善新式武器的制造技术。通过火炮发射的爆炸物称为炮弹，而炸弹可以通过飞机投掷或埋于地下。有的爆炸性武器可以杀伤生物，但不会破坏建筑物、桥梁和其他非生物目标。

尽管差异巨大，但所有这些爆炸性武器都涉及突然（破坏性）的能量释放。

瑞典科学家阿尔弗雷德·诺贝尔发明了炸药，但他从不希望将自己的发明用于战争。凭借发明成果带来的财富，诺贝尔设立了诺贝尔和平奖，以鼓励促进和平而非战争的行为。

18

中子弹

中子弹爆炸时会释放大量被人们称为中子的亚原子粒子，但不会产生十分明显的物理爆炸。中子弹爆炸会对包括人类在内的生物造成杀伤性损坏，但不会影响建筑物和其他非生物。

你相信吗？

全球第一次空中轰炸发生在1849年——奥地利人乘坐无人热气球轰炸了威尼斯！

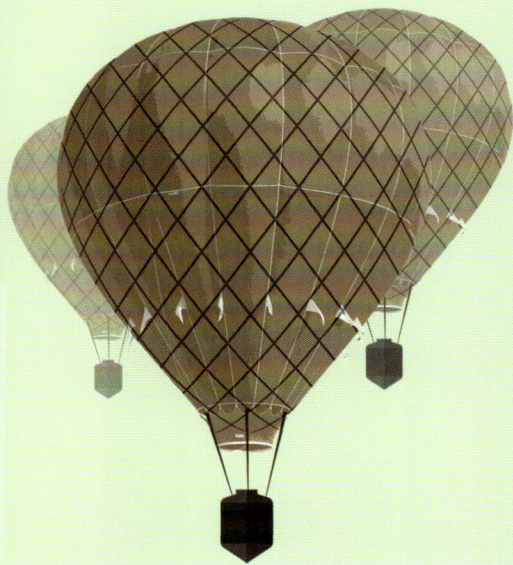

只需简单的培训，蜜蜂就有可能凭借超级灵敏的嗅觉帮助人们探测地雷。

地雷

地雷是隐藏的炸弹，因为大多埋藏于地下而得名，通常因压力被引爆。地雷可以对特定地区构成长期的威胁。到目前为止，金属探测器仍是主要的探雷排雷手段。不过科学家正在研究更安全的方法，例如，借助一种遇到爆炸物可以发光的细菌。

19

雷达

无线电波可以为人们提供娱乐信息和新闻，也能够借助一种被人们称为雷达的技术（无线电探测和测距）来感应物体：信号发射器发出无线电波，然后"监测"无线电波的返回时间和方向。雷达在第二次世界大战期间发挥了重要作用。

发现敌人

侦察，或者收集敌方情报，是战争最基本的要素。历史上，人类曾借助各种方法向战场后方的人们传递信息，例如，释放烟雾信号、在山顶点燃火堆和放出信鸽。得益于科技的发展，20世纪工具的探测范围已经显著扩大。

热气球和动力飞机最初是作为侦察工具参与战争的，为军队提供了从上方观察敌军和装备的"眼睛"。

声呐

声呐，或称声波导航和测距，使用了与雷达相似的技术，只是用声波取代了无线电波。声呐设备通过发射声波，然后测量遇到敌方舰船后反弹的回声，来准确定位这些舰船的位置。

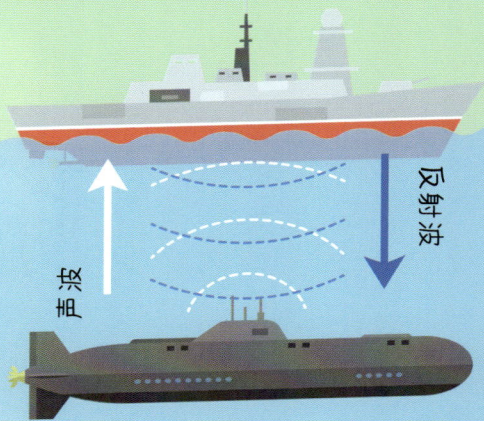

反射波

声波

蝙蝠具有与雷达相似的技能。它们可以发出尖锐的高频声音，然后等待回声"传递"信息，这种定位方式称为回声定位。

夜视

有些步枪的瞄准器和护目镜可以帮助士兵在黑暗中看见目标。这些设备可以探测红外辐射——人类肉眼无法看到的一种光。

海豚探雷

美国海军"招募"大约80只瓶鼻海豚协助军队侦察。这些经过训练的海豚可以探测水下地雷（水雷），并且能够在发现水雷的地方留下一种被人们称为应答器的电子设备。然后，海军潜水员可以借助声音探测设备找到应答器，进而破坏水雷。

21

看不见的敌人

美国独立战争期间，美国起义军经常穿着米色或棕色服装，因为这种服装非常适合在森林中隐藏自己。相反，身穿鲜红色制服的英军士兵更容易被发现和成为目标。

在战争中发现敌人十分重要，而努力避免被发现或者躲避武器的探测同样重要。科学又一次为实现这两个目标提供了更好的方法。

伪装

就像猎豹和其他动物可以借助皮毛的颜色和花纹与环境"融为一体"一样，军用服装和装备也可以应用与植物或战场背景类似的设计，帮助军队隐藏自己。

隐形轰炸机

隐形轰炸机属于新型轰炸机，它的表面涂覆或应用了可以减少无线电波、可见光或其他形式辐射反射的材料。因此，隐形轰炸机可以在不被雷达或其他跟踪设备发现的情况下进入敌方空域。

毒气

芥子毒气并不是完全隐形的（通常为黄褐色气体），它曾在第一次世界大战的战场上"大显身手"，导致没有佩戴防护口罩的人员大量死亡或身受重伤。

你相信吗?

美国军方正在研发一种弯曲光线的技术，以隐藏物体（或人）——就像哈利·波特的隐形斗篷一样。

科学家认为，色盲患者在观察迷彩时可能更有优势，因为他们依靠明暗差异而非存在细微差异的颜色来观察图案。

23

直接打击

到目前为止，只有两枚核弹真正投入了使用——第二次世界大战结束之前，美国投下的核武器摧毁了日本的广岛和长崎两座城市。

核武器

最微小的粒子——原子中蕴含着惊人的能量，科学家已经开始利用原子的能量发电，但同时制造出了世界上最具破坏力的武器——核武器。核武器或者通过"分裂"原子的裂变过程释放能量，或者利用原子撞击与聚合的过程（聚变）释放能量。

1942年，恩里科·费米成了第一位成功"分裂原子"的科学家，并宣告了核时代的到来。他信心十足地认为（但并非100％确定）他能够在摧毁世界之前停止这种连锁反应。

海狼

核潜艇在海洋中游弋，做好了随时发射导弹的准备。它们借助与卫星通信的全球定位系统（GPS）在幽暗的水域航行。

"星球大战"防御计划

根据这项已经被废弃的战略防御计划（绰号"星球大战"），美国将利用在绕地轨道运行的卫星摧毁敌方的核导弹。

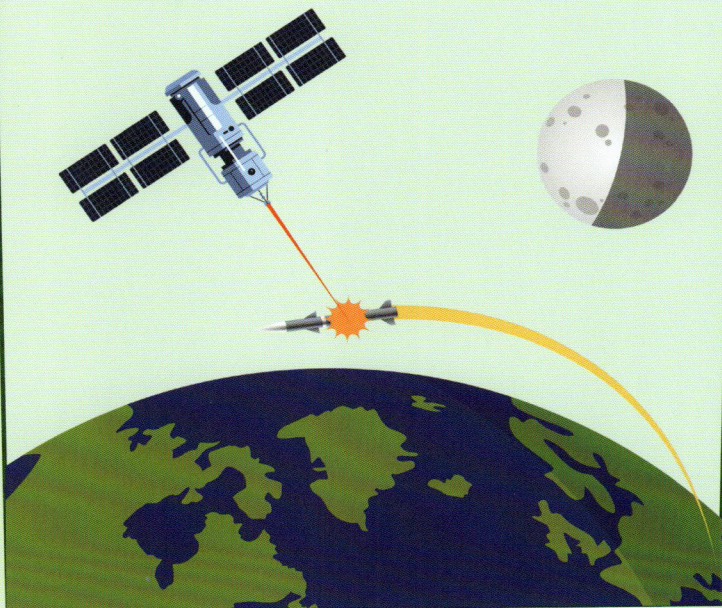

亲自尝试

你可以将书排成一排——彼此靠近但不接触，以创建"非核"连锁反应。轻推末端的书，让它倾斜并撞击下一本书，以此类推，如同多米诺骨牌一样。

相比于投放在广岛和长崎的原子弹，氢弹的威力高1000倍。

远程控制

许多先进的探雷车都取消了驾驶员，以减少人员伤亡。

即使操作者离开或者身处安全的后方，武器仍然可以留在战场发挥作用，这才是最安全的武器。某些时候，操作者甚至可能与武器相隔万里；其他时候，他们可以直接查看效果。尖端技术是推动这些武器发展的动力。

遥控炮塔

海军舰艇装配遥控炮塔的初衷是为了应对现代海盗，但同样适合现代化战斗。

26

"智能炸弹"

精确制导弹药通常被人们称为"智能炸弹",通过无线电或激光的引导,它们可以准确地寻找并摧毁目标。

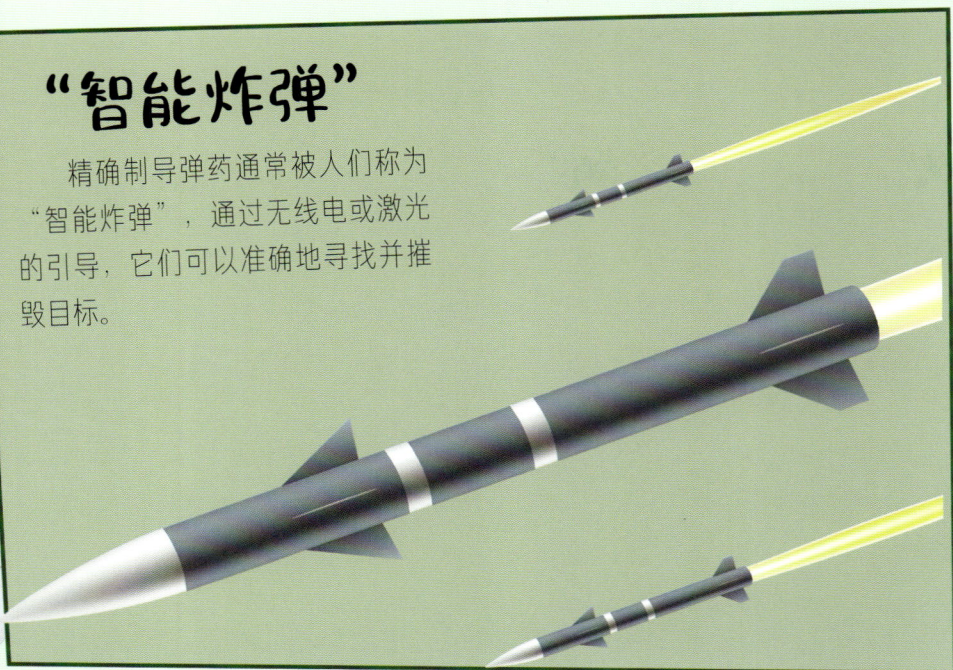

无人机

无人机和微型直升机等遥控飞机已成为世界各地常见的设备。无人机技术已用于跨战区武器和信息传递。

美国海军有一个绝密部门,专门训练海豚和海狮来探测水雷、寻找丢失的物品,甚至帮助遇到危险的游泳者。

有趣的真相

借助摄像头和面部识别技术,比婴儿手掌还小的无人机或许能够追捕并攻击单一人类目标。

27

激光

名为激光的聚能光束已经在工业和医学领域得到了广泛应用。这种光束同样能够成为强大的武器，而且未来激光武器可能越来越常见。

展望未来

回望过去，科学和技术的发展似乎总是与战争息息相关，并且种种迹象都表明这种关系仍将持续下去。或许，未来战争将更多地倚重非人类，以挽救人类的生命。或许，这也可能为人类带来更大的威胁。

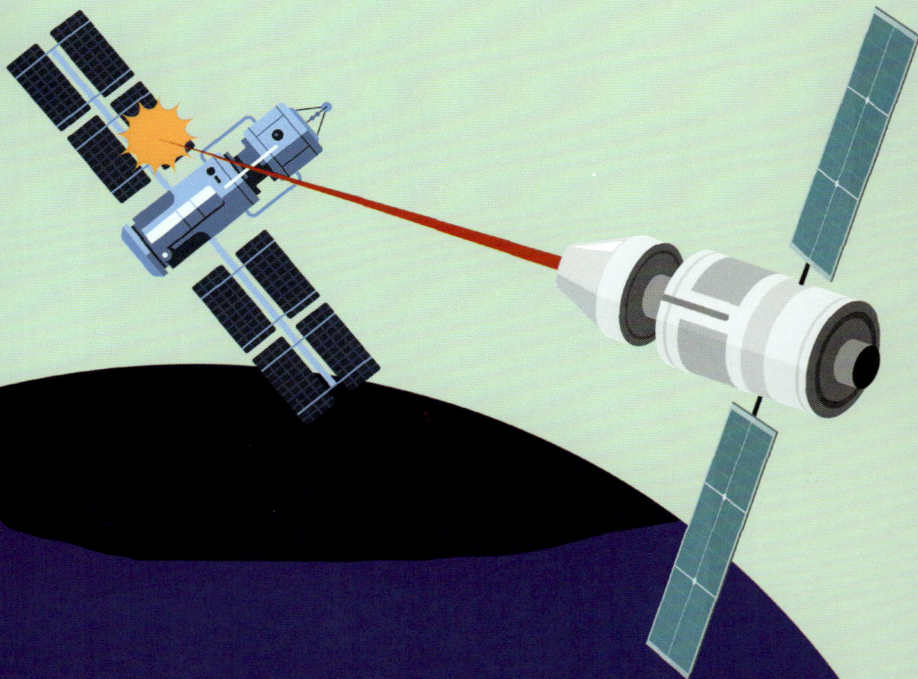

部分科学家认为，配备强大核武器的航天器可以用来抵御来自外太空的威胁，例如可能撞击地球的小行星。

网络武器

计算机专家已经找到了"入侵"（非法访问）企业乃至国家重要软件或网络的方法。想象一下网络武器的强大功能：只要敲几下键盘就可以让敌方的整个军事系统瘫痪。

很多先进的技术仍然依赖从地球开采的稀有矿物。将来，拥有这些矿物的国家和地区可能将矿物供应作为一种武器。

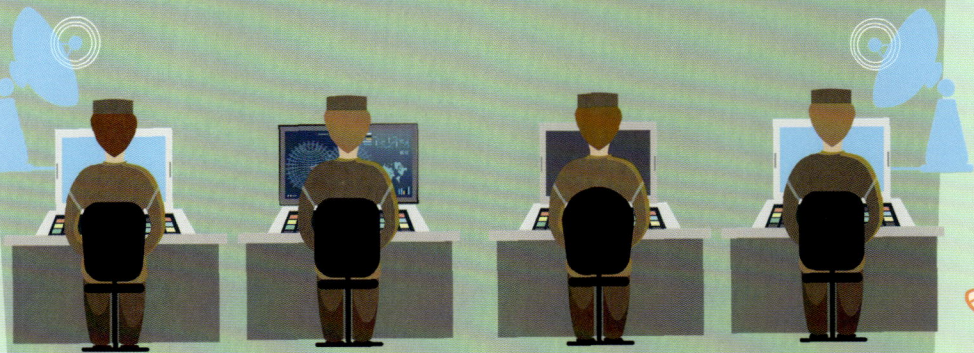

人工智能

数十年来，人们总在预测（或者说担心），未来的计算机具有"自我思考"的能力，无需人类的指导。此类人工智能或许会成为未来冲突的重要因素之一。

你相信吗？

也许，最新式的武器可能并非纯粹的现代理念。有记录表明，最早的激光束概念来自希腊科学家阿基米德。据传，公元前212年，阿基米德曾制作一套"燃烧镜"，通过反射太阳光烧掉了整整一支进攻锡拉库扎港口的罗马舰队。

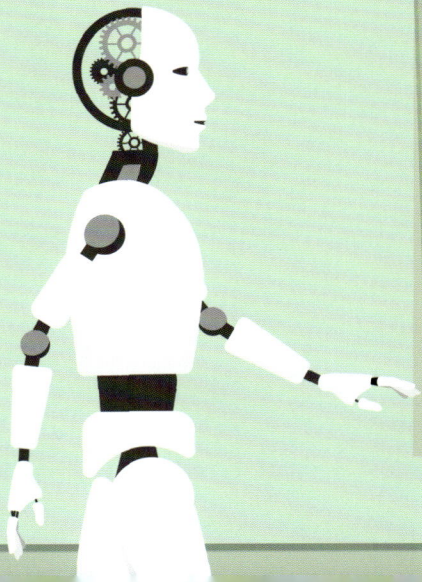

术语表

弹道导弹　发射后采用陡峭拱形飞行路线的导弹。

弹道学　研究子弹、炮弹和其他发射物体行进路线的科学。

动能　物体因为运动而具有的能量。

GPS　全球定位系统的缩写，可以通过与卫星通信在地球上精准定位。

杠杆　一种用于举升或撬起物体的基础工具。

核　原子中带正电的物质，由带正电的质子和不带电的中子组成。

聚变　一种核反应，即部分原子的核融合并形成较重的原子核，同时释放能量的过程。

雷达　一种无线电设备，可以通过测量回波的强度来确定远距离物体的位置和移动状态。

力　当两个物体相遇时，一个物体对另一个物体产生的推或拉作用。

连锁反应　发生在原子核中的一种反应，可以释放足够的能量并激发一系列相似的反应。

裂变　一种由物体撞击原子核并引发原子核分裂的核反应。

轮机　一种发动机，通过液体或蒸汽推动由中轴固定的叶片旋转，进而驱动发动机。

面部识别　一种识别方法，可以记录并辨识人脸。

弩　一种用木质支撑物固定的弓，配有拉拽弓弦的曲柄，可以发射弩箭。

诺曼底登陆日　即1944年6月6日。这一天发生了历史上最大规模的登陆作战，超过16万名盟军士兵登陆法国。

炮弹　一种通过火炮发射的圆柱状爆炸物。

氢弹　一种通过核聚变释放巨大能量的武器。

人工智能　无需人工指令，由计算机自行做出决策。

软件　用于操作计算机的已编译代码或程序。

势能　物体基于相对位置存储的能量。

四轮驱动　一种为前后轴提供动力的发动机系统，可以让4个车轮获得动力。

围城战　一种被敌军包围并隔离堡垒或定居点的军事行动。

伪装　通过覆盖或染色的方式，让物体与周围的环境相融合，提高辨识难度。

亚原子粒子　任何小于原子的粒子。

引爆　引起爆炸或发射。

应答器　一种用于接收无线电信号并立即发送不同信号的设备。

原子　纯物质（例如金或氧气）的最小单位，是构成宇宙所有物质的基础。

原子弹　一种威力强大、通过连锁反应释放能量的武器。

中世纪　通常用于描述欧洲约公元500年到1500年的一段时期，有时也称为中古时期。

中子　原子核中不带电荷的亚原子粒子。

Original title: The Science of Rocks & Minerals

Author: Alex Woolf

版权贸易合同登记号　图字：01-2021-4813

图书在版编目（CIP）数据

厉害了，科学.岩石和矿物 /（英）亚历克斯·伍尔夫（Alex Woolf）著；陈彦坤，马巍译. --北京：电子工业出版社，2022.3
ISBN 978-7-121-42971-2

Ⅰ. ①厉… Ⅱ. ①亚… ②陈… ③马… Ⅲ. ①科学知识—少儿读物 ②岩石学—少儿读物 ③矿物学—少儿读物
Ⅳ. ①Z228.1 ②P5-49

中国版本图书馆CIP数据核字（2022）第029792号

责任编辑：董子晔　特约编辑：刘红涛
印　　刷：北京缤索印刷有限公司
装　　订：北京缤索印刷有限公司
出版发行：电子工业出版社
　　　　　北京市海淀区万寿路173信箱　邮编：100036
开　　本：889×1194　1/16　印张：40　字数：483千字
版　　次：2022年3月第1版
印　　次：2022年3月第1次印刷
定　　价：398.00元（全20册）

凡所购买电子工业出版社图书有缺损问题，请向购买书店调换。若书店售缺，请与本社发行部联系，联系及邮购电话：
（010）88254888，88258888。
质量投诉请发邮件至zlts@phei.com.cn，盗版侵权举报请发邮件至dbqq@phei.com.cn。
本书咨询联系方式：（010）88254161转1865，dongzy@phei.com.cn。

厉害了,科学

岩石和矿物

脚下坚硬物体的真相

[英]亚历克斯·伍尔夫 著

陈彦坤 马巍 译

电子工业出版社

Publishing House of Electronics Industry

北京·BEIJING

目录

很少有人会在看到岩石的第一眼就产生特别的兴趣。因为岩石通常颜色单调，坚硬的触感让人无法亲近。然而，熟悉之后你会发现岩石的有趣之处。与地球一样古老的岩石在火中形成，在火、风、水和巨大压力的共同作用下成形。通过其颜色、形状和纹理等客观的形态，我们可以了解岩石漫长且剧烈变化的历史。除了岩石，地球同样拥有丰富的矿物储藏。事实上，岩石本身就是由矿物构成的。矿物是地球上自然形成的固态物质，与岩石的区别在于矿物具有各自独特而统一的化学结构（每种矿物都由同一种物质组成）。本书将介绍岩石和矿物的形成方式、地理分布与储藏环境特征，以及重要的用途。

地壳

我们生活的地球是一个层状结构的星球，最外层为地壳。假设地球是一个鸡蛋，地壳就是鸡蛋薄而硬的外壳。地壳内部是由炙热的岩石构成的地幔。地幔包裹的是温度极高的内核与外核。地幔约占地球质量的85%。地壳仅占地球质量的0.4%，但地壳是我们到目前为止唯一可见或探索过的区域。地壳主要由岩石和矿物（基岩）组成，基岩上方是一层松散的沙子、土壤、和碎岩等。

两类地壳

覆盖地球陆地的地壳与海底地壳不同。大陆地壳的厚度约为30~50千米，海底地壳的厚度只有5~10千米。大陆地壳的成分是密度略小的花岗岩等岩石，海底地壳主要由高密度的玄武岩等构成。

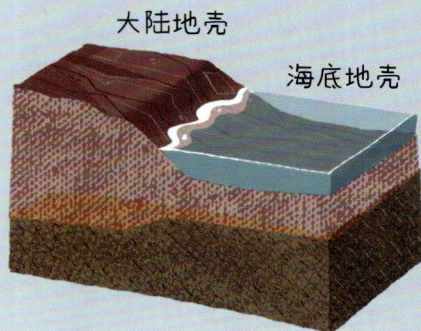

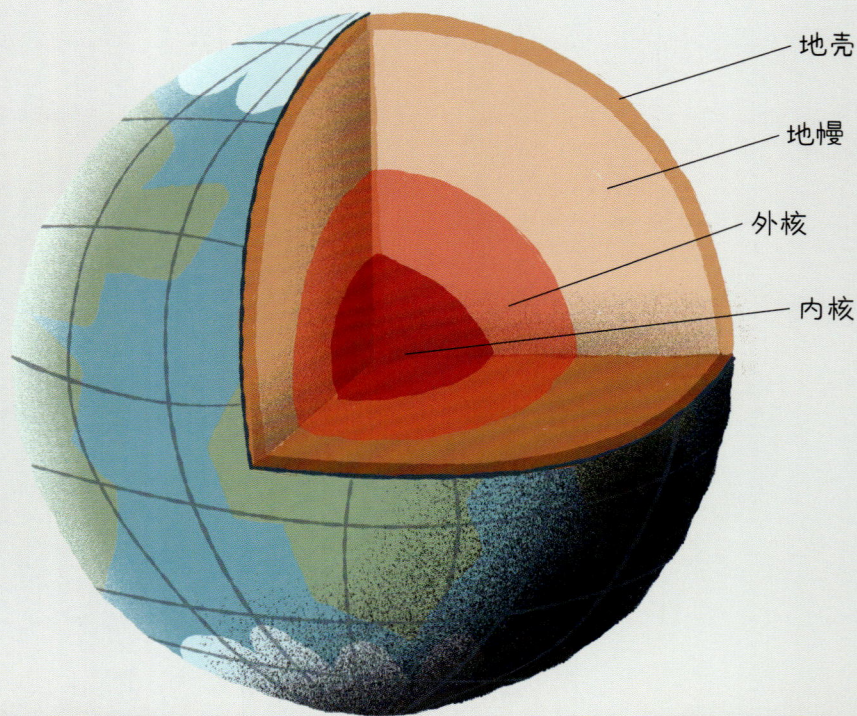

大陆地壳

海底地壳

地壳

地幔

外核

内核

6

土壤

包裹地壳的是薄薄的一层土壤，这是植物生长的家园，也是地球生命生存的基础。土壤中包括岩石粉末和死亡动物与植物的残骸。蚯蚓以动植物残骸为食，能够让土壤变得肥沃（适合植物生长）。

一次不要吃太多，亲爱的。这里的土壤很肥沃。

露头

有时候，基岩会透过土壤层并露出地球表面，露出的基岩称为露头。露头常见于裸露的山坡或河床上，因为这里的土壤容易被风或水带走。由于侵蚀等原因，露头可能呈现十分壮观的姿态。

怪物！

不，那只是一个露头。

在地壳的薄弱位置，即构造板块相连的地方，岩浆（地幔层熔化的岩石）可能升到地球表面，形成火山。构造板块的相互碰撞会引发地震。

有趣的真相

地球地壳和地幔并不是整体一块，而是分裂成了巨大的构造板块。这些板块始终在不断地运动，虽然每年的移动距离只有几厘米。但经过数百万年的"积累"后，构造板块的运动产生了显著的效果：大陆已经漂移了数千千米。

7

岩石的循环

岩石的形态其实一直在不断地发生变化。我们很难注意到岩石的"循环"，因为这种"循环"在过去的数百万年中一直在缓慢地进行。大多数岩石最初都是岩浆冷却和结晶过程中形成的火成岩，地球表面的火成岩因为风化和侵蚀而变成沉积岩，埋在地下的火成岩将在高温、高压环境中变成变质岩。变质岩可以变成火成岩或沉积岩。岩石的循环从未停止。

地壳构造板块相互分离的位置通常是岩石的诞生地，因为地幔层的岩浆很容易从这里的地壳裂缝涌出。冷却的岩浆将形成火成岩。

冷却

3

如果被深埋地下，火成岩或沉积岩将在高温、高压环境中发生变化。这些岩石并不会熔化，反而会结晶，形成变质岩。

冷却

高温和高压

变质岩

火成岩

1

火成岩是岩浆（在地幔层熔化的岩石）升高至地球表面附近后冷却和凝固后形成的岩石。

高温和高压

风化作用和侵蚀

风化作用和侵蚀

风化作用和侵蚀

压实和胶结

为什么会这样?

构造板块相互碰撞可以隆起形成高山。在造山过程中会产生大量的热量，引发岩石变质。变质岩在风化作用和外界的侵蚀下分解，分解后的碎屑被水流带走，在河床沉积。这样，变质岩就转变成了沉积岩。

2

风化作用和侵蚀会将火成岩分解为小块和碎屑，这些碎屑被风或水携带至洼地并堆积。随着时间的推移，这些沉积物压缩并黏合后会形成沉积岩。

沉积岩

9

自火中而生

火成（igneous）一词来自拉丁词汇"ignis"，意思是"与火相关的"。火成岩是在地幔层冷却后凝固的岩浆。岩浆在冷却过程中也会产生晶体。岩浆冷却的速度决定了晶体的大小。冷却速度越快，晶体越小；冷却速度越慢，则晶体越大。例如，如果岩浆在火山爆发时被喷出地表，熔岩将在地球表面冷却（喷出火成岩），形成黑曜石和玄武岩等火成岩；如果岩浆在地下冷却（侵入火成岩），熔岩将形成花岗岩和辉长岩等火成岩。

从熔岩到岩石

从火山喷涌而出的岩浆称为熔岩。表层熔岩在10~15分钟后冷却形成薄薄的一层硬壳，但下方的熔岩可能需要数月甚至数年时间才能变成岩石（取决于熔岩的数量）。

喷出火成岩的形成

侵入火成岩的形成

大量的深色熔岩长距离流动后将铺成薄薄的一层，薄层熔岩冷却后形成的火成岩就是玄武岩。像洪水一样流动的熔岩会形成覆盖广袤地区的薄层玄武岩，火山喷发熔岩也可以迅速冷却并堆积形成玄武岩锥形山。

黑曜石是一种熔岩迅速冷却形成的喷发火成岩，晶体含量极少且微小。因此，黑曜石坚硬、光滑且易碎，如同黑玻璃。黑曜石破碎的边缘通常十分锋利，阿兹特克人曾用它制作匕首和矛尖。

嗯，非常锋利。

是的，火山也有很大的功劳。

花岗岩

花岗岩是一种侵入火成岩，通常为白色、粉色或灰色，并且包含石英和长石等矿物。在熔岩缓慢冷却形成花岗岩的过程中，这些矿物将在花岗岩内部结晶。切割并打磨花岗岩可以看到这些矿物的晶体。花岗岩适合雕刻成不同的形状，而且耐受水和污染的侵蚀，自古埃及以来就是常见且广受欢迎的建筑材料。

他们就不能选择轻一些的材料吗？

有趣的真相

在太阳系中，花岗岩是地球特有的岩石。

地球上的火山喷发形成了一种特殊的岩石。

11

自重压而来

时间的印记

在漫漫时间长河中，沙子将在水或风的作用下聚集成堆，堆积达到一定的数量后，沙堆内部将产生巨大的压力，黏合沙粒形成砂岩。有时候，波浪冲刷沙子形成的涟漪可能作为岩石的图案得以保留。

当沉积物（岩石碎屑）层层积累以后，下层沉积物将在巨大的压力下形成沉积岩。在压实过程中，沉积物中的水被挤出，形成晶体。晶体具有胶水的作用，可以黏合沉积物。沉积岩通过压实和胶结而成，因此具有明显的分层，并且可能包含被困于沉积物中的动物或植物的化石。白垩、石灰岩和砂岩都是沉积岩。

海洋

迟早有一天，我们都会变成化石。

随水或风进入海洋的物质

陆地

死亡的植物或动物

沉积物层

随着时间的推移，底层沉积物变成岩石

带有裂缝的岩石

泥岩的形成过程与砂岩相同，区别仅仅在于泥岩的颗粒因为过于细小而无法称为沙粒。在泥土硬化的过程中，其表面可能出现裂缝，并且这些裂缝在泥土变成岩石后仍然留存。在极其偶然的情况下，我们可以在泥岩中看到雨滴留下的痕迹。

不用担心，这些裂缝早就存在了！

还有一种非常罕见的来自太空的沉积岩。有时候，地球可能受到太空陨石的剧烈撞击，而碎裂的陨石可能重新熔合成新的沉积岩。

石灰岩

有些沉积岩是由生物残骸沉积而成的，例如动物贝壳形成的石灰岩。动物死亡后，贝壳也会缓慢地分解。贝壳中的钙质与其他元素结合并硬化后可以形成石灰岩。白垩就是一种石灰岩。

有一天，我们可能变成"粉笔"，并用来在黑板上写字。想想就很有趣。

好吧，这可能是平局。

你相信吗？

"搏斗的恐龙"是在中国发掘出土的著名的化石。根据专家们的推测，当时一只迅猛龙与一只原角龙在沙丘下相遇并展开了搏斗，而沙丘突然坍塌，将两只恐龙掩埋在其中。在漫长的时光中，沙丘变成了沉积岩，将两只恐龙搏斗的场景彻底定格。

13

大理石

古希腊人将大理石称为"闪光的石头"。这种表面华美、触感柔软且光亮的岩石自远古以来就深受人们的喜爱。实际上，大理石是一种由沉积岩（石灰岩）形成的变质岩。

嗨，米开朗琪罗，你为什么雕刻大卫像？

因为这块大理石不够雕刻"歌利亚"。

构成地球大陆的三种岩石中，变质岩最常见。

不断变化的岩石

Metamorphosis是一个古希腊词汇，意思是"改变形态"。之所以得名变质岩，是因为变质岩源于不同的岩石——沉积岩、火成岩甚至另一种变质岩。由于同岩浆接触或者在构造板块的碰撞下，被深埋于地球表面以下并处于高温、高压环境中的岩石在漫长的时光中会逐步产生物理和化学特性的变化，转变为变质岩。板岩和大理石都是变质岩。

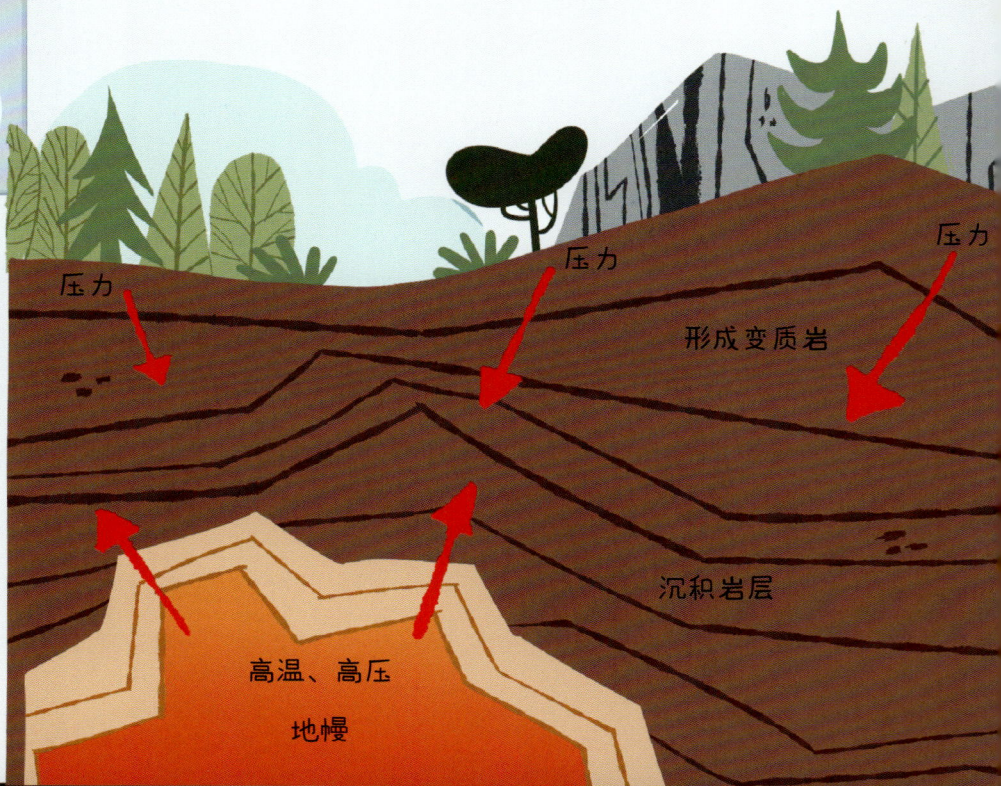

压力

压力

压力

形成变质岩

沉积岩层

高温、高压

地幔

14

板岩

板岩是由沉积岩、泥岩或页岩形成的变质岩，具有可以分离的薄而平的结构。板岩经常用于制作屋顶瓦片，而平滑的分层同样非常适合作为台球桌的基座。19世纪，板岩曾被作为黑板和书写石板使用。

动手实验

你可以自己动手观察温度和压力如何永久改变物体的性质。用手攥紧一块面包，团成球形。就像变质岩一样，改变形状的面包已经无法恢复原状。

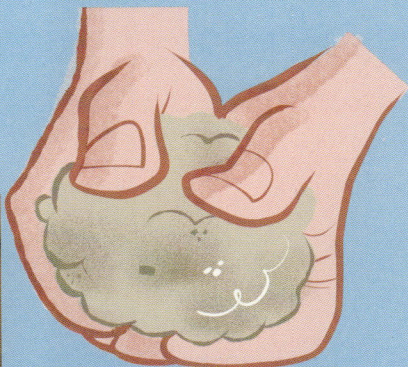

我感觉有点挤。

有缺陷的化石

有时候，我们也可以在变质岩中发现化石，但前提是变质岩源于已经包含化石的沉积岩。不过，化石在岩石发生物理变化时经常会产生破损、扭曲或被拉长。

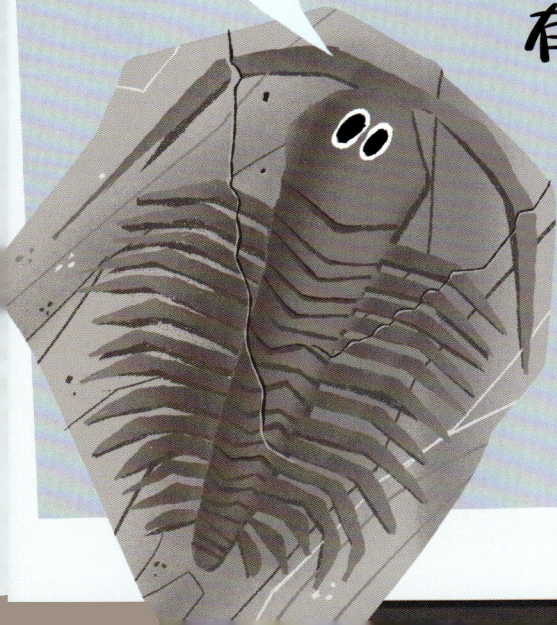

板岩是一种叶片形变质岩，常见于靠近地球表面或者压力相对较低的环境，一般具有平行带状或者层状结构。

15

矿物

矿物是地球天然存在的固态物质，与岩石的区别在于矿物具有相同的化学结构。矿物可能完全由一种元素构成（例如铜），也有可能包括多种元素（例如钙和氟组成的萤石）。矿物的应用非常广泛，例如，石英可以用于制作玻璃。人类需要钙来保持骨骼和牙齿健康，而牛奶就是一种出色的钙源。

地球地壳蕴含的矿物中，约99%是以下8类元素：氧、硅、铝、铁、钙、钠、钾和镁。

光泽

光泽，即反射光的方式，是科学家定义矿物的重要依据之一。科学家描述光泽的词汇包括：玻璃光泽、无光泽、油脂光泽、金属光泽、珍珠光泽、丝绸光泽和蜡状光泽。例如，描述蛋白石可以用油脂光泽，描述石膏可以用丝绸光泽。

我称其为金属光泽。

可能因为那就是金属。

你需要多喝牛奶来保持骨骼健康。

可牛奶巧克力也一样啊。

16

硬度

硬度也是评估矿物的标准之一，即在矿物表面留下划痕的难易程度。科学家使用莫氏值来衡量硬度。最软的矿物——滑石的莫氏硬度值为1，最硬的矿物——钻石的莫氏硬度值为10。

★ 莫氏硬度冠军 ★

10

1

矿物学家还经常会提到矿物的解理，即矿物碎裂成小块的方式。例如，有的矿物会分裂成小的立方体，有的则会变成薄片。

痕色

痕色也是矿物学家区分矿物的标准之一，即矿物粉末的颜色。要确定一种矿物的痕色，矿物学家会像用笔写字一样用矿物在坚硬的表面刻划。有时候，矿物的颜色与痕色并不相同。

你相信吗?

你也算金属?

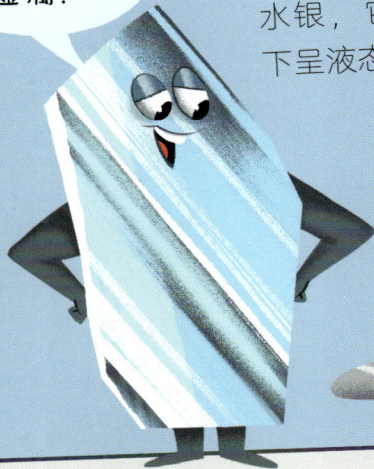

尽管我们常说固体矿物，其实有一种矿物是液态的——水银，它是唯一一种在常温下呈液态的矿物和金属。

晶体

晶体形状

晶体表面可以形成各种不同的几何形状，例如三角形、长方形或正方形等。有些晶体看起来像6、8或12个面的盒子，或者有一个长面的立方体。还有一些晶体则会随机形成其他形状。

在熔岩冷却并缓慢凝固的过程中，矿物会结晶。电场力迫使岩石中的原子相互靠近，然后形成规则的三维形状，这个过程就是结晶。很多贵重的矿物，例如钻石、绿宝石和红宝石，就是这样形成的。还有一种结晶方法是蒸发混合溶液中的水，例如，盐水蒸发可以形成盐晶体。

少数矿物会形成液态晶体。这些矿物是半固态、半液态的物质，可以像液体一样流动，但其分子以有序的方式排列。大多数电视机和计算机屏幕使用液态晶体制作显示屏。

这些岩石太无聊了！

晶体洞穴

有时候，滚烫的地下水可能侵入岩石裂缝和孔洞，然后缓慢地沉积矿物。随着水温降低，洞穴内将长出华美的晶体。人们在墨西哥奇瓦瓦州奈卡晶体矿洞发现了全球最大的晶体。

动手实验

你可以自己"种植"晶体！找一个烧杯，首先盛半杯泻盐（硫酸镁），然后加半杯沸水，至少搅拌一分钟。添加几滴食品着色剂，制作喜欢的彩色晶体。把烧杯放入冰箱。数小时后，你将收获漂亮的晶体。

> 我的石英表显示你晚了0.0000002秒！

晶体可以用于计时

在部分晶体中通电，例如石英，晶体将以极为精确的频率振动。因此，石英晶体成了制作钟表和其他需要精确计时的电子设备的重要原料。

> 雪花是云中水滴凝结形成的冰晶。所有的雪花都有6个边或角，但每片雪花都是独一无二的。

钻石

钻石是碳的晶体，也是地球上最坚硬的自然物质。钻石的自然形成条件极为苛刻：形成于地下190千米且具有极端高温和高压的地幔层。然后，钻石将伴随火山爆发被带到地表附近。

不知道经历了怎样的旅程，这颗钻石才能最终来到我手里。

纯粹的钻石没有颜色，杂质为钻石赋予了蓝色、黄色、橙色、红色、绿色、粉色、棕色甚至黑色等不同的颜色。

宝石矿石

所有矿物形成的晶体中，那些最罕见且最漂亮的晶体称为宝石。不过，这些宝石在发掘出土时可能十分平凡，必须经过切割和打磨才能展现夺目的光彩，得到人们的关注。宝石分为两类：珍贵宝石和准宝石。四类珍贵的宝石分别是钻石、红宝石、蓝宝石和绿宝石。准宝石矿物有很多，其中包括紫水晶、猫眼石和黄晶。紫水晶也曾被列为宝石，但人们在巴西发现了储量庞大的紫水晶，降低了紫水晶的价值。

物以稀为贵，我曾经也十分珍贵！

蓝宝石和红宝石

蓝宝石和红宝石都是刚玉矿物晶体。红宝石的红色源于矿物所含的微量铬元素。蓝宝石的颜色不尽相同，其中以蓝色最为珍贵。两种宝石都十分稀有且贵重，实验室制作的人造宝石的价格相对低廉。

> 我是花费了数千年时间在变质岩中形成的晶体。

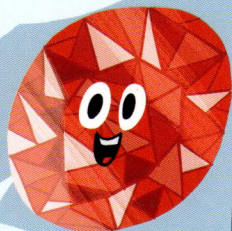

> 我是人们花了6个月在实验室合成的晶体！

有些宝石根本不是矿物。青金石是一种石头，琥珀是石化的树脂，黑玉是一种煤炭，珍珠是牡蛎的产物。

绿宝石

以剔透的绿色闻名的绿宝石是绿柱石晶体。颜色和净度都是影响绿宝石价值的因素——顶级宝石必须具有一定的透明度。绿宝石的开采历史可以追溯到公元前1500年的埃及。埃及艳后克娄巴特拉就非常喜欢绿宝石。

> 我想知道她到底喜欢什么？钻石、蓝宝石还是红宝石？

怎么会这样？

钻石和石墨都是碳晶体，但两者具有迥异的特性。钻石是最硬的矿物，石墨是最软的矿物。为什么？因为钻石中的碳原子具有三维结构，而石墨的碳原子结构是二维的。

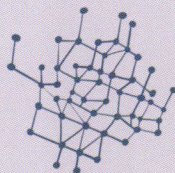

金属

地球蕴含的矿物中，金属占有很高的比例。不过，我们很难准确定义金属，因为金属是一个庞大的群体。事实上，从铅（一种非常重的金属）到铝（一种非常轻的金属），元素周期表中超过3/4的元素都是金属。金属大多是坚硬的固态物质，但水银是一种常温下呈液态的金属，钠是一种硬度接近乳酪的金属。通常，金属是良好的电和热导体。

使用铜可以制作两种重要的合金：铜与锡结合可以得到青铜——硬度相比铜会大幅增加的一种合金；铜与锌结合可以得到黄铜，一种可锻性较高的合金（适用于制造乐器等）。

钢铁

过来，调皮鬼！

铁是地球上最常见的金属之一，这种柔软的灰色金属具有最强的磁性。钢、铸铁和熟铁都属于铁合金，其中，钢具有异常出色的硬度和韧性，并且价格低廉，是制造汽车、船舶、桥梁、建筑物和工具必不可少的材料。

什么是金属？

坚硬、闪亮的物质。

一种很棒的音乐！

铝

铝是最常见的有色金属（非铁基），常用于制作食品包装、饮料罐、汽车、航空器和手机。尽管储量丰富，但直到1886年，人们发明了切实可行的从明矾复合物中提炼铝的方法，铝的批量生产才得以实现。

> 要是有一块薄金属片当盖子就好了。

有趣的真相

铁是宇宙中储量第六位的元素。很多陨石都含铁，火星呈红色就是因为其富含铁的土壤。在地球上，铁是植物和动物必需的"营养品"之一，可以帮助人体运输氧气。

> 我正在摄取必要的铁元素！

> 实际上我是铜制的。变绿是因为铜与空气中的氧气发生反应生成了绿色的铜锈。

铜

铜是人类最早使用的金属。目前发现的最早的工具是公元前5100年左右的铜锥（用于钻孔）。直到现在，铜仍是广泛使用的金属，仅次于铁和铝，排名第三。由于其出色的延展性（可以很容易地拉伸成线材）和良好的导电性，铜经常用于制作电器和电线。

> 岩石和金属在人类历史中是很重要的，人类甚至用它来命名时代：石器时代、青铜器时代和铁器时代。

23

闪亮的恒星物质

地球地壳中的黄金全部来自外太空。科学家认为，40亿年前的一次流星撞击为地球带来了黄金：炽热的水流裹挟着微量的黄金进入了岩石的裂缝，形成了现在的黄金矿。有预测称地球80%的黄金储量仍然深埋于地下。

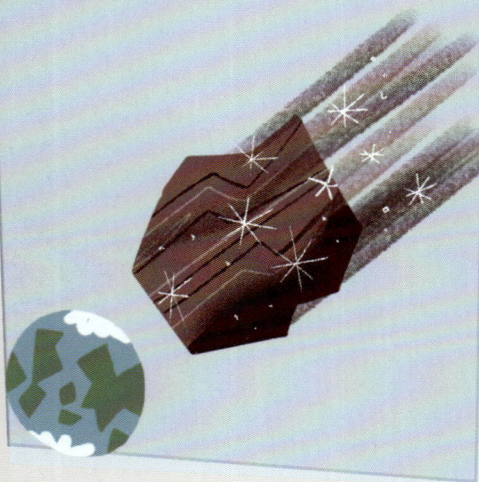

黄金

有些金属非常稀有，因此被称为贵重金属，其中包括银和铂，但最受重视的还属黄金。数千年以来，黄金一直是财富的象征，常用于制作珠宝、金币和工艺品。由于成本问题，我们日常使用的大多数黄金并不纯，其中都混合了其他金属。人们用开*表示黄金纯度。过去的数个世纪中，炼金术士一直在寻找将铅等常见金属变成黄金的方法。正是这种不懈的尝试推动了当代科学——化学的诞生与发展。

---

*开：表示黄金纯度的单位，24开代表纯金（没有纯粹的黄金，24开表示极度接近纯金，通常表示为24K，K读作开）。

黄金是延展性和可锻性最出色的金属，28克重的一块黄金可以拉伸成为8千米长的金线。

铅变成了黄金！你怎么做到的？

嗯……我记不清了。

24

淘金

由于风化和侵蚀，有些包含黄金的岩石碎裂了。露出的黄金随河水顺流而下，在水流减缓的区域沉淀下来。"淘金"是很多人的梦想。选定一个位置，淘金者使用特制的淘盘装满河水和沙子，然后用力摇晃，淘洗掉没有价值的沙砾，期望能够发现河底沉淀的金块或金粒。因为比水更重，所以黄金（如果有）将会留在容器底部。

> 碎石，能卖钱吗？

医疗金属

黄金是常见的补牙材料，可注射的黄金也可以帮助肺结核病人止疼和消肿。人们甚至展开了利用金属治疗癌症的实验。

> 黄金药物很棒，医生，就是太太太贵了！

账单

你相信吗？

黄金可以食用！从蛋糕等甜点，再到橄榄油，有些大厨使用可食用的金叶子为食物增光添彩。然而，人体无法消化黄金，这就意味着黄金只是人体消化系统的过客。只有特殊处理的高纯度黄金（22～24开）可以食用。

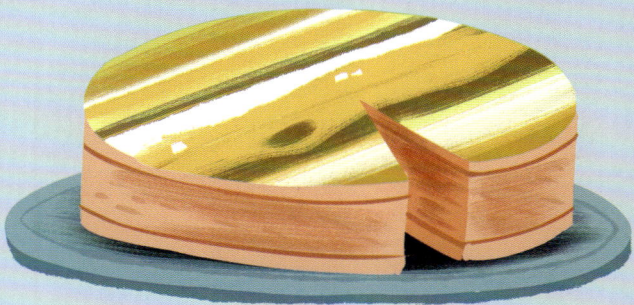

黄金属于贵重金属，这就意味着黄金几乎不会同任何物质发生反应。也就是说，即使暴露在潮湿的空气中，黄金也不会变质。

25

采矿

地球蕴含了丰富的资源，能够满足我们的日常生活需求，包括本书介绍的岩石和矿物，例如，花岗岩、石灰岩、大理石、黄金、银、钻石、红宝石、锡、铜和铁等。大多数资源都埋藏于地下，需要通过开采挖掘才能获取。不过，人们如何确定哪里有矿物储藏（矿藏）呢？通过分析岩石的构成，以及测试土壤与岩石的物理和化学特性，地质学家可以帮助确定可能存在矿藏的位置。

采矿会破坏环境。在挖掘矿藏之前，人们必须清理地面的树木和植被。为了从岩石中提炼矿石，人们还会使用化学品，而这些化学品废料、废液有可能被排入河流，危害野生动植物的生存环境。

竖井开采法

竖井开采法常用于开采深埋于地下的矿物，例如铁矿或金矿。竖井与地面垂直并且深入地下，人们会在发现矿层的位置挖掘水平矿井，开采矿层中的矿物。

我学过地质学，我打赌这下面一定有金子。

露天开采法

露天矿场是人们在地面挖出的大坑，并在侧壁修建了阶梯，用于运输岩石和矿物。露天开采法常用于挖掘砾石、沙子和铜等。

我们在这里采沙。

那么，这是一个大沙坑。

4000多年前，古埃及人就在西奈马拉加河谷开设了可能是世界上最早的矿场——绿松石矿场。

提炼矿石

把矿石从地下开采出来之后，下一步人们需要提炼矿石来获得金属。通过化学反应（如使用酸）、电解（为矿石通电）或加热等都可以提炼金属。为了获得铁，人们会使用高炉加热氧化铁矿石，以脱氧并提炼金属铁。

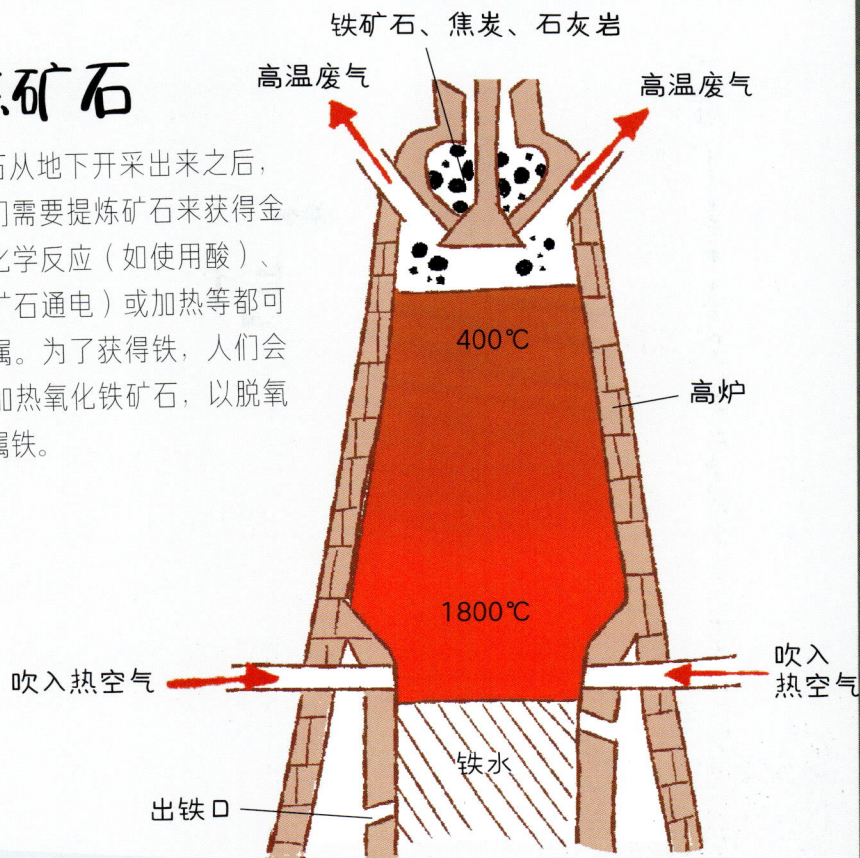

铁矿石、焦炭、石灰岩

高温废气

高温废气

400℃

高炉

1800℃

吹入热空气

吹入热空气

铁水

出铁口

你相信吗？

南非姆波尼格金矿挖掘了地球上最深的矿井。矿场与地面的距离超过了4千米，从地面进入矿场需要的时间在一个小时以上。不过，为了提取岩石样本，地质学家的钻探深度达到了11千米。

21

岩石和矿物的用途

人类使用岩石和矿物的历史可以追溯到文明萌芽之初。岩石是人们最早使用的建筑材料，目前仍是仅次于木材的最重要的建筑材料。常见的金属，例如铁和铜及其合金，可以用于制作工具和武器。现在，我们仍在使用岩石和矿物来生产机械设备和日常物品，还将其用于建设工厂、城市，以及铺设道路，而且消耗速度超过了以往任何时候。

金属的消费量

在我们的一生中，我们平均耗费：

- 1633千克铝
- 580千克铜
- 14 863千克铁
- 365千克铅
- 340千克锌

有些人需要更多的金属。

铝制的饮料罐

钢制的食品罐

用石英或硅砂制造的玻璃

从岩石提炼的盐

使用板岩、砂岩或大理石加工而成的地砖

用黏土制作的瓷盘

铜或铅制的管道

28

随处可见的骨料

无论在城市还是乡镇，骨料碎石都是最常见的建筑材料之一。有时候，我们可以看到建筑物外露的碎石，但大多数时候人们会将这些碎石与水泥混合来制作混凝土，或者与焦油混合制成沥青，以便铺设路面、建造屋顶等。

这里曾经是茂密的森林，但某天可能都被沥青覆盖。

金属铀可以用于开发核能，为人类供热、供电。

循环再利用

文件柜、计算机、挂衣架、自行车、门环、餐具和炊具等物品都包含金属，而所有金属都需要经历矿石开采、金属提炼及加工制作等过程，这就意味着大量的能源消耗和环境污染。因此，我们必须尽可能回收不再使用的金属物品。

希望你能够继续发挥作用，例如制造飞机。

磷酸盐岩、碳酸钾岩和石灰岩等矿石的粉末可以用于制作农业肥料，改善农作物的生长状况。我们的饮用水也包含能够改善水质的矿物质。

有趣的真相

一辆汽车包含超过1.5万个源于矿物的零部件。

29

术语表

变质岩 在高温和高压条件下由另一种岩石转变而来的岩石。

沉积物 被风或水携带并在陆地或海底堆积的微粒。

沉积岩 被风或水携带的碎屑堆积形成的岩石。

导（电）体 能够传输电的材料。

地壳 地球等行星最外侧的岩石层。

地幔 地球地壳和地核之间的高温分层结构。

地质学家 熟知地球物理结构和物质的专家。

肺结核 一种会引发人体组织特别是肺部炎症的传染性疾病。

分子 结合在一起的原子组合。

构造板块 共同构成地壳的巨大板块。

合金 包含两种或更多金属元素的金属。

核 地球等行星中央的高密度核心。

化合物 由两种或更多元素形成的物质。

化石 保存在岩石中的植物或动物残骸。

火成岩 由熔岩或岩浆凝固形成的岩石。

胶结 微粒在压力下黏合的过程。

晶体 具有规则几何形状和对称面的固态物质。

可锻性 （金属）能够承受捶打或压制成形而不会折断或崩裂的性能。

矿藏 埋藏于地下的矿物层。

矿石 自然形成、可以从中提炼金属或高价值矿物的固态物质。

矿物　由同一种物质自然形成的固态物质。

炼金术士　尝试将普通金属变成黄金的人。

侵蚀　被风、水或其他自然力量磨损的过程。

熔化　物质受热液化的过程。

熟铁　适合锻造或压制而非铸造的一种铁制品，具有良好的韧性和可锻性。

小行星　来自太空的巨大岩石，直径通常为数百米到数百千米。

压实　微粒在压力下压缩的过程。

延展性　可以拉伸为细线的特性。

岩浆　地球地壳下方炽热的半液态物质。

陨石　从外太空掉落在地球上的岩石。

蒸发　从液态变成蒸汽的过程。

元素周期表　列举了地球上的化学元素的表格。

铸铁　坚硬、易碎的铁和碳合金，可以用于模具制作。

紫外线（UV）　太阳光的组成部分，过量的紫外线照射对皮肤有害。

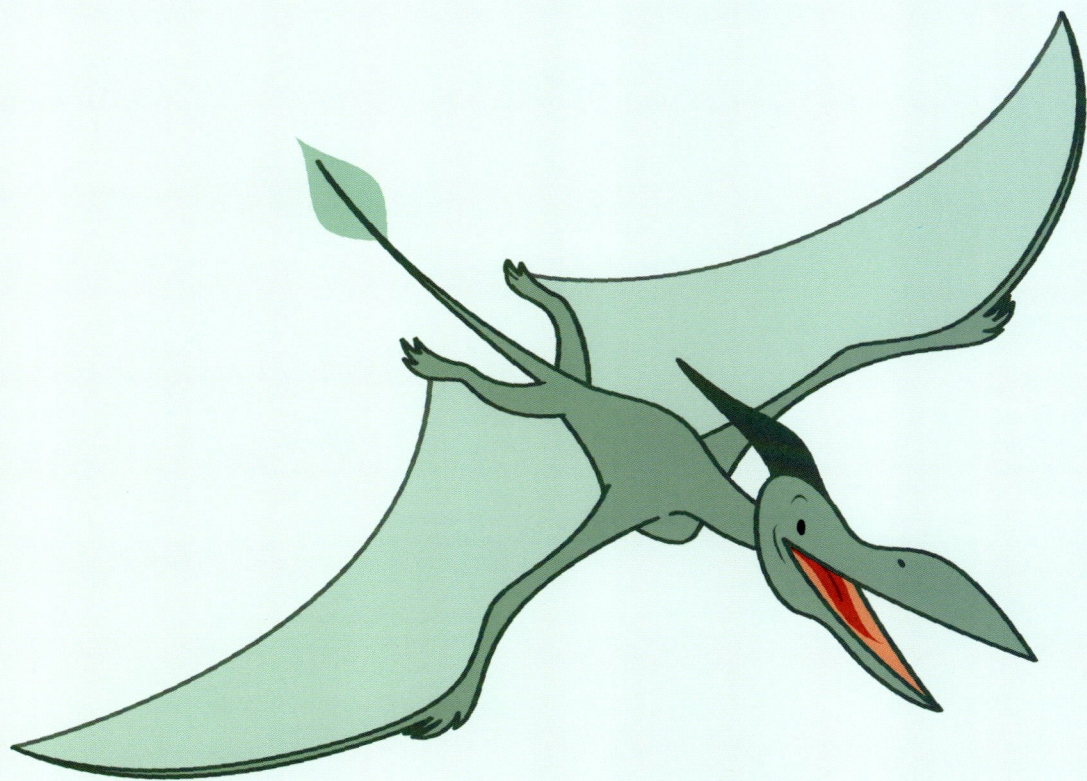

Original title: The Science of Flying Reptiles
Author: Alex Woolf
Copyright © The Salariya Book Company Ltd 2018
All rights reserved

本书中文简体版专有出版权由Salariya Book Company Ltd经由墨颐书籍版權代理授予电子工业出版社，未经许可，不得以任何方式复制或抄袭本书的任何部分。

版权贸易合同登记号　图字：01-2021-4813

图书在版编目（CIP）数据

厉害了，科学.会飞的爬行动物/（英）亚历克斯·伍尔夫（Alex Woolf）著；陈彦坤，马巍译.--北京：电子工业出版社，2022.3
ISBN 978-7-121-42971-2

Ⅰ.①厉…　Ⅱ.①亚…　②陈…　③马…　Ⅲ.①科学知识-少儿读物　②爬行纲-少儿读物　Ⅳ.①Z228.1　②Q959.6-49

中国版本图书馆CIP数据核字（2022）第029742号

责任编辑：董子晔　特约编辑：刘红涛
印　　刷：北京缤索印刷有限公司
装　　订：北京缤索印刷有限公司
出版发行：电子工业出版社
　　　　　北京市海淀区万寿路173信箱　邮编：100036
开　　本：889×1194　1/16　印张：40　字数：483千字
版　　次：2022年3月第1版
印　　次：2022年3月第1次印刷
定　　价：398.00元（全20册）

凡所购买电子工业出版社图书有缺损问题，请向购买书店调换。若书店售缺，请与本社发行部联系，联系及邮购电话：（010）88254888，88258888。
质量投诉请发邮件至zlts@phei.com.cn，盗版侵权举报请发邮件至dbqq@phei.com.cn。
本书咨询联系方式：（010）88254161转1865，dongzy@phei.com.cn。

厉害了，科学

会飞的爬行动物

[英]亚历克斯·伍尔夫 著
陈彦坤 马巍 译

翼龙会飞的真相

电子工业出版社
Publishing House of Electronics Industry
北京·BEIJING

目录

沛温翼龙

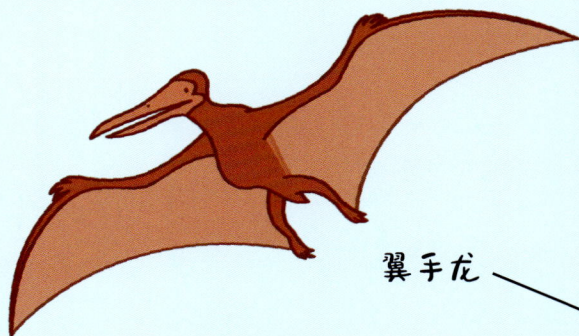

翼手龙

三叠纪：2.52亿到2.01亿年前

侏罗纪：2.01亿到1.45亿年前

前言

在恐龙统治地球上的陆地期间，有一个物种占领了天空，那就是翼龙。不过，翼龙并不属于鸟类，而是属于爬行动物。事实上，翼龙字面的意思是"长翅膀的蜥蜴"。翼龙在大约2.28亿年前出现，是昆虫以外第一种能够飞翔的动物。翼龙至少有130个种类，体形从小如麻雀到大如轻型飞机。这些飞行专家或者从天空俯冲而下，或者从地面扶摇而上。它们是优秀的猎手，能够下水抓鱼，灵巧地捕捉昆虫，或者偷猎幼小的恐龙。虽然生活在同一个时代，并且拥有相同的祖先，但翼龙并不属于恐龙。恐龙的四肢位于身体下方，而翼龙的四肢位于身体两侧，与蜥蜴和鳄鱼相似。通过本书，你可以深入了解这些神奇的生物，包括它们如何生存、如何捕猎，以及为什么最终会灭绝。

风神翼龙

白垩纪：1.45亿到6500万年前

喉袋

阿凡达伊卡兰翼龙也是一种翼龙。它们长有类似当代鹈鹕的喉袋，可以用于储存食物。阿凡达伊卡兰翼龙习惯在湖泊与河流水面上方掠过，把下颌插入水中，像当代的水鸟一样捕食鱼类。

> 这条鱼对我的喉袋来说大了点儿。

主要特征

翼龙进化出了多项特征，这为它们成为一流的飞行猎手奠定了基础。凭借符合空气动力学的体形，加上长长的脖子、巨大的翅膀、强有力的喙和锋利的牙齿，以及类似鸟类的中空且充满空气的轻量化骨骼，翼龙拥有成为出色的飞行猎手的一切条件。早期的翼龙保留了长长的尾巴，可以像船桨一样帮助自己掌握方向。除了在空中飞行，翼龙也会在地面停留，使用后肢和前肢行走。起飞时，翼龙能够借助强壮的前肢跳跃到半空中。翼龙在空中的飞行速度能够达到每小时120千米。

> 有些翼龙的翅膀上有可充气的气囊，这是其呼吸系统的一部分。

> 肚子饿了，该去吃饭了！

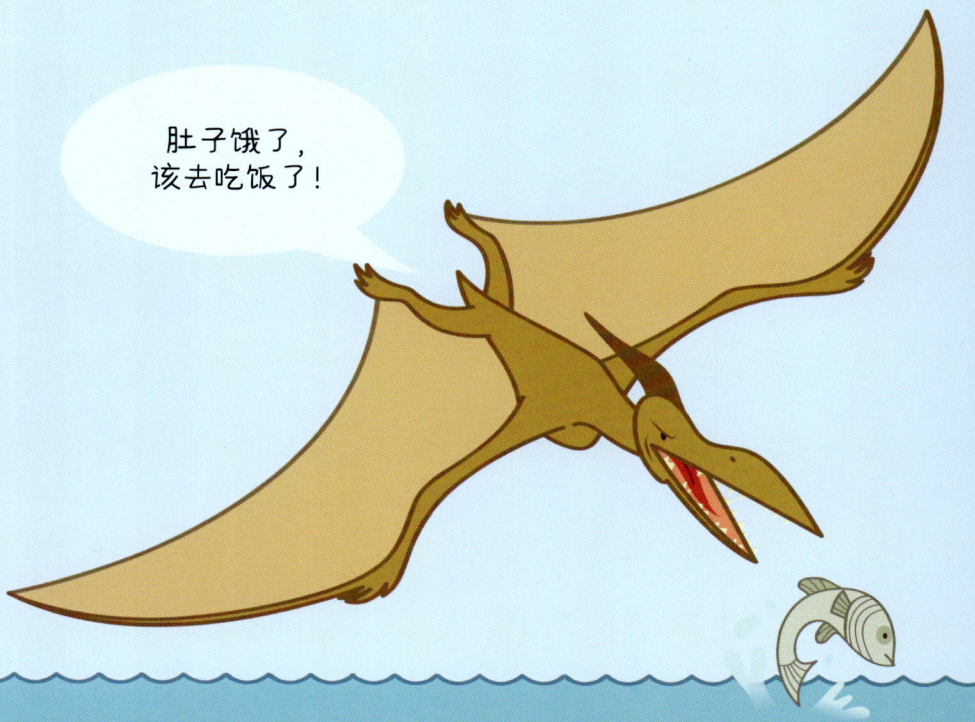

翅膀

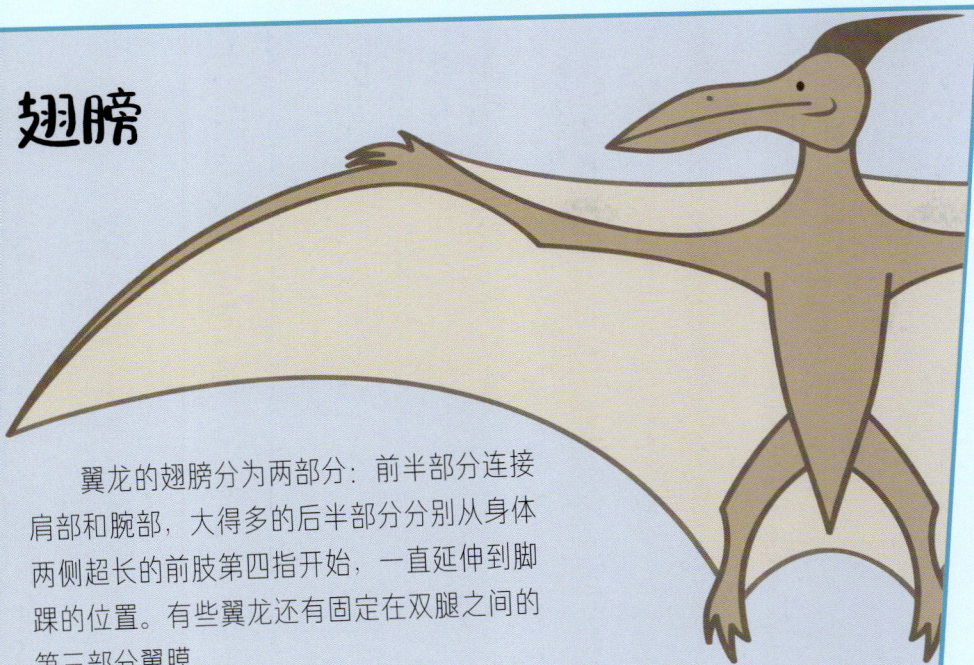

翼龙的翅膀分为两部分：前半部分连接肩部和腕部，大得多的后半部分别从身体两侧超长的前肢第四指开始，一直延伸到脚踝的位置。有些翼龙还有固定在双腿之间的第三部分翼膜。

刚出生时，翼龙幼龙的翅膀就已经发育完全，所以它们破出蛋壳后很快就能够飞行。

在地面

脚印化石显示翼龙的行走和奔跑速度同样出色。翼龙可以直立行走：翅膀收起，位于身体下方的四肢用来行走。

著名的化石发现

古生物学家并不确定翼龙飞行本领的由来。不过，博物学家威廉·泰勒于1907年发现了小型祖龙——斯克列罗龙的化石，此次发现为科学家提供了一些线索。斯克列罗龙在树上栖息，其颅骨与翼龙的颅骨类似，可能已经学会了滑翔。

是的，我们当然也会走路！

第一次发现

18世纪中叶，人们在德国发掘出土了一具十分奇特的骨骼化石。最初，古生物学家以为这是一种海洋生物，判断其长长的前肢可以作为脚蹼使用。后来，一位名叫乔治·居维叶的博物学者称脚蹼其实是翅膀，这是一种飞行动物！他给这种生物起名Pterodactyl，意思是"翼手（有翅膀的手）"。乔治·居维叶确定了第一只翼龙。不过，他认为翼龙属于爬行动物。其他人并不认可，认为这是一种形似蝙蝠的哺乳动物。还有人坚持这是海洋生物的判断。最终证明乔治·居维叶的观点是正确的。

目前还没有发现过完整的成年翼手龙化石。

先要多长些牙齿！

从幼龙到成年

虽然速度缓慢，但翼手龙从不停止生长，而且外形类似鳄鱼、乌龟，而非鸟类。年幼的翼手龙牙齿很少，以昆虫为食；成年个体有大约90颗牙齿，以鱼类为食。

这是蝙蝠。

这是爬行动物。

这是海洋生物。

叫我特里好了。

深陷泥潭

翼手龙生活在大约1.50亿年前的侏罗纪时期，而德国的巴伐利亚州是出土其化石最多的地区。侏罗纪时期，巴伐利亚州是一片沼泽湿地。有些陷入泥潭的生物会被柔软的泥土覆盖，而在泥土硬化变成岩石的过程中，其中的生物也将变成化石。

哦不！我可能要变成化石了！

身体结构

翼手龙是一种相对较小的翼龙，成年翼手龙的翼展预计在1米左右——与当代的苍鹭相当。翼手龙有一个长而弯曲的脖子，以及长长的颅骨、大大的眼睛、尖尖的喙、众多的细小牙齿和极短的尾巴。

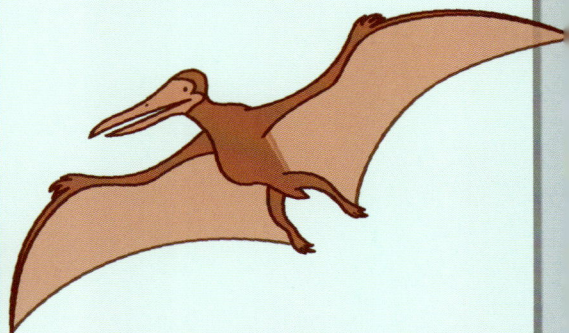

在很长一段时间内，所有新发现的飞行的爬行动物都叫翼手龙，直到古生物学家意识到翼手龙其实只是翼龙家族的一个种类。

有趣的真相

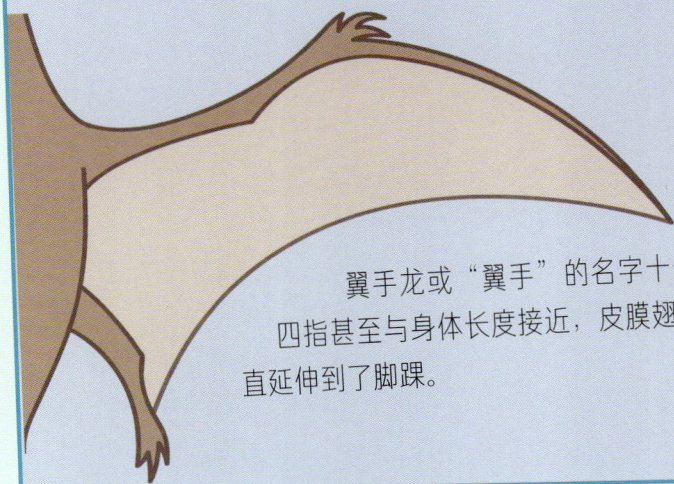

翼手龙或"翼手"的名字十分形象，超长的第四指甚至与身体长度接近，皮膜翅膀从第四指指尖一直延伸到了脚踝。

锋利的牙齿和夜晚的飞行猎手

猎食

为了捕猎，喙嘴翼龙会在飞行时用钩形喙划过水面。如果抓到了鱼，喙嘴翼龙将合拢上下颌，困住猎物，然后晃动脑袋将食物吞下。

喙嘴（钩形喙）翼龙是一种体形小但凶猛的翼龙，生活在侏罗纪时期，颌骨上长有34颗针形的牙齿。牙齿具有一定的角度，锋利的喙末端向上弯曲，说明这种生物喜欢吃鱼。喙嘴翼龙的眼睛很大（可以增强夜视能力），脖子较短。它细长的尾巴末端有一块菱形的皮膜，可以在飞行时帮助掌控方向。这是人类最早发现的一种翼龙。

人们对喙嘴翼龙的眼骨进行检测后发现，这是一种夜间猎食的动物。如果喙嘴翼龙是变温/冷血动物（目前古生物学家尚不确定），那么它们可能需要贴近保留了太阳温度的岩石取暖，以便在夜晚保持体温。

飞行

嘴嘴翼龙是最早学会拍打翅膀飞行的翼龙之一，而最初的翼龙只会在树木之间滑翔。嘴嘴翼龙有长且轻薄的翅膀，可以提供飞行需要的动力，长长的尾巴能够保持飞行的稳定性。

滑翔还不够你学的吗？爱表现！

游泳

除了飞行，嘴嘴翼龙待在水里的时间可能更长，而不是在陆地上，因为短腿会让嘴嘴翼龙在陆地上行走时变得缓慢而笨拙，宽大的脚掌同样更适合在水中移动。

你可以把我当成一只古怪的鸭子。

幼年与成年嘴嘴翼龙看起来区别不小：幼年嘴嘴翼龙嘴短而粗，尾巴末端呈尖头椭圆状。

著名的化石发现

2009年，埃伯哈德·弗雷和赫尔穆特·蒂斯彻林格尔在德国巴伐利亚州发现了一具奇特的化石：一只飞行的嘴嘴翼龙用下颌捞起了一条鱼，而这只飞行的爬行动物被同时跃出水面的一条猎食鱼——剑鼻鱼咬住了。在相持不下的时候，鱼、嘴嘴翼龙和剑鼻鱼都因为某种原因被埋葬在海床之中，最终形成了化石。这具化石生动地记录了自然界平常而又不同寻常的一个猎食场景。

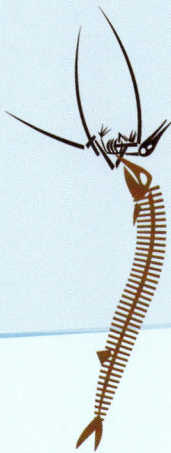

11

巨大的头冠

无齿翼龙是一种神奇的翼龙，生活在大约8600万年前的美国堪萨斯州、怀俄明州和南达科他州——当时那里是内陆海。与翼手龙等较早时候的翼龙不同，无齿翼龙体形大了很多，翼展超过了6米，而它的身体相对小很多，仅比猫略大一点，还有一条很不显眼的尾巴。所以，无齿翼龙看起来只有头和翅膀。顾名思义，无齿翼龙的喙中没有牙齿，其最明显的特征是颅骨后部有长且指向后方的头冠。

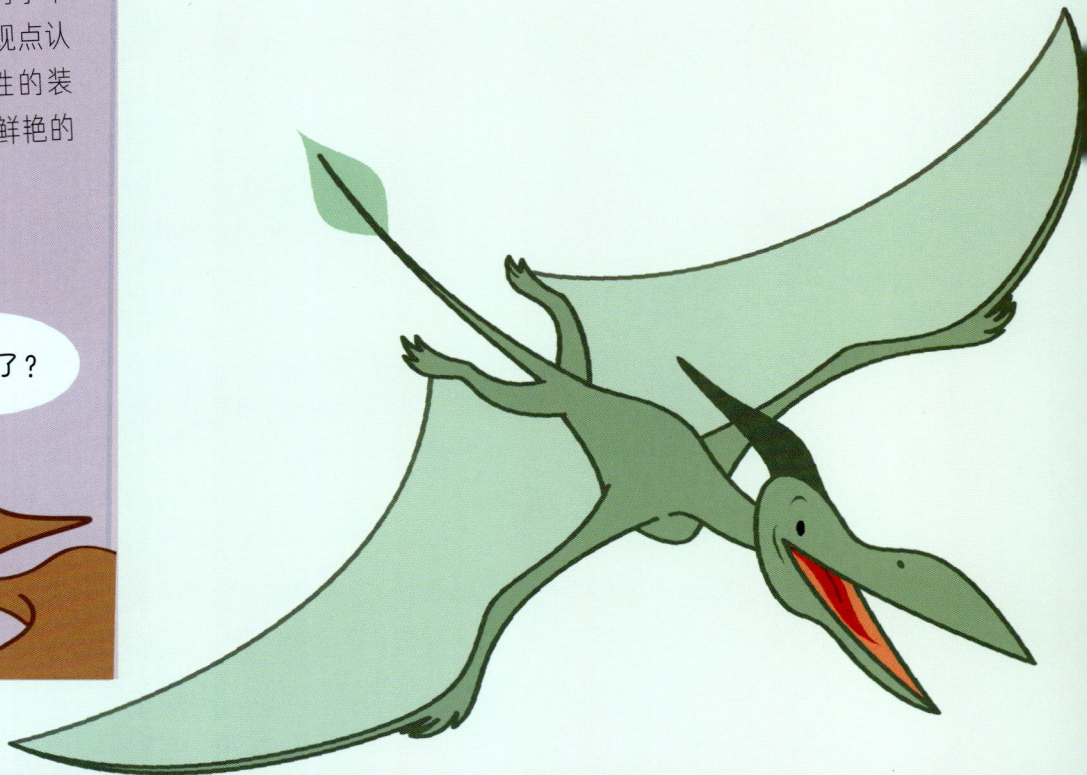

炫耀

无齿翼龙为什么会长着醒目的头冠？古生物学家曾认为头冠可以作为脚蹼使用，或者只是为了平衡喙的质量。现在，大多数观点认为头冠可能是雄性吸引异性的装饰——所以头冠可能会拥有鲜艳的颜色。

太大了？

不，姑娘们喜欢这个！

在电影《侏罗纪公园3》中，无齿翼龙凌空抓走了一个人。然而，古生物学家研究其骨骼后得出结论，无齿翼龙最多只能抓起一条大鱼。

钻水和潜水

无齿翼龙或许能够在游泳的同时捕猎。凭借长长的脖子和喙，无齿翼龙的头可以探到水面以下大约1米的深度，而它的身体还留在水面上。

它甚至还可以从空中直接潜入更深的水中，翅膀能够像当代的塘鹅一样收拢。

它去哪儿了？

鱼牙事件

1870年，奥塞内尔·马什在美国堪萨斯州发现第一具无齿翼龙的遗骸，并且在附近找到了牙齿。由于翼手龙长牙，马什认为这些牙齿属于无齿翼龙。不过，后来他发现那些牙齿是鱼类的牙齿。

这是鱼的牙齿。

哦不！

生存技巧

无齿翼龙选择在远离陆地的小岛上筑巢，以避开凶猛的肉食性恐龙。不过，即使如此它们也需要小心，因为海洋中同样生活着很多猎食动物，例如长脖子的蛇颈龙。

有多大？

风神翼龙是真正的庞然大物：飞行时的翼展达11米，身长8米，脖子长3米，腿长2.1米，仅喙的长度就超过了成人的身高。

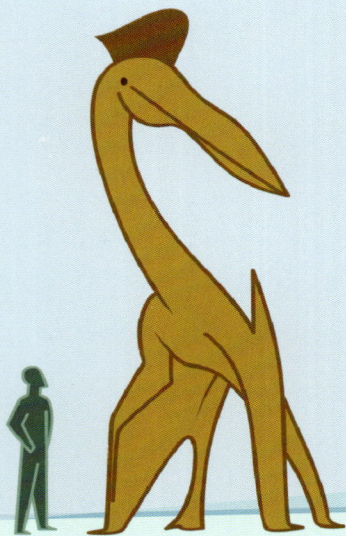

堪比飞机的体形

风神翼龙生活在6800万年前到6500万年前（恐龙时代的末期）的北美洲，是最新确定的翼龙之一：有长长的脖子、尖而无牙的喙、长长的骨质头冠，还有长达11米的翼展。风神翼龙的体形堪比一架轻型飞机，可能是地球上最大的飞行动物。凭借轻量化的身体和巨大的翅膀，风神翼龙可以长距离飞行——借助气流和风的动力，无须频繁地拍打翅膀。

有些古生物学家认为风神翼龙的体重过大，可能无法飞行，类似于当代的企鹅、鸵鸟。

希望这儿足够高!

如何飞行?

　　由于体形庞大,很多古生物学家一直无法确定风神翼龙的起飞方式——它是利用强壮的前肢起飞,还是会借助高高的悬崖?专家计算得知,风神翼龙可以保持高达每小时130千米的速度在空中飞行7~10天,飞行高度达4 500米。

吃什么?

只吃这些的话,我必须得多吃点儿!

　　古生物学家对风神翼龙的食谱一直争论不休。有些专家认为风神翼龙的习性同秃鹫类似,主要以恐龙尸体为食;有些专家则认为这是一种超大号的水鸟,因为细长的喙非常适合在沙地和泥地中搜寻鱼、螃蟹和虫子。

　　尽管体形庞大,但风神翼龙拥有中空的骨骼,因此体重较小,可能只有100千克左右。不过,有的古生物学家认为风神翼龙的体重可以达到540千克,因此无法飞行。

著名的化石发现

　　1971年,地质专业的学生道格拉斯·劳森在美国得克萨斯州大本德国家公园中发现了证明风神翼龙存在的第一个证据——部分翅膀的化石残骸。他预测这种生物的翼展达到了10米以上。

令人好奇的头冠

很多翼龙都进化出了不同形状和尺寸的头冠。古生物学家怀疑这些头冠能够利用空气动力学原理，或者能够调节体温，或者可以像公鸡的鸡冠一样吸引异性，有些翼龙的头冠甚至可以用来警示或者作为武器。所有翼龙中，头冠最大的当属夜翼龙：L形的骨质头冠长达半米，是颅骨的4倍。在交配季节，雄性夜翼龙可能会使用头冠与竞争对手争斗，就像雄鹿一样，只不过天空才是它们的战场！

从侧面看，掠海翼龙的头冠大小是颅骨其余部分的3倍。事实上，它们拥有所有已知脊椎动物中最大的头冠。

皮质帆？

有些古生物学家认为夜翼龙的头冠像一面皮质的桅帆，能够帮助掌控飞行方向。只需扭动头部，夜翼龙即可如同海中的帆船一样自由乘风翱翔。

来啊！上啊！借你个胆子！

古神翼龙

南美洲的古神翼龙是另一种具有独特头冠的翼龙：巨大的头冠装饰可以达到近1米长，看起来像首尾两根骨头及皮膜组成的一艘小船，或许还有鲜艳的引人瞩目的颜色。

保持凉爽

掠海翼龙有一个布满血管的复杂的头冠，因此头冠可能兼具降温的功能，就像非洲大象的耳朵一样。这个头冠可能还会随季节变化颜色，以便向异性发送信号。

塞里翼龙的3个头冠十分独特：一个位于颅骨顶部，两个靠下的头冠位于吻部。它也是唯一长有头冠的喙嘴翼龙。

我觉得这个季节应该选粉色……

有趣的真相

雷神翼龙以巨大的帆状头冠而闻名。2008年，一个研究团队建造了航空无人机（翼龙仿真无人机），尝试证明帆状头冠作为方向控制器和感觉器官的作用。

17

大嘴怪

双型齿翼龙巨大的上下颌中长着尖牙，可以像鱼叉一样捕鱼，而宽阔的空间能够容纳一次"大丰收"。此类翼龙沿颌骨两侧长有40颗小而尖的牙齿，前端有两颗巨大的用于穿刺的牙齿，因此得名Dimorphodon，意思是"两类牙齿"。

我最棒！

大嘴巴！

奇特的喙

很多翼龙都有形状奇特的喙，例如，南翼龙的喙长且向上弯曲。这种南美洲翼龙在某些方面类似于当代的火烈鸟，可能也是一种滤食动物：将弯曲的喙伸入水中，下颌500颗左右类似刚毛的牙齿能够过滤浮游生物或者其他微小的水生生物。上颌的钝齿可以清理过滤到的食物并将其送入喉咙。由于进食的食物（例如小虾）大多呈粉色，南翼龙可能具有同样的颜色——与火烈鸟相似。

双型齿翼龙巨大的喙可能带有图案，就像当代的海鹦或犀鸟，目的是在交配季节吸引雌性。

咳咳，我的刚毛又被食物残渣塞上了。

飞行的鳄鱼

西阿翼龙的颌与鳄鱼形似，吻部末端是半圆形互锁尖牙，可以用来防止鱼类逃跑。其他的牙齿相对较小，而且没有那么锋利，这就意味着西阿翼龙并不会咀嚼猎物，而是整个吞咽。

咀嚼是软弱的行为！

叉鱼能手

准噶尔翼龙是一种生活在白垩纪早期的翼龙，它的喙在末端向上弯曲，可以帮助叉鱼，或者撬下附着在岩石表面的贝壳类动物。

没有任何鱼或者软体动物能从我嘴里逃生。

准噶尔翼龙的喙中长着骨质的球形牙齿。当准噶尔翼龙紧闭双颌，球形牙齿可以提供出色的碾压力，能够像胡桃夹子一样轻松压碎软体动物的外壳。

有趣的真相

鸟掌龙是白垩纪中期最大的翼龙。它的喙末端有一个下厚上薄的半圆形冠饰，可以像船首一样劈波斩浪，降低阻力，帮助捕鱼。

长着皮毛的飞行动物

翼龙体表覆盖的毛皮更像一个保温层，这可能意味着翼龙是恒温（温血）动物，就像鸟类。

部分翼龙，包括热河翼龙和索德斯龙，体表都覆盖着皮毛。听起来这似乎会让它们变得可爱，但实际上这些动物都是凶猛的猎食动物，就像当代的吸血蝙蝠！那么，这些皮毛有什么用呢？翼龙的皮毛由大量类似毛发的致密细丝构成。这些细丝可能是初级的羽毛，但仅覆盖了头部和身体，并不包括翅膀，因此翼龙的皮毛可能无法为飞行提供帮助。有些古生物学家相信皮毛可以帮助它们保持体温。

敏捷的猎手

热河翼龙是生活在侏罗纪中期到晚期中国东北的一种翼龙，体形与猫头鹰接近，有着形似猫且相对较大的头部和长而锋利的弯曲爪子，以及宽而短的翅膀，能够灵敏地在树杈间移动，用小巧的嘴与尖细的牙齿捕捉昆虫。

它虽然毛茸茸的，但一点都不可爱！

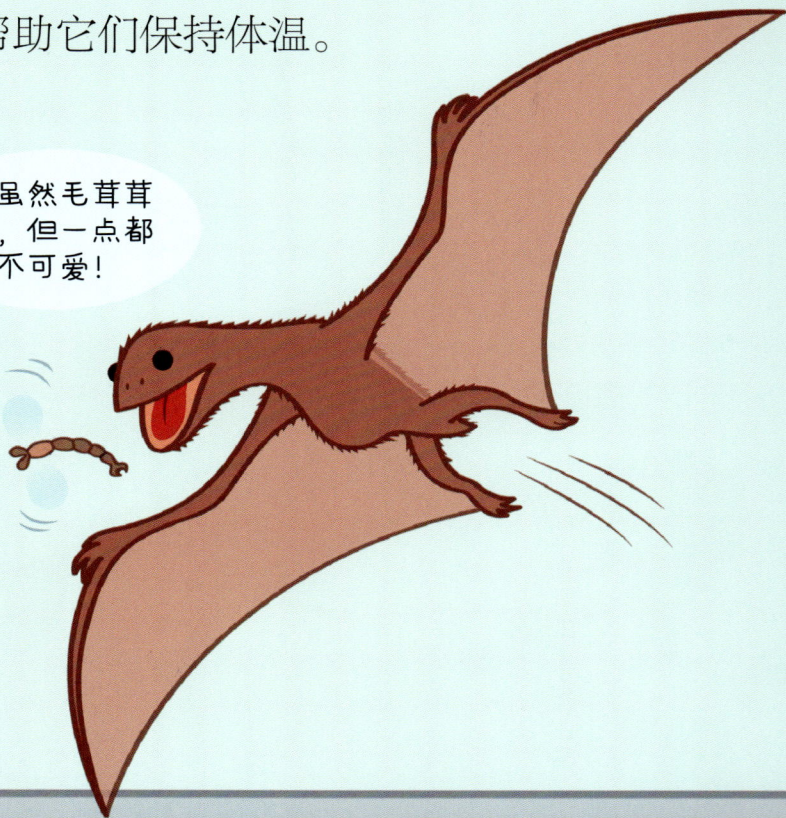

"吸血鬼"

热河翼龙上颌长着长长的尖牙，比其他牙齿大得多，因此有古生物学家怀疑这是一种吸血动物。热河翼龙可能使用强有力的爪子抓住恐龙，然后吸食血液。大多数专家对此表示怀疑，因为没有切实的证据支持这一理论。

我觉得有东西正在吸我的血。

嗯，这不可能是热河翼龙！

降低翼龙飞行时的声音，可以帮助它们悄无声息地接近猎物，这可能是翼龙皮毛的用途之一。

毛茸茸的脏东西

索德斯龙名字的原意是"毛茸茸的脏东西"，这是当地人对魔鬼的代称。这是一种早期的翼龙，最早出现在侏罗纪晚期。短颌、长尾巴是两个在索德斯龙进化过程中逐步消失的特征。

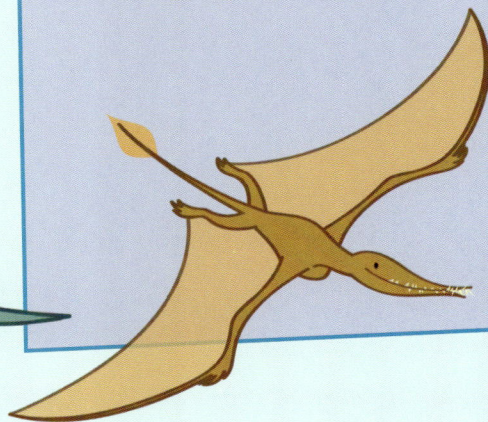

著名的化石发现

1971年，亚历山大·沙罗夫在美国堪萨斯州卡拉套山的山脚下发现了第一具索德斯龙化石，也是第一种外覆皮毛的翼龙。2009年，这种毛发细丝被命名为致密细丝。

21

成为鱼食

大多数时候，翼龙和鱼是猎手与食物的关系。然而，有时候这种关系可能会颠倒过来，因为在鱼类的粪便化石中曾发现过沛温翼龙的残骸。

不，是我要吃掉你！

我要吃掉你！

微小的猛兽

到白垩纪晚期，翼龙进化成了体形巨大的猛兽，例如，无齿翼龙和风神翼龙。不过，在这段进化历史的早期阶段，翼龙体形要小得多，有些甚至与麻雀类似。这些微不足道的猎食者大多生活在森林中，使用小而无齿的喙捕捉昆虫。然而，体形小巧意味着它们也可能成为恐龙的猎物。由眼骨化石得知，这些猎食者在夜晚仍然十分活跃，这可能是因为夜色可以提供一定的保护。在恐龙群中成功进化出了第一只鸟之后，小型恐龙的生存受到了威胁，很多物种可能因此而灭绝。

沛温翼龙是最早的翼龙之一，这可能是它们的翼展与身体长度比例较小的原因。

你等着，等我进化了收拾你！

娇小的爬树者

森林翼龙是目前全球已知恐龙中最小的一种，翼展仅有25厘米，而弯曲的爪子证明这种动物能够在树枝上栖息，具有出色的爬树本领。

你并不比我大多少！

化石诈骗

树翼龙的化石第一次出现时就迷惑了古生物学家：这种微小的生物应该属于翼龙的短尾蛙嘴龙家族，但为什么出现了长长的尾巴？

原来化石商人竟然故意添加了一条尾巴，目的是让化石看起来更完整、更有价值。

嗯，添上一条尾巴似乎更好——或许还应该加一对耳朵……

树翼龙是一种以昆虫为食的翼龙，拥有所有翼龙中最扁平、最宽的颅骨，以及类似青蛙的眼睛。

生存技巧

森林翼龙等小型翼龙终其一生都生活在森林的树冠层，远离地面。在这里，它们可以捕食昆虫，躲避在地面上活动的凶猛的大型猎食动物。

23

怪异而精彩

2014年，古生物学家在巴西南部发掘出了一具完整的翼龙化石。由于奇特的蝴蝶形头冠，这种新的翼龙被命名为凯瓦神翼龙。

缺失的一环

2009年发现的达尔文翼龙有着早期喙嘴翼龙的身体、翅膀和尾巴特征，以及晚期翼手龙的头部和颈部特征，填补了两类翼龙之间的空白，补全了两类翼龙的进化链。

正如前文所述，翼龙的外形和大小各异——或大或小，有牙或者无牙，有尾巴或者没有尾巴。此外，有些翼龙长有巨大的头冠，有些长着造型奇特的喙，还有一些带有其他怪异而精彩的特征。例如，神龙翼龙有长且巨大的头部和喙，却搭配了细长的脖子和粗短的身体。这种奇特的外形引发了古生物学家关于其进食方式的讨论：从水面飞掠捕鱼，还是四处搜寻地面的食物？目前这个问题还没有答案。

我好像有点四不像！

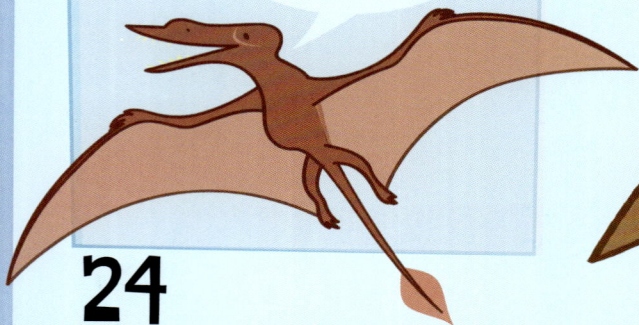

别费劲了！你们永远也别想知道我是怎么吃东西的！

24

哈特兹哥翼龙是人们以其发现地——哈特兹哥盆地命名的。在白垩纪时期，这里是一座岛屿。然而，岛屿生活的物种通常体形较小，那么，又是什么原因让哈特兹哥翼龙这种庞然大物埋骨于此呢？会不会只是一次意外就让旅途变成了生命的终点？

玩具翼龙

很多年以来，古生物学家一直对玩具翼龙的外形感到苦恼，因为这种玩具翼龙看起来就是长牙的无齿翼龙——但是这种动物根本不存在！然而，有一天科学家们发现了这种生物，他们将其命名为玩具翼龙，以此纪念曾经被他们不屑的所有玩具制造商。

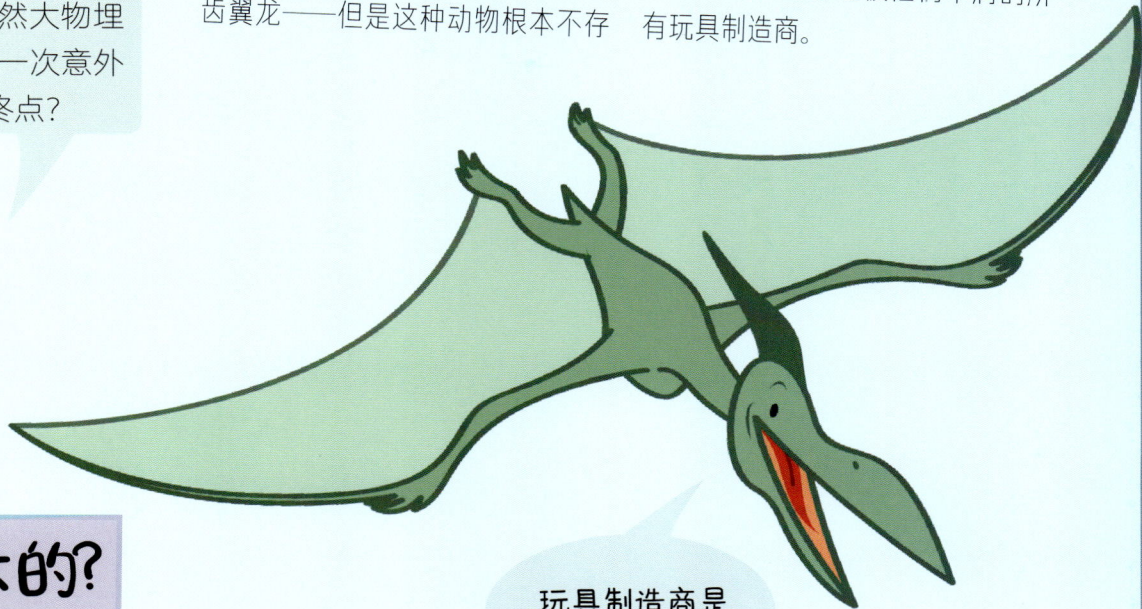

玩具制造商是对的！

有史以来最大的?

地球上最大的飞行动物是什么？风神翼龙还是新的竞争对手？尽管已出土的化石证据极少，但古生物学家估计，2002年发现的哈特兹哥翼龙拥有10~11米的翼展，直接对风神翼龙的地位产生了冲击。不过，哈特兹哥翼龙是否属于新的物种尚有待证明。

有趣的真相

目前已发现的最大的有齿翼龙是加比多科拉多斯翼龙。这种翼龙生活在白垩纪早期，翼展达7米。风神翼龙等后期的大型翼龙都没有牙。

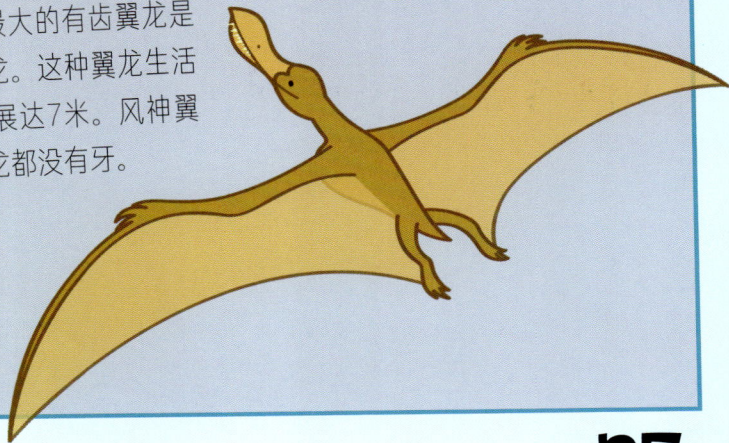

早期的鸟类

第一只飞上天空的鸟可能有4只翅膀，小盗龙等类似鸟类的恐龙的后腿覆盖着长且坚硬的羽毛，有的看起来就像飞羽。现在我们还不能清楚地确定后一对翅膀的用途：它们或许能够帮助小盗龙滑翔，或者可以掌控飞行的方向，或者两者兼具。

侏罗纪时期，由肉食性兽脚类恐龙进化而来的鸟类出现，开始与翼龙争夺天空的主宰权。始祖鸟是已知最早的类鸟动物——与乌鸦大小相近，保留了众多恐龙的特征。例如，锋利的尖牙、大而带爪子的脚、长长的骨质尾巴。它的上肢已经进化成了覆盖羽毛的翅膀，但仍保留了指爪。始祖鸟相比当代鸟类体重较大，飞行的能力可能较弱：长距离跳跃或者从高到低滑翔可能是它们最重要的飞行方式。

最早的喙

孔子鸟是所有已知鸟类中最早的一种，有喙，没有牙齿。孔子鸟的飞行技能可能并不那么出色，因为它们没有扇形的尾巴。

哈！侏罗纪晚期的小辈们才长牙呢！

飞？我觉得那只能叫作摔落！

26

奇翼龙

　　奇翼龙是一种与鸽子大小接近、全身覆盖羽毛的恐龙，两个手腕各有一根延伸出来的长长的骨棒——似乎用于支撑翼膜，就像蝙蝠一样。如果确实如此，这意味着奇翼龙是唯一没有羽翼但学会了飞行的恐龙。

> 我是一只鸟，还是一只蝙蝠？都不是，我就是我！

吓人的企鹅

　　黄昏鸟是一种巨大的不会飞行的史前海鸟，看起来似乎是企鹅与䴙䴘（一种水鸟）的结合体：它们有适合抓鱼的锋利牙齿和一对小翅膀，同时还是出色的游泳能手。

> 从恐龙到鸟类的进化只花了短短的1000万年，这是如何做到的？20世纪90年代，人们在中国发掘出土的化石为解答这个谜题提供了线索。在鸟类正式出现很久之前，恐龙就已经进化出了羽毛。

著名的化石发现

　　1871年，当奥塞内尔·马什在美国堪萨斯州发现史前海鸟——鱼鸟的化石时，他认为那可能是两类动物化石的混合物。否则，怎么解释鸟类化石中出现的牙齿？当确定所有化石都属于同一种生物后，马什的发现震惊了古生物学家。因为化石证实了鸟类是从更早期的动物进化而来的理论。后来，科学家确定了鸟类的祖先是兽脚类恐龙。

27

为什么翼龙会灭绝，而哺乳动物和鸟类却幸存了下来？在白垩纪晚期，多数翼龙物种都进化出了庞大的体形，与陆地霸主——恐龙一样。然而，庞大的体形在灾难面前却可能会变成累赘。

灭绝

大约6500万年前，地球上发生了一场巨大的灾难。我们又是从何得知的呢？因为所有翼龙和恐龙都从化石记录中突然消失了，这些统治地球的生物突然灭绝了。发生了什么事？又是如何发生的？比较明确的证据显示当时有一颗小行星撞击了地球，导致了全球范围内的动物和植物死亡。与此同时，当时地球上的火山十分活跃，这有可能引发了地球大气构成的变化。总之，翼龙的灭绝可能源于小行星撞击、火山活动或者两者的综合作用。

小行星撞击

小行星撞击地球的位置在哪里？最可能的地点是墨西哥希克苏鲁伯陨石坑。这个陨石坑形成于6500万年前，直径达180千米以上，科学家预测其撞击能量相当于九十多万亿吨TNT炸药！

啊哦，看起来大事不妙！

我告诉过你了。看看，出事了吧？

撞击带来了寒冬

小行星的撞击可能激起了大量的尘土，遮蔽了天空，导致地面在数月甚至数年时间内无法获得阳光的照射。因此，气温也随之降低，导致了大量植物和动物的死亡。

暴躁的火山

从大约6600万年前开始，印度北部的火山活动越来越频繁。火山爆发将大量的灰尘和有毒气体送入大气层，导致翼龙在小行星撞击地球之前就开始大量死亡。

还有什么比这个更糟糕？

巨大的岩石撞击地球？

为什么小型翼龙同样无法幸免于难？可能因为它们无法像穴居哺乳动物一样生活在地下，或者像鳄鱼一样生活在水中，因此未能躲过小行星撞击地球带来的寒冬。

有趣的真相

6500万年前的生物大灭绝导致地球生命锐减了3/4，但同时为其他动物提供了机会——新的哺乳动物出现，包括灵长类及人类。所以，从某个角度来说，这也是人类得以兴盛并主宰地球的原因之一。

29

术语表

白垩纪　地球的一个历史阶段，从大约1.45亿年前到6500万年前。

保温层　可以防止温度散失的一层物质。

博物学家　自然历史方面的专家。

哺乳动物　温血（恒温）的脊椎动物，体表通常覆盖毛发或皮毛，雌性哺乳动物可以产生乳汁，以喂养胎生的幼仔。

古生物学家　动物和植物化石领域的专家。

化石　嵌入岩石并以石化（岩石）的形式保存下来的史前生物体的遗骸。

化石记录　通过研究化石获得的关于有机生物体外观和进化的记录。

脊椎动物　具有脊椎的动物。

进化　在漫长的时间中通过遗传缓慢发展变化的过程。

空气动力学　研究飞行器或其他物体在同空气或其他气体做相对运动的情况下，受力特性、气体的流动规律和伴随发生的物理学变化的学科。

冷血/变温的　表示爬行动物和鱼类等动物体温随环境变化的特性。

猎食动物　以猎杀其他动物为食的动物。

林冠　森林的树木中最上层的枝干，通常或多或少地形成连续的植物层。

灵长类动物　一类包括猴子、猩猩和人类在内的哺乳动物，有手、与手相似的脚和集中在前方的视野。

滤食动物　以过滤水中微小动物或悬浮营养物质为生的水生动物。

爬行动物　冷血/变温脊椎动物，皮肤干燥，布满鳞片，通常在陆地产软壳的卵。爬行动物包括蛇、蜥蜴和鳄鱼等。

气囊/肺泡　肺或身体其他部位中包含空气的区室。

肉食性　以肉为食的特性。

软体动物　一类无脊椎动物，包括蜗牛、蛞蝓、蚌和章鱼等。

石化　作为化石保存。

水生的　在水中或水面生活的。

调节　控制或保持。

温血/恒温的　表示哺乳动物和鸟类等动物保持恒定体温的特性，体温通常高于环境温度。

无脊椎动物　没有脊椎的动物。

无人机　远程遥控的无人驾驶飞机。

细丝　细长的线形物体或纤维，常用于表示植物或动物体内发现的纤维。

小行星　比行星小、环绕太阳轨道运行的岩石天体。

侏罗纪　地球的一个历史阶段，从大约2.01亿年前到1.45亿年前。

装饰　增加吸引力的物品。

Original title: The Science of Medical

Author: Cath Senker

本书中文简体版专有出版权由Salariya Book Company Ltd经由墨颐書籍版權代理授予电子工业出版社，未经许可，不得以任何方式复制或抄袭本书的任何部分。

版权贸易合同登记号　图字：01-2021-4813

图书在版编目（CIP）数据

厉害了，科学. 医药技术／（英）凯斯·森克（Cath Senker）著；陈彦坤，马巍译. --北京：电子工业出版社，2022.3
ISBN 978-7-121-42971-2

Ⅰ.①厉…　Ⅱ.①凯…　②陈…　③马…　Ⅲ.①科学知识—少儿读物 ②医药学—少儿读物　Ⅳ.①Z228.1 ②R-49

中国版本图书馆CIP数据核字（2022）第028964号

责任编辑：董子晔　　特约编辑：刘红涛
印　　刷：北京缤索印刷有限公司
装　　订：北京缤索印刷有限公司
出版发行：电子工业出版社
　　　　　北京市海淀区万寿路173信箱　邮编：100036
开　　本：889×1194　1/16　印张：40　字数：483千字
版　　次：2022年3月第1版
印　　次：2022年3月第1次印刷
定　　价：398.00元（全20册）

凡所购买电子工业出版社图书有缺损问题，请向购买书店调换。若书店售缺，请与本社发行部联系，联系及邮购电话：
（010）88254888，88258888。

质量投诉请发邮件至zlts@phei.com.cn，盗版侵权举报请发邮件至dbqq@phei.com.cn。

本书咨询联系方式：（010）88254161转1865，dongzy@phei.com.cn。

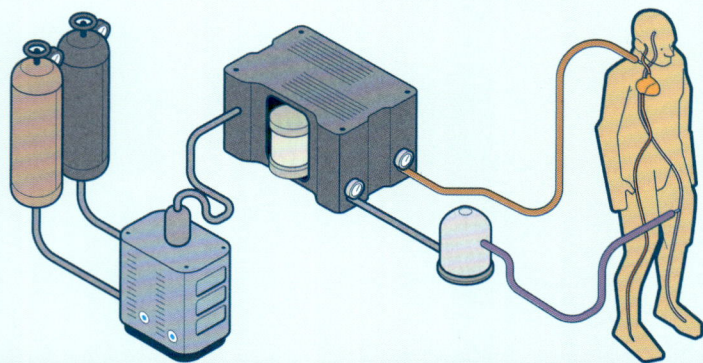

厉害了，科学

医药技术

医疗机器人
的真相

[英]凯斯·森克 著

陈彦坤 马巍 译

电子工业出版社

Publishing House of Electronics Industry

北京·BEIJING

目录

我们的身体有很多器官。体表最外层是皮肤、毛发和指（趾）甲，眼睛、耳朵、鼻子和嘴巴为我们提供了看、听、闻和吃（喝）的能力。在身体内部，骨骼为我们提供了坚实的支撑，而肌肉能够帮助我们移动手臂和腿。身体内部的器官至关重要：大脑是控制中心；心脏负责向身体各部分泵送血液，以维持生命；胃、肾、肝和肠是消化器官，能够让我们从食物中获取能量。此外，我们的身体善于自我恢复。如果腿部擦伤了或者胃部感觉不适，这些问题可能会自动消失。不过，有时我们的身体需要帮助。利用医疗技术可以帮助我们发现并治愈疾病，帮助我们保持身体健康。注射疫苗可以一定程度上防止我们罹患某些严重的疾病。还有各种小工具可以帮助我们检查饮食和身体健康状况。如果能够保持身体健康，我们就可以减少生病的可能。

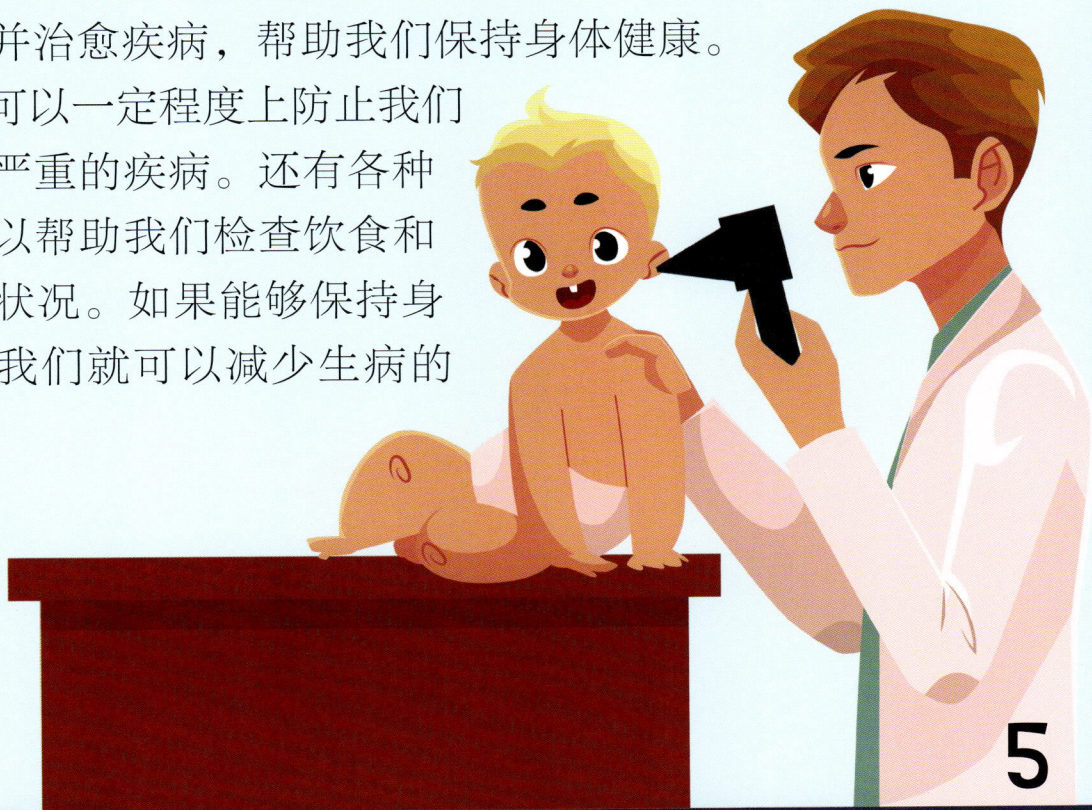

5

什么是诊断

工作原理

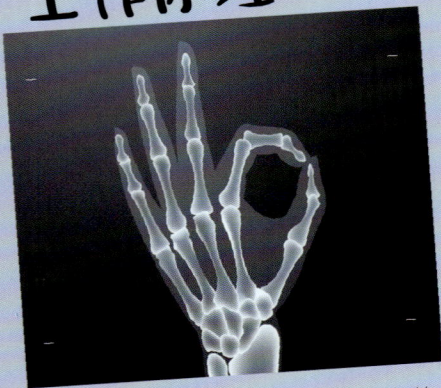

X射线是可以穿透皮肤和肌肉的强大能量波，体内的坚硬部位——骨骼可以阻挡X射线。身体后方的胶片可以捕获透过人体的X射线，形成图像。医生可以通过X射线照片检查骨骼，找出可能出现的裂缝。

有时医生可能无法快速确定患者感到疼痛的原因，如果患者在事故中受伤了，医生可以通过对患者进行询问和检查来做出诊断。如果医生需要检查患者体内的状况，那么他们可能需要机器的帮助。借助X射线、核磁共振成像（MRI）和CT扫描仪可以探查人体内部并拍摄影像。

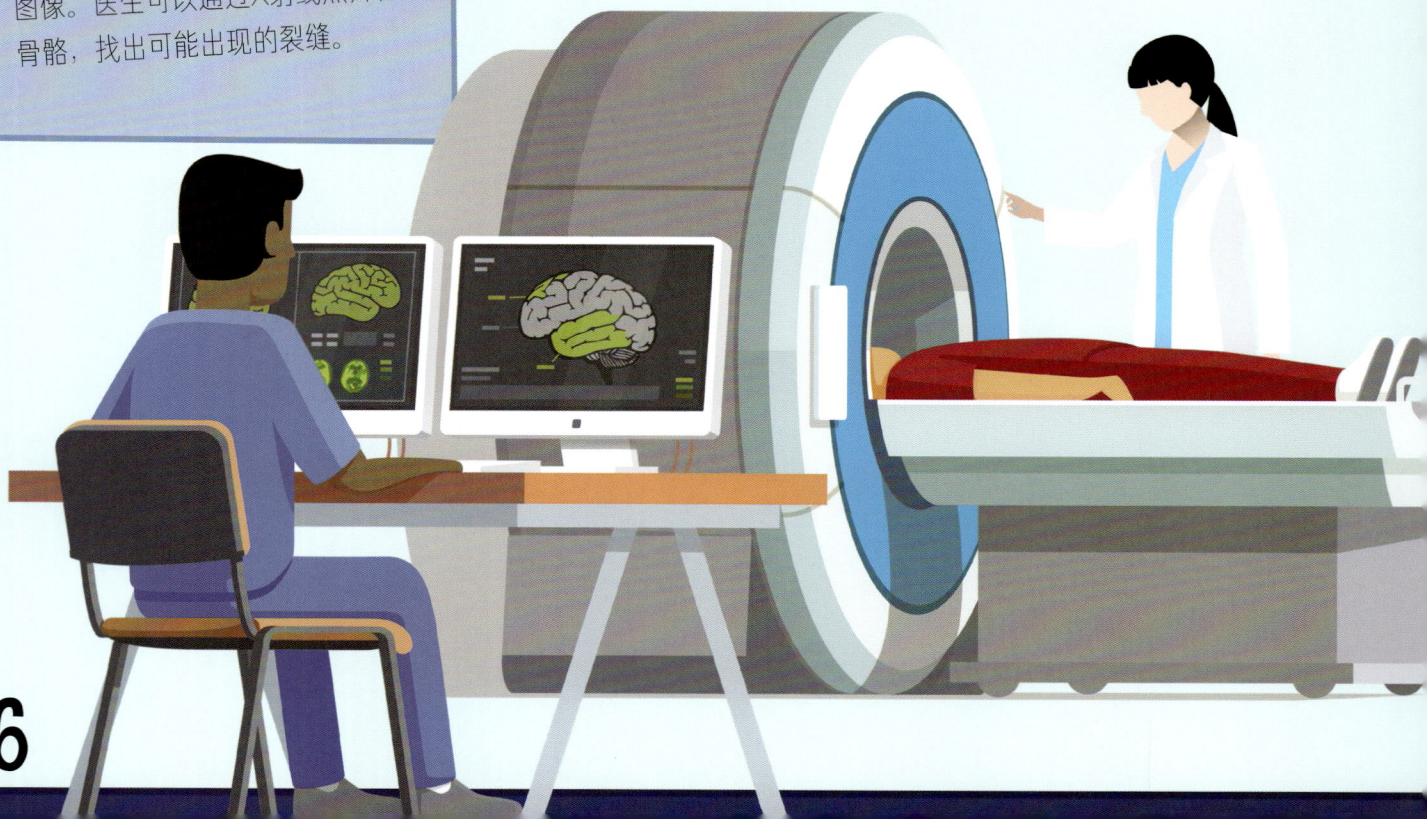

磁如何成像?

如果医生认为需要进一步诊断才能开始治疗，那么他可能要求你进行核磁共振成像（MRI）扫描。你躺在一台机器中，周围环绕的是巨大的强磁铁。核磁共振扫描仪会发射无害的无线电波，无线电波照射你的身体，然后反弹回扫描仪。连接到扫描仪的计算机将反弹信号转换为扫描区域的图像。

医生借助图像查看该部位是否存在异常。

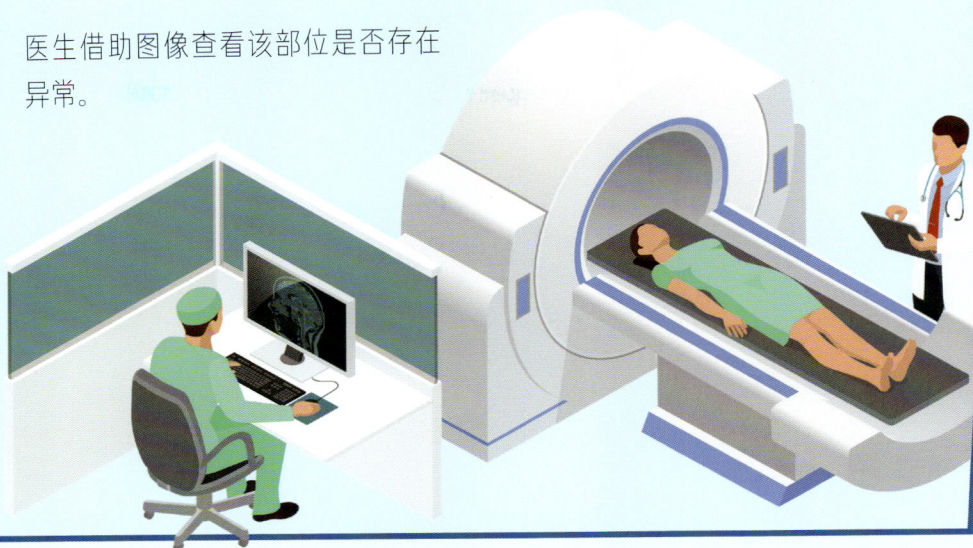

内窥镜是放置在一根细长管末端的微型视频摄像头，可以插入人体内查看特定部位的状况。

什么是CT扫描?

虽然有时也称为CAT扫描，但CT扫描与猫（猫的英文是cat）无关！CT扫描的全称是计算机断层扫描，可以从不同角度扫描你的身体内部，而且能够集合图像来显示所有类型组织的横截面，如同在馅饼切面看到了其中的蔬菜一样。

你相信吗?

感觉哪里不舒服吗？将来，机器人医生可能会问你这个问题。现在，机器人已经可以帮助医生诊断疾病。具有语音识别功能的聊天机器人可以识别患者描述的症状。

机器可以呼吸吗？

如果患者遭遇事故，他们有可能感觉呼吸困难。呼吸机是一种辅助呼吸的设备：将呼吸管插入患者的鼻子或口腔，医生设置呼吸机向患者体内泵送含氧气的空气，并将二氧化碳含量较高的废气泵出。

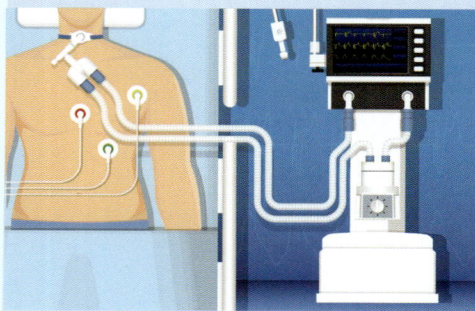

除颤器是一种"聪明"的机器，可以通过检查心脏的震颤情况来为患者提供恰当的治疗。如果不能提供恰当的治疗，它不会发出电击。

机器如何挽救生命

当接收到匆忙送入医院急诊室的患者时，医生和护士必须尽快做出诊断并解决问题。救生设备是他们经常用到的机器之一。如果患者无法呼吸，医生将提供呼吸机帮助患者呼吸；如果患者的肺部无法正常发挥功能，机器也可以提供帮助；如果心脏跳动出现异常，急救小组必须努力恢复患者的心跳。如果这些重要的身体机能无法正常发挥，患者可能死亡。

哦，不，希望里面的人能挺住！

什么是ECMO？

ECMO即体外膜肺氧合，ECMO设备可以暂时代替肺，为血细胞提供氧气，并带走包括二氧化碳在内的废气。体外膜肺氧合设备将血液泵送入机器，然后在血液中融合氧气并将血液返回人体。

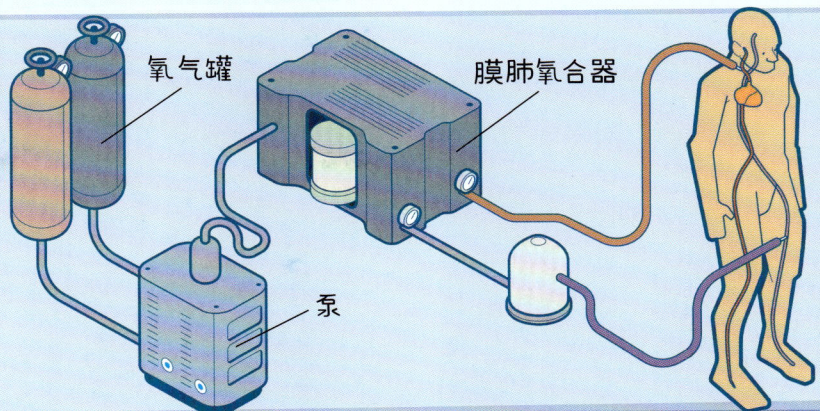

氧气罐

膜肺氧合器

泵

人们通常认为心搏骤停与心脏病发作相同，但其实不尽相同。心脏病发作通常源于血液循环的问题——流向心脏的血液受阻。

放在患者胸部的衬垫

显示说明的屏幕

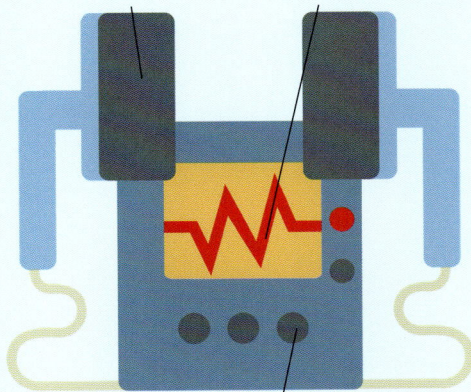

发射电击的按钮

如何让心脏恢复跳动？

如果患者的心脏跳动出现异常，他们可能出现了心搏骤停。也就是说，心脏突然停止向身体其他部位输送血液。电击有可能帮助恢复心跳。除颤器是一种向心脏发送高能电击的设备，有可能帮助心脏重新跳动并恢复正常功能。

有趣的真相

如果患者大量失血，那么必须给他输血。新的血液分离机可以让患者"回收"自己的血液：在手术过程中，可以使用设备收集患者手术部位流出的血液，然后分离出血浆（血液中的水成分），将其他血液成分输回患者体内。这种血液回收可以避免必须依赖献血者输血的烦琐。

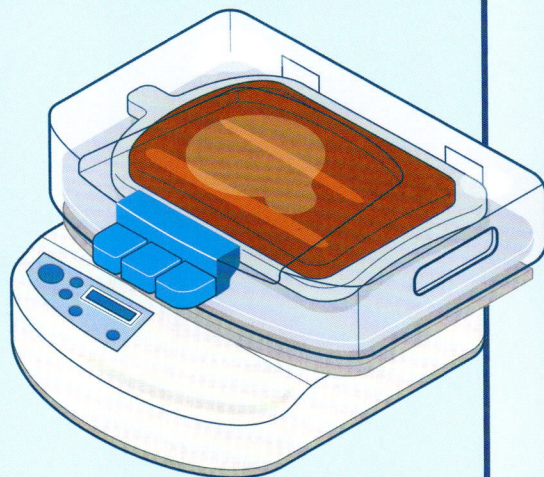

为什么有些人需要移植？

有些人可能生来就有功能不正常的器官，或者因为疾病或事故导致器官丧失应有功能，这些人需要移植新的器官。外科医生可以为患者移植肾、肝、肺或心脏，也可以为患者切除不正常的器官，用健康的器官取而代之。

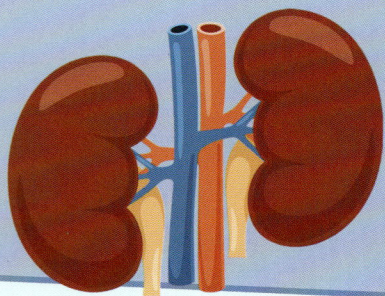

为了避免传播病菌，外科医生必须在手术前擦洗手臂并佩戴口罩和手套。

哪些机器可以用于手术

在医院，外科医生有时会决定为患者实施手术。手术可能是为了治疗创伤、更换器官或切除患病组织。以往，外科医生实施胃部手术时需要在患者身上切一个15~30厘米长的口子，以便能够看到患者体内的状况。现在，外科医生经常只需一个钥匙孔大小的创口就能完成手术。

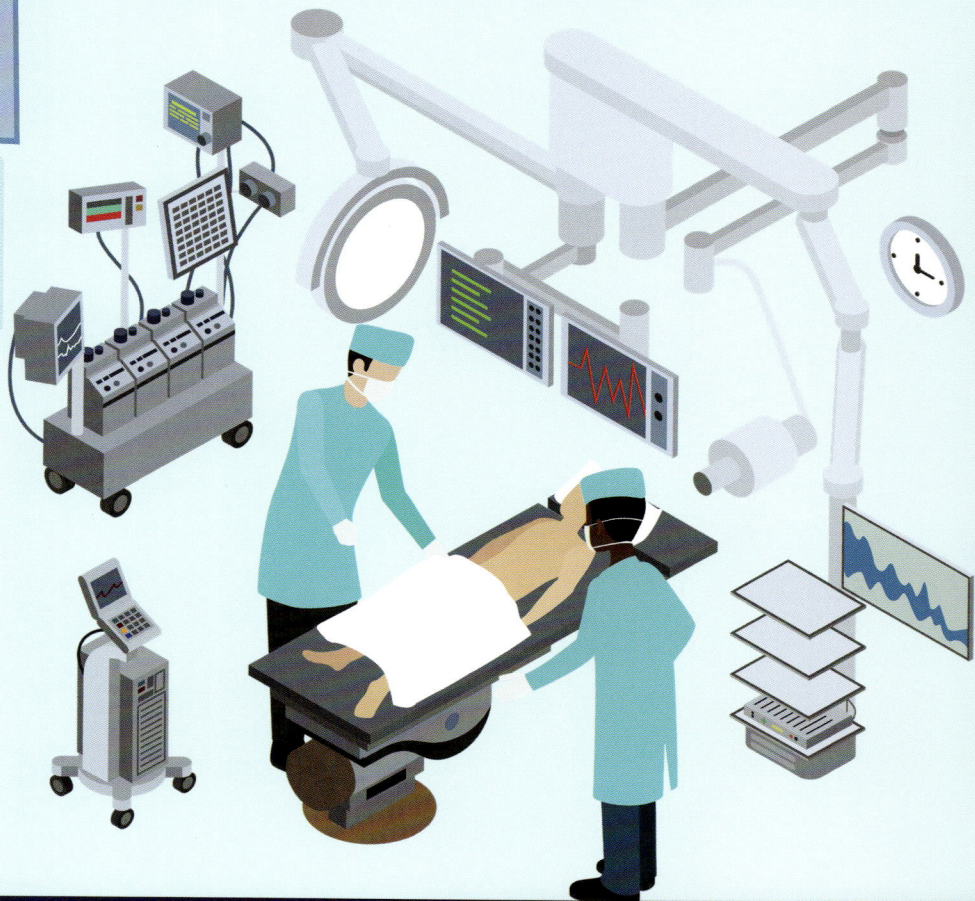

激光可以用于治疗一些皮肤问题和眼疾。

什么是微创手术?

实施微创(锁孔)手术时,外科医生会连续切数个小切口(创口),如同在患者身体上切割钥匙孔。然后外科医生在每个创口中插入导管。借助内窥镜,外科医生能够借助微小的创口查看患者体内的状况,并借助手术器械完成手术。微创手术的风险较低,而且患者的恢复速度更快。

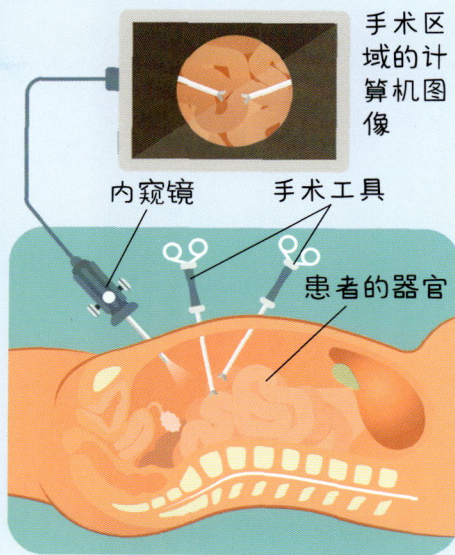

手术区域的计算机图像

内窥镜

手术工具

患者的器官

原理

如果有人因为事故失去了脚趾或手指,外科医生可以通过显微外科手术将断肢重新接上。他们使用高倍显微镜放大微小血管,然后借助微型仪器重新连接血管。

激光可以做些什么?

激光可以用于切割和灼烧。眼科医生经常借助激光治疗视网膜(位于眼球后方)疾病,调整近视患者的角膜(覆盖眼球的外表层)形状。

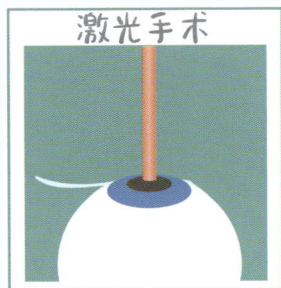

激光手术

达·芬奇是谁?

达·芬奇是一个手术机器人。人类外科医生使用计算机控制台来操作机器人。达·芬奇将医生的手部动作转换为患者体内微型仪器的细微动作。内窥镜（请参见第11页）可以将患者体内的状况通过实时图像发送给视频监视器，以便外科医生准确了解手术的进展和状况。

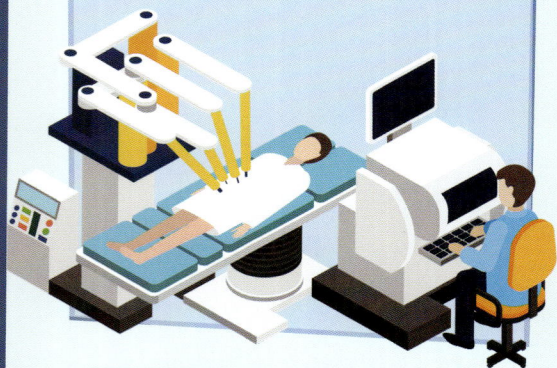

手术室的"现场直播"是培训外科医生的绝佳方法之一，因为观看实际手术的效果远胜于阅读获得的间接经验。

如何利用机器人进行外科手术

机器人可以成为出色的外科医生，因为它们具有稳定的抓握力、出色的视力及精准记忆身体部位和重复手术流程的能力。机器人可以实施高精度的切割——这有助于伤口愈合，并且，机器人能够精准且毫不厌倦地执行重复的工作，可以长时间进行复杂的操作。不过，机器人仍然需要在人类的指导下工作，至少目前确实如此。

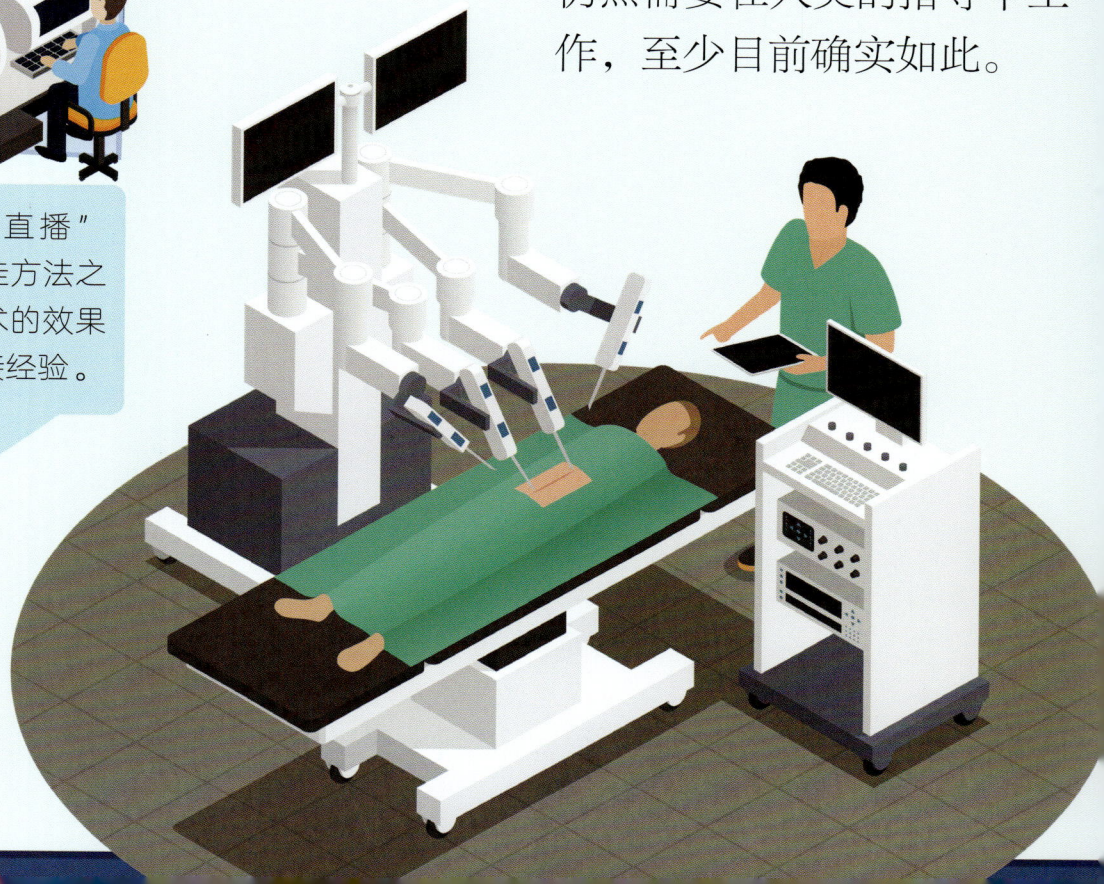

12

远程操控

外科医生不必与机器人同处一间手术室，他们甚至可以借助计算机或电话在世界任何地点操控机器人！因此，他们可以通过计算机实时协助其他外科医生。通过实时摄像头，指导外科医生能够观看手术实况，并在自己的设备上标记切除位置。

实施手术的医生会收到图像，表明切口的位置。

机器人可以独立工作吗？

为了减轻手术室外科医生的工作压力，人们开发了自主智能组织缝合机器人。这种机器人可以整齐而准确地缝合伤口。但是，医生必须首先确定要缝合的部位，并整理缝合部位。所以，短期内机器人还无法独立自主地提供治疗。

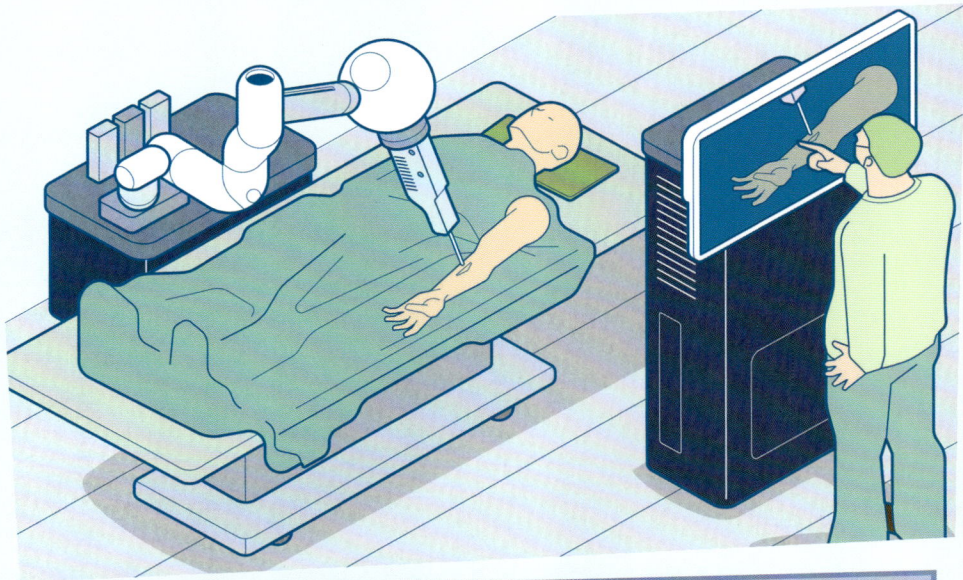

你相信吗？

英国教授凯文·沃里克在自己的手臂上植入了一块微芯片，微芯片与控制手臂的神经相连，而且能够发射无线电信号。他可以用移动手臂时发出的无线电信号控制机器。联网时，他甚至可以从世界的另一端控制机器人。

13

助听器的工作原理

助听器是一种小型设备，可以佩戴在耳道内或耳朵后面，为听力受损的人提供帮助。与人交谈时，助听器可以捕获声音，并将声波转换为电信号，然后将信号发送到放大器。放大器接收信号后可以增强信号，并通过扬声器把声音传递到耳朵中。声音越大越容易听到。

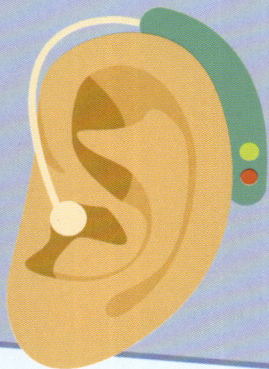

有些助听器安装在耳道内，完全没有显露在外。

哪些机器可以固定到身体中

机器可以修复或帮助无法正常工作的身体部位。有些机器可以固定在身体上，例如助听器；有些机器挂在身体上完成特殊的工作，例如肾脏透析机；还有的机器可以安装在体内，例如心脏起搏器。如果你的爷爷装了心脏起搏器，那么他正在变成一个"机器人"——他的身体有一部分是机器。

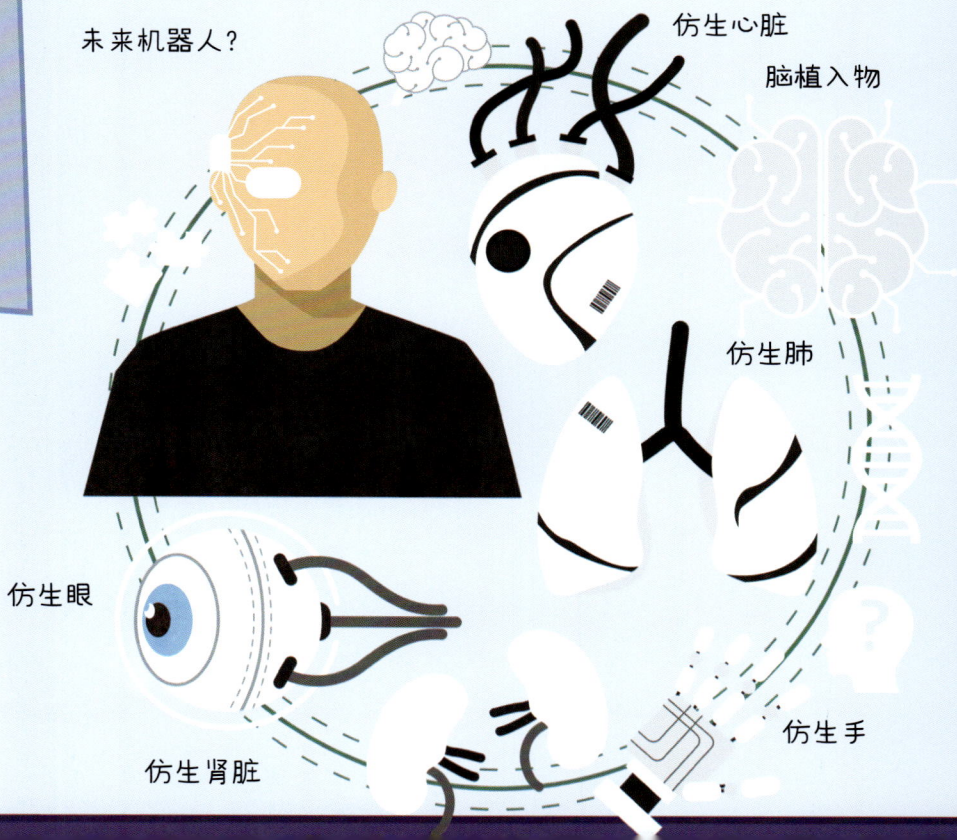

未来机器人？

仿生心脏

脑植入物

仿生肺

仿生眼

仿生肾脏

仿生手

谁需要透析?

　　所有生物都必须清理体内的废物,而肾脏是人体重要的废物收集器官,可以过滤血液中多余的水和化学废物,然后将其变为尿液排出。有些人患有肾衰竭,也就是说,他们的肾脏无法正常工作。这些患者需要每周使用透析机数次,以清洗血液并将干净的血液送回体内。

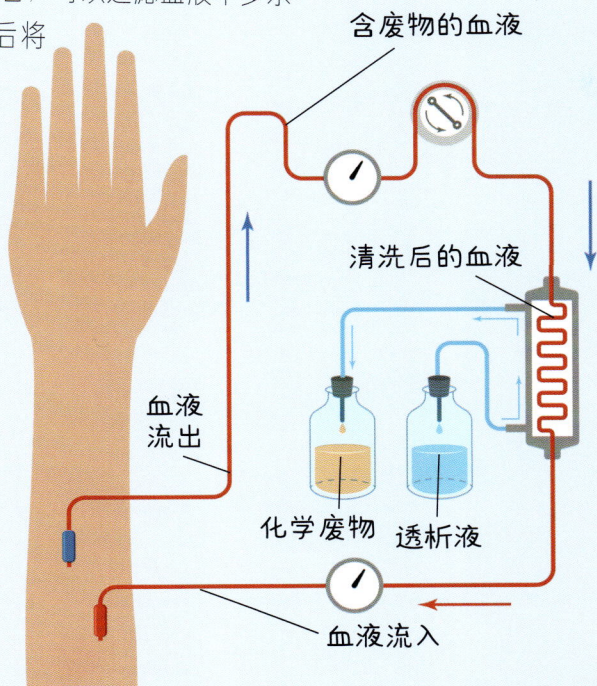

含废物的血液

清洗后的血液

血液流出

化学废物　　透析液

血液流入

什么是心脏起搏器?

　　心脏起搏器包括电池和电路,用于控制心跳,通常埋在肩膀附近的皮肤和肌肉下方。起搏器通过导线向心脏发送电信号,让心脏规律地跳动。

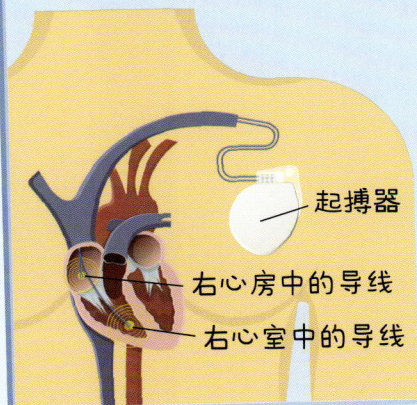

起搏器

右心房中的导线

右心室中的导线

亲自尝试

　　听力障碍有多种类型。人们可能听不到较轻的声音或高频声音,例如孩子们的声音。听音乐时,他们或许能够听到低音但听不到高音。在成年人的帮助下,你可以在线尝试听力障碍模拟器,体验听力障碍患者的感受。

　　心脏具有控制心跳的电系统。如果该系统出现异常,那么心脏起搏器可以提供帮助。

15

什么是义肢

如何制作义肢？

义肢通常由轻质金属和耐磨塑料制成。膝盖以下的义肢大多配有一只假足用于替换缺失小腿骨的部分，以及可以与腿剩余部分相固定的承窝。

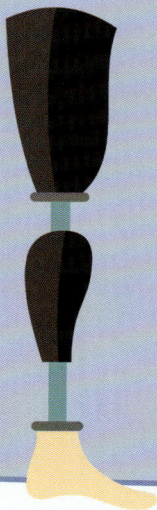

虽然罕见，但有些人可能在出生时就有肢体（手臂或腿）不全的问题。此外，人们可能因为严重的事故或者战争创伤导致截肢。义肢技术可以为这类人提供帮助。义肢可以代替缺失的手臂或腿，并且移动方式与天然肢体并无二致。借助义肢，孩子们可以参加游乐场的游戏和运动。实际上，不少安装了义肢的人跑得比普通人还要快。

随着年龄的增长，安装义肢的儿童需要定期更换新的义肢。

耳聋可以治愈吗?

人工耳蜗并不能彻底治愈耳聋，但可以帮助患者听到声音。这个植入物被安装在患者耳后的皮肤下方，可以拾取声音并将其转换为电信号，电信号沿神经传输到大脑。大脑识别电信号，患者就可以听到声音了。

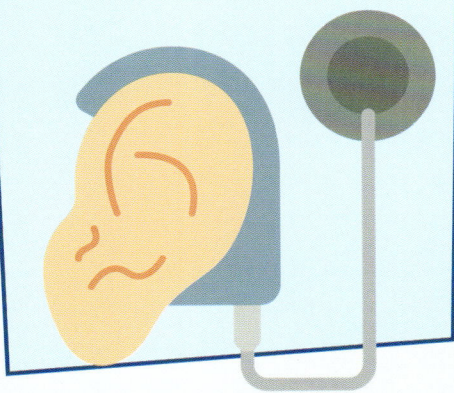

3D打印义肢设计完全开放，因此其他人也可以使用这些设计来制作义肢，前提是他们拥有3D打印机。

如何打印一只手?

3D打印机支持定制，可以使义肢与使用者精准匹配。英国一家名为Team Unlimbited的慈善组织免费为世界各地的儿童提供3D打印的义肢，而且支持孩子们自己设计义肢的颜色和图案。

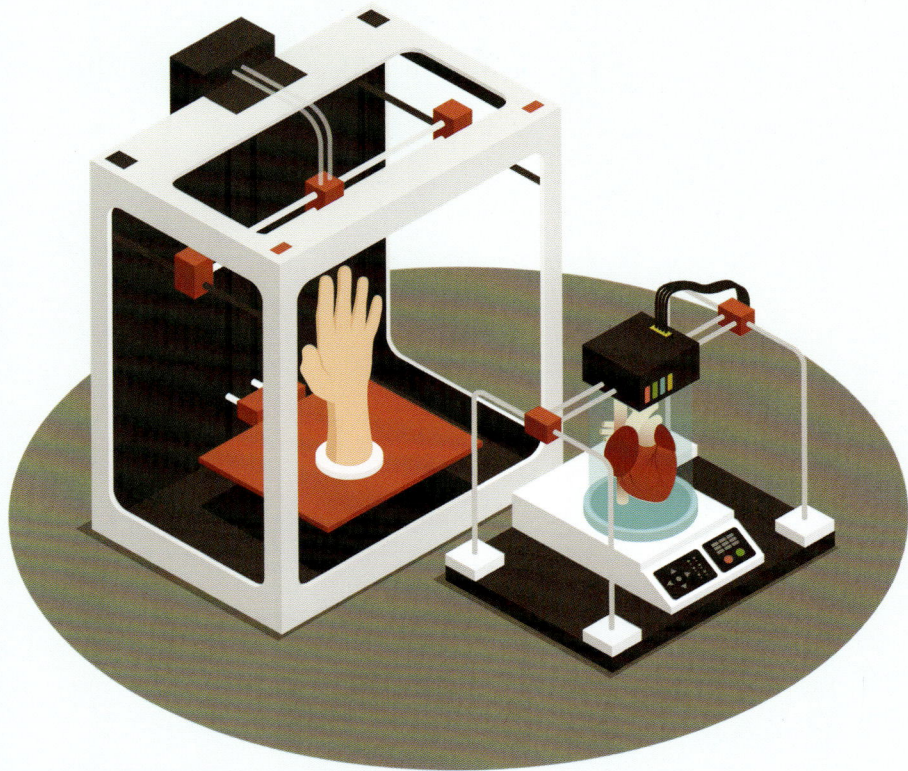

3D打印技术

3D打印机可以层叠打印数以百计的二维层，进而形成立体物品。想象一下，如果将本书的每一页都与前后页粘在一起，你会得到一个厚的长方块，而不是若干张分散的书页（不过，最好不要这么做）。

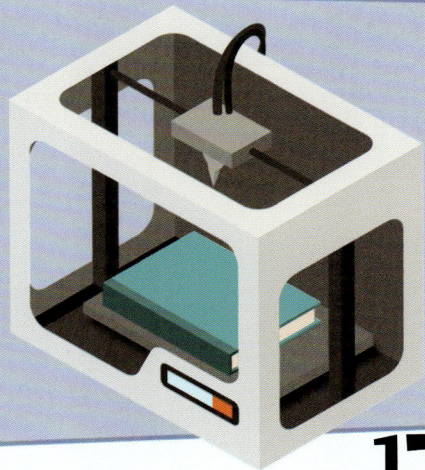

11

疫苗预防疾病的方法

疫苗通常由引发该疾病的相同病毒或细菌制成。注射疫苗相当于在人体内注入一种被削弱感染力的致病病毒或细菌。疫苗可能引发身体不适，但不会让人感染这种疾病，而我们的身体免疫系统将因为疫苗产生抵抗某种特定疾病的抗体。因此，如果将来遇到相同的致病菌入侵，我们的身体免疫系统就可以识别该病菌，并在造成任何伤害之前消灭它。

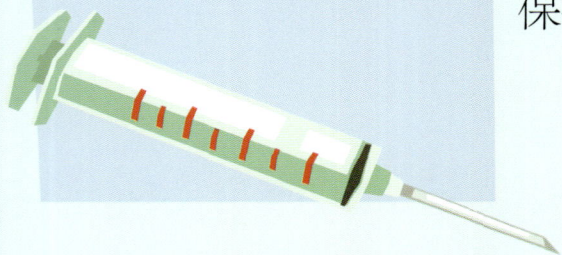

什么是疫苗

大多数药物都可以用于治疗疾病，但疫苗是一种预防疾病的特殊药物，可以有效地防止致命性疾病。1967年，约200万人死于天花。同一年，人们制订了全球范围的大规模疫苗接种计划。到了1980年，天花基本消失了。目前，全球已研发了针对许多危重疾病的疫苗，例如小儿麻痹症、麻疹和腮腺炎。疫苗能够提供免疫力，保护人们免受特定疾病的侵害。

你只会感到轻微的刺痛。

研究人员需要关注疫苗的副作用——对健康的意外影响。

18

科学家如何研发疫苗?

研发一种疫苗可能需要数年时间。科学家们首先研究引发疾病的病毒或细菌，确定病毒或细菌的致病方式，然后研发疫苗并确定注射剂量。人们需要注射一次还是多次疫苗？注射疫苗后需要观察多长时间？是否需要定期（例如每隔数年）接受加强注射？这些研究大多数在实验室中完成。

完成数百人的临床试验之后，科学家将开始在世界各地为成千上万的人接种疫苗，以检查这种疫苗在不同地区的注射效果。

谁来试用疫苗?

科学家必须在人体上试用（测试）疫苗。首先，他们挑选约100名健康的成年人进行验证，检查这些实验者的免疫系统能否获得抵抗某种疾病的能力。如果结果是肯定的，他们将选择数百名目标受众试用疫苗。

有趣的真相

注射疫苗时，我们必须确保药物到达需要的身体部位，同时避免引发不良反应。为此，科学家们通过实验确定了每种疫苗的接种方式。有些疫苗，例如麻疹疫苗，需要将药物注射到皮肤下方和肌肉上方。包括乙型流感疫苗在内的某些疫苗会被注射到肌肉中，而卡介苗的注射部位很浅——属于皮肤接种疫苗。

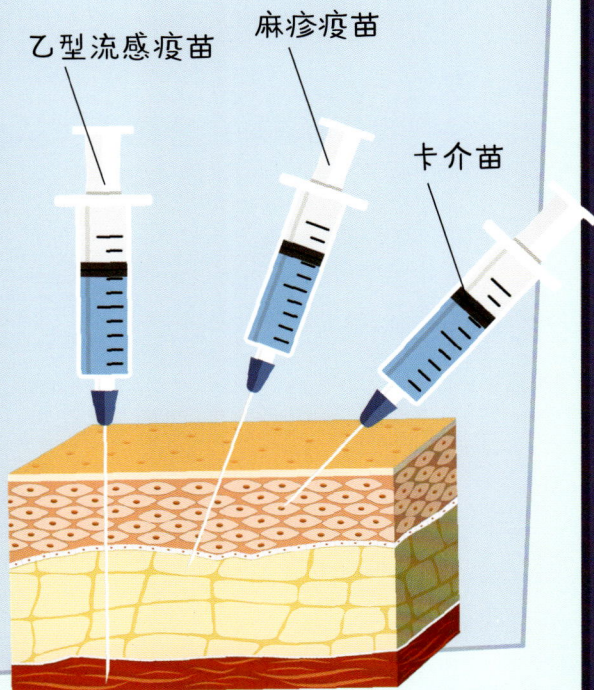

乙型流感疫苗

麻疹疫苗

卡介苗

常见的疫苗

在婴儿时期，你可能已经接种了破伤风、百日咳、小儿麻痹症和MMR（麻疹、腮腺炎和风疹混合）疫苗。当某种疾病迅速蔓延时，所有人都需要接种疫苗，以防止致命疾病的流行。有些疾病本身可能并不危险，但对虚弱的人来说仍然致命。如果几乎所有人都接种了疫苗，即使有少数人染病，这种疾病也无法感染整个社区。

为什么每年都要接种流感疫苗？

每年冬季，可能不少人都需要通过接种疫苗来预防流感。流感是一种可怕的疾病，有可能让你卧床一到两个星期——虽然你可以因此休很多天假。身体素质相对较弱的人需要接种流感疫苗，例如，老年人和身体虚弱的人，因为他们可能因为流感而丧命。流感病毒非常特别，一直都在不断地变异。今年生产的疫苗在下一年就有可能失效，因此科学家们必须每年研发新的流感疫苗。

20

现在，小儿麻痹症已经从世界上的大部分地区消失了：2017年，全球仅报告了22例小儿麻痹症。目前仍报告小儿麻痹症病例的国家只有阿富汗、巴基斯坦和尼日利亚。

为什么要接种麻疹疫苗？

麻疹具有高度的传染性，病毒携带者呼吸、咳嗽或打喷嚏都有可能传播病毒。甚至如果房间的上一个住客患有麻疹，你在他/她离开后入住也有可能感染！有些儿童麻疹患者需要住院治疗。最严重的麻疹可能导致患者患上肺炎（严重的肺部感染）、脑部损伤、耳聋甚至死亡。所以，我们最好接种疫苗以预防麻疹。

为什么度假前要接种疫苗？

如果你的旅游目的地国家存在严重疾病，例如黄热病或伤寒，那么你需要接种预防这些疾病的特殊疫苗。

据世界卫生组织（WHO）预测，疫苗每年可以挽救300万人的生命，并防止数百万人感染致命疾病。

21

再过几年，经过临床验证的口服药片式疫苗或许会成为安全的新选择。

我们需要一直打针吗

你可能不喜欢打针，但目前注射是接种疫苗唯一的选择，因为疫苗由活的病毒或细菌制成。如果制成药片，疫苗可能在生效之前就被身体消化了。科学家们正在研究制作药片式疫苗的方法，以降低制作疫苗的成本，并让疫苗更便于服用。他们还在研发新的疫苗——癌症和结核病疫苗。结核病是世界上常见的一种高死亡率传染病。

为什么将疫苗保存在冰箱中？

疫苗必须低温储存，否则疫苗中的病毒就会死亡。英国科学家正在研究人造（非真实）流感病毒。使用人造病毒的疫苗或许无须放在冰箱中保存。

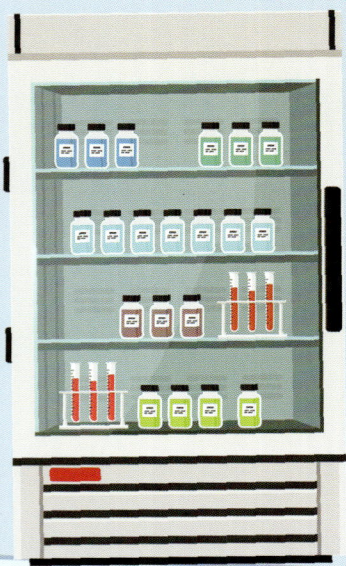

希望将来我们可以不用打针。

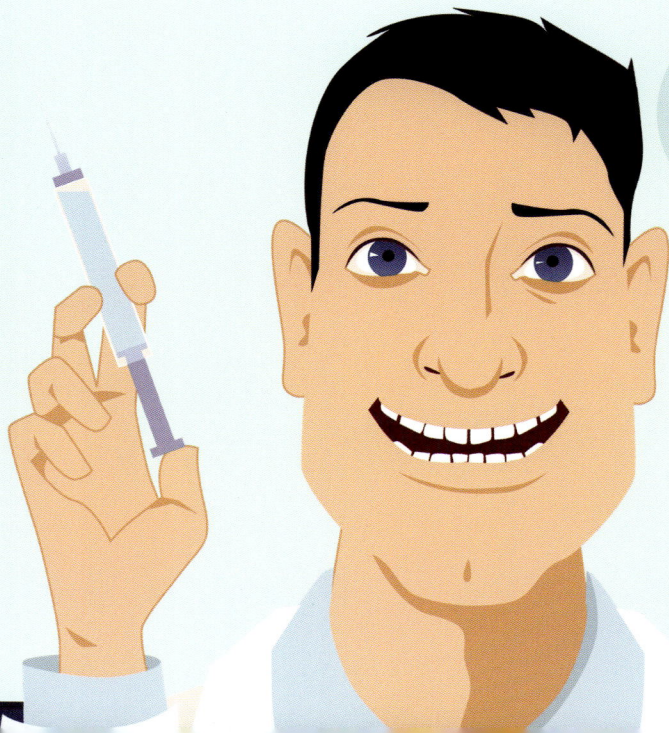

抗癌疫苗研发成功了吗?

科学家们正在努力研发疫苗,以预防难以治愈的癌症和其他疾病。疫苗可以激发免疫系统抵抗疾病。科学家们希望癌症疫苗能够识别特定癌细胞的蛋白质,以便免疫系统攻击并杀死癌细胞。

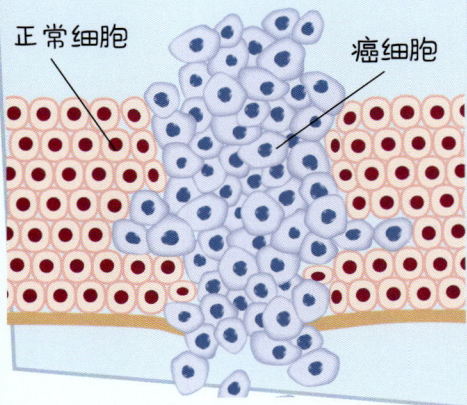

正常细胞　　　　癌细胞

科学家们正在研发一种可以预防多种疾病的疫苗。

我们可以口服疫苗吗?

如果使用了人造病毒,则它们不易被人体消化。不过,可以使用药片式疫苗。口服药片式疫苗特别适合发展中国家和地区,因为那里可能因为供电不足而不具备疫苗的低温保存条件。如果无须通过注射接种疫苗,护士将不再需要更换针头。疫苗的储存、运输和使用将更加方便,成本也会大幅降低。对于那些害怕打针的人来说,这真是一个好消息!

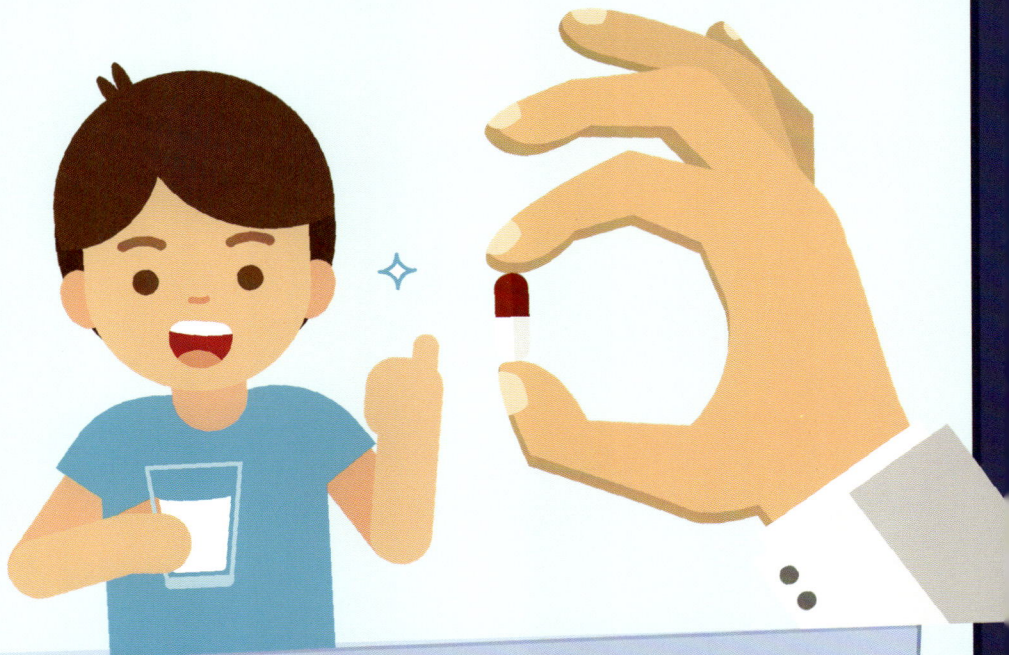

你相信吗?

部分美国疫苗研究人员会佩戴3D眼镜,并借助计算机图形来分析分子的内部结构,试图发现它们抵御疾病的方式。疫苗可以对人体内的分子进行编程,使其攻击入侵的病毒或细菌。我们的身体明白它必须消灭入侵者,但找到正确的位置是首要任务,就像在复杂的视频游戏中找到目标一样。

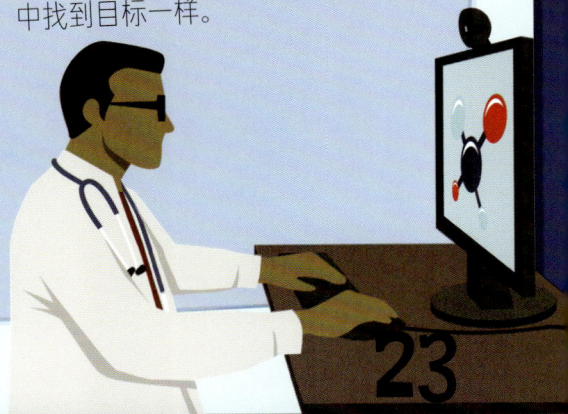

23

护士如何检查人们的健康状况？

将袖带套在手臂上并绷紧，护士可以检查你的血液流动和静息时的血压。他们用体温计来测量体温。如果发烧，体温会高于37℃，你可能感觉不适。此外，护士也可能化验你的血液。

验血与疫苗接种有些类似，但验血使用的针管不是注射疫苗的，而是用来抽取少量血液进行化验的。

体检时会用到哪些工具

当你去体检时，护士或医生可能会拿出一堆工具来帮助完成检查。有些工具已经用了很久。19世纪以来，医生一直使用听诊器来监听患者的心跳，并检查肺部是否正常。现在，医生可以联网查看你所有的健康记录，从而方便地查询你的病史，查找用药和疾病信息。

24

为什么要用小瓶收集尿液？

如果生病了，医生可能要求你采集尿液样本。尿液将被送到实验室进行感染或疾病化验。技术人员检查尿液的颜色和浑浊度，用试纸检测其中的化学物质，并借助显微镜查看其中包含的细胞和细菌。

医生要求提供尿液样本是为了检查你的身体是否存在异常。

医生有哪些常用的小工具？

耳镜有一个灯和一个放大镜，医生借助耳镜可以检查患者的耳膜及耳道。眼底镜（或称检眼镜）可以用来观察眼睛的内部：视网膜（眼睛中感知光线并向大脑发送信息的部分）反射光线，光线通过设备的孔返回。医生看到的是放大（较大）的眼睛内部的图像。

亲自尝试

要测量脉搏，需要使用计时器。将食指和中指并拢平放在手腕的一侧（见图上位置），轻微按压，不要太用力。另一只手启动计时器。数一数1分钟内你感受到的脉搏次数。

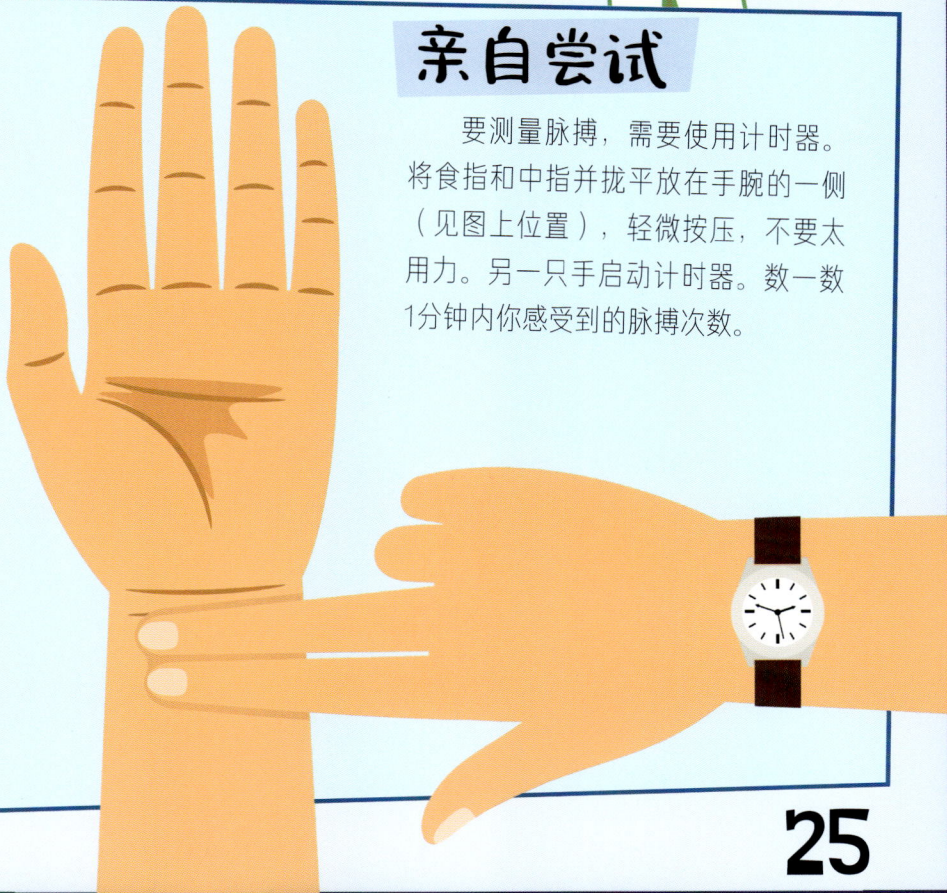

25

应该如何对待健康问题

你还有你的兄弟姐妹或朋友都有可能出现健康问题。如果你患有糖尿病或哮喘，你必须学着使用特殊的设备，以帮助控制疾病。有些人当接触坚果、鸡蛋或乳制品时会出现严重的过敏反应，因此他们随身携带肾上腺素笔，以防无意吃了含有过敏源的食物。这些设备在紧急时刻可以救命。即使没有这些问题，你也最好了解它们，以便在他人突然感到不适时提供帮助。

什么是糖尿病？

人体细胞可以从葡萄糖中获取能量。人的身体需要一种名为胰岛素的物质，以便葡萄糖进入细胞。如果患有1型糖尿病，人体将无法产生胰岛素，人们只能通过大量地小便来排出葡萄糖。这会让人总是感觉口渴。

糖尿病患者可以借助血糖仪测量血糖含量，以确定当前血糖含量过高还是过低。

26

如何应对哮喘?

哮喘是一种影响空气出入肺部通道的疾病。哮喘患者肿胀的气管会限制空气的进出,引发呼吸困难。通常,哮喘患者需要借助一种名为吸入器的装置帮助呼吸。该装置中包含一种缓解药物,可以帮助疏通呼吸道。药物通过嘴被吸入肺部,进而帮助患者正常呼吸。

可能的过敏源

奶酪
鸡蛋
贝类
坚果
草莓

什么是肾上腺素笔?

如果某人有严重的(例如花生)过敏反应,则表示他的身体认为花生属于有毒的外来入侵者,身体将采取措施来清理入侵者。1小时之内,过敏可能引发头晕或呼吸困难,患者的舌头可能肿胀或者皮肤痒得厉害。想要终止这些反应,可以使用肾上腺素笔注射剂。

肾上腺素笔包含一种名为肾上腺素的化学物质。这种物质可以控制过敏反应,并开放呼吸道,让患者再次轻松呼吸。

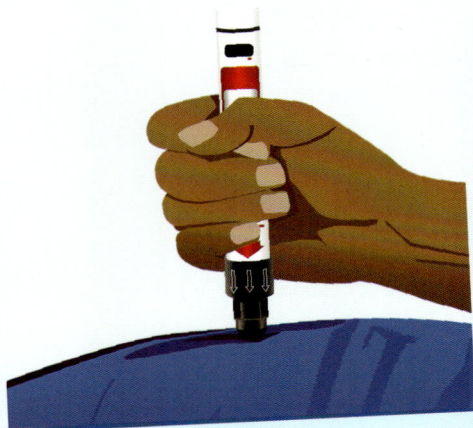

有趣的真相

花生感测器是一种专门针对花生过敏人群的发明。这种设备可以随身携带,以随时检测食物样本,确定其中是否含有坚果成分。

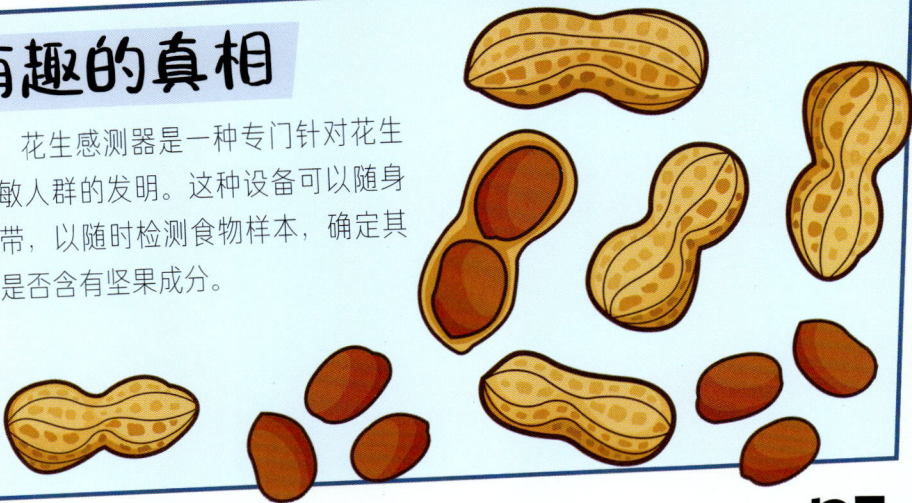

27

如何保持身体健康

如何强身健体?

你有足够的运动量吗?儿童每天需要至少1小时的体育锻炼,例如骑自行车、跑步、游泳和跳舞。运动可以让心脏保持健康。每周我们应该锻炼身体3次,以强健肌肉和骨骼——体操、爬山和足球都是很棒的选择。即使是虚拟运动类电子游戏也可以帮助你保持健康,例如跳舞、网球或其他运动游戏。

如果喜欢游泳,你可以下载相关应用程序,跟随"游泳教练"学习顶尖技术。

众所周知,要想保持身体健康,每个人每天需要做一些运动,多吃水果和蔬菜。但是,很多时候人们可能无法跟踪自己的表现。许多小工具和应用程序可以帮助人们记录和检查自己的健康状况和饮食习惯,而积极的虚拟运动类电子游戏也会鼓励人们锻炼身体。此外,确保充足的睡眠也很重要,程序员甚至开发了专门的睡眠监测程序。

好样的,巴斯特!

如何改善饮食？

我们每天应该吃至少5种水果和蔬菜，以保证维生素、矿物质和纤维供应；土豆和面食等碳水化合物可以提供能量；牛奶等乳制品或可以替代乳制品的豆浆等都含有大量的钙，可以强健骨骼；肉、鱼、蛋和豆类富含蛋白质，非常有利于长身体；少量的脂肪有益无害，因此我们也应该偶尔食用含糖食品。要精准查看自己的饮食构成，可以使用扫描设备，然后通过关联程序了解食物所含的能量、蛋白质、脂肪和糖。

糖

蛋白质

乳制品

碳水化合物

水果和蔬菜

保证充足的睡眠

你知道吗？8~10岁的孩子每天需要约10小时的睡眠，其中大多数时间处于深度睡眠——呼吸和心跳频率降低，身体几乎不动。人体需要深度睡眠才能自我修复。你可以佩戴睡眠监测器来了解你的睡眠时间及深度睡眠时长。如果睡眠不足，请务必在上床前至少1个小时关闭计算机、电视或其他电子设备。

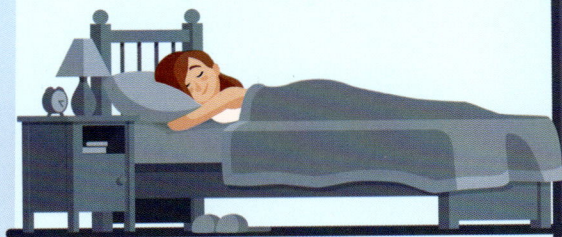

保证一段远离电子设备的时间很有必要。收起游戏机，关闭计算机，然后去户外踢一场球或骑一会儿自行车。运动之后，你会感觉更好。

亲自尝试

可以尝试每天走1万步，大约8千米，大概需要1小时40分钟。

29

术语表

病毒 引发传染病的微生物，必须借助显微镜才能看到。

肠道 从胃到肛门的长而弯曲的管道。

除颤器 一种设备，可以通过向心脏发射设定的电流来控制心肌的运动。

电路 电流流过电线和设备的路径。

二氧化碳 人和动物从肺中呼出的一种气体。

分子 在不改变化学性质的情况下，物质可以分解成的最小单位。例如，水分子进一步分解后将不再是水。

加强注射 注射额外剂量的药物，以延长预防某种疾病的时间。

捐赠者 捐献血液或身体器官的人。

开源 表示所有人都可以免费使用的计算机软件。

抗体 存在于血液中由人体产生的一种物质，可以抵御疾病。

聊天机器人 一种可以与人对话的计算机程序，通常依靠互联网。

免疫系统 人体内的一种系统，可以产生帮助人体抵抗感染和疾病的物质。

内窥镜 末端有一个微型摄像机的一根细长管，可以送入人体，以便查看人体内部。

器官 具有特定用途的身体部位，例如心脏和大脑。

切口 外科手术留下的尖锐伤口。

神经 在大脑和身体各部位之间传递信息的长线，让人们能够听到、看到和移动。

肾上腺素 人体产生的一种化学物质，用于应对危及生命的情况。

肾　人体器官之一，可以清理血液中的废物并产生尿液。正常人有两个肾。

视网膜　眼睛后部的一层光敏感组织，可以将所见内容转化为电信号并发送给大脑。

输血　向患者体内输送血液——血液大多来自捐献者，但有时会使用患者自己的血液。

微芯片　一种内置复杂电子电路的微型材料。

维生素A　食物中发现的一种天然物质，对人类的成长和健康至关重要。

细菌　很小的一种简单生命形式，其中包括一些致病菌。

显微外科手术　使用超小型仪器和显微镜实施的小规模复杂手术。

消化　将食物转化成人体可用物质的过程。

氧气　人和动物呼吸时吸入并维持生命的一种气体。

疫苗　注入人体以保护身体免受疾病侵害的物质。

诊断　确定引发疾病或问题的确切原因。

症状　患病后身体或心理的表现。

组织　构成人类、动物和植物不同部分的细胞集合。

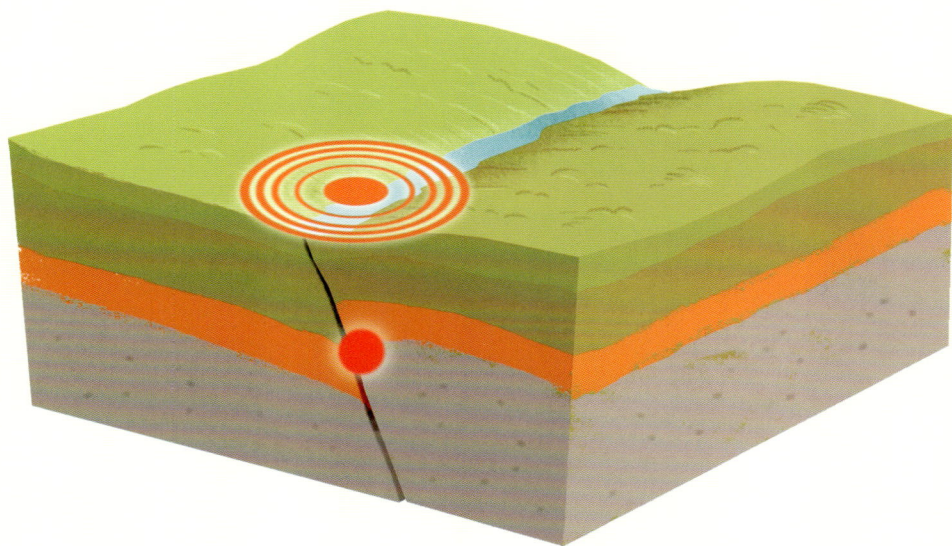

Original title: The Science of Natural Disasters
Author: Alex Woolf
Copyright © The Salariya Book Company Ltd 2018

本书中文简体版专有出版权由Salariya Book Company Ltd经由墨颐書籍版權代理授予电子工业出版社，未经许可，不得以任何方式复制或抄袭本书的任何部分。

版权贸易合同登记号　图字：01-2021-4813

图书在版编目（CIP）数据

厉害了，科学. 自然灾害 /（英）亚历克斯·伍尔夫（Alex Woolf）著；陈彦坤，马巍译. --北京：电子工业出版社，2022.3
ISBN 978-7-121-42971-2

Ⅰ. ①厉… Ⅱ. ①亚… ②陈… ③马… Ⅲ. ①科学知识—少儿读物 ②自然灾害—少儿读物 Ⅳ. ①Z228.1 ②X43-49

中国版本图书馆CIP数据核字（2022）第029788号

责任编辑：董子晔　特约编辑：刘红涛
印　　刷：北京缤索印刷有限公司
装　　订：北京缤索印刷有限公司
出版发行：电子工业出版社
　　　　　北京市海淀区万寿路173信箱　邮编：100036
开　　本：889×1194　1/16　印张：40　字数：483千字
版　　次：2022年3月第1版
印　　次：2022年3月第1次印刷
定　　价：398.00元（全20册）

凡所购买电子工业出版社图书有缺损问题，请向购买书店调换。若书店售缺，请与本社发行部联系，联系及邮购电话：
（010）88254888，88258888。
质量投诉请发邮件至zlts@phei.com.cn，盗版侵权举报请发邮件至dbqq@phei.com.cn。
本书咨询联系方式：（010）88254161转1865，dongzy@phei.com.cn。

厉害了，科学

自然灾害

自然破坏力
的真相

[英]亚历克斯·伍尔夫 著
陈彦坤 马巍 译

电子工业出版社
Publishing House of Electronics Industry
北京·BEIJING

目录

前言

地球是人类的摇篮，能够满足人们生活的全部需求：提供人们呼吸的空气、必要的食物及饮用的水源。然而，地球并不"安分"，它同样极具破坏力。火山爆发不仅将大量的烟尘喷射到空气中，还会形成一条条滚烫的熔岩之河；地震会摧毁地面的建筑物，甚至可能引发火灾；海啸的冲天海浪会席卷海岸，破坏整个沿海社区。本书将介绍火山喷发、地震和海啸发生的方式和地点，以及它们对人类和环境的破坏性影响。只有通过科学地了解这些自然灾害，人们才能更从容地应对这些灾害，并努力赢得生存的机会。

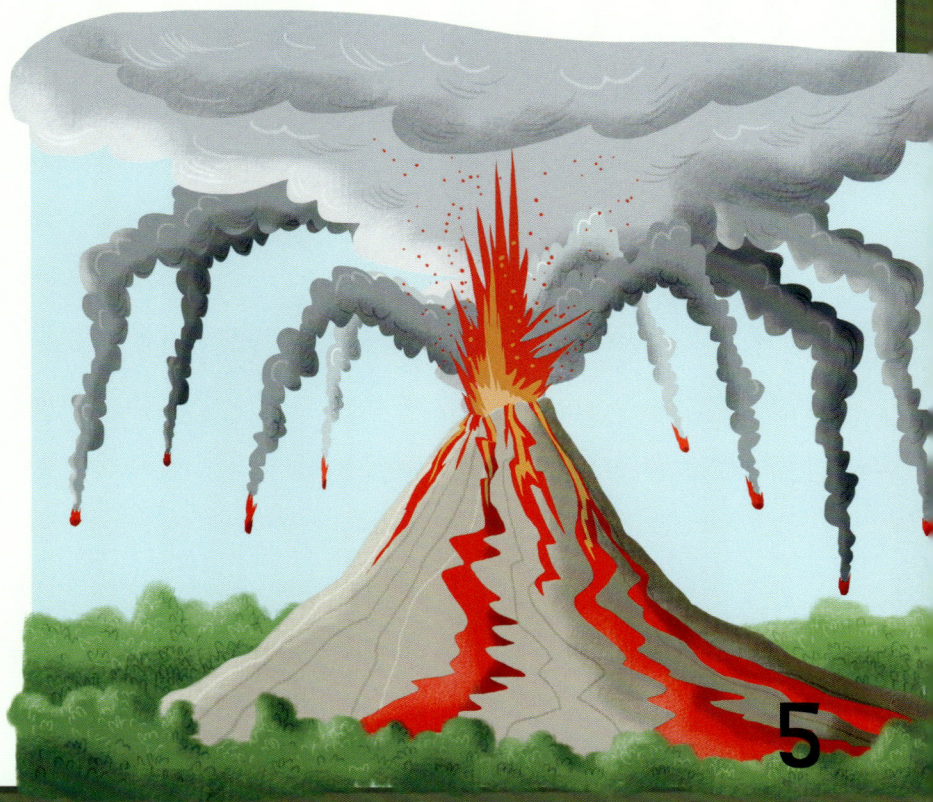

地壳裂缝

地幔层的岩浆就像水一样推动构造板块在地球表面漂移。尽管速度十分缓慢，一年只能移动2.5～15厘米，但板块运动从不停歇。

坚硬布满岩石的地球表面称为地壳，在地壳下方是厚度达数千千米的熔岩层——地幔。地壳并不是一块完整的"铁板"，而是分裂成了大约30个构造板块（或称为地壳板块）。这些板块像巨大的七巧板一样拼插组合，覆盖并撑起了整个地球表面。构造板块的边缘会形成断层，而断层部位是全球最活跃的地震或火山爆发地带。如果发生地震或火山爆发的位置位于或者靠近海底，就有可能引发海啸。断层分为三类：聚合断层、分离断层和转换断层。

聚合断层

在聚合断层，构造板块相互重叠。由于板块间的冲撞，地震和火山爆发在板块聚合断层边缘十分常见。某些情况下，板块碰撞可能形成新的山脉。

山脉"生长"的速度超过了人类。

分离断层

　　分离断层的形成源于板块的分离，这可能导致类似火山爆发等活动，即岩浆从地幔层流出填充板块分离留下的空隙。岩浆冷却后会形成新的土地。在大西洋海底，这个过程一直在持续。因此，大西洋每年都会"长大"数米。

我发誓，每次横跨大西洋的时间都在增加，因为它的面积一直在增加！

转换断层

　　转换断层的形成源于板块的相向运动，而这也是引发地震的常见原因之一。大多数转换断层位于大洋底部，例如，位于美国加利福尼亚州的圣安德烈亚斯断层就是其中的代表。这个断层是一个北向板块和一个南向板块相向运动碰撞的结果，也是这里频繁地震的主要原因。

那是圣安德烈亚斯断层导致的结果。

　　大约在2.5亿年前，地球只有一块大陆，人们称之为盘古大陆。后来，在数百万年的时间中，构造板块的运动导致盘古大陆四分五裂，形成了如今的世界地理形态。

有趣的真相

　　冰岛位于大西洋中脊——大西洋中央的分离断层上。因此，冰岛境内有很多岩石裂缝，而且火山活动频繁，不断有新的岩石和岛屿形成。

火山的形成

太平洋边缘有一个巨大的火山带，人们称之为太平洋火圈。

火山通常位于地壳裂缝上，例如，两个构造板块分离形成的分离断层带，而地幔层的岩浆会通过板块分离形成的缝隙涌出地表。此类火山大多位于海底。同样，因板块碰撞形成的聚合断层也有可能引起火山爆发。两个板块碰撞后，一个板块下沉到另一个板块的下方，侵入地幔层。这种现象叫作俯冲，发生俯冲的区域称为俯冲带或者隐没带。下方的板块将在地幔层被熔化，成为有可能因火山爆发而流出的熔岩。

热点

即使远离边缘，板块中央位置也存在可能形成火山的热点。在这些热点位置，地幔层中炽热的岩浆将沿着地壳裂缝喷涌而出。位于大洋海床的热点火山会形成海底山脉，而夏威夷岛就是海底山脉露出海面的部分。

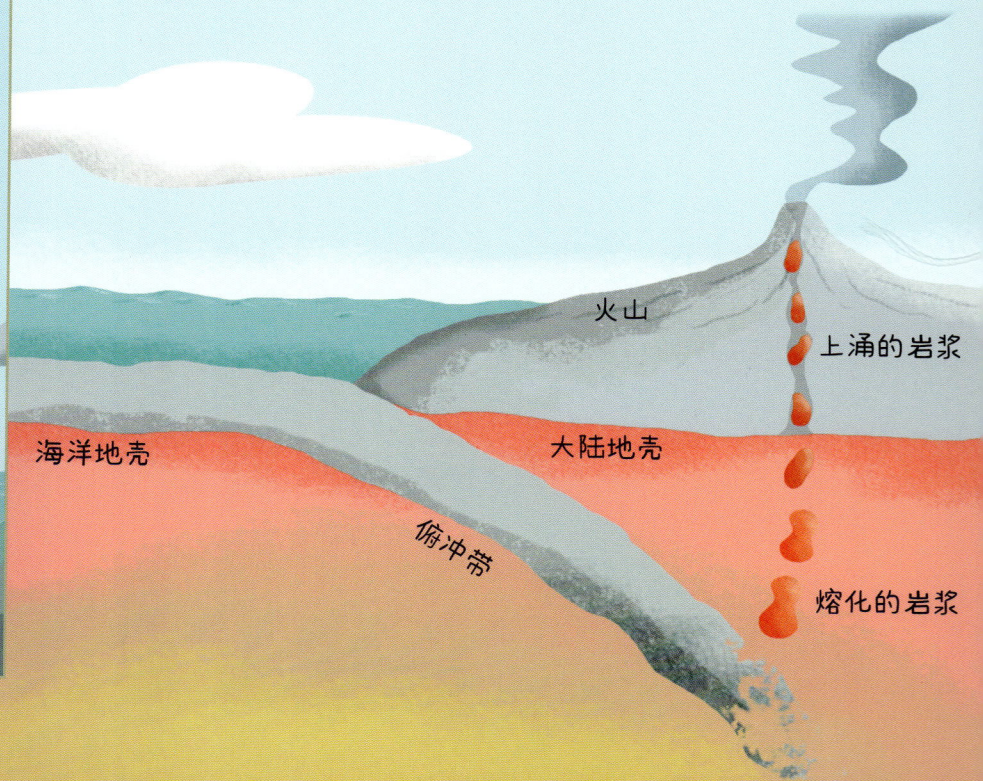

瓦胡岛

毛伊岛　夏威夷岛

夏威夷群岛

热点

火山

上涌的岩浆

海洋地壳

大陆地壳

俯冲带

熔化的岩浆

火山的构成

大多数火山都具有锥形的外观。锥形火山是以往喷发的岩浆和火山灰冷却凝固与层层堆积的结果。火山内部有一个岩浆房，还有一个中央管，可以在火山喷发时作为通路向火山口输送岩浆，并且岩浆也可能从侧管喷出。

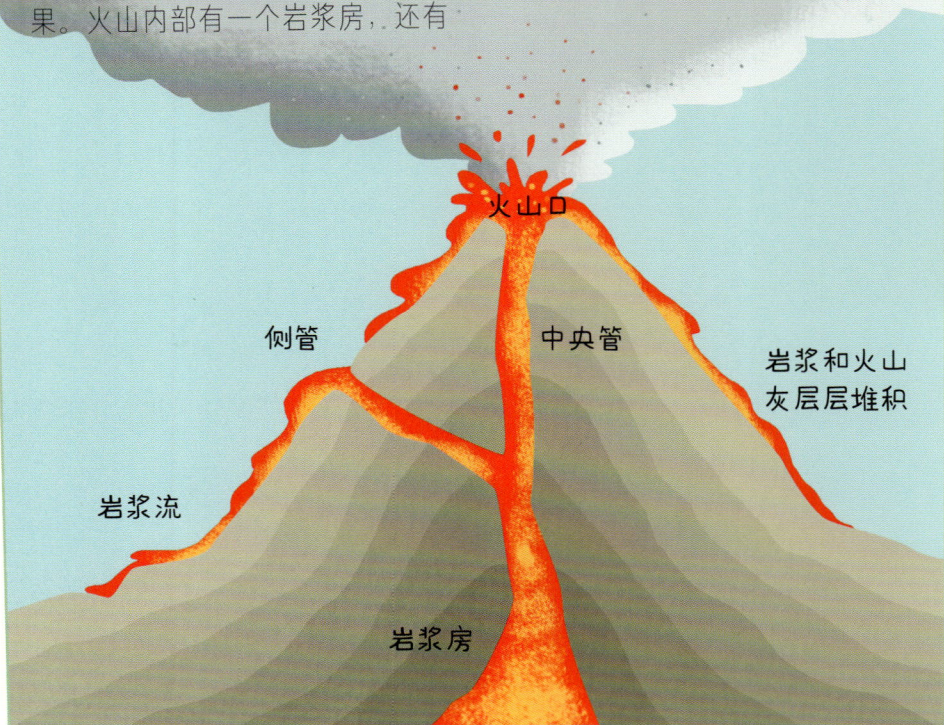

火山口

侧管

中央管

岩浆和火山灰层层堆积

岩浆流

岩浆房

活火山、休眠火山和死火山

休眠还是死亡，外观上很难分辨。

活火山是在过去一万年中曾经喷发过的火山，休眠火山是过去一万年内没有喷发过的火山，但专家认为这两类火山还有可能爆发。死火山则是不可能再喷发的火山。

由于火山所处的环境不同，岩浆的形态也存在很大差异：有的岩浆可以像果汁一样流动，有的则像糖浆一样黏稠。

有趣的真相

火山（Volcano）一词源于罗马神话中的火神——伏尔甘（Vulcan）。传说，伏尔甘生活在意大利西南沿海的武尔卡诺岛（Vulcano），作为一名铁匠为其他神灵打造武器。罗马人认为武尔卡诺岛的火山喷发是伏尔甘在锻造武器时飞溅的火花。

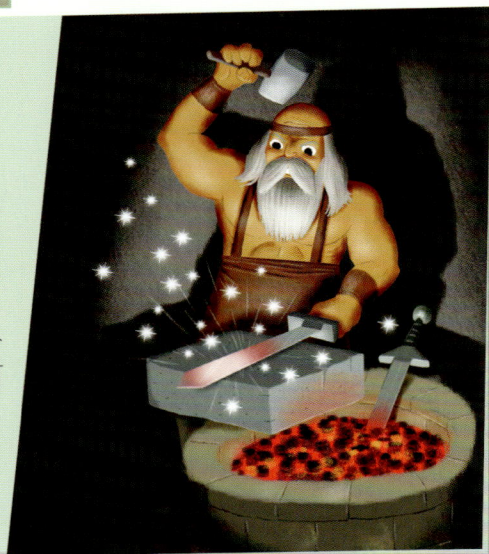

喷发与爆发

层状火山

在聚合断层处的火山多为层状火山，这里的岩浆十分黏稠，因此会堵塞火山口，致使岩浆房的压力持续增加，最终引起剧烈的爆发。

火山喷发同样有很多风格，有的温和，有的十分猛烈。不同的喷发也会形成不同类型的火山。温和的火山喷发通常出现在分离断层和热点位置，会形成盾形火山——低缓的斜坡，就像倒放的碟子。盾形火山喷发的频率较高。爆发性喷发一般出现在聚合断层，并且会形成陡峭的锥形火山口，人们称之为层状火山。这些火山极少喷发，一旦喷发，不仅猛烈，而且十分危险。

1991年，菲律宾的皮纳图博火山爆发。这次火山爆发将皮纳图博山的高度削减了300米，形成了40千米高的烟柱。

继续！让我们看看你的本事！

不要惹我！

夏威夷的基拉韦厄火山是一座盾形火山，也是全球最活跃的火山。基拉韦厄火山自1983年以来一直在喷发，不断向空中喷射高达800米的岩浆。

盾形火山

盾形火山的岩浆通常易于流动，其中包含的气体带动岩浆像喷泉一样喷发。摔落在地面之后，岩浆将顺着火山的斜面流下，形成红色的熔岩河。火山会产生两类熔岩：绳状熔岩和渣状熔岩。冷却后，绳状熔岩会形成平滑的绳状表面，渣状熔岩则形成粗糙的表面。

不，绳状熔岩。

啊啊啊啊！

火山碎屑流

如果火山喷发的烟柱过于"厚重"，这些喷发物就会落在火山的侧壁，形成火山碎屑流。这些滚烫的红色碎屑可能以高达160千米/时的速度奔流，破坏遇到的任何东西。公元79年，罗马维苏威火山的碎屑流淹没了庞贝古城。由于过于突然，火山灰和熔渣覆盖下的庞贝古城被保存得十分完整。

动手实验

请在户外进行试验，以避免引发混乱。将一个小罐子放在泥堆中。在其中加两勺小苏打（发酵粉）、一勺洗洁精和几滴红色的食品染色剂。现在准备好见证"火山爆发"！添加30毫升醋。醋和小苏打反应会形成涌出的"岩浆"！

小苏打　洗洁精

罐子　　　　　食品染色剂

醋

火山喷发的影响

1985年，哥伦比亚的内瓦多德尔鲁伊兹火山爆发，引发了火山泥流。火山泥流冲击了50千米外的阿尔梅罗镇，导致2.1万名居民丧生。

火山喷发可能改变地形。火山最初只是地壳中的一个孔洞，后来在灰烬和岩浆的层层堆积下形成了高山。海底的火山喷发会造就海底山脉，最终露出海面形成火山岛。岩浆冷却后会变成石头，即火成岩。激烈的火山爆发能够将火山的顶部削平，把数吨火山灰和岩石喷入空中，抛出数千米远。火山口在火山爆发后可能变成巨大的破火山口，直径最大可以超过50千米。

环境影响

火山碎屑流会烧焦地面、烧光森林并烧死所有的动物。喷发的烟柱可以飘荡到数千千米以外，遮蔽太阳，厚厚的灰层有可能杀死地面上的植物，让绿色的原野变成灰色的荒漠。

它的山顶不见了！

我们的森林被毁了！

你应该看看山上都发生了什么。

火山泥流

火山泥流是沿火山侧壁流动的水和火山灰的混合物，可以填满周围的山谷。火山泥流的流动速度可以达到145千米/时，裹挟着树木、岩石和其他障碍物，破坏挡在它前方的城镇和村庄。

火山爆发的原因

火山泥流是火山灰和水的混合物。其中，水可能来自火山口融化的冰雪、火山烟柱引发的雷雨及火山爆发后的降雨。水与火山灰混合后形成黏稠的火山泥流，火山泥流有可能影响到160千米以外的地区。当最终停下脚步时，火山泥流将具有类似混凝土的硬度。

对人类的影响

约5 000万人口生活在受火山威胁的地区。很多人选择居住于此的原因是火山喷发可以带来肥沃且适合种植的土壤。火山岩是出色的建筑材料，而且火山蕴含的庞大热能能够用于热力发电。此外，人类可以在火山爆发之际疏散，避开埋葬农田、破坏道路及供应能源的火山灰与熔岩。

2010年，冰岛艾雅法拉火山爆发，向外喷发了多达2.5亿立方米的火山灰。由于担心火山灰可能导致飞机发动机发生故障，数千架次的航班被迫取消。

13

地震

1906年，美国旧金山发生大地震，造成天然气管道破裂，致使整座城市陷入火灾。火灾持续了3天时间，造成至少3 000人丧生。

几乎所有地震都出现在地壳断层位置（参见第6~7页），源于构造板块的相互挤压或碰撞。板块间的相互摩擦会不断积累张力，直到最终引发突然的板块运动。这种突然的板块运动将产生通过地面传播的震动，也就是人们感觉到的地震。随后，大地停止震动，其继续积累张力，等待下一次释放。

前震和余震

大地震发生前可能会有前震——小幅度的震动，之后可能还有余震——稳定前的调整。

前震是不是就像生气前轻轻跺脚的动作？

我要控制不住了——我必须有所行动！

好吧，这可能引发一定的震动。

14

震源和震中

地震开始的位置，也就是岩石层最早碎裂的区域称为震源，震源通常位于地下。地面上正对震源的点称为震中，震中的破坏力通常最大。

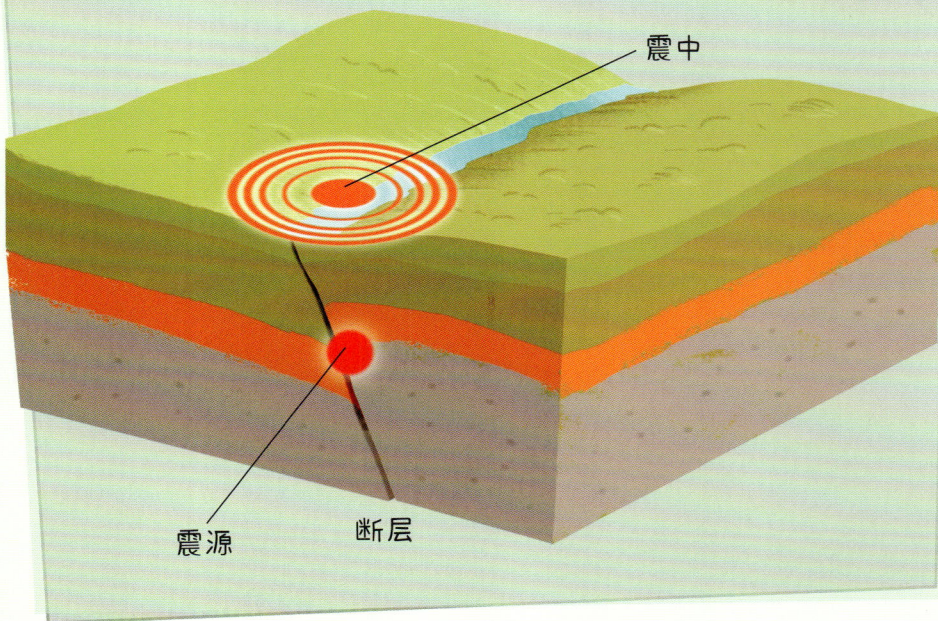

震中

震源

断层

地震波

地震过程中释放的震荡称为地震波，其中包括体波及表面波。表面波进一步分为洛夫波和瑞利波。

洛夫波纵向传播

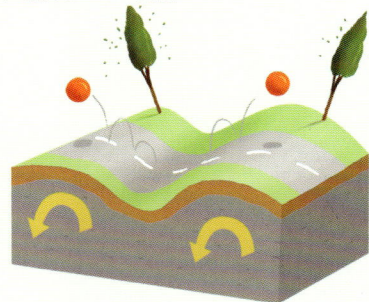

瑞利波上下传播

第一体波（初波）以超过2.4万千米/时的速度从震源向外传输。第二体波（次波）以略低的速度向外传播。

你相信吗？

相比人类，动物对地面的震动更敏感。1975年，中国辽宁海城因为动物的异常行为而提前疏散：牛群和马群惶恐不安，鸡群拒绝回鸡舍。数个小时后，整座城市被大地震破坏。

它告诉我们马上要地震了！

或者，它只是在表演？

遭遇地震

麦氏地震烈度是测量地震破坏程度的标准，烈度有多种级别，从I级（仅可以通过科学仪器探测的级别）到XII级（完全破坏级——破坏所有结构）。

地震持续的时间一般都很短——很少超过一分钟。但是，地震造成的破坏将持续很长时间，例如，建筑物开裂、倒塌，以及公路、桥梁和铁路扭曲。地震停止很长时间之后，地基遭破坏的建筑物有可能继续倒塌。地震直接导致的人员伤亡很少，倒塌的建筑物或火灾等后续灾难才是造成人员伤亡的主要原因。如果地震发生在人烟或建筑物稀少的野外，伤亡人数将大幅减少。

海地地震

2010年，加勒比海沿岸的国家——海地发生大地震，导致约31.6万人死亡和150万人无家可归，并且地震后发生了多达52次的强烈余震。

地震监测

地震学家制定了描述地震强度的标准。里氏震级是其中之一，目的是通过数字明确表示地震导致的地面移动幅度。里氏3级以下的地震无法被人们感知，里氏8级以上的地震称为大地震。

它看起来像遭受了里氏8.1级地震。

更多的灾害

地震往往会引发更多的灾害，有时甚至比地震本身更致命。燃气和电力供应受损可能引发重大火灾。如果地震使地面变得不稳定，滑坡、泥石流和雪崩可能接踵而至。在沿海地区，地震对海堤的破坏常常会导致洪水泛滥。

地震学家

地震学家如何确定地震的震中？他们使用高灵敏度的仪器——地震仪来监测地面震动。利用三个不同地点的地震仪可以共同确定震中的位置。

警告

17

震后

2005年10月，克什米尔地区发生大地震。食物、帐篷、衣服和药品等救援物资被迅速运抵，但救援行动却因为恶劣的天气和数以百计的余震而被迫推迟。

在城市中，爆发强烈的地震将导致严重的破坏：建筑物倒塌，街道面目全非，人们因为建筑物的崩塌而受伤或者被困在废墟中；通信和电力中断，城市陷入混乱；救护车因为损毁的建筑碎屑而被阻挡在街道之外，伤者无法得到必要的医疗救助、食物或住所。有时候，地震在凌晨发生，外界可能在数小时之后才能知道灾难的发生，无法第一时间采取救助措施。

暴发瘟疫的危险

地震之后，当地的水资源可能被建筑物碎屑、工厂泄漏的化学品甚至人类和动物的尸体所污染。水污染导致的大规模瘟疫可能是地震后数周内震区面临的最大威胁。

我要是你就不会喝那个。

18

紧急救援

抵达地震现场后，急救人员的第一要务是救援被困在废墟下的人员，并为伤者提供医疗救护。获得救护的幸存者需要食物和住所。由于余震的威胁，通常需要将幸存者立即疏散到紧急收容所。

如果遭遇地震……

如果你在建筑物内部，那么你获得生存的概率更高。为了保证生存，你需要躲在墙角，或者蹲在桌子下面，用手护头。如果你在户外，请远离建筑物、树木或电线，避免被二次伤害。

别担心，那是我的肚子在响……

有趣的真相

科学家研制出机器蟑螂在因地震倒塌的建筑物中进行探察。这些机器蟑螂能够通过仅有2.5毫米宽的裂缝，帮助救援者及早发现幸存者。

呸！

不要害怕，我是来帮你的。

1964年3月，美国阿拉斯加州遭遇了有记录以来最严重的一次地震。这次地震甚至改变了海岸线的形状。波特吉镇被淹没，遭到废弃。瓦尔迪兹港变成废墟，人们不得不择地重建。

19

海啸的形成

太平洋地区最常出现海啸，因为太平洋沿岸的火山带经常出现地震和火山爆发。

海啸是一系列冲击陆地的巨浪，并且会造成灾难性后果。海啸源于地震、火山喷发或滑坡、塌方等引起的海水突然移动。就像将石子丢入水中会产生一圈圈的涟漪，受扰动的海水从扰动点开始向外呈环形扩散。在海面上移动时，海啸并不起眼。一旦抵达海岸，海啸将掀起滔天巨浪，席卷岸边的一切，摧毁建筑物，并在陆地上引发洪灾。

地震和火山爆发

大多数海啸的起因是海底地震。当地壳突然移动时，会产生需要大量海水填充的空隙，或者形成挤占海水空间的隆起，这些都有可能激起巨浪。海底的火山爆发也可能产生类似的效果。

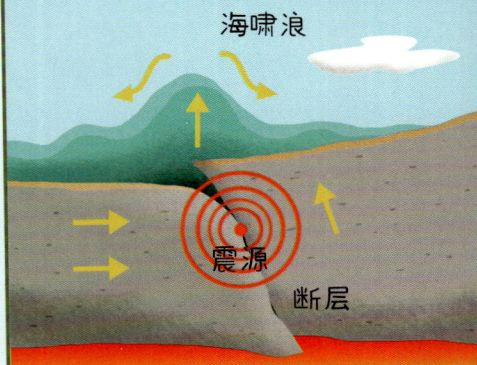

海啸浪

震源

断层

嗯，今天天气不错，很适合冲浪。

攀升的海浪

海啸的巨浪起初可能极小，甚至无法被驾船经过的人察觉。不过，海啸的巨浪传播的速度极快，速度能够达到965千米/时。接近陆地时，海啸的巨浪将减慢速度并开始升高，抵达海岸时有可能达到30米高，相当于10层楼的高度。

可能偶尔有小行星从地球附近经过，但大多数都会在地球的大气层中燃烧殆尽，不过有些体形较大的小行星有可能撞击地球。掉入海洋的小行星也有可能引发大海啸。

湖面波浪

有时候，强风会在封闭的水面引发巨浪，例如湖泊，这种波浪称为湖面波浪。波浪从湖泊的一侧岸边传到另一侧，湖两岸的水面随之起伏，但湖中央的水位保持不变。

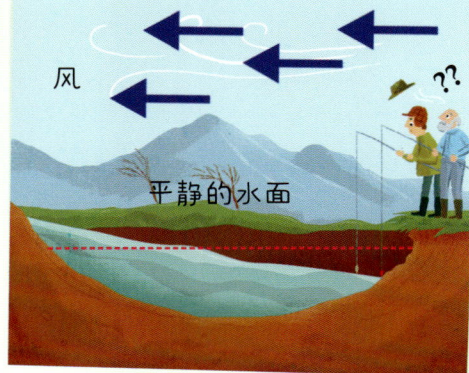

风

平静的水面

动手实验

自己动手制作湖面波浪。找一个水槽，在其中加一半水，在水槽中间位置做一个水面标记。在水槽的一端，平摊手掌，从水面到水底推水数次，让水产生波浪。就像湖面波浪一样，标记附近的水面保持不变，而水槽两端的水面将上下起伏。

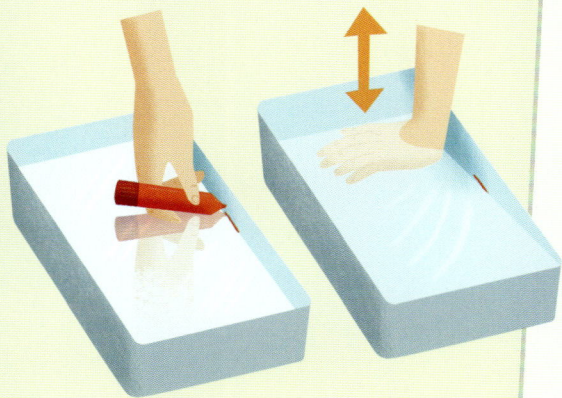

当海啸来袭

来自历史的警告

日本在海岸线上放置了大量的巨石，以警告人们海啸的危险。大多数警示标志是在1896年两次海啸之后设立的，因为两次海啸导致了约2.2万人丧生。警示语之一：谨记海啸带来的惨痛记忆。请勿在此点以下区域建造房屋。

海啸通常在毫无征兆的情况下来袭，不给人们安全转移的时间。部分情况下，海啸出现前海水可能先被"吸引"并远离陆地。海啸来袭的同时经常伴随着啸叫、爆裂或轰隆声，然后卷走汽车、船只和遇到的所有其他物体，并将其冲到内陆。很多人员伤亡都是在被海浪裹挟着高速运动过程中的撞伤或碎屑刺伤。

2004年的海啸

2004年12月26日，印度尼西亚苏门答腊岛附近海域发生大地震，引发了历史上破坏性最大的一次海啸。整个苏门答腊岛几乎被夷平，死亡人数达28.3万。苏门答腊岛、泰国、斯里兰卡和印度沿海地区都受到了严重冲击。

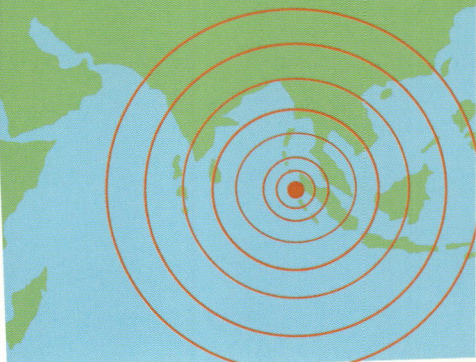

1883年8月27日，喀拉喀托火山爆发，将25立方千米的岩石和灰尘抛入空中。最终形成的破火山口引发了巨大的海啸。

涌潮

海啸的破坏性还与登陆地区的海岸地形相关。如果来自深水的海啸在狭窄、平缓的沙滩或河口登陆，海啸可能表现为巨大的破碎浪，人们称之为涌潮。涌潮通常也具有强大的破坏力。

水面出现了涌潮。

你说谁来了？

你相信吗？

有时候，海啸会产生极高的海浪，特别是空间受限的海域，这种海啸被称为巨型海啸。有记录以来最大的巨型海啸出现在1958年美国阿拉斯加州利图亚湾。海啸源于地震、滑坡和塌方，最终形成的海啸的巨浪高达525米！

这么高应该安全了吧。

可能还不够高！

23

紧急救援

当紧急救援队抵达海啸灾区后，必须立即搜救被困在建筑物废墟下、树上和房顶或漂在海面上的人员，下一步是提供食物、建造住所和展开医疗救治。最后，开始烦琐但必要的清洁及重建工作。

海水消退以后

海啸会导致严重且持久的破坏，特别是频遭海啸袭击的太平洋沿岸地区的渔业和旅游业。在海啸中丧生的人大多死于溺亡或被海浪卷入的硬物、尖锐物刺伤。幸存者同样伤痕累累，缺乏食物和住所。洪水还会破坏通信和电力设施，污染水源，增加霍乱和伤寒等瘟疫暴发的可能。公路和港口设施也很难幸免于难，这无疑会增加部署应急服务的难度。

海啸也会对海洋生物造成伤害。例如，鱼类可能被海浪带到陆地，然后在海水退去后被困。污水管道和工厂的残骸及泄漏物也可能对海洋造成污染。

确认失踪人员

2004年印度洋发生海啸之后，灾区一片混乱，很多家庭被冲散。人们纷纷通过互联网或者在当地医院告示墙张贴照片的方式来寻找家人。很多家庭因此团聚，或者至少知道了失踪家人的消息。

海啸与恐龙

大约6500万年前，一个巨大的直径10千米的小行星撞击了墨西哥附近的海域。大量的海水瞬间汽化，形成了一个巨大的空洞。周边的海水涌过来填补这个空洞，引发了海浪高达数千米的海啸。而恐龙就在这一时期灭绝，两者之间是否有一定的关联？很多科学家认为二者相关。

我们躲过了这块大石头！漂亮！

啊，这个大浪怎么办？

有趣的真相

水可能比你想象的要重：1升水重达1000克，体积庞大且高速运动的海水（比淡水的密度大）带来的冲击力是十分惊人的。齐膝深的水就可以将人冲走，9米高的海浪能够把墙冲倒。

哇！

海啸能够夷平森林、淹没农田和腐蚀土壤，将高盐分的海水倾倒到陆地上，会杀死大量的植被。人类活动对珊瑚礁和红树林的破坏也会间接增加海啸的破坏力，因为这些都可以为陆地提供防护。

25

防御火山爆发

有的国家曾尝试防御火山爆发流出的岩浆。在日本和印度尼西亚，政府建造了"防砂坝"。这是一种特殊的防护设施，能够阻挡火山泥流所携带的碎石，同时允许泥水透过。在其他地方，人们兴建了隔离设施来保护城镇，避开岩浆河的涌入。

重建

遭受自然灾害的地区必须面对灾后重建的问题。重建的第一阶段包括清理废墟和拆毁存在安全隐患的建筑物。大多数人并不希望搬迁，因此重建一般在原地进行，并且很多时候人们希望重建的建筑物能够保持与损毁建筑物相同或类似的样式。在重建过程中，人们需要面对保留传统的愿望，同时必须应用新技术来提升建筑物的安全性和承受自然灾害的能力，所以必须在两者之间取得平衡。

日本传统房屋以竹木为材料，因此很容易在地震中倒塌，但可以有效地减少伤亡。然而，这种建筑物容易起火，这也是日本地震经常伴随火灾的原因。

你喜欢哪种样子的房子？

当然是不怕火山爆发、不惧海啸还能抗震的房子了！

抗震

地震频发地区的建筑物多采用柔性框架，以增强建筑物的弹性，扩大可移动范围。有的结构使用了深地基的中柱，以支持墙壁能够随地面小范围移动。还有的建筑物添加了弹簧和汽缸垫等浮置结构，以减缓地面的震动。

橡胶是出色的抗震建筑材料，轻且富有弹性。然而，这种材料不适合用于抵御海啸，因为橡胶比水轻，会浮在水面，然后在海浪的裹挟下变成一种致命的"武器"。

防范海啸

建筑物很难承受海啸的巨大冲击力。然而，通过抬高建筑物，可以让海浪从下方穿过，架空结构能够减弱海水的冲击，提高在海啸中幸免的可能性。此外，让建筑物的拐角面向海滩，以避开海浪的正面冲击，这也不失为一个抵御海啸的办法。

或许我们该去邻居家避避风头！

你相信吗？

1973年1月23日，冰岛附近赫马岛上一座城镇的地面开裂，岩浆、灰烬和蒸汽喷涌而出，并且，裂缝很快发展成为一个长达1.6千米的深沟。

灾害预报

我觉得这是爆发的前兆……

现在，科学家们已经显著提高了自然灾害的预报能力。他们可以监测火山内部和构造板块之间的断层线，发现可能引发火山爆发、地震或海啸的迹象。例如，火山学家可以从火山的气孔采集气体，分析气体的成分。如果气体中含有二氧化硫，则说明岩浆可能正在增加，火山可能在近期喷发。他们还可以使用地震仪测量地球震动。借助这些技术手段，火山学家成功预测了1991年皮纳图博火山的喷发，挽救了数以万计的生命。

关注地震

地震学家在地震多发地区建立了监测站，应用灵敏的仪器检测细微的岩石移动，或者使用地震仪探测预示着大地震的前震。岩石的碎裂或隆起，或者断层附近地面的气体或水渗漏，都有可能预示着即将发生地震。

这是什么意思？

我看不懂了。震动有点多。

海啸预警

在海床安放的压力传感器能够探测海洋深处的海啸。当海浪从上方经过时，压力传感器的读数升高，然后通过声呐向海面的浮标发送信息，信息经中继后传输至卫星。科学家分析接收到的数据并据此做出预测，确定海啸发生的时间和地点，向受影响的国家和地区发送警告。

卫星链路

海面浮标

数据被发送至浮标

压力传感器

锚

通过研究历史记录的地震间隔，以及测量板块的移动，地震学家能够计算某个地区发生地震的时间。然而，精准地预测地震的发生时间非常困难。

做好准备

如果你居住在灾难频发地区，你必须时刻做好准备，因为灾难通常紧随警告而来，几乎不留任何让人反应的时间。当海啸来袭时，你要进入坚固的建筑物中，然后爬到顶层；如果被海浪卷走，抓紧水面的漂浮物，然后随波逐流，寻找求生的机会。

Inflatables

下一次巨型海啸？

加那利群岛别哈峰火山的下一次爆发有可能导致严重的滑坡，巨大的岩石可能坠入海洋。有些科学家预测这可能激起巨型海啸，甚至有可能波及美国东海岸的纽约和波士顿等城市。

术语表

崩塌 大量雪、冰和岩石顺着山坡快速滑下。

层状火山 熔岩和灰烬层层堆积形成的锥形火山。

地壳 由岩石组成的固体外壳，地球固体圈层的最外层。

地幔 地球内部介于地壳和地核之间炽热的中间层。

地震学家 研究地震相关问题的专家。

地震仪 测量和记录地震的仪器。

断层 两个或多个构造板块之间的边界。

盾形火山 流动性熔岩层层堆积形成的表面平坦且有坡度的火山。

分离断层 构造板块相互分离的边界，涌出的熔岩将形成新的土地。

俯冲带 一个构造板块进入另一个构造板块下方即俯冲，俯冲的区域即俯冲带。

腐蚀 被风、水或其他自然力量磨损的过程。

构造板块 共同组成地球地壳的巨大板块。

海底山 海底火山喷发形成的岛屿。

海啸 海底扰动导致的一系列巨大波浪。

火成岩 岩浆或熔岩凝固形成的石头。

火山泥流 从火山斜坡上奔流而下的破坏性泥石流。

火山碎屑流 从火山口流出的红色滚烫的灰烬和岩石形成的黏稠的泥石流。

火山学家 火山方面的专家。

巨型海啸浪 因小行星撞击或滑坡、塌方等产生的巨浪。

聚合断层 构造板块之间交汇（聚合）的边界。

裂缝 长而狭窄的开口。

难民 被迫离开家园以躲避战争或自然灾害的人。

破火山口 火山喷发后，岩浆房排空，地面塌陷，形成的巨大坑洞。

气孔 与火山中央相通可以喷发熔岩和岩浆的洞。

前震 地震发生前的地面震动。

热点 构造板块中岩浆涌出地面的地方。

熔岩 火山喷发出来的高温岩浆留在地球表面后凝固形成的岩石。

疏散 将（人）从危险地区迁移到安全的地点。

体波 沿地球传播的地震波，与地表传播的表面波相对。

小行星 太空中急速飞行的天体，直径通常在数百米到数千米范围内。

岩浆 地壳下方炽热、半液态的物质。

岩浆房 火山内部充满岩浆的空间。

余震 地震发生后，地壳在稳定过程中发生的震动。

震源 地球内部地震开始的位置。

震中 地球表面与震源对应的点。

转换断层 构造板块之间相互滑动形成的边界。

洗手间

Original title: The Science of Poo & Farts

Author: Alex Woolf

Copyright © The Salariya Book Company Ltd 2018

All rights reserved

版权贸易合同登记号　图字：01-2021-4813

图书在版编目（CIP）数据

厉害了，科学. 便便和屁／（英）亚历克斯·伍尔夫（Alex Woolf）著；陈彦坤，马巍译. --北京：电子工业出版社，2022.3
ISBN 978-7-121-42971-2

Ⅰ.①厉…　Ⅱ.①亚…　②陈…　③马…　Ⅲ.①科学知识－少儿读物 ②人体－少儿读物　Ⅳ.①Z228.1 ②R32-49

中国版本图书馆CIP数据核字（2022）第029023号

责任编辑：董子晔　　特约编辑：刘红涛
印　　刷：北京缤索印刷有限公司
装　　订：北京缤索印刷有限公司
出版发行：电子工业出版社
　　　　　北京市海淀区万寿路173信箱　邮编：100036
开　　本：889×1194　1/16　　印张：40　字数：483千字
版　　次：2022年3月第1版
印　　次：2022年3月第1次印刷
定　　价：398.00元（全20册）

凡所购买电子工业出版社图书有缺损问题，请向购买书店调换。若书店售缺，请与本社发行部联系，联系及邮购电话：
（010）88254888，88258888。
质量投诉请发邮件至zlts@phei.com.cn，盗版侵权举报请发邮件至dbqq@phei.com.cn。
本书咨询联系方式：（010）88254161转1865，dongzy@phei.com.cn。

厉害了，科学

便便和屁

消化的真相

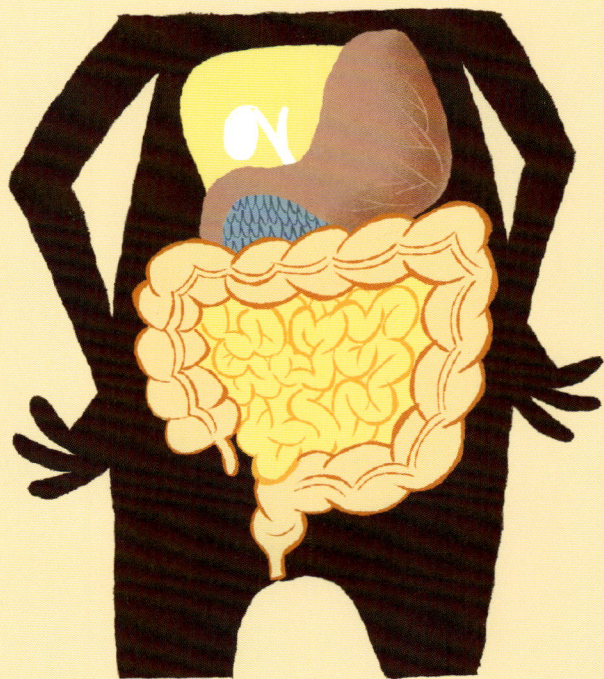

[英] 亚历克斯·伍尔夫 著
陈彦坤 马巍 译

电子工业出版社·
Publishing House of Electronics Industry
北京·BEIJING

目录

前言

无论你是什么身份，包括教师、消防员、医生、航天员、国王和女皇在内，也不分男女老幼，每个人都需要排便，谁都不能免俗。虽然听起来很粗俗，但这是一个自然且健康的行为。便便（又称粪便或排泄物）是人体消化食物后留下的固体废渣，无法继续为人体提供能量或营养。因此，人们需要走进卫生间，将这些废渣排出。换句话说，便便是人类消化系统的终极产物。

在本书中，我们将介绍食物在消化系统的旅程，列举复杂且神奇的消化过程带来的所有奇怪的"副作用"，包括打饱嗝和放屁。我们还将探索消化系统出现问题时的表现，以及当发生不同状况时引起的排泄物在颜色、气味和外观方面的变化。读完本书，你将发现，便便可能并不仅仅是味道难闻的排泄物，而且人们还能够做到"废物利用"。

此外，书中还列出了各类有趣的真相和令人侧目的数据，包括很多与动物及其便便相关的奇闻！

5

便便是如何形成的

口腔与食管

食物在消化系统的分解过程从口腔开始：牙齿通过咀嚼来粉碎食物，唾液让食物变得湿润且易于吞咽。被人们吞下的食物将顺着食管进入胃。

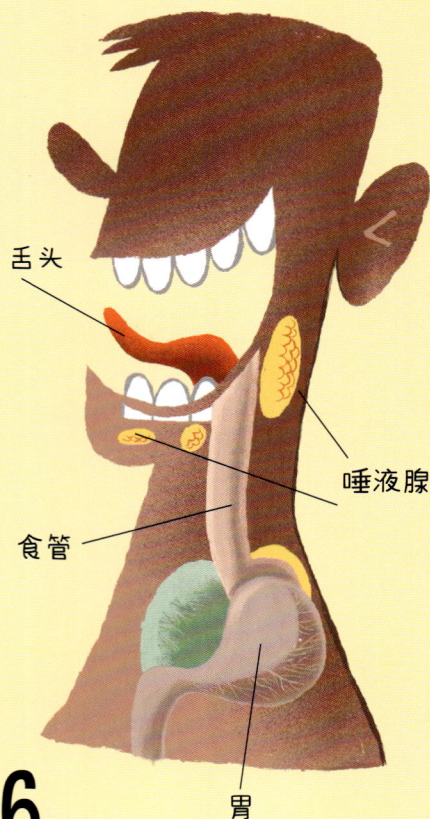

便便是如何形成的呢？要说清楚整个形成过程，我们要从食物开始说起。人体可以将食物分解为有用的物质，为人们的生存、成长和身体健康提供基础"建材"。食物的分解过程即消化，分解食物的器官组成了消化系统。消化系统如同长长的管道（长度接近8米），以口腔为开端，以肛门为结束。这些器官分工合作，共同完成整个消化过程，吸收食物中有用的物质。消化过程结束后会剩下无用的食物残渣，等待作为便便排出人体。

舌头

唾液腺

食管

胃

祝你旅程愉快！

6

便便的3/4是水，1/4是固体物质，而固体物质包括消化系统无法消化的纤维、活的和死亡的细菌（病菌）、细胞及黏液。

有趣的真相

食物无需重力的帮忙即可进入胃——食管的肌肉能够推动食物向下移动。所以，如果你愿意，你可以在倒立的情况下吃东西。

肠

接下来，胃将食糜喷入小肠。食糜与小肠的消化液混合，进一步被分解为输送到身体其他部位的营养物质。剩余的食物残渣被传输到大肠或结肠。结肠的肠壁可以吸收残渣中的水分，完成干燥和固化成形（结便）的过程。最终，便便被存储在直肠中，直到我们进入卫生间将其排出人体。

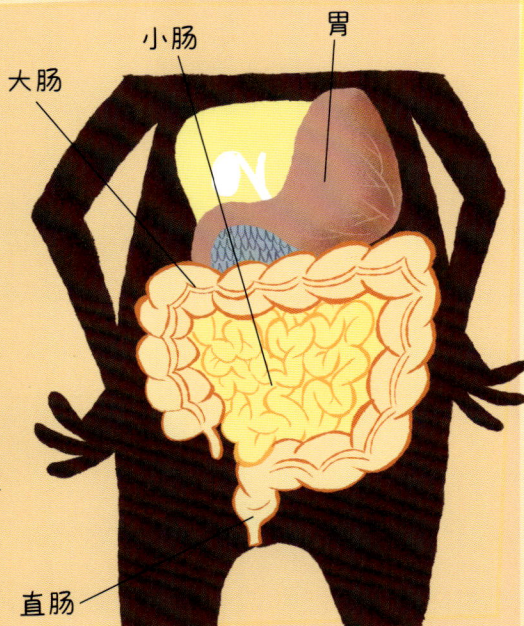

大肠

小肠

胃

小肠

直肠

胃

当食物进入胃以后，胃壁的肌肉会搅动食物，确保食物与胃液充分混合，从而进一步分解食物，让食物变成浓稠的液体——食糜。

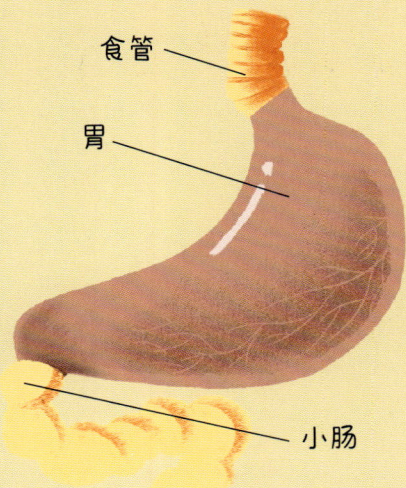

食管

胃

小肠

从口腔到肛门，食物一次旅程花费的时间通常为30～50小时。

1

肾有什么作用?

人体长有两个肾,每个肾包含数百万小管——肾元。血液经过肾元时,废物(部分水、盐分、矿物质和其他化学物质)将被析出。然后,肾将在中心位置收集析出的废物,并将其转化为尿。

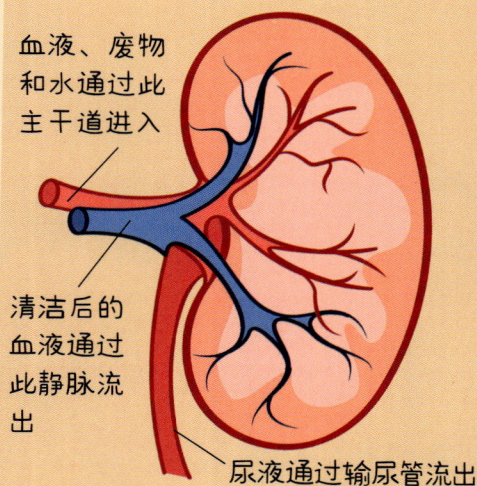

血液、废物和水通过此主干道进入

清洁后的血液通过此静脉流出

尿液通过输尿管流出

什么是尿

人体也可以产生尿——这是另一种排泄废物。在人体消化吸收食物并将其转化为能量的过程中,废物同样不可避免。这些废物将进入血液,然后被输送到豆形的器官——肾脏,以便清理并收集这些废物。人体长有两个肾,分别位于脊椎的两侧。肾脏的主要功能是过滤血液中的废物,为身体提供干净的血液,并将收集到的废物变成尿。尿液将进入膀胱。膀胱可以储存尿液,等待储满后排出人体。

如果肾脏无法清洁血液,废物将在人体中积累,引发各类疾病。

古罗马时期,有些人使用尿来漱口,因为他们认为这可以让牙齿更白。

尿液变黄是因为其中包含名为胆红素的化学物质。胆红素来自肝脏，并随血液进入肾脏，而肾脏会将胆红素作为废物析出，改变尿液的颜色。

如何将尿排至体外？

尿液离开肾脏的管道叫作输尿管，输尿管连接着膀胱——一个可以伸缩的弹性袋子。膀胱可以储存并积累尿液，并且能够在储满尿液后向大脑发送信号，告知我们需要去卫生间了。尿液离开人体的管道叫作尿道。

肾

肾

输尿管

膀胱

尿道

透析

即使只剩一个肾，我们也可以健康地活着。不过，如果两个肾都无法正常工作，我们可能变得十分虚弱。如果两个肾都丧失了正常机能，我们可能需要借助透析机来清洁血液。

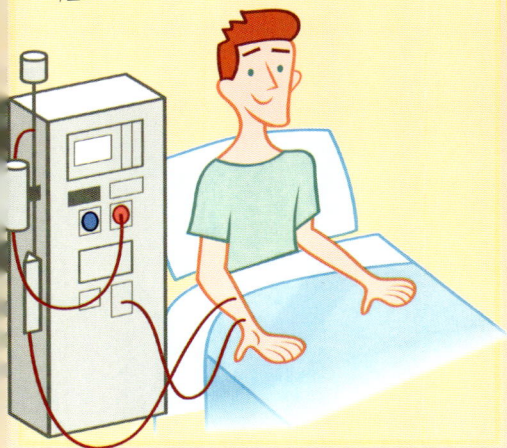

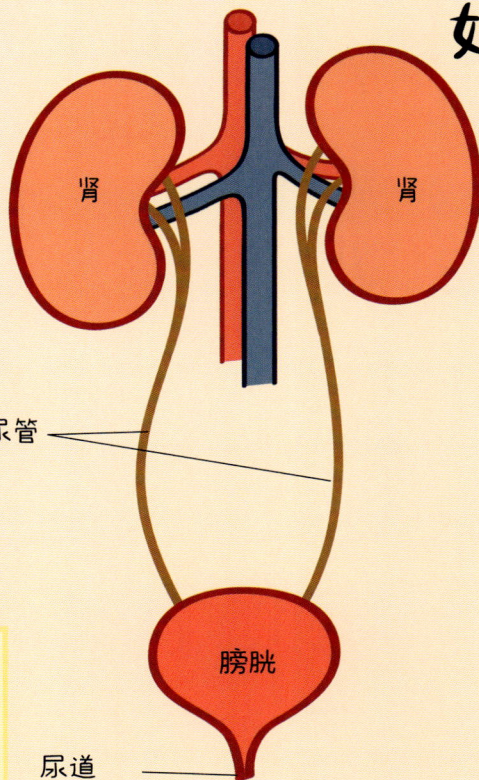

你相信吗？

成年人平均每天产生1.5升尿，而大象每天产生的尿液多达49升！

树鼩的厕所

猪笼草管形的叶子为树鼩提供了天然的厕所，而树鼩的排泄物又为植物提供了丰富的营养。

动物粪便

与人类一样，动物也必须以粪便的形式排出体内的废物。动物的粪便也称为排泄物，具有很多奇特且极具创造性的用途（包括自己和其他动物的粪便）。例如，大型猫科动物、狼、猴子和袋熊会使用自己的粪便和尿液标记领地，警告其他动物"禁止进入"。袋熊甚至可以排出立方体形状的便便，以防止粪便滚动。薯虫幼体还会使用粪便来保护自己——将自己有毒的便便涂满全身，以防御猎食者。

河马在水下排便时会把尾巴甩到一边。

你确定要这么做？

你相信吗?

白蚁使用自己的排泄物在蚁穴中建造了真菌菌圃，以保证持续的食物供应。

蜣螂（粪金龟、屎壳郎）将大型动物的排泄物作为食物，并在滚成的粪球中产卵。而叶甲则会用自己的排泄物做窝。

鸟粪蟹蛛

正如你的猜测，为了保护自己和抵御猎食者，鸟粪蟹蛛会将自己伪装成鸟粪！收起步足且静止不动的鸟粪蟹蛛与鸟粪几乎毫无二致，包括颜色、外形甚至气味！

令人侧目的数据

兔子有时候会排出营养丰富的软便便——盲肠便，然后自己吃掉。

11

平均每个人每天要放屁14次，排出大约0.5升气体。

屁为什么那么臭？

通常，屁主要由无味的氮气、氢气、二氧化碳和氧气等气体组成，而难闻的气味则源于其中包含的硫化物，例如硫化氢。此类气体一般仅占屁的1/100左右。如果你吃下大量含硫的食物，你可能会放出超级难闻的屁。

苏打水
卷心菜
鸡蛋
豆子
乳酪

屁是什么

放屁的声音可能很大，味道可能同样十分难闻！在公共场所放屁可能让人尴尬无比。不过，不要过于担忧，因为每个人都会放屁，这是消化系统自然产生的副产品之一。简单来说，屁是身体排出的气体，可能具有不同的来源，例如，与食物一同进入消化系统的空气、通过血液释放到消化道的气体，以及消化过程产生的气体，甚至内脏中生活的细菌也会产生气体。我们的身体不允许这些气体存在，因此会将其作为屁排出！

为什么放屁会发出声音?

我们可能都听过这种声音,如同撕扯布料的声音。放屁发出声音是因为身体排出气体时引发了直肠振动,而声音的大小则取决于身体排出气体时的压力和肛门肌肉的紧张程度。

> 这是裤子被扯了吗?

> 不,我觉得可能是豆子惹的祸!

屁的传播速度可以达到每秒3米,不过多数情况下屁的速度较慢,需要10~15秒才能被另一个人闻到。

你相信吗?

草蛉的幼虫生活在白蚁的蚁穴中,它们可以通过放屁熏晕白蚁来填饱肚皮。你相信吗?这种草蛉的一个屁可以熏晕多达6只白蚁!

> 当心草蛉的屁——无声但致命的武器!

是不是有些食物会让你更频繁地放屁?

豆子、洋葱、油炸食品等特定食物在体内分解时会释放更多的气体。有些人难以消化含乳糖(奶类食品中发现的一种糖)的食物,这也会导致这些人更频繁地放屁。

13

碳酸饮料

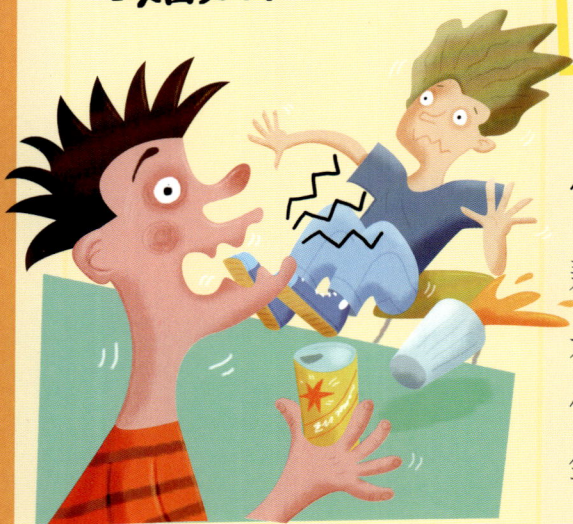

喝了碳酸饮料后经常会打嗝，这是为什么？因为这种饮料中包含二氧化碳气泡。其他引发打嗝的原因包括使用吸管喝水和进食过快。

打嗝是怎么回事

你是否曾在进食过程中突然打了一个大大的嗝，发出了"巨响"？在向其他人表示歉意的同时，你是否也曾纳闷打嗝的原因？打嗝是一种气体运动。当吞咽食物时，我们吞下的不仅是食物和饮料，还有空气。空气中包含氮气和氧气。随食物吞入的空气将在胃中聚集，不会随食物继续下行。不过，如果胃中积聚了太多的空气，它们将顺着食管逆向而出，称为呃逆（打嗝）。打嗝时，气体通常会突然迸出，所以我们根本来不及闭嘴。

打嗝的声音源于身体在排出气体时引发了食管顶部组织瓣膜的振动。

吃太多了？

不，是因为进了太多空气。

婴儿的嗝

给婴儿喂食以后，婴儿胃里经常会聚集大量的气体。由于婴儿不会自己打嗝，胃里聚集的气体可能会引发婴儿的不适。因此，父母经常会拍打婴儿的背部，来帮助他（她）们打嗝，释放胃中的气体。

> 太棒了！

> 我打嗝时你可从来不会这么说。

牛打嗝

> 抱歉！

牛打嗝时会释放甲烷，这是一种能够引发全球变暖的气体。每年美国全境的牛打嗝可以产生大约5 000万吨甲烷，10头牛打嗝释放的甲烷差不多可以满足一座小房子一年的取暖需求。

> 鸟类不会打嗝，但鱼会，不过它们用腮打嗝。

有趣的真相

某些品种的狗，例如丹麦大猎犬和爱尔兰雪达犬，会因为无法打嗝而丧命——胃胀气的病症可能让气体在胃中积聚而无法排出。为治疗这种病症，人们会用橡胶软管插入狗的喉咙来排气。

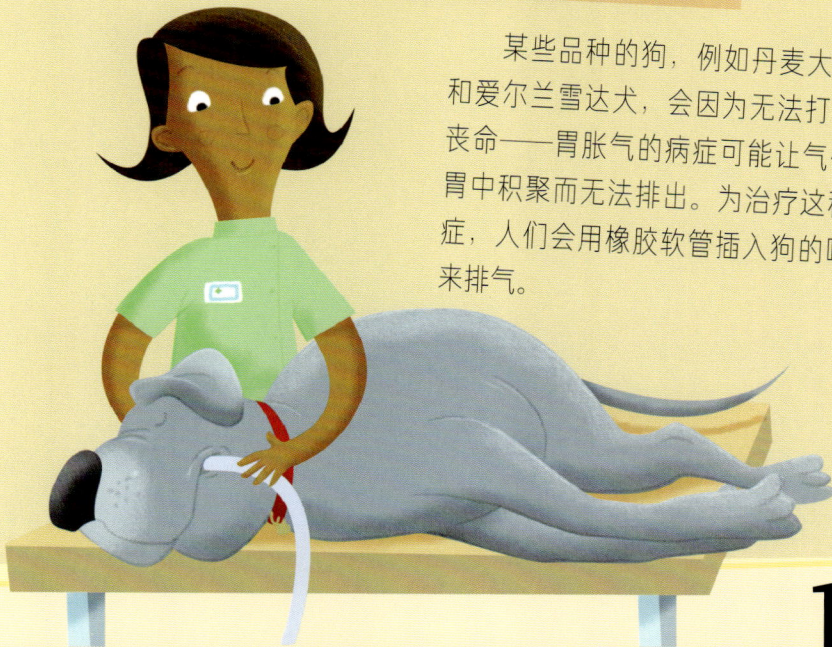

什么是唾液

除了帮助分解食物，唾液所含的酶还可以防止口腔感染和保护牙齿。

在公共场所吐痰或者流口水很不礼貌，也不雅观。唾液，或者叫涎水，是我们口腔分泌的多泡沫液体，具有非常重要的作用：保持口腔湿润；润湿和润滑食物以便于吞咽；帮助舌头品尝味道；开始食物的消化过程等。唾液包含名为酶的化学物质，可以在食物进入胃之前就开始分解食物。有些动物还会以有趣的方式使用唾液。例如，美洲驼会在感觉受到威胁时向其他动物吐口水，而且最远可以把口水吐到3米外的地方。

唾液腺

唾液由唾液腺产生，唾液腺位于两颊内侧和口腔后部。

唾液腺

大胆！敢对着我拍照片！

口干舌燥

当感觉紧张或害怕时，我们的唾液分泌量将减少，变得口干舌燥。天气炎热、饮水不足和高强度的锻炼也会导致口干。

你相信吗?

喷液蜘蛛可以产生包含毒液和黏丝的物质，并通过喷吐黏液麻痹猎物的方式捕猎。然后，喷液蜘蛛可以轻松地享受美食。

一个人一天分泌的唾液量平均在1升左右，一年的分泌量足以填满一个浴缸。

燕窝

有些种类的雨燕可以利用唾液来筑巢，这些唾液干燥后可以像胶水一样具有黏性，而它们的巢可以用于制作人类可食用的燕窝。

为什么会腹泻和呕吐

有时候，我们会感觉到肚子疼，迫不及待地要去卫生间。进入卫生间以后，便便可能像喷泉一样"喷涌"而出，这就是腹泻。导致腹泻的原因可能包括吃了需要立即排出人体的食物，例如，食物已经腐烂或者包含有毒物质或过敏原。食物在肠中完成正常消化一般需要6~15小时，而腹泻会让食物在极短的时间内通过肠子，人体没有时间吸收其中的水分，这也是腹泻时便便通常软且稀的原因。

哪些因素会导致腹泻？

腹泻可能是病毒或细菌引起的。食用被污染的食物或饮料，或者接触被感染的人员或动物，这些都可能让致病菌进入人体，继而引发腹泻。

要避免导致腹泻的病菌进入体内，请养成饭前便后使用肥皂和水清洗双手的习惯。

十万火急！请让一下！

洗手间

18

呕吐

呃呃——哇！有时候，我们的身体会在有毒或腐烂的食物进入小肠之前将其清理出去，也就是说从胃"逆流而上"。呕吐是一种强烈的冲动，无法完全抑制，因此经常会造成家里的地板一团糟。

呕吐时会发生什么？

当我们呕吐时，胃上部的肌肉环放松，胃部肌肉挤压食物进入食管。食管的肌肉开始反向作用，将食物逆向送出。呕吐的味道非常可怕，那是因为其中混合了胃中的胃液。

暴风鹱是一种海鸟。当其他鸟类尝试捕食暴风鹱的幼鸟时，幼鸟为了保护自己会吐出一种极其难闻的物质，并粘在猎食者的羽毛上。

有用的提示

腹泻会导致人体内的液体流失，有可能导致脱水。如果得了腹泻，请注意补充水分。

19

什么是便秘

引发便秘的原因有很多，包括纤维类食物摄入不足、缺乏锻炼和情绪紧张等，甚至生活习惯的改变，例如度假，也可能引发便秘。

有时候，我们感觉到了排便的欲望，但却排不出来；或者，我们在排便时比平时困难，需要更加用力，而且排出的便便多为干硬的小块，如同羊粪球；排便后总有无法排净的感觉。这些都是便秘的症状。几乎每个人都会在某个阶段遇到便秘的困扰，但通常不会十分严重。便秘与腹泻相反——由于在肠道的时间超过了正常值，食物残渣所含的水分过低，形成了过于干燥且坚硬的便便。

卫生间恐惧

当我们感觉到压力时，例如在考试之前，我们可能会便秘。有时候在公共卫生间的无端恐惧也可能抑制我们排便的欲望。

20

便便图表

制定"布里斯托大便分类表"的目的是让大家对不同类型的便便一目了然。即使是同一个人,我们也可能排出外形和质地差异巨大的便便,而决定这一切的因素在于食物通过肠胃的时间。下表可以帮助医生诊断病人的消化问题。

 类型1:散碎的硬块——重度便秘

 类型2:形似香肠,表面凹凸不平——轻度便秘

 类型3:形似香肠,表面有裂缝——正常

 类型4:表面光滑,类似软香肠或呈蛇形——正常

 类型5:软的团状物,有明确的边界——正常

 类型6:糊状,边界松散——腹泻

类型7:液态,不成形——腹泻

如果在便便中看到了血迹,并且在排便时伴有剧烈的疼痛,或者便秘已持续了超过两周时间,请及时就医。

神奇的纤维

纤维类食物摄入不足是引发便秘的原因之一,而水果、蔬菜和整粒谷物都富含纤维,并且体积较大,可以帮助食物更容易地在肠道中移动。

有用的提示

如果你便秘,请:
- 多喝水
- 多吃水果和蔬菜
- 吃一些西梅和整粒谷物

消化问题

什么是烧心?

烧心,或者胃酸返流,是胃酸进入食管引起的。由于这些位置的防护比不上胃,因此当食管受胃酸侵袭时胸部和喉咙将产生灼烧的感觉。

大多数时候,如果消化系统运转正常,我们吃完一顿饭之后不会感觉到任何不适。不过,消化系统有时候也会出现异常,例如,异常的饱腹感或腹胀,或者胃部以上的灼烧感(烧心)。你可能会感觉身体不适,打嗝甚至呕吐,这些都是消化不良的信号。引发消化不良的原因可能包括食物过于油腻或辛辣、吃得过多或过快、饭后过早开始锻炼或压力过大。

你的口气真不好!

嗯,可能只是胃酸返流了。

为什么胃可以免除胃酸的伤害?因为胃部内壁覆盖着一层黏液,可以提供出色的对胃酸的防护功能。

又吃多了?

22

什么是食物过敏?

有时候,人体的免疫系统(可以帮助预防感染)会针对特定的食物做出反应,例如,口腔或喉咙内部刺痒或肿痛、出现刺痒的红疹、面部浮肿或者呕吐,这就是过敏反应。如果患有严重的食物过敏,请注意随身携带防止过敏反应的药物。

牛奶

花生

鱼

鸡蛋

贝壳类

12名儿童中就有一名对食物过敏,过敏儿童中的40%具有严重过敏反应。不过,很多过敏症状会随着年龄的增长而消失。

什么是打嗝?

打嗝是快速无意识地吸气,使膈膜肌肉快速收缩引发的行为。因为吃得太多而刺激胃可能引发打嗝。打嗝的声音是空气通过声带时振动的结果。

抑制打嗝:

抿一口冰水

屏住呼吸

吃一口柠檬

你相信吗?

时间最长的一次打嗝持续了68年。1922年,查尔斯·奥斯本开始打嗝,但意外的是此次打嗝持续不停,一直持续到了1990年。

呃!

呃!

23

健康的食谱

如果体重过大，你可能面临健康威胁。要想保持身体健康，我们应当限制食物摄入量，特别是限制糖和碳水化合物含量较高的食物。

食谱囊括了我们吃喝的所有食物。健康的食谱（或者营养均衡的食谱）能够为人体提供所需的营养。营养主要分为四类：蛋白质（主要来源包括肉、鱼、蛋和坚果）、维生素和矿物质（新鲜水果和蔬菜）、碳水化合物（土豆、米饭、面包和含糖食物），以及脂肪（油炸食品、奶制品和坚果）。很多人都喜欢碳水化合物和脂肪含量较高的食物，例如，油炸食品和高糖食物，因为此类食物通常更美味。然而，如果摄入过多的高能量食物，我们身体中储存的热量（脂肪）将过剩。

蛋白质

蛋白质是构成身体的基础物质，可以帮助身体发育并修复损伤，例如割伤、淤青（撞伤）和骨折等。对于素食主义者，坚果、扁豆和鹰嘴豆都是不错的蛋白质来源。

多吃肉可以让我的腿加快恢复？

这样才是营养均衡。

多加点蛋糕才叫"营养均衡"呢！

24

碳水化合物和脂肪

碳水化合物是人体最重要的能量来源，包括两大类：淀粉（常见于土豆、米饭和面包）和糖（常见于水果、蔬菜、牛奶和奶制品）。脂肪可以为人体提供能量及其他重要的化学物质。

大多数医生都认为，我们应当每天吃五份新鲜的水果和蔬菜。

淀粉类食物能够提供稳定的能量。

糖类食物能够让你快速补充能量。

维生素和矿物质

我们的身体仅需要微量的维生素和矿物质，但它们是人体保持健康的关键。

橘子富含维生素C，是我们对抗感冒的好帮手。

有趣的真相

衡量食物所含能量的单位称为卡路里。锻炼可以帮助我们燃烧能量。不过，步行一小时以上才能消耗一块糖霜蛋糕所含的全部能量。

25

粪便也有用途

动物粪便是重要的建筑材料、烹饪燃料和造纸原料。环保工作者可以通过检查粪便来了解动物的健康状况和行踪。

通常，粪便在我们眼中只是没有用处的废物，是必须清理的体内垃圾。其实，粪便也有广泛而奇特的用途。例如，动物粪便可以用作农作物的种植肥料，因为粪便中含有大量的养分，能够让土壤变得更肥沃。粪便也是重要的能量来源，可以转化成沼气并用于供热和发电。沼气可以转化为甲烷燃料为汽车提供动力。考古学家也可以通过研究粪便化石来了解远古时代动物的食谱和生活方式。

天然肥料

从数千年前开始，动物粪便一直是优良的种植肥料，包括马、牛、羊、猪和鸡的粪便，以及蝙蝠和鸟类的排泄物。在中国，甚至熊猫的粪便会被用作种植茶树的肥料。

嗯，一股淡淡的熊猫味。

至少味道小多了。

古粪便样本

粪便能量

　　将动物粪便放在密闭的容器中发酵，细菌降解粪便可以释放可燃气体——生物沼气，用于供热和发电。500头牛的粪便可以满足100个家庭的用电需求。

粪便　　　　厌氧消化池　　　　生物沼气　　　热能和电能

象粪纸

　　泰国的一家公司成功开发出了利用大象粪便造纸的技术。大象粪便以纤维为主，是出色的造纸原料。一头大象每天可以排泄大约50千克粪便，能够造纸约115张。

吃吧，多吃点，纸不够用了！

　　飞鼠粪经过特殊处理后可以当作一味用于治疗胃痛的药材。

令人侧目的数据

　　18世纪，制革工人会使用人尿和狗粪的混合物来处理皮革：使用这种味道难闻的混合物鞣制动物毛皮，可以让毛皮变得柔软且易于整理。

应如何处置便便

便后洗手，这是我们需要自小养成的习惯。

便便包含致病菌，部分致病菌甚至会危害健康，因此恰当地处置便便十分重要。在发达国家，大多数排泄物都会通过抽水马桶冲走并接受集中处理；发展中国家和地区可能无法全面采用相同的处理方法，某些偏远地区的村庄可能仍在使用露天厕所，导致当地的水体被排泄物中的病菌污染，进而威胁当地人和野生动物的健康。

污水处理

当便便在马桶中被冲走后，它们去了哪里？答案是污水处理厂。污水处理厂将过滤固体废物，并将处理后的水送回自然。过滤出的固体废料将被倾倒，或者干燥并作为肥料出售给农场。

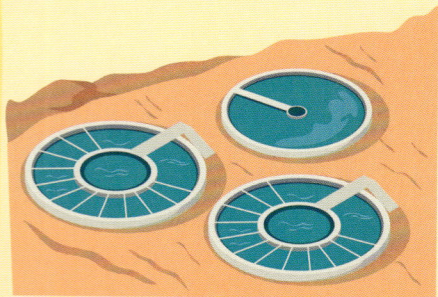

再见！

28

自然界如何处置便便?

是时候建一座新岛屿了。

在自然界中,便便通常是有益的。例如,海参的排泄物中包含可以用于构建珊瑚礁的矿物质;蚯蚓的便便能够提高土壤肥力;鹦嘴鱼的便便可以用来制造沙子——经过数千年的积累,这些沙子成就了加勒比海岛屿美丽的白色沙滩。

传播种子

亚马孙河的大盖巨脂鲤能够帮助雨林传播树种:它们吞下从树上掉落的种子,然后游到其他地方,将种子作为排泄物排出,完成种子的运输工作。

树木为我提供食物,那我也应该帮助它们!

动物的排泄物可能十分危险。如果得不到及时、安全的清理,猫和狗的排泄物有可能导致人类患病。牛粪可能污染大气和水体。

有趣的真相

一个人平均:
- 每年排泄约1吨便便
- 每年上2 500次厕所
- 一生上厕所的总时间约3年

29

术语表

病毒 仅在其他生物细胞中繁殖和生长的一种微生物。病毒可以引起普通感冒和肠胃炎（肠胃感冒）等疾病。

肠 消化系统的后半段，从胃到肛门。

蛋白质 对所有生物体都至关重要的一类化学物质。

动脉 从心脏向身体其他部位传输血液的通道。

粪 大便的另一种称呼。

粪肥 作为肥料的动物粪便。

肛门 消化系统的末端开口，用于将便便排出人体。

过敏反应 身体对某种物质做出的破坏性响应。

静脉 所有向心脏输送血液的通道。

矿物质 铁、钙等保持人体健康需要的物质。

鸟粪 鸟的粪便。

排泄 排出废物。

排泄物 肠道吸收食物养分后排出的废物，粪便的另一种称呼。

全球变暖 因为二氧化碳和其他污染物增加引发的地球大气层逐步升温。

环保工作者 帮助保护野生动植物和环境的人。

生物甲烷 一种可以作为天然气使用的纯化生物沼气。

生物沼气 一种在无氧环境中通过有机物降解生成的可燃气体（例如甲烷）。

食管 连接喉咙和胃的通道。

素食者 不吃或不使用动物产品的人。

碳水化合物 土豆、面食和糖等食物中发现的一种物质，可以为身体提供能量。

脱水 人体损失大量水分后的状态。

唾液腺 脸颊内侧和舌头下方的器官，可以向口腔分泌唾液。

维生素 保证正常生长和营养的关键物质之一，我们必须通过饮食获取维生素，因为我们的身体自身无法生成维生素。

胃液 胃产生的酸性液体，可用于消化食物。

污物 下水道中的固体和液体废物。

细菌 微生物，部分细菌可能引发疾病。

纤维 谷物等食物中含有的一种物质，难以消化，但可以帮助肠道移动已消化吸收的食物。

厌氧消化池 一种容器，能够提供隔离氧气的环境，并利用细菌分解有机物质。

营养物 保持身体健康所需的营养物质。

幼虫 昆虫不成熟的形态。

黏液 身体分泌的一种黏滑物质，可以提供保护，并且具有润滑作用。

直肠 大肠的末段，与肛门连接。